CB013561

A HISTÓRIA DA
CERVEJA
NO BRASIL

O Legado de Stupakoff e Künning

A HISTÓRIA DA CERVEJA NO BRASIL

O Legado de Stupakoff e Künning

Rogério Furtado
Henri Kistler

Ateliê Editorial

Pesquisa e Texto: Rogério Furtado e Henri Kistler
Pesquisa no Acervo Ambev/FAHZ: Pesquisadoras da Fundação Antonio
    e Helena Zerrenner e da Pessoas & Escolhas
Pesquisa Adicional e Redação Final: Henri Kistler
Contribuições: Prof. Antônio Carlos Sousa

Revisão Técnica: **Profa. Dra. Teresa Cristina de Novaes Marques, UnB**

Organização: **Philippe Prufer e Henri Kistler**

Dados Internacionais de Catalogação na Publicação (CIP)
(Câmara Brasileira do Livro, SP, Brasil)

A História da cerveja no Brasil: o legado de Stupakoff e Künnning / organi-
    zação Henri Kistler, Philippe Prufer; pesquisa e texto original Rogério
    Fernando Furtado. – Cotia, SP: Ateliê Editorial, 2024.

Bibliografia.
ISBN 978-65-5580-141-5

1. Cerveja – História – Brasil 2. Cerveja – Indústria – Brasil I. Kistler,
Henri. II. Prufer, Philippe. III. Furtado, Rogério Fernando.
24-213518   CDD-641.230981

Índices para catálogo sistemático:
1. Brasil : Cervejas : Bebidas : História   641.230981

Cibele Maria Dias – Bibliotecária – CRB-8/9427

Direitos reservados à
ATELIÊ EDITORIAL
Estrada da Aldeia de Carapicuíba, 897
06709-300 – Granja Viana – Cotia – SP
Tel.: (11) 4702-5915 | contato@atelie.com.br
www.atelie.com.br | instagram.com/atelie_editorial
facebook.com/atelieeditorial | blog.atelie.com.br

2024
Printed in Brazil
Foi feito o depósito legal

Sumário

Introdução

O OBJETIVO DESTE LIVRO É CONTAR, EM LINHAS GERAIS, A HIStória da indústria cervejeira no Brasil desde o Brasil Colônia até 1970[1]. Para tanto, abordaremos questões como a evolução tecnológica e do mercado consumidor, relatando como a cerveja passou a ser a bebida alcoólica preferida dos brasileiros.

O ponto central para a construção de qualquer indústria são as pessoas, em particular os empresários pioneiros. Diversos personagens como Bülow, Kremer, Leiden, Maschke, Ritter, Villiger e Zerrenner foram primordiais no processo da construção da indústria cervejeira brasileira, e serão abordados nesta obra, ainda que de forma limitada. Todos têm uma história que merece ser contada em detalhes, mas optamos por ter como foco central o empreendedor Heinrich Stupakoff (Bavaria) e os empresários Johann e Heinrich Künning (Brahma).

Este livro é dividido em quatro partes, apresentadas cronologicamente. A primeira se inicia no Brasil Colônia, quando os povos originários produziam sua própria bebida fermentada, o cauê, os senhores de engenho portugueses consumiam o vinho vindo de sua pátria mãe, e os escravos produziam a aguardente de cana-de-açúcar. A cerveja surgiu em nosso mercado pelo interesse de imigrantes europeus, mas só pôde ser importada oficialmente após a abertura dos portos de 1808.

---

1. Optamos por esse corte temporal considerando a distância histórica de cinquenta anos até os dias de hoje e que o movimento de consolidação mais recente da indústria já foi objeto de diversas obras.

Pouco tempo depois, surgem as primeiras cervejarias de produção caseira, em estilo de "fundo de quintal", sem a tecnologia ou as regras de produção existentes na Europa. Em meio às nossas temperaturas elevadas e inconstantes, a fermentação não era controlada, resultando na denominada cerveja de alta fermentação. Esta era de qualidade irregular e por vezes explodia sozinha, necessitando de um barbante para seu armazenamento e transporte, daí o apelido "cerveja barbante". Aqueles que podiam pagar por um produto melhor recorriam aos importados.

A mudança coincidiu com a atuação do empreendedor, filantropo e músico Heinrich Stupakoff, ao qual dedicamos a Parte II desta obra. Em 1892 ele fundou a Cervejaria Bavaria em São Paulo. Diferente do que ocorria até então, esta fábrica, cujo prédio se encontra até hoje no bairro da Mooca, era a primeira exclusivamente construída para a produção em grande escala no processo de baixa fermentação.

Esta técnica, então de vanguarda, envolve temperaturas baixas e controladas por meio de refrigeração na produção. O resultado desse processo é o produto de maior qualidade que consumimos até hoje, conhecido como Lager. Stupakoff enfrentaria a concorrência da Antarctica, que acabaria por comprar a Bavaria em 1904, se consolidando como líder do mercado paulista. Contamos ainda nessa parte que, na virada para o século XX, Brahma e Antarctica se consolidavam como líderes regionais.

Pouco depois, Johann Künning assume a presidência da Cervejaria Brahma em 1906, e nela permanece até 1937, ano de sua morte. A parte III é dedicada a esse empresário e líder setorial, que batalhava pelo setor como um todo, sendo um dos líderes da então Coalizão Industrial Brasileira.

Johann foi responsável por modernizar, profissionalizar e ampliar a Brahma em setores fundamentais como finanças (sua área de origem), tecnologia de produção e recursos humanos. Sobretudo, sabia sintonizar produtos com as necessidades do consumidor, estando na vanguarda do que hoje denominamos *marketing*. O lançamento da Brahma Chopp, uma grande inovação que contou com uma forte campanha publicitária, foi um marco. Tudo isso numa época de muitas mudanças, como a substituição do vapor pela eletricidade, das carroças pelos caminhões, do surgimento do rádio, além de guerra, mudanças culturais e instabilidade política.

Nos anos 1920, a cerveja passa a ser líder na preferência nacional, superando a aguardente. Nessa época, o mercado deixaria de ser local para ser nacional, surgindo a batalha secular entre Brahma e Antarctica pela sua liderança. Surge ainda o refrigerante de guaraná, cuja história também contamos de forma inédita ainda na parte III.

A parte IV do livro é dedicada ao seu filho Heinrich Künning, que também comandou a Brahma por quase três décadas até o seu falecimento em 1967. Durante sua gestão, ocorreu uma série de aquisições, como a das cervejarias Hanseatica e Continental, e outras fábricas foram abertas pelo Brasil afora. A escala da produção cresceu vertiginosamente, assim como o consumo *per capita*.

Nessa época, a concorrência com a Antarctica atingiu outro patamar, e ambas continuariam a disputar ferozmente a liderança nacional. Nossa história se encerra em 1970, mas esta disputa durou até 1999, com a fusão das duas empresas, formando a Ambev. Este livro é, portanto, uma oportunidade de se conhecer um pouco mais sobre os primórdios dessa história, já que a fusão em si está bem-documentada em obras recentes[2].

Vale notar que a história que contamos se entrelaça com a história da indústria brasileira como um todo, inicialmente desenvolvida com os recursos da exportação de café. De praticamente irrelevante no fim do século XIX, a indústria brasileira já representava 14% do PIB em 1920[3] e atinge 25% em 1951[4], tendo seu pico em 1985, com 36% de participação[5]. Como complemento da obra, optamos por colocar o contexto político-econômico em que se deu essa transição em um Apêndice, escrito pelo professor Antônio Carlos Sousa e um de nós, Henri Kistler.

Ao final, esperamos que o leitor aprecie a narrativa, concluindo como nós sobre o legado dos personagens centrais dessa obra, Heinrich Stupakoff, Johann e Heinrich Künning. Trata-se não somente de uma gigantesca contribuição para o desenvolvimento da indústria cervejeira em particular, mas para a própria industrialização brasileira em si, de forma não menos relevante que outros personagens mais estudados, como Martinelli ou Matarazzo.

• 11 •

---

2. Por exemplo, Cristiane Correa, *Sonho Grande*, Rio de Janeiro, Sextante, 2013; Ana Landi e Oscar Pilagallo, *De Duas, Uma: A Fusão na Mesa*, Depoimento de Victorio de Marchi, São Paulo, Bella, 2018; Ariane Abdallah, *De um Gole Só. A História da Ambev e a Criação da Maior Cervejaria do Mundo*. São Paulo, Companhia das Letras, 2019.

3. Werner Baer, *A Industrialização e o Desenvolvimento do Brasil*, 7. ed., Rio de Janeiro, FGV, 1988, p. 20.

4. *Idem*, p. 60.

5. Regis Bonelli e Samuel Pessoa, "Desindustrialização no Brasil", *Texto para Discussão*, 7, Rio de Janeiro, FGV-Ibre, 2010.

O processo de confecção deste livro foi exaustivo. No início de 2019 contratamos o jornalista Rogério Furtado, que aceitou a missão de escrever um texto com base em arquivos pessoais e em um livro familiar[6]. Rogério não se cansou em esmiuçar exaustivamente todos os jornais da época, agora digitalizados, contactar instituições como a Biblioteca e o Arquivo Nacional e pesquisar no Acervo Ambev/FAHZ[7], de onde saíram a maioria das imagens que ilustram essa obra.

Agradecemos a FAHZ na pessoa de seu Presidente do Conselho de Administração, Victorio de Marchi, pela oportunidade de pesquisa no Acervo Ambev e de cessão de imagens para o livro. Agradecemos também as pesquisadoras da FAHZ Michelle Joaquim e Ana Landi e a Marcia Ruiz, da Pessoas & Escolhas.

Com base no material obtido, Rogério se dedicou profundamente ao projeto, em especial na história de Stupakoff, que nunca havia sido contada. Ao final, ele tem a capacidade de contar histórias através de uma leitura fluida e divertida. Não obstante, nessa nossa era, em que tudo se escreve e pouco do que é dito passa pelo crivo da ciência, fomos rigorosos em seguir padrões acadêmicos, sempre apontadas as fontes, e garantindo que o texto fosse estritamente factual.

Assim, contratamos ainda a professora Teresa Cristina Marques, da UnB, cuja tese de doutorado foi sobre os primeiros anos da Brahma, para fazer uma revisão técnica[8]. Esta foi a base de nossa redação final, a qual necessitou de mais dois anos, envolveu novas pesquisas para dirimir dúvidas e na qual optamos por dar uma ordem cronológica dos fatos narrados. Optamos também – com as devidas desculpas ao leitor rápido – por uma obra exaustiva, já que um dos objetivos é que nenhum fato relevante, principalmente os inéditos, fosse deixado de lado.

Escolhemos para publicar a Ateliê Editorial, pois essa editora se engaja exatamente na nossa ideia de um livro baseado no rigor da produção científica balanceada com uma leitura fluida. Não poderíamos ter encontrado expoente melhor que o professor Plinio Martins Filho, da USP, e seu assistente Carlos Araújo, para editorar este projeto, que ao final, levou cinco anos para ficar pronto.

---

6. *Duas Famílias, Dois Mundos, uma União*. São Paulo, Museu da Pessoa, 2013. ISBN 978-85-60505-39-5.

7. Esse acervo conta com a curadoria da Fundação Antônio e Helena Zerrenner (FAHZ).

8. Os primórdios da Brahma foram pesquisados exaustivamente pela profa. Teresa Cristina Marques e por Edgar Köb, cuja obras constantes na bibliografia foram fundamentais para a elaboração da parte III deste livro.

Além dos já mencionados, também gostaríamos de agradecer a Jorge Rojas, Marcos Seabra e Mariana Mesquita pelas várias consultas jurídicas e contábeis realizadas.

E por fim, agradecemos a nossos familiares e amigos que nos apoiaram desde o início na ideia de organizarmos esse livro.

Desejamos a todos uma boa leitura.

Rio de Janeiro, julho de 2024.
PHILIPPE PRUFER *e* HENRI KISTLER

PARTE I

Origens da cerveja no Brasil (1500-1880)

1

Trilha etílica

Reino do cauim

DIVERSAS CULTURAS UTILIZAM A PRÁTICA MILENAR DE PRODU-
zir e consumir bebidas resultantes da fermentação alcoólica, como nos casos
da uva, que resulta no vinho, ou da cevada, base para a cerveja[1].

Os povos originários das Américas fabricavam bebidas fermentadas a partir de vasto conjunto de frutas, dos grãos de milho, da mandioca e das batatas.
Podiam contar ainda com algumas cactáceas, mel e seiva de diversas palmeiras.
Em terras brasileiras pré-coloniais existiam bebidas fermentadas, consumida em
ocasiões especiais. Os nomes dessas bebidas variavam conforme a cultura de cada
povo, da mesma forma que as denominações dos produtos usados na fabricação.

Essas bebidas participam da vida social de variadas formas. Preparados alcoólicos ocupam lugares importantes nos rituais promovidos pelos grupos,
demarcam diferenças sociais entre os indivíduos, fixam memórias coletivas,
fortalecem o sentimento de pertencimento ao grupo, ou aproximam as pessoas em rituais de socialização[2].

---

1. O processo de produção consiste basicamente na fermentação alcoólica de frutos, grãos e outros vegetais (o
mel é exceção). De forma resumida e sem rigor técnico, pode-se afirmar que a fermentação alcoólica consiste
na transformação bioquímica de açúcares, provenientes das diversas fontes vegetais, em gás carbônico e álcool,
por obra de microrganismos: bactérias e fungos (leveduras). A destilação dos fermentados resulta em bebidas
de teor alcoólico maior. Uísque e cachaça, por exemplo.
2. Ronaldo Raminelli, "Da Etiqueta Canibal: Beber Antes de Comer", em Renato Pinto Venâncio e Henrique
Soares Carneiro (orgs.), *Álcool e Drogas na História do Brasil*, São Paulo/Belo Horizonte, Alameda/Editora
PUC Minas, 2005.

Figura 1. Preparo do cauim de milho. Jean de Léry, *Viagem à Terra do Brasil*, 1576. Ao observar os tupinambás, Léry escreveu que nenhum povo europeu que se dedica tanto à bebida vencerá os nativos americanos nessa arte.

Cauim ou cauê, encontrado com muita frequência na literatura, era a designação geral para os líquidos alcoólicos mais comuns. Sua obtenção diferia conforme a técnica e a matéria-prima adotadas para a feitura do cauim de milho; mastigar os grãos pré-cozidos e lançá-los em um recipiente com água era o passo inicial[3].

O historiador João Azevedo Fernandes[4] propõe uma classificação para os três tipos básicos de bebidas fermentadas dos povos originários brasileiros: as

3. A produção do cauim era privilégio feminino. "Os homens têm a firme opinião de que, se mastigarem as raízes ou o milho, a bebida não sairá boa" (cf. A. Almeida Jr., "O Alcoolismo no Brasil-Colônia (Origens do Aguardentismo Nacional)", *Revista da Faculdade de Direito de São Paulo*, vol. 30, n. 2, pp. 217-245, 1934, e Gilberto G. Gardiman *et al.*, "Vereda III e a Preparação do Cauim", *Arquivos do Museu de História Natural e Jardim Botânico*, vol. 23, n. 2, pp. 64-104, 2014.

4. João Azevedo Fernandes, falecido prematuramente aos 51 anos, em 2014, apresentou sua tese de doutorado – *Selvagens Bebedeiras: Álcool, Embriaguez e Contatos Culturais no Brasil Colonial* – à Universidade Federal Fluminense, em 2004. Trata-se de estudo que vai muito além da descrição das técnicas de produção das bebidas

Figura 2. Gravura de 1558 de André Thévet retratando a colheita de caju pelos tupinambás para a produção de cauim.

insalivadas, as maltadas e as claras. Para as insalivadas, a exemplo do cauim de milho, as enzimas presentes na saliva são indutoras da fermentação. A grande maioria das antigas bebidas brasileiras se enquadra nessa categoria. Além do cauim, entre elas estão a chicha, o caxiri etc.

Já as bebidas maltadas, pouco difundidas no passado pré-colombiano e colonial, são produzidas a partir de grãos germinados, que também contêm enzimas transformadoras do amido. Para as claras, a "quebra" do amido em açúcares se dá pela ação de fungos, adicionados durante o preparo, a exemplo do saquê japonês. Os fungos eram empregados pelos povos originários no fabrico do paiauaru, por exemplo.

No Brasil do passado, havia ainda fermentados para quase todas as frutas disponíveis, muitas vezes chamados de caiçumas. Bebidas dessa categoria

pré-colombianas nas Américas. As reflexões instigantes de Fernandes acerca das cosmogonias ameríndias não caberiam neste livro.

foram as primeiras a ser mencionadas por Cristóvão Colombo, após sua terceira viagem ao continente americano, entre 1498 e 1500. Américo Vespúcio também descreveu, de forma elogiosa, uma bebida de frutas que lhe foi servida por indígenas brasileiros, quando da viagem que realizou em 1499/1500: "Descobrimos que nesta terra bebiam um vinho feito das frutas deles e sementes à maneira de cerveja, quer branco quer tinto, sendo o melhor feito de *mirobolanos* e que era muito bom"[5].

Cachaça em cena

Os portugueses trouxeram bebidas mais fortes para o Brasil: o vinho e a bagaceira, um destilado de uvas. Mas o consumo de ambas era restrito aos colonizadores, devido aos preços elevados.

Já a cachaça (aguardente de cana) era um subproduto das extensas plantações de cana-de-açúcar que os colonizadores europeus implantaram no Novo Mundo. André João Antonil, jesuíta italiano, descreveu com detalhes o processo de fabricação no início do século XVIII:

A caldeira que chamam do meio, para nela ferver e começar a botar fora a imundície, com que vem da moenda. O fogo faz neste tempo o seu ofício, e o caldo bota fora a primeira escuma, a que chamam "cachaça"; esta vai ter a um cocho de pau, e serve para as bestas, cabras, ovelhas e porcos; e em algumas partes os bois a lambem; porque tudo é doce, e, ainda que imundo, deleita. Mas na segunda caldeira, o líquido ainda deita escuma [...], até perder a doçura e azedar-se; porque então dizem que está em seu ponto para se beber[6].

A cachaça conquistou espaços, inclusive os do cauim, à medida que os povos originários iam sendo destroçados, junto com o meio ambiente. A cultura

---

5. *Apud* João Azevedo Fernandes, *Selvagens Bebedeiras*, p. 66.
6. André João Antonil, *Cultura e Opulência do Brasil por suas Drogas e Minas*, Brasília, Senado Federal, 2011, cap. X. Na virada do século XVIII, o jesuíta italiano Antonil vivia na América lusa quando registrou suas impressões sobre a civilização do açúcar que os portugueses haviam criado nessas paragens. Também registrou o impacto da corrida do ouro sobre os moradores do litoral da Bahia. As gentes se moviam para o interior da capitania em direção às recém-descobertas minas seguindo caminhos perigosos, por terra e pelos rios. O esvaziamento da faixa litorânea e o súbito aumento no custo de vida alarmaram o jesuíta. Seus escritos eram tão detalhados que a Coroa portuguesa proibiu a circulação da obra, temendo a segurança de seus domínios.

Figura 3. Jean-Baptiste Debret, *Engenho Manual que Faz Caldo de Cana*, 1822. Aquarela sobre papel, c.i.e. 17,6 cm × 24,5 cm. Museus Castro Maya – Iphan/MinC (Rio de Janeiro, RJ).

da cana exigia novas terras, e tanto a feitura do açúcar quanto a de aguardente demandavam levas incessantes de lenha para o fogo.

A cachaça, abundante, estava presente no cotidiano das pessoas. Era remédio, antisséptico, aperitivo. Por resistir a longas jornadas, sem se deteriorar, foi um dos itens que compunham o farnel dos tropeiros, em suas longas viagens. Chegou a ponto de motivar levantes populares, a exemplo daquele dos moradores de Mariana em 1833[7]. Fato é que a cachaça se tornou a "bebida nacional" até pelo menos o fim do século XIX, com um número incontável de referências na cultura popular e na literatura[8].

A cerveja, todavia, tomou a dianteira a partir de meados do século XX. Estimativas indicam que, em 2020, o brasileiro teria consumido 380 milhões de litros de vinho, 399 milhões de litros de cachaça e mais de treze *bilhões* de

---

7. Renato Pinto Venâncio e Henrique Soares Carneiro (orgs.), *Álcool e Drogas na História do Brasil*.
8. Entre as obras escritas, destaca-se o *Prelúdio da Cachaça*, de Luís da Câmara Cascudo (São Paulo, Global, 2014).

litros de cerveja[9]. Em 2021, a produção cervejeira nacional teria alcançado catorze bilhões de litros, sendo inferior apenas à da China (36 bilhões) e à dos EUA (vinte bilhões)[10]. A preponderância da cerveja no Brasil resulta de crescimento veloz da produção e consumo, cuja arrancada teve início no fim do século XIX. Examinar esse processo é o objetivo dos capítulos a seguir.

9. Pesquisa Euromonitor, *apud* abre.org.br. Em 2021, o consumo foi estimado pela Euromonitor em 14,5 bilhões de litros.
10. Jan Conway, "Beer Production Worldwide from 1998 to 2022", *Statista*, 29 ago. 2023.

2

Cerveja, a conquista do mercado

Cerveja legal

AS PRIMEIRAS DÉCADAS DO SÉCULO XIX FORAM DE PROFUNDA transformação política. A transferência da família real para o Brasil trouxe consigo um conjunto de compromissos com a Inglaterra, entre os quais o mais importante foi a extinção da reserva do mercado da América lusa para os comerciantes de Lisboa, uma política longamente adotada pela Coroa portuguesa que recebia o nome de Exclusivo Colonial[1].

Como consequência da invasão napoleônica em Portugal, em 22 de outubro de 1807, Portugal e Inglaterra firmaram a Convenção sobre a transferência da Monarquia Portuguesa para o Brasil[2]. D. João VI escapuliu na última hora, já com o exército francês em seus calcanhares. Junto veio a corte, sob escolta da armada britânica[3]. Os britânicos se comprometeram a fornecer proteção e a não reconhecer outro soberano em Portugal. Em troca, ocupariam a Ilha da

---

1. Ver Apêndice para mais detalhes.
2. José Ferreira Borges de Castro, *Collecção dos Tratados, Convenções, Contratos e Actos Públicos Celebrados Entre a Coroa de Portugal e as Mais Potencias Desde 1640 Até ao Presente*, Lisboa, Imprensa Nacional, 1857, p. 237.
3. O embarque dos portugueses para o Brasil, embora atabalhoado, não foi operação decidida na última hora. Os lances intrincados da diplomacia que antecederam a fuga de D. João VI, em plena etapa do bloqueio dos portos europeus, são descritos em inúmeros estudos. Um deles é de Débora C. A. B. de Carvalho, *Domingos Antônio de Sousa Coutinho: Um Diplomata Português na Corte de Londres (1807-1810)*, Juiz de Fora, Universidade Federal de Juiz de Fora, 2012 (Dissertação de Mestrado em História).

Madeira, e a eles seria concedido um porto do litoral brasileiro para admissão de mercadorias inglesas, com os mesmos direitos prevalecentes em Portugal[4].

Em Salvador, onde aportou primeiro, em 22 de janeiro de 1808, o príncipe regente assinaria o histórico decreto de abertura dos portos às "nações amigas". Cumpriu assim, de forma velada, o acordo anterior, sem conceder um porto específico e sem deixar explícito que a abertura seria, na prática, apenas para a Inglaterra. Assim, o monopólio comercial português chegou ao fim. A liberdade nos portos garantiu mercado para os comerciantes ingleses, cuja indústria já era capaz de produzir em escala, em consequência da Revolução Industrial.

As tarifas alfandegárias se tornaram favoráveis aos ingleses. Inicialmente, a Coroa estabeleceu taxação de 24% sobre os artigos vindos do exterior. Meses depois, baixou a tarifa para 16% no caso das mercadorias trazidas por importadores lusos[5]. Os ingleses não gostaram e acionaram sua forte diplomacia. Exigiram dos portugueses a redução da taxa a 15% para seus produtos, conforme acordo assinado em 1810, que foi renovado em 1827 e durou até 1844. Assim, os britânicos, que ofereciam produtos manufaturados de qualidade e a bons preços, dominaram o mercado nesse período, até porque não havia concorrentes nacionais[6].

Para os que tinham recursos[7], a boa notícia era que a oferta de bens deixou de ser acanhada como era até a chegada da corte no Rio de Janeiro. Após esse evento, o porto da cidade, principal do país, passou a registrar o ingresso substantivo de produtos estrangeiros. Pianos, tecidos, louça e móveis já podiam ser encontrados nas lojas da corte em uma variedade inédita. Até supérfluos, como patins de gelo, entraram no país[8]. Nesse contexto, começou a aparecer cerveja inglesa em barris, ainda que em pequena escala. Foram as primeiras importações a transpor a alfândega, de forma legal, desde 1500.

4. Rubens Ricupero, *A Diplomacia na Construção do Brasil: 1750-2016*, Rio de Janeiro, Versal, 2017, p. 87.

5. Sobre esses tratados e suas consequências ver Nícia V. Luz, *A Luta pela Industrialização do Brasil*, São Paulo, Alfa Ômega, 1978, p. 24 e Pedro H. B. Barbosa, "As Tarifas Alves Branco: Entre o Protecionismo e a Preocupação Fiscal", *Em Tempo de Histórias*, n. 24, pp. 60-82, jan.-jul. 2014.

6. Sobre o início da indústria brasileira, vide Apêndice.

7. O escravismo disseminado no Brasil marcava a enorme desigualdade social do país e limitava acentuadamente o mercado consumidor.

8. Nelson Werneck Sodré, *As Razões da Independência*, Rio de Janeiro, Civilização Brasileira, 1969, p. 141.

Como nota pregressa, presume-se que os holandeses fabricaram cerveja em Pernambuco, durante sua tentativa de abocanhar parte do território entre 1630 e 1654. Maurício de Nassau importou os apetrechos necessários e trouxe um cervejeiro, Dirk Dicx, em 1640[9]. Talvez tenha sido a cerveja de Dicx que Frei Manoel Calado viu, e provavelmente bebeu, nessa época, em recepções oferecidas a portugueses por autoridades da Companhia das Índias Ocidentais[10]. A conquista holandesa não prosperou, e posteriormente a cerveja aparecia apenas de vez em quando, clandestina, graças ao contrabando[11].

Depois de 1808, com as importações desimpedidas, a cerveja passou a transitar à luz do dia. O volume importado nos primeiros anos pode não ter sido muito grande, mas evoluiu, puxado pela demanda dos britânicos estabelecidos aqui, além de outros estrangeiros, residentes ou de passagem. Portugueses e brasileiros ricos, mais a gente da corte, no afã de imitar os hábitos ingleses, engrossaram a procura.

Essa camada poderosa também aderiu ao consumo de diversos produtos comestíveis e de outras bebidas, entre elas gin e uísque. Mesmo assim, a cerveja ganhou terreno aos poucos. E a Inglaterra, então a maior potência cervejeira, dominou o mercado brasileiro da bebida durante muitos anos[12]. Os registros deixados por viajantes estrangeiros que percorreram o interior do Brasil evidenciam que, embora fosse artigo de luxo, a cerveja podia ser encontrada até mesmo no interior do país, longe da corte. O naturalista alemão Carl Friedrich Philipp von Martius tomou a Porter inglesa em duas localidades: Tijuco e Itaparica[13], conforme relato de suas viagens a partir de 1817.

---

9. Ronaldo Morado, *Larousse da Cerveja*, São Paulo, Alaúde Editorial, 2017, p. 64.

10. Luís da Câmara Cascudo, *História da Alimentação no Brasil*, Rio de Janeiro/São Paulo, Itatiaia/Edusp, 1983, vol. 2, p. 817.

11. Sobre isso, ao menos um registro foi deixado para a história, por um inglês chamado Thomas Lindley. Em 1800, quando jantou em um mosteiro de Salvador, Bahia, Lindley tomou cerveja de sua terra e viu que a casa mantinha estoque da bebida. Lindley foi preso no Brasil, acusado de ser contrabandista, e escreveu um relato impressionante sobre a vida no país ao final do século XVIII (Thomas Lindley, *Narrativa de uma Viagem ao Brasil*, São Paulo, Companhia Editora Nacional, 1969). Sobre suas atividades enquanto contrabandista, ver Tharles S. Silva, "Sociedade e Contrabando: O Comércio Ilícito como Reflexo da Estrutura Social no Brasil Colônia", *Anais do XXVIII Simpósio Nacional de História*, Florianópolis, 2015.

12. A indústria britânica de cerveja evoluíra em relação às de outros países europeus a partir do século XVI. Contava com grandes empresas e tecnologia aperfeiçoada, produzindo em grande escala. Ver Teresa C. N. Marques, *A Cerveja e a Cidade do Rio de Janeiro de 1888 ao Início dos Anos 1930*, Brasília/Jundiaí, Editora UnB/Paco, 2014, p. 27.

13. Luís da Câmara Cascudo, *História da Alimentação no Brasil*, p. 816.

Recentemente, um estudo minucioso sobre a presença inglesa no comércio brasileiro na primeira metade do século XIX recuperou o movimento de mercadorias na alfândega da corte em dois períodos: 1839-1844 e 1845-1849[14]. Para se ter uma ideia da dimensão dos negócios com mercadoria importada, no primeiro período, as cargas de cerveja (em barris e em garrafas) representaram o montante de 265:022$ mil-réis (leia-se 265 contos e 22 mil-réis), e no segundo, chegaram a 131:590$ mil-réis. À mesma época, as manufaturas de algodão e de lã somadas totalizavam 12.813:354$ mil-réis no movimento de mercadorias da principal alfândega do país. Outras tantas mercadorias chegavam ao porto do Rio de Janeiro em navios mercantes ingleses, abastecidos durante o trajeto, trazendo ferragens da Suécia e Alemanha, manteiga dinamarquesa, bacalhau da Terra Nova e assim por diante[15].

Começo difícil

Na primeira metade do século XIX, a produção nacional[16] de cerveja estava limitada às regiões para onde se dirigiram imigrantes egressos de Estados que hoje compõem a Alemanha[17], ou seja, Prússia e regiões vizinhas, a partir de 1818.

A falta de oportunidade econômica[18], além de guerras e conflitos, motivaram esses imigrantes a deixar sua terra de origem. Do lado de cá, o governo pretendia ocupar regiões despovoadas do país com imigrantes, que deveriam cultivar glebas pequenas, em regime de propriedade familiar policultora. Os alemães se enquadravam nesse projeto por serem considerados "civilizados", disciplinados e bons produtores rurais[19]. Por fim, convencidos por agenciado-

---

14. Carlos Gabriel Guimarães, *A Presença Britânica no Império do Brasil: O Caso da Firma Edward Johnston & Co. no Rio de Janeiro, c. 1842-c. 1852*, Niterói, Universidade Federal Fluminense, 2022 (Tese de Professor Titular), Tabela 10.

15. Robert Greenhill, "E. Johnston: 150 Anos em Café", em Marcellino Martins e E. Johnston, *150 Anos de Café*, Rio de Janeiro, Salamandra, 1992, pp. 158 e ss.

16. Quanto à escala de produção, neste momento podemos falar apenas em manufatura artesanal. A indústria em si veio aparecer apenas após 1870, como veremos adiante.

17. Apenas a partir da unificação de Bismarck em 1871 podemos considerar a formação do Estado alemão moderno.

18. Inclusive por conta da industrialização local que provocou êxodo para as cidades, onde não havia oportunidades suficientes.

19. Sobre a imigração, ver Giralda Seyferth, "A Colonização Alemã no Brasil: Etnicidade e Conflito", em Boris Fausto (org.), *Fazer a América*, São Paulo, Edusp, 2000, pp. 273-313. Ver também Silvia C. L. Siriani, "Os Descaminhos da Imigração Alemã para São Paulo no Século XIX – Aspectos Políticos", *Almanack Braziliense*, n. 2, pp. 91-100, nov. 2005.

Figura 4. Ernst Zeuner, *A Chegada dos Imigrantes Alemães*, 1824.

res a serviço do governo brasileiro[20], os primeiros imigrantes encararam uma duríssima viagem por mar.

Após as tentativas iniciais de colonizar áreas na Bahia e no Rio de Janeiro, fixaram-se no Rio Grande do Sul, a partir de 1824 e, mais tarde, outros grupos se dirigiram a Santa Catarina e ao Paraná. No total, vieram apenas cerca de seis mil imigrantes[21] na primeira fase da colonização do solo gaúcho, que se estendeu até 1830, quando o movimento cessou, com a suspensão de financiamentos aos candidatos à mudança pelo governo brasileiro[22].

---

20. O estabelecimento da corrente migratória alemã foi um processo recheado de contradições em ambos os lados do Atlântico. Nos Estados alemães, havia quem era contrário à saída dos concidadãos para um país escravista. Aqui, os escravocratas se opunham aos gastos para trazer mão de obra livre.

21. Giralda Seyferth, "A Colonização Alemã no Brasil: Etnicidade e Conflito", pp. 273-313.

22. *Idem, ibidem.* Ao fim do século, observou-se um novo movimento de entradas de imigrantes teutos. Entre 1820 e 1876, demógrafos estimam que ingressaram no Brasil em torno de 45 mil imigrantes dessa etnia (M. S. F. Levy, "O Papel da Migração Internacional na Evolução da População Brasileira [1872 a 1972]", *Revista de Saúde Pública*, vol. 8 [suplemento], pp. 49-90, 1974, Tabela 2). Outra leva importante chegou nos anos 1890.

Esses primeiros imigrantes enfrentaram muitas dificuldades, como informa a historiadora Giralda Seyferth[23]. Não houve reconhecimento prévio do terreno antes de sua chegada. Além disso, a obtenção de uma gleba podia levar mais de seis meses. Estradas ruins e a falta de meios de transporte os tornaram dependentes de comerciantes, que durante muito tempo dominaram os negócios com os produtos da agropecuária local.

Nessa época, o país entrava em uma das fases mais turbulentas de sua história, caracterizada por diversas rebeliões contra o poder central. O ciclo do ouro se esgotara, e as principais mercadorias de exportação, algodão e açúcar, estavam em baixa no mercado mundial[24]. Com a economia debilitada, nas regiões produtoras ressurgiam ideias independentistas ou separatistas. No Rio de Janeiro, o governo também vivia em crise, pois não conseguia arrecadar dinheiro por meio do sistema fiscal – quase inexistente[25].

Para cobrir o déficit comercial, a saída foram as emissões de papel-moeda. O meio circulante quase dobrou entre o começo e o fim da década de 1820, assim como a cotação da libra esterlina, o que encareceu a importação de produtos e aumentou a inflação[26], algo que se repetiria diversas vezes em nossa história...

Vendas-cervejarias

Enquanto isso, muitos imigrantes resistiram às dificuldades dos primeiros tempos[27], isolados nas áreas de colonização. Além de se dedicarem à agricultura, alguns foram pioneiros na atividade cervejeira, que proporcionava uma fonte de renda adicional. Esses imigrantes trouxeram as técnicas ancestrais de fabricação doméstica de cerveja – prática comum na Alemanha daqueles tempos. Não se sabe onde e nem quando ficou pronta a batelada inaugural da bebida,

---

23. Giralda Seyferth, "A Colonização Alemã no Brasil: Etnicidade e Conflito".
24. Apenas o algodão das províncias do Norte, somado ao couro, davam algum movimento significativo ao comércio de exportação.
25. De mãos amarradas pelos acordos com a Inglaterra, o Império não sobretaxava as importações. E tampouco tributava a terra ou a renda dos latifundiários escravistas.
26. A conta da inflação caiu nas costas de alguns segmentos das populações citadinas – pequenos comerciantes, empregados públicos e do comércio, além dos militares, entre outros, o que explica o forte caráter urbano das revoltas que espocaram no período. Celso Furtado resume essa etapa da vida nacional em *Formação Econômica do Brasil* (São Paulo, Companhia das Letras, 2007, pp. 101-106).
27. Os imigrantes sofreram ainda com epidemias de tifo, varíola, malária e febre amarela, responsáveis por altas taxas de mortalidade.

mas é possível situá-la em algum momento entre 1819, ano da chegada dos pioneiros, e 1824.

Também é impossível determinar quando o primeiro colono ou comerciante alemão transformou a cerveja artesanal em mercadoria. É quase certo que tenha sido mesmo no Rio Grande do Sul. Pois foi em São Leopoldo que um imigrante bávaro, Ignácio Rasch, vindo em 1824, montou uma pequena fábrica de cerveja ao lado do armazém, às margens do Rio dos Sinos[28]. Além de comerciar, Rasch explorou um serviço de barcas para a travessia de cargas pelo rio, antes da construção de ponte no local.

Se foi quem inaugurou o negócio cervejeiro no Brasil, Rasch logo arrumou companhia: outros comerciantes, cerca de uma centena, mantiveram vendas-cervejarias em território gaúcho, durante algum tempo. Produzir não era difícil. Bastava uma caldeira de quinhentos a mil litros, dispositivos para engarrafar e enrolhar, um moedor de grãos e duas tinas para a fermentação[29]. Surgia o modelo que predominou por boa parte do século, com a produção no fundo da loja e o atendimento no balcão.

O problema era obter cevada e lúpulo – as principais matérias-primas da cerveja. O grão produzido no Sul era de baixa qualidade, e o lúpulo tinha de ser importado. Os cervejeiros recorriam a matérias-primas substitutas, entre elas milho, arroz, além de adição de açúcar. Embora ruim, a cerveja era consumida assim mesmo, nos locais de produção. Além de mais barata que as importadas, também não enfrentava a concorrência direta dos produtos estrangeiros, dado o relativo isolamento das colônias alemãs.

Os imigrantes pioneiros ficaram confinados no Sul, mas a produção cervejeira avançou para outras províncias do Império, sempre conforme o modelo artesanal de pequenas manufaturas, dotadas de instalações simples. É sabido, por exemplo, que alemães fabricavam cerveja em Petrópolis (RJ), nos anos 1840, também em escala reduzida.

Sobre esses empreendimentos de porte bastante limitado não há estatísticas relativas ao século XIX. No período, a produção cervejeira tornou-se

28. Brasil, Ministério da Cultura, "192 Anos da Colonização Alemã no RS", *A Hora*, Caderno Especial 192: Colonização Alemã, 5 ago. 2016.

29. Edgar Helmut Köb, "Como a Cerveja se Tornou Bebida Brasileira", *Revista do Instituto Histórico e Geográfico Brasileiro*, ano 161, n. 409, p. 34, out.-dez. 2000. A professora Teresa Marques, em revisão a esse livro, ressalta que encontrar garrafas e dispositivos para arrolhar poderia não ser tão fácil como sustenta Köb.

eminentemente urbana. E as evidências permitem afirmar que foi sempre crescente, a partir de 1850, a despeito das crises recorrentes que assolaram a economia do país.

Marca barbante

Além da penúria de estatísticas, as informações sobre as primeiras cervejarias também são escassas. Luís da Câmara Cascudo descobriu a Cerveja Brasileira no Rio de Janeiro, ao resgatar anúncio de 27 de outubro de 1836, no *Jornal do Commercio*. Segundo o anúncio, na rua de Matacavalos (atual Riachuelo), n. 90, e na rua Direita, n. 86, vendia-se "cerveja, bebida acolhida favoravelmente e muito procurada. Essa saudável bebida reúne a barateza a um sabor agradável e à propriedade de conservar-se por muito tempo"[30].

A "barateza" da bebida fabricada pela Brasileira não deve ser posta em dúvida. Difícil é acreditar na excelência da bebida, pois ela sumiu sem deixar rastros. O anúncio estampado pela Brasileira no jornal carioca foi considerado o mais antigo documento sobre a existência de uma cervejaria no país, até muitos anos depois da publicação da obra de Cascudo. No entanto, Victor Melo e Thaina Karls cavaram mais fundo e acharam outra indústria na capital do Império, pertencente a um cidadão chamado Pedro Vidal, nas páginas do *Correio Mercantil*, datadas de 1831[31].

Esses autores também localizaram uma fábrica de cerveja na Bahia, da firma Lima e Irmãos, no jornal *Correio Oficial*, de 1835. Melo e Karls, além do anúncio citado por Câmara Cascudo, não encontraram mais informações sobre a Cerveja Brasileira nos anos posteriores ou sobre a trajetória de Pedro Vidal[32].

Toda cerveja produzida no país na primeira metade do século XIX era resultado de fermentação de cereais à temperatura ambiente, como se fazia há milênios. Essa categoria de cervejas é conhecida como de "alta fermentação"[33]. O controle deficiente do processo podia deixar a bebida com gás em excesso,

---

30. Luís da Câmara Cascudo, *História da Alimentação no Brasil*, p. 817.
31. *Correio Mercantil*, p. 2, 15.11.1831, *apud* Victor A. Melo e Thaina S. Karls, "Novas Dinâmicas de Lazer: As Fábricas de Cerveja no Rio de Janeiro do Século XIX (1856-1884)", *Movimento*, vol. 24, n. 1, pp. 147-160, jan.-mar. 2018.
32. Pedro Vidal, por meio de leilão, se desfez de todos os equipamentos e outros haveres de sua fábrica de cerveja. Retornava à Europa, segundo o *Jornal do Commercio* de 24 de abril de 1835.
33. No fabrico desse tipo de cerveja, as leveduras que atuam sobre a matéria-prima tendem a permanecer na superfície do mosto, nos tanques de fermentação. Por isso, as bebidas são classificadas como de "alta fermentação". As leveduras usadas no processo também vivem em temperaturas relativamente altas, de até 20°C.

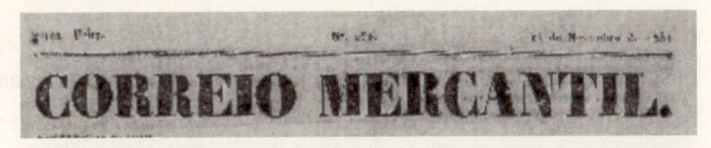

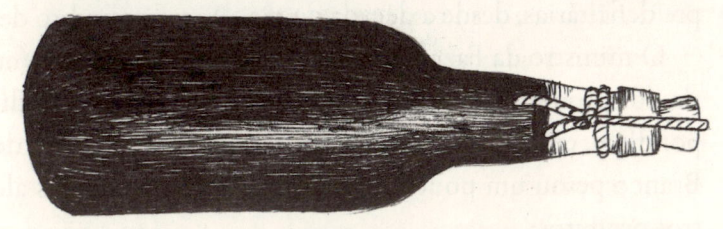

Figura 6. Rolha amarrada à garrafa: "cerveja
barbante". Ilustração de Giovanna Kistler.

de modo que a pressão costumava fazer saltar a rolha das garrafas. O recurso era prendê-la com um barbante. "Marca barbante", que designava as primeiras cervejas brasileiras, foi expressão usada no país para qualificar produtos ordinários pelo menos até os anos 1950.

A cerveja nacional de meados do século XIX era geralmente turva e talvez não apresentasse aspecto agradável. Não poderia ser comparada ao tipo de bebida que predomina hoje – da categoria Lager, ou de "baixa fermentação"[34] – em geral límpida, dourada e leve. Para tanto, é necessário tecnologia, filtragem, controle da torra e principalmente temperaturas reduzidas durante a produção e a estocagem no interior das fábricas.

Enquanto a tecnologia não viesse, o clima tropical brasileiro não permitia a produção de cerveja de qualidade, contribuindo para a vida curta da maioria das cervejarias de meados do século XIX.

---

34. A cerveja Lager é obtida por leveduras que permanecem no fundo dos recipientes de fermentação. Além disso, essas leveduras sobrevivem em temperaturas mais baixas (da ordem de 6°C a 12°C). Daí a denominação – "baixa fermentação".

Proteção tarifária

Na década de 1840 o Brasil se defrontava com problemas mais sérios. Nos meios políticos e administrativos era retomado o debate sobre a industrialização do país. Como é detalhado no Apêndice, quando os tratados com os ingleses expiraram em 1844, o governo imperial, já sob o comando de D. Pedro II, pôde aumentar as tarifas aduaneiras. Isso significava dar alguma proteção à indústria nacional e, sobretudo, equilibrar as contas governamentais, sempre deficitárias, desde a década de 1820[35].

O ministro da Fazenda, Alves Branco, taxou em 30%, na média, a maioria dos produtos estrangeiros importados. As receitas alfandegárias correspondiam, então, ao grosso da arrecadação no conjunto dos impostos. Alves Branco pesou um pouco mais a mão sobre as bebidas alcoólicas, entre outros produtos:

> Foram taxadas de 40% a 60% as mercadorias estrangeiras que já são produzidas entre nós [...]; aquelas que podem ser facilmente substituídas [...]; aquelas que pelo seu extenso consumo, e preço moderado podem, sem vexame do povo, pagar uma alta imposição, como os vinhos etc.[36]

Além do imposto de importação sobre as bebidas alcoólicas, as autoridades também confirmaram, em 1847, a concessão de isenções de direitos aduaneiros às matérias-primas destinadas às fábricas nacionais[37]. O Apêndice entra em mais detalhes sobre a tarifa Alves Branco e seus efeitos na industrialização brasileira.

---

35. O Brasil teve que assumir um passivo português para ter sua independência reconhecida em 1824. O endividamento, da ordem de cinco milhões de libras em 1825, saltou para trinta milhões de libras ao final do Império. O diplomata Paulo Roberto de Almeida descreveu a progressão da dívida externa no período em *Formação da Diplomacia Econômica no Brasil*, Brasília, Funag, 2017, pp. 247 e ss.
36. Nícia V. Luz, *A Luta pela Industrialização no Brasil*, p. 24.
37. A efetividade da tarifa Alves Branco enquanto medida protecionista já foi muito discutida pelos estudiosos. Até porque sofreria revisões, para menos, a partir dos anos 1850. Ao que parece, historiadores e economistas se põem de acordo quanto a um ponto: as tarifas atenderam mais a interesses fiscais do que as propostas industrializantes (Pedro H. B. Barbosa, "As Tarifas Alves Branco").

Indústria e diversão

Ao menos dois fabricantes da bebida, estabelecidos no Rio de Janeiro em meados do século XIX, Henrique Leiden e Alexandre Maria Villas-Boas, souberam aproveitar a isenção de tarifas para a importação de matérias-primas. É o que revelou a pesquisa do historiador Luiz Carlos Soares[38].

De certa forma, ambos foram pioneiros em *marketing* mais sofisticado. Nas circunstâncias da época, em que a corte ditava a moda em todas as esferas da existência cotidiana, ambos apresentaram ao público os produtos de suas "artes industriais", conectadas a várias formas de diversão.

A ligação entre cerveja e lazer surgiu como consequência de ser a capital do Império um centro de experiências de modernização e irradiador de modas e costumes. Havia, de fato, segundo Melo e Karls, "uma devoção ao divertimento". A propósito, eles citam Lilia Moritz Schwarcz:

[...] é na capital, durante os anos de 1840 e 1860, que se cria uma febre de bailes, concertos, reuniões e festas. A Corte se opõe à província, arrogando-se o papel de informar os melhores hábitos de civilidade, tudo isso aliado à importação dos bens culturais reificados nos produtos ingleses e franceses[39].

As iniciativas da dupla foram significativas para esse ramo da indústria de bebidas: a imagem em construção da cerveja relacionada à fruição da vida jamais se desfaria. Seria reforçada pela propaganda das empresas, principalmente nos primeiros anos do século XX, quando supostas qualidades alimentares da bebida também viriam a ser exaltadas.

E a fusão das "artes industriais" com o lazer começou na mesma rua de Matacavalos, onde transcorreu a curta existência da Cerveja Brasileira. O local se tornou palco da concorrência entre Leiden e Villas-Boas. Leiden chegou primeiro, em 1848, quando implantou a Fábrica de Cerveja Nacional.

---

38. "Muitos estabelecimentos que gozavam da isenção de direitos alfandegários sobre as matérias-primas importadas, incluindo alguns poucos de pequeno porte, declaravam o seu número total de operários, assim como a sua condição, aos funcionários alfandegários do Ministério da Fazenda" (Luiz Carlos Soares, "A Escravidão Industrial no Rio de Janeiro do Século XIX", *ABPHE*, 2003).

39. Victor A. Melo e Thaina S. Karls, "Novas Dinâmicas de Lazer", pp. 147-160.

Fez sucesso, abriu depósito para facilitar a distribuição do produto e criou um sistema de entregas em domicílio[40]. Como a instalação de unidades manufatureiras era indicação concreta de que o país progredia, a fábrica de Leiden passou a intitular-se Imperial Fábrica de Cerveja Nacional, uma distinção oficial. Em 1853, Henrique Leiden ainda fundou em Petrópolis (RJ) a Cervejaria Bohemia, sendo esta a cervejaria mais antiga em atividade no Brasil[41].

Um ramo que aparentemente só empregava trabalhadores livres era o de cerveja. O estabelecimento de Henrique Leiden, em 1856, contava com dez operários livres, oito homens e duas mulheres, enquanto o de Villas Boas & Cia., de maior porte, em 1857, empregava dezoito operários nesta condição, sendo todos eles do sexo masculino.

Villas-Boas fundou sua empresa em 1856, oito anos depois do estabelecimento de Leiden, mas soube aproveitar as características do lugar para inovações fundamentais. As informações da época permitem concluir que o terreno era amplo e arborizado. Nele, o cervejeiro construiu salão, iluminado a gás – então um item da modernidade –, e cultivou o jardim, onde colocou aparelhos de ginástica para uso da clientela. Já no ano seguinte também foi autorizado a agregar "Imperial" ao nome da empresa, por "serviços prestados"[42].

Um jornal lhe dispensou rapapés: "Seus esforços têm sido coroados dos mais felizes resultados e, segundo os entendedores, a cerveja de sua fábrica nada deixa a desejar em comparação com a estrangeira, que nos é importada por preço tão alto", publicou o *Correio Mercantil*[43].

Havia exagero na matéria laudatória. Sobre a qualidade da cerveja, um cidadão não identificado disse ao *Correio da Tarde*: "[...] ainda não é perfeita, como sempre acontece em todas as fábricas novas, mas é de crer que [...] dentro em pouco rivalize com a melhor que nos vem do estrangeiro". No entanto, a mesma pessoa elogiou a gentileza dos funcionários e observou que o local era frequentado por "famílias respeitadas" e moços de "fina educação"[44].

---

40. "Fábrica de Cerveja", *Correio Mercantil* (RJ), p. 2, 27.5.1855.
41. Quando Leiden faleceu, em 1865, a empresa ficou com Henrique Kremer e depois com Guilherme Lindscheid. Hoje pertence à Ambev, que lá mantém um Museu da Cerveja.
42. "Notícias Diversas", *Correio Mercantil* (RJ), 1ª p., 5.1.1856.
43. *Idem, ibidem*.
44. "Comunicado", *Correio da Tarde* (RJ), p. 3, 8.4.1856.

Figura 7. Fábrica de Villas-Boas, já sob a direção de Antonio José Bastos, conforme retratado em anúncio do *Correio Mercantil* em 29 de dezembro de 1862, p. 3. É possível ver o belo prédio da fábrica à esquerda, e à direita entrada para o espaço de lazer, onde a cerveja era consumida. Fonte: Biblioteca Nacional.

Figura 8. Anúncios das fábricas de Henrique Leiden e Alexandre Villas-Boas, ambas na rua de Matacavallos no Rio de Janeiro, décadas de 1850-1860. Fonte: Biblioteca Nacional.

Esse visitante, que fora convidado pelo proprietário, observou os presentes em conversas animadas, tanto ao ar livre, à luz do luar, quanto no salão. Da mesma forma, acompanhou os movimentos de jovens nos aparelhos de ginástica, postos à disposição dos frequentadores pela empresa, em ambiente agitado por música e danças.

As impressões favoráveis levaram o convidado a prognosticar um aumento da frequência feminina: "[...] é de esperar que para o futuro as senhoras não deixarão de tomar parte em um divertimento que se tem tornado o furor da época". Foi o que aconteceu, se for dado crédito ao registro posterior do *Correio da Tarde*:

Estamos nos tempos das danças públicas. Domingo passado, na Imperial Fábrica de Cerveja de Matacavalos, se reuniu uma numerosa sociedade. Um madamismo escolhido se deslizava por aquelas compridas escadas, via-se com prazer, em qualquer dos reservados para a tomada de cerveja, donzelas encantadoras, que, quais flores perfumadas, embalsamaram tão aprazível retiro[45].

A primeira guerra cervejeira

Villas-Boas devia estar feliz com a presença das "donzelas encantadoras", mas também não queria restringir a frequência às elites. O bom andamento dos negócios requeria um público mais amplo para consumir a cerveja – profissionais liberais, funcionários públicos, empregados em empresas industriais e comerciais, entre outros, desde que "decentemente trajados".

Essa restrição era lembrada de forma constante nos anúncios da empresa, ao mesmo tempo que ela afirmava oferecer a opção mais agradável de lazer para o público da capital. Após algum tempo, a frequência se diversificou, com a presença de trabalhadores braçais e empregados de baixo nível hierárquico, pertencentes aos quadros de empresas de vários setores. A fábrica passou a ser um espaço onde havia contato entre pessoas de grupos sociais diferentes. Convivência que viria a ser encarada com alguma naturalidade pelos cariocas, no futuro.

Sem dormir no ponto, Henrique Leiden contra-atacou, com as mesmas armas. Até que se prove o contrário, essa foi a primeira "guerra de cervejas" travada no país, embora as contendoras fossem minúsculas, se comparadas às fábricas enormes de hoje. Com dez pessoas empregadas, Leiden produziu 120 mil garrafas de cerveja por ano em 1855/1856. No período, Villas-Boas fez trezentas mil garrafas de doze em doze meses[46]. Embora fabricasse menos, Leiden não se intimidou. No campo da propaganda, afirmava ter sido pioneiro no ramo e que produzia cerveja de qualidade superior.

---

45. *Idem, ibidem*.
46. Edgar Helmut Köb, "Como a Cerveja se Tornou Bebida Brasileira", p. 34.

Ao mesmo tempo, adotou as inovações do competidor na área do lazer. Na Imperial Fábrica de Cerveja Nacional tornaram-se frequentes os concertos de bandas e orquestras nacionais e internacionais, além das apresentações dos ginastas que usavam os dispositivos oferecidos pela empresa. Os espetáculos diversos, de tão constantes, passaram a ter a programação anunciada pelos jornais.

Leiden venceu o embate travado no microcosmo da rua de Matacavalos. Villas-Boas com certeza deu passos maiores que as pernas e teve falência decretada já em abril de 1858, conforme publicação do *Correio Mercantil*[47]. Nesse ano, João Gonçalves Pereira Lima assumiu a fábrica, que repassou para José Gomes Pereira Bastos em 1859[48].

O novo proprietário ampliou os caramanchões, instalou um coreto, aperfeiçoou a iluminação a gás e construiu um salão para jogos. Bastos anunciava sempre que buscava melhorar o sabor e a qualidade da cerveja. E recebeu medalha de prata na Exposição Nacional, realizada em 1861.

Nessa década, outros estabelecimentos semelhantes foram abertos na cidade, como a Fábrica de Cerveja da União, na rua Nova do Conde, e o Recreio da Gamboa, na rua da Harmonia. No total, em 1869 havia treze cervejarias na capital do Império, segundo o *Almanaque Laemmert*[49], citado por Melo e Karls.

Os autores chamam a atenção ainda para a Nova Fábrica de Cerveja Nacional, inaugurada em 1864, na rua da Guarda Velha, empresa de Bartholomeu Correa da Silva, importante empresário do entretenimento. Em 1871, Silva construiu o Teatro Pedro II, em terreno fronteiro com o da cervejaria. Assim se formou um novo polo de diversão.

Para Melo e Karls, o empreendimento de Silva, inspirado nas iniciativas de Leiden e Villas-Boas, também era semelhante a estabelecimentos existentes em capitais europeias: "Fazia lembrar os *music halls* ingleses,

---

47. *Correio Mercantil*, 14.4.1858, *apud* Victor A. Melo e Thaina S. Karls, "Novas Dinâmicas de Lazer".

48. A firma de Bastos deixou de ser mencionada no *Almanaque Laemmert* a partir de 1879. A fábrica de Leiden mudou de dono e o complexo construído por Silva, na rua da Guarda Velha, foi demolido em 1884, por ocasião de obras no local.

49. O *Almanaque Laemmert* foi editado no Rio de Janeiro pelos irmãos Eduard e Heinrich Laemmert, entre 1844 e 1889. Contendo textos sobre a corte brasileira, os ministérios e a legislação imperial, além de dados censitários e propagandas, o *Almanaque Laemmert* tornou-se fonte fundamental para a compreensão do cotidiano brasileiro do século XIX.

um dos símbolos da gestação de uma cultura de massas". Em outros lugares onde a cultura do consumo de cerveja se difundiu, também se adotou o mesmo modelo de negócio – espaço de lazer associado à oferta da bebida. Por exemplo, em Ohio, Estado dos EUA que recebeu significativa população de imigrantes alemães, multiplicaram-se os *beer gardens*, uma tradição que remontava ao país de origem dos imigrantes e que contou com a adesão da população local.

De fato, os negócios com cerveja na corte cresceram nesses anos, a ponto de chamar a atenção da principal publicação econômica do país – o *Jornal do Commercio*. Ao recapitular o ano de 1874, o diário comentou a respeito da nova sensação etílica na capital do país, alertando para a qualidade por vezes duvidosa de certas marcas.

É este um dos gêneros cujo fabrico mais incremento tem tido entre nós. São numerosas as fabricas hoje existentes. E tão importante se tornou o seu consumo, no ano todo, que a cerveja estrangeira esteve constantemente em posição desfavorável e por preços baixos.

Consignamos este fato com verdadeira satisfação, mas quiséramos que os fabricantes empregassem todos os melhoramentos possíveis para aperfeiçoar o produto de sua indústria, porque se tem hoje competência com o que importamos do exterior, é sem dúvida, pelo preço ínfimo por que se vende a varejo, e não pela qualidade. A cerveja nacional comum, pode-se francamente dizer, é ainda um ridículo arremedo da inglesa ou alemã[50].

Vaivém na economia

Nos anos seguintes, a tendência do aumento de consumo se confirmou, tanto na entrada do produto importado quanto na oferta da cerveja fabricada no país[51], mesmo com o advento de crises econômicas, sentidas a partir da década

---

50. "Cerveja", *Retrospecto do Jornal do Commercio*, 1874, p. 23.
51. Em 1891, já em plena euforia causada pela expansão monetária promovida pelos primeiros governos republicanos, e atendendo ao crescimento da população urbana na capital do país, o *Retrospecto* destacou o movimento de importações de cerveja naquele ano. Se a Alfândega do Rio de Janeiro registrou a chegada de quarenta mil caixas de cerveja estrangeira em 1890, em 1891, o porto da capital recebeu 66 mil caixas, informou o jornal.

de 1850. Alternavam-se elevação e queda nos investimentos industriais, cujas importações de máquinas começariam a receber ajuda das divisas de exportação de café[52].

A partir da segunda metade dos anos 1860, as inversões na indústria de transformação se aceleraram, em consequência da Guerra do Paraguai. Isso porque as despesas governamentais durante o conflito foram cobertas em parte por emissões de moeda. Terminada a guerra, a política deflacionária implementada pelo governo reduziu o estoque de moeda e fez baixar o nível geral de preços. A recessão veio em 1874/1876, com uma grave crise bancária em 1875, e o nível de atividades permaneceu deprimido até o final da década. Ainda em 1874, a taxação sobre produtos importados foi reduzida e o mil-réis valorizou-se[53].

As importações, competitivas, abalaram a indústria brasileira. A de chapéus sofreu crise severa. Fábricas do ramo foram fechadas ou se converteram em importadoras. Da mesma forma, diversas fundições cerraram as portas ou também viraram importadoras.

Alguns empresários, como Manoel Joaquim Pinto Machado, da Fábrica de Cerveja Commercio, jogavam nas duas frentes. Em 1875, anunciava ter sempre à venda sua "bem conhecida e acreditada cerveja". E mais: informava ser importador de "cevada preparada, inglesa e hamburguesa, e de todos os objetos concernentes ao fabrico de cerveja".

Quanto à indústria cervejeira, Wilson Suzigan fornece uma estatística interessante para a época, extraída de relatório de um diplomata estrangeiro: "Em meados da década de 1870, a produção anual havia atingido 66,7 milhões de litros, consumindo de seis mil a sete mil barris de malte e vinte mil quilos de lúpulo"[54].

Esses dados permitem especular: se a população livre do país estivesse ao redor de 8,5 milhões de pessoas em 1875, o consumo *per capita* seria da ordem

---

52. O Apêndice detalha essa relação. Ver também Wilson Suzigan, *Indústria Brasileira: Origem e Desenvolvimento*, São Paulo/Campinas, Hucitec/Editora da Unicamp, 2000, pp. 82 e ss. e Celso Furtado, *Formação Econômica do Brasil*, cap. 27.

53. Nova crise, talvez a mais significativa, veio na década de 1890. Para manter a cronologia, porém, essa década muito relevante para a indústria brasileira que estava nascendo será tratada na próxima parte do livro e no Apêndice.

54. Wilson Suzigan, *Indústria Brasileira: Origem e Desenvolvimento*, p. 229.

de 7,8 litros por ano[55]. No entanto, como é razoável supor que também havia boa quantidade de cerveja feita com grãos diferentes da cevada, a exemplo de arroz e milho, estimar um consumo *per capita* de dez litros por ano naquela década não parece uma temeridade.

Nada mal para as pequenas manufaturas do século XIX: um volume dessa ordem de grandeza revela que o consumo da bebida estava bem difundido nessa altura. Na atualidade o brasileiro toma, *per capita*, perto de setenta litros por ano[56]. Mas trata-se de outro mundo: lá se vão quase 150 anos, e muita coisa foi feita para divulgar e sedimentar a cerveja na preferência do público.

Fora da corte

Talvez Simon Claesgens tenha sido o primeiro a fabricar a bebida na cidade de São Paulo. Dele foi possível encontrar apenas um vestígio histórico: o anúncio de poucas linhas que publicou em *O Piratininga*, na edição de 23 de outubro de 1849. Claesgens se dirigiu aos lavradores da província e propôs comprar de duzentos a trezentos alqueires de cevada para sua fábrica de cerveja. Também agradeceu o "patrocínio e a confiança do respeitável público para o novo ramo da indústria nacional"[57].

Depois de Claesgens, um fabricante de chapéus, Jacob Michels, também decidiu explorar o ramo cervejeiro. Ao longo de 1855, Michels procurou fornecedores de cevada diversas vezes através do *Correio Paulistano*. E fez propaganda de seu produto junto ao público, com um texto que hoje soa divertido: "Depois de custosas experiências e dispendiosos ensaios, conseguiu Jacob Michels, ajudado por pessoas práticas e bem-adestradas, fabricar cerveja de grande qualidade, que tem merecido a aprovação de muitas pessoas entendidas"[58].

Não há um levantamento exaustivo das pequenas instalações cervejeiras construídas em São Paulo de 1850 em diante. Muitas existiram, com certeza. De qualquer forma, após Claesgens e Michels, a que mais chama a atenção é

---

55. O censo de 1872 apontou a existência de 8,4 milhões de brasileiros livres (Tarcísio Rodrigues Botelho, "População e Espaço Nacional no Brasil do Século XIX", *Cadernos de História*, vol. 7, n. 8, 2005).

56. CervBrasil – Associação Brasileira da Indústria da Cerveja, "Dados do Setor Cervejeiro Nacional", *CervBrasil*, 2019; IBGE – Instituto Brasileiro de Geografia e Estatística, "Projeção da População", 2019.

57. *O Piratininga*, n. 29, p. 4, 23.10.1849.

58. "Indústria Nacional", *Correio Paulistano*, p. 4, 30.4.1855.

a Fábrica de Cerveja de Gambrinus, anunciada no *Correio Paulistano* de 17 de maio de 1870 e que deve ser considerada o embrião da Antarctica Paulista.

Os abaixo-assinados têm a honra de participar ao respeitável público da capital e província, que acabam de estabelecer nesta cidade uma fábrica de cerveja. [...] Empregados há muitos anos no fabrico da cerveja, e diretores de importantes fábricas deste produto na Europa e no Rio de Janeiro, os abaixo-assinados estão habilitados a afiançar que a sua cerveja corresponderá às maiores exigências do consumo. Além do depósito que terão na rua 25 de Março, n. 2, nesse mesmo estabelecimento ainda encontrar-se-á um local apropriado aos que ali mesmo quiserem beber. [...]

Phillips & Bücher[59].

Enquanto isso, no Sul, o movimento cervejeiro também cresceu com força após o fim da Regência, quando D. Pedro II incentivou novos movimentos migratórios.

Na Província do Rio Grande do Sul, mais uma venda-cervejaria surgiu em 1846, fundada por Georg Heinrich Ritter, alemão de Hunsrück. Ritter aprendeu a técnica cervejeira com um tio, na França, antes de imigrar para o Brasil. Mais tarde, dois de seus filhos, Heinrich e Karl, foram donos de grandes indústrias de cerveja em Pelotas e Porto Alegre – empresas que figuravam entre as maiores do país no começo do século XX[60].

Em Santa Catarina, Blumenau se destacou como centro de produção, usando malte e lúpulo geralmente trazidos da Alemanha. A exemplo de Georg Ritter, o imigrante alemão Heinrich Hosang, de Braunschweig, chegou ao Brasil sabendo fazer cerveja. Em 1860, fundou a Hosang, em Blumenau, empresa que produzia bebida de grande aceitação no mercado.

Carlos Rieschbieter, que também abriu cervejaria batizada com o próprio sobrenome, chegou a Blumenau em 1861, aos doze anos de idade, acompanhando os familiares. Mais adiante, permaneceu algum tempo no Rio de Janeiro, para aprender as técnicas de cervejaria. Depois retornou a Blumenau, onde construiria uma fábrica e criaria algumas marcas destacadas de cerveja.

---

59. "Fábrica", *Correio Paulistano*, p. 4, 15.5.1870.
60. Edgar Helmut Köb, "Como a Cerveja se Tornou Bebida Brasileira".

Figura 9. Georg Heinrich Ritter.   Figura 10. Heinrich Hosang.   Figura 11. Otto Jennrich.

Ainda em Santa Catarina, a cervejaria mais conceituada de Blumenau, já no começo do século XX, pertenceu a Otto Jennrich, que aprendeu sua profissão na Hosang. Ele, Rieschbieter e Hosang vendiam parte de seus produtos por meio de bares-cervejarias que lhes pertenciam. Além desses pontos, os principais clientes eram os clubes locais, bares, restaurantes e pequenas casas comerciais situadas fora do perímetro urbano[61].

Esses fabricantes de cervejas de alta fermentação dominaram o mercado sulino durante um período considerável. Em Santa Catarina, "a primeira grande cervejaria com tecnologia de baixa fermentação, com sede em Joinville, posteriormente chamada Cervejaria Catharinense Ltda., veio a funcionar somente em 1925"[62].

Mas a produção com tecnologia tradicional podia alcançar escala ponderável: em 1878, Friedrich Christoffel fabricava mais de um milhão de garrafas por ano, em Porto Alegre. Entretanto, à dependência do fornecimento de matérias-primas estrangeiras somava-se a dificuldade de manter a temperatura no processo de fermentação dentro da faixa ideal, devido ao clima brasileiro.

Outras partes do país também tiveram sua história[63]. A produção cervejeira também se desenvolvia em outras partes do país. Em Pernambuco, reaparece

---

61. *Idem.*

62. *Idem.*

63. São Paulo, ainda uma pequena cidade comparada ao Rio de Janeiro no final do século XIX, também teve sua história, que será contada na próxima parte do livro, já que esta é muito ligada a um dos personagens centrais desta obra, Heinrich Stupakoff.

nosso velho personagem Henrique Leiden, que se mudou para Recife. Sobre ele, Gilberto Freyre escreveu:

A 22 de dezembro de 1869 noticiava o *Diário de Pernambuco* que Henri Joseph Leiden [...] proprietário da grande fábrica de cerveja da Rua do Sebo; acabava de ser agraciado por S. M., o Imperador, com o hábito da Rosa, por [...] ter sido ele o fundador da primeira fábrica de cerveja no Brasil no ano de 1842 [...][64].

No entanto, "com ou sem honraria imperial, a fábrica de Leiden no Recife era um sucesso. O local tornou-se também um ponto de encontro, com espaço para piqueniques, mesas de bilhar e de cartas, área para apresentações artísticas e até jogos de críquete"[65].

Leiden morreu em Recife, provavelmente em 1872: sendo parte em ação judicial, Amália Leiden é qualificada como viúva pelo *Diário de Pernambuco*, na edição de 30 de outubro de 1873[66]. A cervejaria não sobreviveu ao empresário por muito tempo e teve falência decretada em 23 de março de 1876[67].

---

64. Freyre errou. Leiden não foi o primeiro cervejeiro do país e nem fundou empresa em 1842. Depois, o *blog Direto da Redação*, do próprio jornal pernambucano, desautoriza a história do "hábito da Rosa": "O sociólogo [Freyre] cita o *Diário de Pernambuco* de 22 de dezembro de 1869, mas não há nenhum registro sobre Leiden nesta edição. O decreto teria sido assinado (pelo imperador) no dia 10 de dezembro. Na internet, em *sites* sobre as condecorações do Império, não consta o nome de Leiden" (Paulo Goethe, "Cerveja, uma História com Sabor Pernambucano", *Blog Direto da Redação*, 18.5.2016).
65. Edgar Helmut Köb, "Como a Cerveja se Tornou Bebida Brasileira".
66. "Crônica Judiciária", *Diário de Pernambuco*, p. 2, 30.10.1873.
67. "Edital", *Jornal do Recife*, p. 3, 30.3.1876.

3

Frio essencial

JÁ NA ANTIGUIDADE, POÇOS PARA GUARDAR GELO FORAM PERFU-rados na China e na Mesopotâmia. Com o mesmo objetivo, os persas faziam construções elaboradas denominadas *yakhchal*[1]. Durante séculos, houve depósitos de gelo por toda a Europa, ligados a castelos, palácios, mosteiros e abadias, pois consumi-lo era símbolo de *status* para quem podia gastar com a coleta e a estocagem. A relação entre o gelo e a cerveja, tanto no consumo como em sua produção, é bem mais recente, como veremos.

Homem do gelo

No Brasil tropical, o gelo era algo provavelmente desconhecido até o século XIX, quando apareceu para poucos. Era inicialmente importado dos Estados Unidos[2], e apenas em certas épocas do ano. Chegava caro e fungível, mas, ainda assim, o gelo alegrava a vida de poucos privilegiados que podiam se deliciar com a inesperada fonte de frescor.

---

1. Tratava-se de poços profundos que alternavam camadas de gelo e palha isolante. Esses poços ficavam dentro de construções grossas com um domo com aberturas de ventilação, de modo que o ar quente subia e saía. A porta era selada e somente aberta no verão (cf. https://www.fieldstudyoftheworld.com/persian-ice-house-how-make-ice-desert/).
2. Nessa época não havia energia elétrica nem máquinas de fazer gelo.

Figura 12. Frederic Tudor, pioneiro no comércio internacional de gelo.

Frederic Tudor, cidadão de Massachusetts (EUA), percebeu que estava com uma oportunidade de negócios a custo baixo: o gelo do inverno, das lagoas de seu Estado natal, e a serragem das madeireiras do Maine[3].

Bastava cortar o gelo e colocá-lo nos porões de navios, em camadas alternadas com serragem para o isolamento térmico. Essa carga apresentava uma vantagem adicional – servia de lastro para as embarcações.

Em 10 de fevereiro de 1806, Tudor abriu o novo ramo de negócios: o brigue Favorite soltou as amarras no cais de Charlestown, com 130 toneladas de gelo, destinadas a Saint Pierre, na Martinica Francesa. Essa primeira investida resultou em prejuízos. Não foram os únicos: o empresário viria a sofrer outras sérias contrariedades no princípio da carreira. Mas, por fim, conseguiu firmar-se.

Durante anos, Tudor entregou gelo em muitas cidades dos EUA e também em dezenas de países do Oriente e das Américas, inclusive no Brasil. A mercadoria era consumida pelas aristocracias locais e usada por médicos de vez em quando – no tratamento de febres, por exemplo. O sucesso de Tudor atraiu concorrentes[4], e um deles abriu filial no Rio de Janeiro, em 1843.

---

3. Marc W. Herold, "Gelo nos Trópicos: A Exportação de 'Blocos de Cristais da Frieza Ianque' para Índia e Brasil", *Revista Espaço Acadêmico*, n. 126, nov. 2011.

4. Bodil B. Blain, *Melting Markets: The Rise and Decline of the Anglo-Norwegian Ice Trade, 1850-1920*, London, Department of Economic History, London School of Economics and Political Science, 2006. A Noruega também foi uma grande exportadora de gelo natural, movimentando mais de um milhão de toneladas por

Figura 13. Coleta de gelo *in natura* nos Estados Unidos. Autor desconhecido, National Archives and Records Administration, NAID 285732. Em domínio público.

Casamento perfeito

Até hoje, o hábito de consumir uma cerveja "estupidamente gelada" soa meio estranho para puristas europeus consumidores da Bock, por exemplo. Entretanto, no calor tropical do verão brasileiro, gelo e cerveja parecem a combinação perfeita.

A contribuição de Henrique Leiden para a expansão do setor cervejeiro não se resumiu à abertura de fábricas e à associação entre cerveja e lazer, como já vimos. Já em 1860, Leiden começou a anunciar e a vender cerveja gelada. Tornou-se, assim, um pioneiro em oficiar o casamento ideal da bebida com o gelo, em uma cidade de verões tórridos. Nas décadas seguintes, proliferaram na imprensa carioca crônicas e comentários que refletiam o quanto a cerveja gelada se tornara indispensável para o cidadão letrado. É natural que tivesse também a mesma importância para o homem comum.

---

ano na virada do século XIX para o século XX. A Grã-Bretanha era seu principal mercado. Entretanto, logo após a Primeira Grande Guerra, o produção artificial se impôs: em 1920, as vendas norueguesas de gelo corresponderam a apenas 5% do volume alcançado em 1910.

Em sua edição de janeiro de 1880, a *Revista Ilustrada* publicou um texto do cronista que assinava K. Brito – por certo, um *bon-vivant*. Bem-humorado, conciso e com elegância invejável, descreveu as sempiternas sensações e o comportamento de quem procura escapar da mesmice do cotidiano ajudado pelo copo:

PIRUETAS

Estamos em pleno verão. Os coletes de flanela foram-se, e as cigarras lhes sucederam.

Para falar com franqueza, não me desagrada o tempo quente, pois traz-nos os banhos de mar, muita sede de cerveja gelada, e é tão bom dar um mergulho no *bock-ale* do Derroches!

Há sempre inspiração no fundo do décimo copo, e quando se deixa a razão e um pouco de cerveja no duodécimo – sintoma grave! – fica-se amoroso e melífluo como um poeta romântico. Improvisa-se madrigais às damas nobres, sonetos às belas jovens...

O coração anda à matroca![5]

Esse foi um passo fundamental para que o consumo da bebida aumentasse.

Mercado em derretimento

Quando Leiden começou a usar o gelo importado na cerveja, a realidade conspirava para deter a globalização dos "blocos de cristais de frieza ianque" – nome dado na Índia ao gelo natural estadunidense. Ainda que esse comércio inusitado resistisse por mais algumas décadas, seus dias estavam contados, pois, dados a sazonalidade e o alto custo de transporte, não conseguiria competir com a fabricação do gelo.

O primeiro passo na direção do gelo artificial fora dado em 1755, quando o escocês William Cullen descobriu que a vaporização do éter retirava calor do ambiente. Ou seja, "produzia frio". Mas foram necessários quase cem anos para que a descoberta de Cullen se tornasse funcional. Em 1857, outro escocês, James Harrison, por fim chegou a um arranjo mecânico satisfatório e construiu um refrigerador por compressão de éter para uma cervejaria australiana. Dois anos depois, Ferdinand Carré patenteou outro sistema na França, baseado em mistura de água com amônia[6], capaz de congelar água em grande escala[7].

---

5. "Piruetas", *Revista Ilustrada*, Rio de Janeiro, n. 191, p. 3, 1880.

6. "Carré, Ferdinand Philippe Edouard", *Digital Mechanism and Gear Library*, 25 nov. 2013. Europeana Collections.

7. Em 1862, depois de obter patentes em outros países, Carré apresentou sua invenção na Exposição Internacional de Londres.

No Brasil, o pioneiro a importar uma máquina de Carré foi nosso velho conhecido Henrique Leiden. O fato virou notícia no *Correio Mercantil* de 8 de agosto de 1862, que, na véspera, mostrara como fabricar gelo a um grupo de notáveis[8].

Um ano depois, com certeza orgulhoso, Leiden publicou anúncio no *Diário do Rio de Janeiro* sob o título pitoresco "Gelo Artificial, Fogo e Água Faz Gelo"[9]. A propaganda reproduziu o parecer elogioso da Junta Central de Higiene Pública à fábrica e aos métodos do empresário, impresso no *Diário Oficial* de 15 de setembro de 1863.

O documento fora endereçado ao Marquês de Olinda, ministro de Estado dos Negócios do Império, no dia 10 daquele mês. Depois de Leiden, novas fábricas de gelo foram construídas no Rio de Janeiro e em outros domínios do Império. Desde então começaram a se tornar comuns, por toda parte, as ofertas de gelo e anúncios de cerveja gelada em hotéis, restaurantes e onde mais houvesse comércio da bebida.

Dado o pontapé inicial por Leiden, menos de vinte anos depois a fabricação de gelo alcançou verdadeiras dimensões industriais, com a chegada de equipamentos de grande porte, aperfeiçoados no exterior. A maior das fábricas cariocas foi inaugurada em dezembro de 1881, na rua Santa Luzia. Segundo a *Revista de Engenharia*, também era a maior do mundo, "pois pode produzir 1 500 quilos por hora e, com trabalho contínuo, 45 toneladas diárias, ao passo que a de Paris não consegue dar uma produção maior de trinta, e a de Nova York quarenta toneladas"[10].

Semelhante prodígio mereceu a visita do imperador Pedro II, em janeiro de 1882, que examinou várias dependências da fábrica. O *Jornal do Commercio* noticiou: "Sua majestade mostrou-se satisfeito, prognosticando belo futuro a este estabelecimento, e antes de retirar-se, dignou-se a aceitar um copo de água gelada". Gelo, a essa altura, não era novidade: quase vinte anos antes, o próprio Pedro II fora o primeiro figurão do Império a ver Henrique Leiden fazer gelo na rua de Matacavalos[11].

Mesmo com a produção de gelo em escala industrial, a imagem de Henrique Leiden permaneceu na memória dos cariocas durante algum tempo. Tanto

---

8. "Parlamento – Expediente", *Correio Mercantil*, 1ª p., 20.1.1864.
9. "Gelo Artificial, Fogo e Água Faz Gelo", *Diário do Rio de Janeiro*, p. 4, 12.12.1863.
10. "Noticiário", *Revista de Engenharia*, ano III, n. 1, p. 17, jan. 1881.
11. "Gazetilha", *Jornal do Commercio*, p. 2, 15.8.1862.

Figura 14. William Cullen.

Figura 15. James Harrison.

Figura 16. Ferdinand Carré.

Figura 17. Carl von Linde.

assim que um anúncio publicado em 1887, por C. Bailly & Co., provável sucessora da Imperial e Antiga Fábrica de Cerveja, citava seu nome, para apregoar as qualidades da máquina de Carré[12].

Revolução Lager

Por ora, falamos do gelo no consumo da cerveja. Contudo, foi seu uso na fabricação da bebida com a temperatura controlada que trouxe a revolução da

---

12. "Gelo", *Gazeta de Notícias*, p. 4, 12.12.1887.

Figura 18. Fábrica de gelo na rua Santa Luzia, em frente ao Palácio Monroe, Rio de Janeiro, em 1906. O referido palácio foi demolido em 1976, e em seu lugar se encontra a Praça Mahatma Ghandi. Já no lugar da fábrica, prédios comerciais. Em frente a ambas o mar foi aterrado, dando lugar ao Aterro do Flamengo. Em domínio público. Crédito: Augusto Malta/Acervo Instituto Moreira Salles.

categoria Lager – ou de baixa fermentação –, as cervejas em geral claras, leves e de baixo teor alcoólico que predominam hoje no mercado mundial.

O caminho para isso é um dos capítulos mais interessantes da história da cerveja, iniciado na Baviera do século xv. Por essa época, a cerveja bávara produzida no verão costumava azedar ou apresentar gosto ainda pior que o ácido. Os cervejeiros não sabiam, mas as cubas para a fermentação do malte triturado, por ficarem abertas, sofriam a invasão de bactérias e de outros microrganismos, o que era mais premente em temperaturas mais altas.

Com a intenção de disfarçar a má qualidade da bebida, os cervejeiros apelavam para algo parecido com bruxaria. Lançavam à mistura em preparo uma coleção espantosa de aditivos. De fuligem a cogumelos venenosos, incluindo sangue de galinha, sal, giz, legumes, cascas de árvores...

Mas um fato interessante foi notado com o passar dos anos: as cervejas de inverno tendiam a ser muito mais saborosas. Os bávaros também não sabiam, é claro, mas as baixas temperaturas da estação tendiam a conter a ação bacteriana.

Os governantes procuraram intervir na questão[13]. Em 1420, Munique determinou que as cervejas teriam de ser envelhecidas pelo menos oito dias antes da venda. Depois ordenou, em 1447, que os cervejeiros usassem apenas cevada, lúpulo e água na fabricação da bebida.

Pelo jeito, as misturas esdrúxulas continuaram, assim como a contaminação por bactérias, é óbvio. Então, o duque Albrecht IV, da Casa de Wittelsbach, a dinastia reinante na Baviera desde 1180, forçou os cervejeiros a prestar juramento público de aderir ao decreto de 1447. Por fim, em 23 de abril de 1516, o duque Wilhelm IV proclamou o *Reinheitsgebot* – a lei de pureza da cerveja, confirmando os termos do decreto de 1447.

No entanto, microrganismos não respeitam leis. E a cerveja bávara de verão continuou ruim. Ao sucessor de Wilhelm, o duque Albrecht V, só restou proibir a fabricação da bebida no período compreendido entre 23 de abril e 29 de setembro. Embora a intenção de Albrecht fosse apenas melhorar a qualidade da cerveja, esse decreto de 1553 teve consequências inesperadas e extraordinárias que, mais adiante, mudariam as técnicas de produção da bebida em todo o mundo[14].

Com a nova lei, os cervejeiros foram obrigados a produzir e a estocar cerveja no inverno para o consumo no verão. Acondicionada em barris, a bebida era guardada em porões, túneis ou cavernas geladas. Daí o termo inglês *lager*, do alemão *lagern*, que significa armazenar em local seco e frio.

Nessas condições, bactérias e parte das leveduras morrem. Continua em atividade só uma determinada classe de microrganismos – as leveduras *lager*. Então, de forma gradual, por ciclos sucessivos de produção, as cervejas da Baviera, antes turvas e "ásperas", adquiriram qualidades que as aproximavam das cervejas modernas.

Com o passar do tempo, outras inovações surgiram. A começar pelo preparo do malte. Até princípios do século XVII, a secagem dessa matéria-prima

---

13. O que não chegava a ser novidade na Baviera: em 1156, a administração de Augsburg decretou que as cervejas ruins deveriam ser destruídas ou distribuídas aos pobres.

14. Oliver Garrett (ed.), *The Oxford Companion to Beer*, New York, Oxford University Press, 2012, p. 105.

se dava em fornalhas, com alguns inconvenientes: o contato com o fogo, além de defumar, por vezes torrava os grãos. O resultado eram cervejas escuras, com algum sabor de fumaça. A secagem melhorou devido à queima do coque – carvão mineral destilado – de 1642 em diante. E as cervejas se tornaram mais claras.

Por último, já no começo do século XIX, o aquecimento indireto do malte deu aos fabricantes o controle total da secagem e lhes permitiu escolher as cores e sabores da cerveja[15]. As invenções do termômetro e do densímetro, novidades do campo da técnica, também permitiram um controle mais eficaz do processo de fermentação.

Então, no fim da década de 1830, quando os negócios de Tudor com o gelo natural dos EUA iam de vento em popa, um problema na fabricação de cerveja surgiu na cidade de Pilsen, na atual República Tcheca. Uma provável contaminação deixava o produto local ruim. Para resolver o problema, os tchecos chamaram Josef Groll.

Mestre cervejeiro alemão, Groll estava atualizado com os novos métodos de preparo do malte e levou consigo leveduras *lager*. Em 5 de outubro de 1842 nascia a Pilsen, ou Pilsner, cerveja clara, equilibrada e refrescante. Cervejas desse padrão especial em poucas décadas dominariam grande parte do mercado mundial.

Leveduras puras

Na altura do aparecimento da Pilsen, embora ainda fossem armazenadas em cavernas e locais assemelhados, as Lager bávaras já faziam carreira vitoriosa na Alemanha. Depois cruzaram a fronteira com a Holanda e caíram nas graças dos batavos, normalmente abastecidos pela indústria local com cervejas escuras e opacas, semelhantes às inglesas. Em pouco tempo, as cervejarias holandesas intuíram que a demanda por cervejas alemãs não era moda passageira. E logo entraram na dança.

A Heineken de Amsterdam, por exemplo, mandou seu cervejeiro alemão verificar o que faziam os bávaros, em 1869[16]. No ano seguinte lançava sua primeira Lager. Convencida das vantagens econômicas de se produzir cerveja

---

15. Ronaldo Morado, *Larousse da Cerveja*, p. 49.
16. Barbara Smit, *A História da Heineken*, Rio de Janeiro, Zahar, 2016, p. 15.

com padrão de qualidade, mediante o controle do processo de fermentação e estocagem, a Heineken suspendeu a produção de cerveja pelo método de alta fermentação em 1873 e adotou unicamente a produção via baixa fermentação, pelo sistema Lager[17].

O mais difícil era estocar a produção a frio. Nos invernos mais rigorosos, podia-se obter gelo nos canais de Amsterdam. Quando o clima não cooperava, a saída era importar gelo da Noruega, a custos altos. A solução surgiu na Alemanha.

As pesquisas do engenheiro Carl von Linde foram cruciais para mudar o panorama da indústria. Linde era professor de engenharia da Escola Politécnica de Munique, quando se firmou um consórcio[18] para desenvolver equipamentos de refrigeração de uso industrial. Essas pesquisas, feitas entre 1874 e 1881, resultaram no aperfeiçoamento de máquinas de refrigeração, que passaram a ser exportadas para todo o mundo[19]. Era o primeiro equipamento eficiente e confiável a operar com o ciclo de compressão e expansão da amônia. O invento, sucesso mundial, foi logo adotado pelas cervejarias e por empresas de vários outros ramos industriais. A partir daí, a produção de Lager estava assegurada em qualquer estação do ano, em qualquer lugar da Terra.

Contribuição de Pasteur

Enquanto Linde trabalhava com a refrigeração, Louis Pasteur, na França, desenvolvia suas pesquisas pioneiras em microbiologia. Em 1876, publicou *Estudos Sobre a Cerveja*, descrevendo a importância de microrganismos tanto na produção como na deterioração da bebida. Para eliminar os micróbios, desenvolveu o tratamento térmico que seria chamado de pasteurização – fundamental para dar vida longa à cerveja.

O conjunto das pesquisas de Pasteur teve desdobramentos importantíssimos no âmbito da saúde humana e animal, e também na produção industrial. No campo cervejeiro, as empresas procuraram isolar cepas de leveduras isentas

17. Bram Bouwens e Keetie Sluyterman, *Brewery, Brand, and Family. 150 Years of Heineken*, Amersfoort, Drukkerij Wilco, 2014, p. 85.

18. O consórcio envolveu o próprio Linde e a fábrica de locomotivas Augsburg Machine Co., além da cervejaria Spatenbrauerei, de Munique.

19. Teresa C. N. Marques, *A Cerveja e a Cidade do Rio de Janeiro de 1888 ao Início dos Anos 1930*, p. 30.

Figura 19. Louis Pasteur.

de contaminação. Na Dinamarca, Christian Hansen, chefe do laboratório da Carlsberg, foi o primeiro a alcançar uma linhagem pura dos microrganismos produtores de Lager. A Heineken repetiu o feito em seguida.

Com os avanços tecnológicos formidáveis do século XIX, o padrão Lager estava pronto para conquistar o mundo. No entanto, o conjunto de equipamentos e instalações para a produção e guarda da cerveja exigia investimentos bem maiores do que as de uma cervejaria de alta fermentação. Surgia assim uma barreira para que as pequenas cervejarias existentes de alta fermentação entrassem nesse novo mercado. Outra barreira importante seria o domínio do setor por grandes companhias, lideradas por um grupo reduzido de empresários[20], como ocorreu nos Estados Unidos.

---

20. *Idem*, p. 32.

4

Enquanto isso, nos EUA...

Imigrantes alemães

A CERVEJA CHEGOU AOS ESTADOS UNIDOS JÁ EM 1624, COM OS holandeses que fundaram Nova York. Mais de duzentos anos depois, teve início a imigração alemã, trazendo muitos bebedores de cerveja e fabricantes familiarizados com a técnica de baixa fermentação: foi muito comum no país o uso de cavernas ou de construções para guardar gelo natural e cerveja.

As Lager logo conquistariam o país, assim como tomariam a Europa inteira, com exceção do Reino Unido. O avanço da bebida foi muito rápido. Em 1810, havia 132 cervejarias nos EUA. Esse número subiu para 1 269 em 1850 e alcançou o pico de 4 131 unidades fabris em 1873, com produção total de nove milhões de barris nesse ano[1].

Com o crescimento da cerveja engarrafada e a possibilidade de transporte em maiores distâncias, o futuro pertenceria aos que podiam investir na produção em escala e na construção de marcas. Nessa corrida, sobressaíram-se a Anheuser-Bush, de Saint Louis, e a Pabst e Schilitz, de Milwaukee.

Dos dirigentes dessas empresas, o imigrante alemão Adolphus Busch se tornou o mais famoso. Em St. Louis, casou-se com a filha de um fabricante local, Eberhard Anheuser, cuja cerveja, a rigor, não poderia ser escolhida para definir um padrão de excelência.

---

1. Barbara Smit, *A História da Heineken*.

Figura 20. Adolphus Busch.

Busch assumiu a direção da empresa em 1880, e desde o início mostrou qualidades incomuns enquanto empresário. Começou por colocar a casa em ordem, depois de estudar a produção de cerveja na região da atual República Tcheca. "Ele teria se inspirado na cidade medieval de České Budějovice e em seu nome alemão, Budweis, para criar a própria marca de cerveja, a Budweiser"[2].

Cerveja, na segunda metade do século XIX, era fabricada para o público local, basicamente – o que a tornava um item de consumo semelhante ao leite, inclusive por se tratar de item perecível. As cervejas de alta fermentação (que como vimos aqui foram apelidadas de barbantes) não podiam ser transportadas para longe sem explodir, além de serem melhores se consumidas frescas. As Lagers, mais duradouras, por si sós, passaram a ser pasteurizadas por Busch, ganhando maior estabilidade no interior das garrafas.

Essa providência permitiu que ele também fosse pioneiro no transporte do produto até localidades próximas: quando surgiram os caminhões, dotou os seus de carrocerias refrigeradas[3]. Assim pôde alcançar mercados regionais, onde viviam consumidores que, tendo passado por Saint Louis, retinham

2. *Idem.*

3. Maureen Ogle, *Ambitious Brew: The Story of American Beer*, Fort Washington, Harvest Books, 2006.

boas lembranças das cervejas Anheuser-Busch. Além disso, trens com vagões refrigerados estenderam o alcance de suas operações para locais cada vez mais distantes.

Busch, mais que um industrial, era um grande marqueteiro, algo que nem existia na época. Apelou para um esquema muito eficiente de divulgação, baseado nos *collectors* – promotores de vendas que se tornariam folclóricos. O *collector* percorria os bares que vendiam a cerveja de Busch, bebendo e oferecendo a bebida aos circunstantes. Gastava em cada estabelecimento uma quantia proporcional às vendas mensais da marca, realizadas pela casa.

As obrigações do promotor se estendiam aos acontecimentos sociais que envolvessem os revendedores da Busch. Além de casamentos, para levar presentes, devia comparecer a todos os velórios de familiares de donos de bares para apresentar suas condolências, com o ar pesaroso e a postura circunspecta requeridos em tais ocasiões[4].

Estratégia eficaz

Os cartazes de propaganda espalhados por Adolphus Busch também se destacavam pela qualidade, se comparados aos da concorrência. Na época, tanto a propaganda quanto o jornalismo engatinhavam. Os anúncios em qualquer publicação se limitavam à reprodução de rótulos de produtos, eventualmente com legendas, cujas mensagens agora soam divertidas, de tão pueris. Mas é preciso dar um desconto aos velhos autores: vivia-se a era de "elixires milagrosos" (um deles se transformou na Coca-Cola) e de outras supostas invenções, cheias de promessas irrealizáveis, propagandeadas sem restrições.

Os cartazes de Adolphus Busch, ao contrário, abordavam temas diversos. Por exemplo: apresentavam acontecimentos históricos, capazes de sensibilizar o público estadunidense – um deles recriava em cores vivas a última batalha do coronel Custer, em Little Big Horn. E Busch não era dado a acessos de modéstia.

---

4. Gerard Holland, "The King of Beer", *BeerHistory*, 2016. Segundo o autor, com o tempo, o *collector* virou *Todsäufer* – o beberrão da morte. Isso porque, em meio às suas encenações compungidas, com direito a soluços de pesar, ele era vigiado atentamente pelo público masculino presente. Todos sabiam: terminados os ritos fúnebres, o *Todsäufer* patrocinaria momentos alegres no bar mais próximo que pertencesse a um cliente da Busch.

Divulgava os produtos, mas também seu nome – a marca – e a própria imagem: em outro cartaz, ele aparecia conversando com Otto von Bismarck. Nele, Adolphus dizia ao chanceler alemão, retratado com ar severo, mas satisfeito: "Posso garantir a V. Excelência que a cerveja é a bebida nacional dos EUA"[5]. Se não era, acabou sendo. Lá e cá.

A penetração em outros territórios abriu caminho para a concentração do mercado[6]. Das 4 100 cervejarias existentes em 1873, restavam cerca de duas mil em 1900[7]. O processo continuou nas décadas subsequentes, sem que os herdeiros de Busch se descuidassem de inovar, seguindo o modelo de negócios implantado pelo patriarca – que seria acompanhado por outras empresas ao redor do mundo. A Tabela 1 mostra a concentração do mercado nos EUA e o crescimento vertiginoso da Anheuser-Bush entre 1950 e 2005.

Tabela 1. Os 10 maiores produtores de cerveja em 1950 e em 2005.

Posição 1950	Cervejaria	Participação %
1	Jos. Schlitz Brewing	6,08
2	Anheuser-Busch	5,83
3	Ballantine, Inc.	5,22
4	Pabst Brewing Co.	4,9
5	Schaefer Brewing	3,16
6	Liebmann Bros.	2,73
7	Falstaff Brewing	2,51
8	Miller Brewing	1,26
9	Blatz Brewing	0,81
10	Pfeiffer Brewing	0,8

---

5. Gerard Holland, "The King of Beer".

6. M. Stack, "Local and Regional Breweries in America's Brewing Industry, 1865-1920", *The Business History Review*, n. 74, vol. 3, pp. 435-463, 2000.

7. Neste século a quantidade de cervejarias, a despeito da concentração de mercado, voltou a crescer, pois as microcervejarias artesanais caíram no gosto do consumidor. A BA Brewers Association estimou, em 2021, 9 247 cervejarias estadunidenses (das quais apenas 129 são de grande porte) – em 2008, eram apenas 1 500. No Brasil também se verificou esse fenômeno: de acordo com o relatório *Anuário da Cerveja 2021*, do Ministério da Agricultura, o número saltou de quatrocentas no ano 2000 para 1 549 em 2021.

Posição 2005	Cervejaria	Participação %
1	Anheuser-Busch	49,5
2	Miller Brewing	18,7
3	Molson-Coors Co.	11,1
4	Pabst Brewing	3,4
5	Yuengling & Son	0,8
6	Boston Beer	0,7
7	City Brewery	0,5
8	Latrobe Brewing	0,5
9	High Falls Brewing	0,3
10	Sierra Nevada	0,3

Fonte: Alfred G. Warner, "The Evolution of the American Brewing Industry", *Journal of Business Case Studies*, vol. 6, n. 6, nov.-dez. 2010, Tabela 1, p. 38.

Adolphus Busch se tornou figura emblemática no universo cervejeiro. Mas há bibliotecas recheadas de livros sobre a história, evolução da técnica e tudo o mais que se relaciona com a bebida. Inclusive biografias de outros fabricantes ilustres, entre eles ingleses e cidadãos de vários países nórdicos. E também alemães, a exemplo de Heinrich Beck, que, ao contrário de Busch, voltou para a Alemanha, depois de viver algum tempo nos EUA. Em Bremen, porto fluvial nas vizinhanças do Mar do Norte, Beck fundou uma cervejaria com seu nome, associado a Thomas May e a Luder Rutenberg, em 1873[8].

As histórias se cruzaram. A Cervejaria Beck, uma das empresas alemãs que se mantêm fiel à lei de pureza de 1516, foi comprada pela belga Interbrew, em 2002. A Interbrew, por sua vez, se fundiu com a Ambev, brasileira, originando a InBev. Em 2008, a InBev assumiu o controle da própria Anheuser-Busch, para fundar a maior corporação cervejeira do planeta, a AB InBev.

Como é do conhecimento geral, a Ambev surgiu da fusão da Antarctica Paulista com a Brahma, do Rio de Janeiro, em 1999[9]. Mas muita gente ignora que essas duas cervejarias só se tornaram as maiores do Brasil, no século XX, graças às contribuições de dois empreendedores alemães: Heinrich Stupakoff e Johann Künning. É deles e de suas histórias que nos ocuparemos nos próximos capítulos.

---

8. C. Bleiker, "Local to Global Beer", *Deutsch Welle*, 21.12.2012.

9. Livros como *Sonho Grande,* de Cristiane Correa, e *De Duas, Uma,* de Ana Landi e Oscar Pilagallo, detalham a construção da Ambev de 1989, com a compra da Brahma pela 3G, até o ano 2000, consolidação da fusão.

PARTE II

O empreendedor Stupakoff e a Bavaria (1882-1904)

5

O pioneiro da baixa fermentação

O imigrante

HAMBURGO, 19 DE AGOSTO DE 1882. HEINRICH FERDINAND ALE-xander Simon Stupakoff embarca para Santos[1], na primeira classe do vapor Valparaíso, em uma viagem com escalas em Liverpool, Bordeaux, Lisboa, Recife e Salvador[2]. Em 13 de setembro, o navio faz escala no Rio de Janeiro[3] e finalmente chega a Santos no dia 16 do mesmo mês[4]. Faltavam poucos dias para seu aniversário de 26 anos, no dia 24.

Não foi, todavia, a primeira vez que aportou por aqui. O registro de saída em Hamburgo já mostrava que Heinrich era residente em São Paulo. Em 24 de agosto de 1882, portanto quando ainda viajava, um certo Schweizer, esta-belecido em Santos, escreveu a ele, pedindo ajuda para comprar magnesita, mineral largamente empregado na indústria até hoje. A carta, em alemão[5], junto com o registro da viagem, comprova que ele já havia emigrado ante-riormente[6].

---

1. Fonte: Lista de Passageiros embarcados em Hamburg, Alemanha, em ancestry.de. Não foi possível verificar a che-gada exata em Santos, já que a lista de passageiros só está disponível nos arquivos brasileiros a partir de 1888.
2. Cf. https://imigracao.duobox.com.br/.
3. Cf. "Entrada de Estrangeiros no Brasil – Porto do Rio de Janeiro". Arquivo Nacional.
4. Apesar do registro de chegada de passageiros no Porto de Santos só estar disponível a partir de 1888, notícia no jornal *Correio Paulistano* de 17.9.1882 mostra a chegada do vapor Valparaíso no dia anterior.
5. Carta encontrada por um filatelista de São Paulo e adquirida e em poder dos seus descendentes.
6. De fato, nesse ano, ele já era dono da Companhia Stupakoff & Cia., que produzia águas minerais, como ve-remos adiante.

Figura 21. Heinrich Ferdinand Alexander Simon Stupakoff, fundador da Bavaria. Acervo Instituto Martius-Staden.

Hamburgo era sua cidade natal. Heinrich era filho de um alfaiate da cidade, Simon Romanovitzch Stupakoff, e neto de um oficial russo homônimo[7] que combatera contra Napoleão. Como costume da época, ele teve vários irmãos e irmãs, das quais apenas duas (Emma e Dorothea) permaneceram na Alemanha. Outra irmã, Maria, foi para a Inglaterra[8], e seu irmão Simon, para os EUA, onde também se tornou industrial bem-sucedido, com a Stupakoff Ceramic and Manufacturing Co., situada na Pensilvânia, tendo inclusive patenteado invenções relacionadas a mecanismos eletromagnéticos[9].

Já Heinrich, seu irmão Johannis e a irmã Simonie[10] se aventuraram no Brasil. Heinrich e Johannis vieram ser industriais cervejeiros, o primeiro em São Paulo, como fundador da Cervejaria Bavaria, e o segundo em Mendes, RJ, onde fundou a Teutonia[11].

7. Aparentemente apenas com a grafia mais aproximada do russo, Simeon Romanovitch Stupakov.

8. Heinrich Stupakoff já havia retornado a Hamburgo por ocasião da Primeira Grande Guerra, e Maria se hospedou na casa do irmão nessa época.

9. Cf. https://patents.google.com/patent/US495125.

10. Foi professora na Deustche Schule (Escola Alemã) em São Paulo, mais tarde retornando a Hamburgo.

11. A Bavaria foi posteriormente vendida para a Antarctica, e a Teutonia, para a Brahma, conforme será detalhado.

Figura 22. Família Stupakoff, 1863. O futuro empreendedor Heinrich é a criança em pé no centro. Fonte: Acervo Philippe Prufer.

O porquê de a maior parte da família ter emigrado envolve algum grau de especulação. Fato é que o mundo mergulhou em uma grade depressão a partir de 1873[12]. Como exemplo do impacto na Alemanha, em 1874 a produção de ferro caiu 21%, e o preço, 37%[13]. Era também a época de transição da economia agrícola para a industrial. Muitas famílias alemãs[14] vieram parar no Brasil, país que desejava atrair imigrantes. Quanto aos Stupakoff, o falecimento do patriarca Simon, em 1876[15], provavelmente contribuiu para a decisão.

A emigração dos irmãos ao Brasil pode ter tido uma motivação adicional. Hamburgo (junto com Le Havre, na França) era o principal porto de destino do café brasileiro na Europa. Surgiram assim correntes de comércio: enquanto as exportações de café traziam divisas para a importação de bens de consumo

12. Vários fatores contribuíram para isso, como o fim do uso da prata como moeda circulante, consequência da Guerra Franco-Prussiana (1870-1871), falências nos EUA que resultaram em crise nos mercados daquele país e uma queda violenta na Bolsa de Viena.

13. Michel Beaud, *História do Capitalismo de 1500 aos Nossos Dias*, São Paulo, Brasiliense, 2004, p. 195.

14. Silvia Siriani reconstitui o contexto político e econômico da Alemanha no século XIX, arrolando razões para a saída de parte de sua população para o exterior (Silvia C. L. Siriani, *Uma São Paulo Alemã*, São Paulo, Imprensa Oficial, 2003).

15. Conforme certidão de óbito obtida em ancestry.de.

(inclusive cervejas alemãs), também financiavam máquinas industriais, necessárias para a instalação de fábricas no Brasil[16]. Essa corrente de comércio proporcionou o desenvolvimento de uma comunidade de negócios teuto-brasileira, que seria proeminente na capitalização das grandes cervejarias instaladas na década de 1890[17].

O comerciante alemão Theodor Wille seria o pioneiro nesse processo. Tendo trabalhado inicialmente no Rio de Janeiro[18], em 1845 fundou em Santos a Theodor Wille e Comp., "que teve a glória de exportar diretamente para a Europa a primeira saca de café da então Província de São Paulo"[19].

Seguindo os passos (e o dinheiro) de Wille, alguns imigrantes preparados – que não se encaixavam no estereótipo tradicional de colonos agrícolas[20] – vislumbraram a possibilidade de fazer negócios entre os países. Na década de 1870 já havia na cidade uma colônia alemã influente[21], que contribuiu consideravelmente para o desenvolvimento de São Paulo.

O alemão Friedrich Glette, por exemplo, construiu na rua São Bento o Grande Hotel, inaugurado em 1878, que "naquele tempo era o único que existia no Brasil e rivalizava com os melhores da Europa"[22]. Com os sócios Martin Burchard e Victor Nothmann (o qual também era atacadista de tecidos desde 1879[23]), Glette abriu diversas ruas nos bairros de Higienópolis, Campos Elíseos e Santa Cecília. William Martins diz que "grande parte do progresso da capital de São Paulo" nessa época se deve a Glette e Nothmann[24]. Glette faleceu antes que a fábrica Bavaria de Stupakoff entrasse em operação, mas Burchard e Nothmann, como veremos, seriam seus sócios.

---

16. A relação entre a exportação de café e a industrialização brasileira está detalhada no Apêndice.

17. Será detalhado mais adiante.

18. Tendo sido chefe da Wille, Schmilinski & Cia. (William S. N. Martins, *Paschoal Segreto – Ministro das Diversões do Rio de Janeiro, 1883-1920*, Rio de Janeiro, Universidade Federal do Rio de Janeiro, 2004 [Dissertação de Mestrado em História], vol. 2, p. 122.)

19. *Idem, ibidem.*

20. A maior parte da história da imigração brasileira é centrada nesse tipo de colonos; de fato, a maioria, que veio do interior agrícola, o qual seria afetado pelo desenvolvimento industrial e crises econômicas de fins do século XIX.

21. Que inclusive contavam com cemitério desde 1951 (*idem*, p. 5) e igreja desde 1871 (*idem*, p. 43). Mais tarde surgiriam a Escola Alemã (1879) e o hospital (1897), esses últimos com a colaboração de Stupakoff.

22. *Idem*, p. 14.

23. Silvia C. L. Siriani, "Os Descaminhos da Imigração Alemã para São Paulo no Século XIX", p. 180. Ele também chegou a exercer o cargo de Cônsul Alemão.

24. William S. N. Martins, *Paschoal Segreto*, vol. 2, p. 14.

Cientes desse contexto, e com redes de contato, vieram outros imigrantes[25]. Alguns vendo oportunidades no comércio, outros na indústria. Até então, a indústria brasileira era centrada apenas no setor têxtil e em pequenas fábricas artesanais de bens de consumo, de forma quase que irrelevante para a economia como um todo, conforme detalhado no Apêndice.

Heinrich Stupakoff, portanto, escolheu emigrar para o Brasil ponderando esses fatores, possivelmente nos últimos anos da década de 1870. A essa altura, a economia paulista entraria em uma espiral ascendente, abrindo oportunidades para bons negócios, e ele saberia aproveitar a ocasião. Não tardou a passar de pequeno empresário a estrategista na montagem daquela que seria uma das organizações industriais de maior envergadura à época. Viveu assim a inflexão histórica que a economia e o sistema político estavam prestes a passar, com a extinção da escravatura e da monarquia.

Ao tempo da chegada de Stupakoff, São Paulo era uma cidade pequena, desprovida de atrativos. A população não devia ter ido muito além dos 32 mil habitantes registrados no censo de 1872.

Stupakoff viu a cidade crescer. O recenseamento de 1900 informava que a cidade de São Paulo já abrigava 239 820 moradores[26]. À mesma época, a capital federal, Rio de Janeiro, tinha a população de 746 750 mil pessoas[27]. O crescimento de São Paulo e a renda da economia cafeeira tornaria a cidade um mercado atraente para muitos itens de consumo. Cerveja inclusive.

Água mineral

Stupakoff não iniciou seu empreendedorismo com cerveja, mas com águas minerais. Em 6 de dezembro de 1882, o *Correio Paulistano* publicou anúncio sob o título "Águas Minerais da Fábrica de H. Stupakoff e Cia.":

O melhor refresco para o tempo de calor é, incontestavelmente a Água de Seltz, que, tomada pura ou com vinho, é a mais saudável bebida para a mesa, pois abre o apetite

25. Pedro M. Campos, "As Relações do Brasil com a Alemanha Durante o Segundo Reinado", *Revista de História*, vol. 39, n. 79, 1969.

26. Já no Estado de São Paulo viviam dois milhões de pessoas, o que mostra a predominância agrícola da época.

27. Brasil, *Sinopse do Recenseamento de 31 de Dezembro de 1900*, p. X, 101.

e facilita muito a digestão. Esta água mineral tem a excelente qualidade [de] purificar o sangue (mais) do que qualquer remédio[28].

No mesmo anúncio, Stupakoff informou também ser fabricante de limonada gasosa e Soda Wasser, recebendo encomendas na sede da empresa, à rua dos Bambus, 27, e na rua São Bento, 55[29]. Nesse ano Stupakoff já era sócio do Clube Germânia, ponto de encontro da colônia alemã[30]. O clube, fundado em 1868, funcionava na rua do Ouvidor e oferecia diversos atrativos. Um deles era a biblioteca, com mais de três mil volumes, além de jornais e revistas alemãs[31].

Apesar de a empresa vender ao público apenas bebidas não alcoólicas[32], Stupakoff, pelo visto, já estava ensaiando, ainda que por *hobby*, para a produção de cerveja. O *Correio Paulistano* de 13 de junho de 1883 aponta a chegada de Hamburgo de dez barricas de cevada e uma caixa de lúpulo para H. Stupakoff[33].

A Stupakoff & Cia. ampliou a linha de produtos em 1884, e declarou à praça que era a única a produzir algumas águas medicinais, segundo fórmulas do "ilustrado Sr. Dr. Luiz Pereira Barreto": água de litina fosfatada, água de litina ferruginosa e água férrea gasosa[34]. Na época, alguns compostos de lítio eram muito usados no tratamento de diversas doenças, assim como a hidroterapia. Inclusive no Brasil, onde se desenvolveram diversas estações termais, a exemplo de algumas cidades de Minas Gerais.

Em 1886, Stupakoff anunciou no *Almanach da Província de São Paulo* que, fora as águas com poderes curativos, as limonadas e águas minerais, também produzia sal-amargo[35]. Como o sal-amargo é feito a partir da magnesita,

---

28. "Águas Minerais", *Correio Paulistano*, p. 3, 6.12.1882.

29. A Água de Seltz e a soda *wasser* são águas gaseificadas com dióxido de carbono e eram eventualmente saborizadas.

30. Em 1942, o Clube Germânia foi incorporado ao Sport Club Germânia, dando origem ao atual Esporte Clube Pinheiros.

31. "Clube Germânia", *Novo Almanach de São Paulo para o Ano de 1883*, p. 130.

32. Na internet por vezes há referência a Stupakoff vendendo cerveja no bar Stadt Bern em 1877. Até onde pudemos apurar, tal informação carece de comprovação. Teria sido tirada de texto de Martins (*Paschoal Segreto*, vol. 2, pp. 63-64) que fala da inauguração do bar (que aliás teria vida curta), mas em momento algum Stupakoff ou sua cerveja são mencionados. Por outro lado, era sócio do bar seu futuro sócio na Bavaria, Victor Nothmann, e o estabelecimento ficava na rua São Bento, n. 73, sendo que havia um depósito da fábrica de águas de Stupakoff no n. 55. Era provável, portanto, que Stupakoff usasse o bar Bern para estudar as preferências do consumidor.

33. "Importação", *Correio Paulistano*, 13.6.1883. Na carga havia ainda uma caixa de cola de peixe.

34. "Água de Lithina", *A Provincia de São Paulo*, 1ª p., 27.6.1884. Este jornal se tornaria *O Estado* a partir de 1899.

35. *Almanach Provincia de São Paulo para o Ano de 1886*, p. 60.

Stupakoff naturalmente se mantinha em contato com os fornecedores. Isso explica a mensagem endereçada a ele por Schweizer em 1882, pedindo ajuda para adquirir a matéria-prima[36].

Stupakoff progrediu nos anos posteriores. Em 1887, iremos encontrá-lo em novo endereço, à rua dos Bambus, 48, onde montou uma destilaria para retificar etanol de origem vegetal, mantendo a oferta dos produtos que já fabricava[37]. A retificação consiste na progressiva concentração do álcool por meio de destilações sucessivas, até que se alcance um teor de 95% em volume. O produto tem numerosas aplicações, principalmente nas indústrias farmacêuticas e de bebidas. Stupakoff também se fez presente no meio social, desde 1882. Primeiro como violoncelista e cantor, cuja carreira será descrita em outro capítulo. Depois se tornou secretário da Deutsche Schule (Escola Alemã), em 1884[38], então presidida pelo comerciante Ernesto Preiss, seu futuro sócio na Cervejaria Teutonia, em Mendes, Rio de Janeiro. Ambos ocupavam esses mesmos postos em 1886, quando, em novembro, na companhia de outros membros da diretoria e professores da Escola, receberam visita do imperador Pedro II, que passava em revista uma série de estabelecimentos de ensino e outras entidades da capital paulista[39].

Dois anos mais tarde, Preiss assumiu a presidência do Clube Germânia, tendo Stupakoff como vice[40]. A frequência ao clube deve ter sido muito importante em sua vida profissional. Certamente foi ali que ampliou os contatos com outros membros da colônia, pois o Germânia, evidentemente, era um local adequado para a troca de ideias e a formação de alianças. Com o tempo, além de Preiss, vários dos associados desenvolveriam projetos empresariais com Stupakoff.

Também filiado ao clube, Guilherme Christoffel fundou casa comercial em 1876, para importar e vender em São Paulo vasta gama de mercadorias. Não apenas bebidas, produtos alimentícios e outros itens trazidos do exterior, mas também de São Leopoldo, no Rio Grande Sul[41].

---

36. Vide início do capítulo.
37. *A Provincia de São Paulo*, p. 3, 13.3.1887.
38. Em 25 de julho de 1886 Stupakoff assina anúncio da Escola no jornal *A Provincia de São Paulo* (p. 2).
39. "Viagem de SS. MM. II", *Correio Paulistano*, 1ª p., 18.11.1886.
40. *Almanach Provincia de São Paulo para o Ano de 1888*, p. 228.
41. "Estabelecimento Novo", *A Provincia de São Paulo*, p. 4, 27.9.1876. É bem provável que Guilherme tivesse alguma relação de parentesco com Friedrich Christoffel – um dos mais importantes cervejeiros do Sul, citado na primeira parte deste livro.

Com a morte de Guilherme, em 1884, sua esposa, Luiza, assumiu a empresa, admitindo um irmão, Henrique Schnapp, como sócio[42]. A casa comercial conservou o nome e, em 1887, quando Luiza deixou o negócio, Henrique recebeu a adesão de Carlos Schnapp e Augusto Tolle[43]. Nesse ano, a firma já fabricava cerveja, vinagre e licores, com capital de 105 contos de réis, e estava muito perto de unir seus interesses aos da Stupakoff & Cia.

No ambiente ainda influenciado pelo Encilhamento[44], em janeiro de 1891, um grupo de investidores declarou em São Paulo que comprara, "em condições por demais vantajosas", as empresas Heinrich Stupakoff & Cia., Christoffel & Cia. e Villela & Companhia. Na aquisição estavam incluídos dois sobrados na rua Alegre e um na rua dos Bambus, pertencentes à Stupakoff. A declaração dos investidores constava do anúncio de lançamento da subscrição pública de ações da Companhia Destilação e Águas Mineraes Christoffel & Stupakoff, resultante da fusão das três firmas citadas acima[45].

A nova companhia, com capital de 1 200 contos de réis, manteria a produção das organizações incorporadas. A Christoffel estava no ramo de bebidas, com licores, cerveja, águas minerais e limonada gasosa. A Stupakoff, como se viu, além de bebidas, tinha como um dos carros-chefes uma linha de produtos que se acreditava serem medicinais, ao final do século XIX. A Villela também operava no segmento de bebidas[46].

A presidência do pequeno conglomerado foi entregue a Ignacio Wallace da Gama Cochrane, engenheiro, parlamentar durante o Império e, acima de tudo, exportador de café. O gerente seria Augusto Tolle, sócio da Christoffel[47]. O anúncio da subscrição também citava Heinrich Stupakoff como subgerente[48].

---

42. "Água de Lithina", *A Provincia de São Paulo*, p. 3, 19.8.1884.

43. "Guia Indicativo", *Almanach da Provincia de São Paulo para 1887*, p. 704.

44. Vide Apêndice para mais detalhes sobre esse episódio da história econômica brasileira.

45. "Companhia Distillação e Águas Mineraes", *Correio Paulistano*, p. 2, 20.1.1891.

46. "À Praça", *A Provincia de São Paulo*, p. 3, 19.1.1889.

47. Chamado de "capitalista" pelo *Almanach do Estado de São Paulo*, na edição de 1897.

48. Stupakoff. manteve ações da empresa como minoritário (detinha 2,85% das ações em 1900). Note-se que a empresa veio a ter um capital bem pulverizado: o maior acionista em 1900, Artur Sandes Davison, tinha mil ações (7,1%).

Em 1894, Heinrich Stupakoff era diretor-gerente da empresa, sob a presidência de Hermann Burchard. Ambos renunciaram aos cargos em janeiro de 1895, possivelmente porque em 1894 a companhia deu prejuízo e não pagou dividendos pela primeira vez. A ata da assembleia que registra o afastamento foi publicada na imprensa em janeiro de 1895[49].

A companhia fabricava, além de águas e licores, vinho, vinagre, chocolate, perfumes, sabonetes, pasta de dentes e até óleo de rícino[50]. Talvez um certo exagero ao não concentrar a produção e venda nos produtos mais lucrativos.

Como em fevereiro de 1901 a companhia publicou no jornal *O Estado de S. Paulo* todos os balanços até então, é possível reconstruir a história financeira da empresa. Na Tabela 2 vemos o resumo contábil da história da empresa tal qual foi publicado.

As vendas caíram 18% entre 1891 e 1900, apesar da inflação. Já as despesas cresceram 81% no mesmo período, enquanto o caixa se manteve baixo e os lucros mostraram-se erráticos, com o prejuízo em 1894. A companhia se recuperou entre 1895 e 1898, mas nunca mais obteria o lucro dos primeiros anos, até o prejuízo fatal de 1900. Outra característica interessante da companhia é a rubrica "devedores" em número elevado, sinalizando possível inadimplência destes.

A derrocada da companhia foi ajudada pela crise do final do século XIX[51] e a sanha arrecadadora do Estado[52]. Augusto Tolle, que substituiria Victor Nothmann na presidência da companhia, argumentou no relatório aos acionistas de 1901 que: "As águas minerais de nossa fabricação têm até agora dado algum resultado, porém muito em breve teremos que sentir as mesmas consequências que estão se dando com os licores, pois está votada a nova lei que

---

49. "Declarações", *O Estado de S. Paulo*, p. 3, 24.1.1895.

50. Bandeira Jr. (*A Indústria do Estado de São Paulo em 1901*, São Paulo, Tipografia do Diário Oficial, 1901, p. 197) descreve a imensidão de produtos da companhia: águas seltz e *syphons*, *ginger-ale*, champagne de frutas, limonadas, licores. *Cognac*, vinho de uva, de abacaxi, de laranja e de outras frutas, vinagre, chocolate de puro cacau, confeitos, caramelos e bombons iguais aos do fabricante *suchard*. Perfumarias extraídas da nossa fábrica de essências estrangeiras. Tônicos. Água de colônia e florida, brilhantinas e óleos. Sabonetes e cosméticos. Pó de arroz. Pasta para dentes e águas para os mesmos. Óleo de rícino.

51. Ver Apêndice.

52. Como condição para obter empréstimos necessários (*funding loan*) para compensar a queda da moeda nacional, o governo Campos Sales teve que reduzir investimentos e aumentar impostos, o que se traduziu em recessão econômica. Mais detalhes no Apêndice.

duplica o imposto de selos[53], já tão elevado para esse artigo"[54]. Ficava realmente difícil concorrer no setor de licores, no qual produtos artesanais, na prática, não pagavam imposto.

Augusto Tolle fez em 1900 uma gestão com foco financeiro, reduzindo a dívida para menos de cem mil contos, tentando liquidar os estoques e recuperar dinheiro de devedores. Todavia, o prejuízo foi enorme, 243 contos. Propôs então aos acionistas a dissolução da companhia, pois, segundo o relatório aos acionistas, os prédios valiam 889 contos. Essa proposta foi aprovada em 3 de abril de 1901, e os ativos e dívidas da companhia ficaram com Tolle, que a transformou na Augusto Tolle & Companhia[55]. Os demais acionistas (Stupakoff incluído, que ainda tinha quatrocentas ações[56]) devem ter recebido um valor não especificado.

Nasce a Bavaria

Ao findar a década de 1880, as cervejas da categoria Lager se impunham em boa parte do mundo. No Brasil, as importações de bebidas desse padrão, trazidas da Alemanha, começaram a desbancar as cervejas inglesas tradicionais desde os anos 1870, além de serem mais saborosas, consistentes e duráveis que a produção nacional[57], até então baseada na alta fermentação[58].

No final de 1889 Stupakoff fez nova viagem à Alemanha, dessa vez levando a esposa Alice e os três filhos pequenos[59] nascidos no Brasil: Carlos Ernesto[60] (1885), Walter (1887) e Hans (1888). Retornaram de Hamburgo para o Brasil em 2 de abril de 1890[61]. Nesta viagem, Stupakoff certamente acompanhava os avanços do ramo cervejeiro alemão e permanecia atualizado em relação às inovações tecnológicas na área de refrigeração e dos demais equipamentos

---

53. Imposto sobre consumo.

54. Relatório aos acionistas assinado por Augusto Tolle em 15 de janeiro 1901 e publicado no *Estado de S. Paulo* em 14 de fevereiro.

55. *O Estado de S. Paulo*, 19.4.1901, seção "Ao Comércio".

56. *Idem*.

57. Importante notar que a preferência popular até essa época se dava por outro tipo de bebida fermentada, a caramuru (milho, açúcar mascavo e água) e a gengibirra (farinha de milho, gengibre, casca de limão e água) (William S. N. Martins, *Paschoal Segreto*, vol. 2, p. 74).

58. Vide Parte I: "Origens da Cerveja no Brasil (1500-1880)".

59. Em 1896, durante uma viagem da família à Alemanha, nasceria ainda um quarto filho, Henri.

60. Este viria a ser avô do famoso fotógrafo brasileiro Otto Stupakoff.

61. Dados da viagem obtidos em ancestry.de, que digitalizou os registros de viagem de Hamburgo.

Tabela 2. Companhia Christofell-Stupakoff – Balanços de 1891 a 1900, em milhares de contos de réis.

Títulos	1891	1892	1893	1894	1895	1896	1897	1898	1899	1900
Vendas	1 512	1 650	1 081	522	1 123	1 744	1 897	1 973	1 630	1 263
Despesas totais	149	200	177	142	182	252	241	279	305	270
% Despesas sobre vendas	9,7%	12,1%	16,4%	27,2%	16,2%	14,4%	12,7%	14,1%	19,0%	21,4%
Lucro / prejuízo	248	374	71	(19)	151	155	170	119	10	(263)
Dividendos	161	140	70%	0	70	70	70	70		
% Dividendos	12%	10%	5%		5%	5%	5%	5%		
Mercadorias existentes	492	497	319	228	275	379	577	581	493	228
Credores	239	204	66	78	87	258	411	326	310	91
Letras a pagar	2	179	60	0	75	42	160	207	147	8
Devedores	415	521	411	279	491	512	618	478	523	217
Caixa	58	8	4	0	2	2	14	0	9	7
Importâncias perdidas				121	34	40	46	49	71	139

industriais. Possivelmente já sondara a compra de equipamentos, matéria-prima e mesmo financiamentos para esse objetivo.

A ideia da construção da cervejaria provavelmente estava sendo maturada há tempos. Tanto assim que, em 23 de março de 1891, apenas dois meses após a constituição da Christoffel & Stupakoff, o *Diário do Comércio* registrava a constituição de nova empresa, denominada Heinrich Stupakoff & Companhia. Era uma sociedade em comandita, que reunia dez investidores. Com um capital de quinhentos contos de réis, o empreendimento tinha por objetivo a fabricação de cerveja e gelo.

Para tanto, seria necessária uma grande quantidade de capital, pois a matéria-prima e o maquinário seriam importados, inclusive as caras máquinas de refrigeração. A fábrica teria que ser de grande porte, para produzir volumes que proporcionariam economia de escala. Dessa forma, poderia concorrer em preço com as cervejas nacionais e em qualidade com as importadas.

Stupakoff levantou o capital inicial de quinhentos contos de réis, que correspondiam na época a cerca de 31 mil libras[62], ou a cerca de 19,5 milhões de reais nos dias de hoje[63]. Do capital inicial levantado[64], 450 contos vieram dos comanditários, de onde se conclui que a cota de Stupakoff era de 10%, ou cinquenta contos[65]. A companhia teve investimentos contínuos ao longo dos anos, pois em 1898 Alfredo Moreira Pinto menciona um capital de quatro mil contos[66].

Stupakoff seria o responsável, o sócio solidário, segundo os termos da legislação, que responderia ilimitadamente pelos compromissos da empresa, inclusive com seus bens pessoais. A responsabilidade dos comanditários era limitada ao valor de sua cota de capital. Os comanditários da Heinrich Stupakoff & Cia. eram duas pessoas jurídicas e sete pessoas

---

62. Na cotação média anual de 16 100 libras (cf. IBGE, "Repertório Estatístico do Brasil, Quadros Retrospectivos n. 1", *Separata do Anuário Estatístico do Brasil*, Ano V, 1941, p. 64).

63. Pelo *site* oficial do Banco da Inglaterra (https://www.bankofengland.co.uk/monetary-policy/inflation/inflation-calculator), esse valor corresponde em janeiro de 2023 a 3,12 milhões de libras, em libra para real convertida a 6,30.

64. Vale lembrar que essa captação se deu em pleno período de Encilhamento, quando havia muito capital disponível e demanda por novos negócios (para mais detalhes ver Apêndice).

65. "Contratos Comerciais", *Diário do Comercio*, p. 3, 23.3.1891.

66. Alfredo M. Pinto, *A Cidade de São Paulo em 1900: Impressões de Viagem*, Rio de Janeiro, Imprensa Nacional, 1900, p. 216. Indica o autor ser metade do capital brasileiro, metade alemão.

físicas, a maioria associada ao Clube Germânia: Victor Nothmann, Martin Burchard, Augusto Tolle, Matheus Haussler, Carlos Schorcht Jr., Hermann Burchard, Camillo José de Sampaio, Bastos Irmãos e a filial do Banco São Paulo e Rio de Janeiro.

Dos sócios da Stupakoff & Cia., o mais influente talvez tenha sido o alemão Victor Nothmann, que por seu prestígio ocupou o cargo de cônsul interino do Império Alemão em São Paulo em diversas ocasiões[67]. Ele também era dono de parte do terreno na Mooca onde seria construída a fábrica da Bavaria.

Fábrica-modelo

O grupo de investidores estava apressado. O mercado consumidor brasileiro mostrava-se atraente, repleto de promessas. Além disso, em 1888, o veterano Louis Bücher, da Fábrica de Cerveja Gambrinus, se associara a Joaquim de Salles, dirigente de frigorífico, para fundar a Antarctica Paulista – Fábrica de Gelo e Cervejaria, que futuramente também produziria cerveja Lager em São Paulo[68]. A Fábrica de Cerveja Bavaria, porém, foi possivelmente a primeira do país a ser projetada e construída exclusivamente para a produção de Lager em escala[69]. Tanto que, em 1904, quando a Antarctica compra a Bavaria, muda a produção para as instalações dessa última.

No segundo semestre de 1891, a construção da Bavaria avançava a toda velocidade. Heinrich Stupakoff fora novamente à Alemanha, dessa vez sem a família, para cuidar do embarque de máquinas e equipamentos para a fábrica. O sócio Martin Burchard, que também estava por lá, escreveu em 14 de agosto 1891 para Victor Nothmann, em São Paulo, informando que Stupakoff voltaria ao Brasil em 27 de agosto. As máquinas seguiriam em navio que zarparia cerca de quinze dias após a partida de Stupakoff. Mesmo assim, Burchard e Stupakoff estavam preocupados: o desembarque dos equipamentos em Santos ocorreria cerca de um mês antes do previsto[70].

---

67. Silvia C. L. Siriani, "Os Descaminhos da Imigração Alemã para São Paulo no Século XIX", p. 180.
68. Vide capítulo sobre a Antarctica.
69. Para Köb ("Como a Cerveja se Tornou Bebida Brasileira"), a empresa começou como fabricante de cerveja de alta fermentação, em 1892, adequando-se à produção de Lager só quatro anos mais tarde. Trata-se de equívoco, já que a fábrica operou com refrigeração na produção desde o início, como será comprovado a seguir.
70. Extraído da carta de Martin Burchard de 14.8.1891, cuja data corrobora com ancestry.de (26.8). Disponível em Centro da Memória da Unicamp.

Por isso, Burchard avisava a Nothmann ser necessário fazer os maiores esforços no sentido de aprontar o desvio ferroviário que ligaria a linha principal da São Paulo Railway ao pátio da fábrica, no bairro da Mooca[71]. Essa e outras providências teriam de ser tomadas para que os equipamentos fossem levados serra acima com presteza. A ligação da fábrica com o ramal ferroviário estava prevista para o escoamento da produção e a entrada de matérias-primas, uma ideia bastante inovadora para reduzir tempo e custos de transportes.

Burchard, inclusive, estava admirado com o "tamanho descomunal" das caldeiras e antecipava ser impossível transportá-las desde o porto quando a ferrovia estivesse em horário de tráfego intenso. Porém, de uma forma ou de outra as dificuldades foram vencidas, pois as máquinas chegaram ao seu destino. E a fábrica da Bavaria pôde ser inaugurada festivamente, com banda de música e os muitos brindes de praxe, no dia 20 de outubro de 1892.

O governador de São Paulo, Bernardino de Campos, a principal autoridade presente, esteve acompanhado por secretários de Estado, políticos e jornalistas, entre outros. As honras da casa ficaram por conta dos sócios Gustavo Jeep, Hermann Burchard, Martin Burchard, e do gerente, o engenheiro Nicolau von Hütschler. Mas os jornais da época, curiosamente, não mencionaram a presença de Heinrich Stupakoff. E, se ele esteve ausente, não explicaram o porquê.

O diário *O Estado de S. Paulo* noticiou a inauguração na edição de 21 de outubro, em primeira página[72], sendo acompanhado pelo *Correio Paulistano* um dia depois. Em uma época de exaltação ao progresso, os redatores, como seria de esperar, ficaram impressionados com as dimensões das máquinas (caldeira de dezesseis toneladas) e as instalações da empresa (chaminé de 35 metros). Mencionaram a "Bomba de Worthing", que poderia transformar a quinta parte de água bombeada em gelo, o que seria feito pela máquina de oitenta cavalos fabricada por Lindte. Fala-se também em quatro caldeiras alemãs, cinquenta tanques de fermentação, balança para três toneladas de cevada, e até em um elevador para transporte. De forma um pouco confusa,

---

71. Inaugurada em 1867, a São Paulo Railway ligava Jundiaí ao Porto de Santos. Essa ferrovia desempenhou papel fundamental no desenvolvimento econômico da província – posteriormente, do Estado – de São Paulo.
72. "Inauguração", *O Estado de S. Paulo*, 1ª p., 21.10.1892.

Figura 23. Fábrica da Bavaria em construção, no início dos anos 1890. Em primeiro plano, trilhos da São Paulo Railway. Acervo Ambev/FAHZ.

dá a entender que a capacidade de armazenagem é de cinquenta mil litros da bebida pronta.

As reportagens descrevem com razoável clareza o processo de produção – o preparo do mosto, a fermentação e a maturação da bebida, indicando as temperaturas específicas nos ambientes. A reportagem de *O Estado* cita: "No aparelho de esfriar a cerveja, que é também dos mais aperfeiçoados, o líquido entra a oitenta graus de calor e sobe para os depósitos de fermentação com quatro graus apenas".

Assim, não há margem a dúvidas: a Bavaria foi planejada e construída para a produção exclusiva de cerveja Lager[73]. Mais ainda, a reportagem indica que a cerveja era pasteurizada no seu engarrafamento!

Mas a imprensa deixou escapar duas vertentes notáveis do projeto da Bavaria: a da logística (salvo breve menção ao ramal ferroviário, no jornal *O Estado de S. Paulo*) e a do abastecimento de água. Anos depois, o mesmo periódico, em reportagem de 19 de abril de 1898, fala que o poço

---

73. *Idem, ibidem.*

da Bavaria seria um exemplo de como a cidade poderia captar água de qualidade a custo baixo[74]:

A qualidade da água fornecida pelo poço da Bavaria pode ser taxada, sem exagero, como sendo de primeira ordem. [...] Quanto à quantidade, o prognóstico é igualmente favorável. Dois tubos de oito polegadas fornecem à Bavaria um milhão de litros em 24 horas. [...] A profundidade do poço é de cem metros. [...] O primeiro poço da Bavaria levou um ano para ser aberto, o segundo exigiu [...] apenas três meses.

Descrições mais completas da fábrica só viriam à luz anos depois. A primeira, assinada por Alfredo Moreira Pinto, foi publicada pelo *Jornal do Commercio*, do Rio de Janeiro, na edição de 11 de dezembro de 1898, e logo convertida em livro[75]:

Fábrica de Cerveja Bavaria.

Esta importantíssima fábrica, de propriedade de Heinrich Stupakoff & C., está situada na alameda Bavaria[76], na Mooca, subúrbio do Brás, em São Paulo.

O prédio não tem estilo; é, porém, alto, vasto, vistoso e todo construído de tijolos. Em frente fica-lhe o escritório, em bonito chalé, e nos fundos passa-lhe a Estrada de Ferro Ingleza, com a qual tem comunicação.

A fábrica ocupa uma extensão de 2 560 metros de frente por cem de fundos e o escritório e mais dependências uma extensão de oitenta metros por 120. A parte mais alta do edifício tem trinta metros e, a chaminé, 36.

Foi inaugurada em outubro de 1892. O capital nela empregado é de quatro mil contos, sendo metade alemão e metade brasileiro.

Todos os maquinismos são construídos na Alemanha e na Suíça e são os mais modernos neste ramo de fabricação.

---

74. Evidentemente sem a preocupação que teríamos hoje em relação à preservação do aquífero subterrâneo.
75. Alfredo Moreira Pinto, *A Cidade de São Paulo em 1900*, pp. 216-220. O historiador e geógrafo Alfredo Moreira Pinto era carioca e nasceu em 1847. Estudou Direito em São Paulo durante um ano, em 1865, no Largo de São Francisco. Mas deixou a faculdade e voltou ao Rio, onde fez outros cursos. Só retornou à capital paulista três décadas mais tarde. Nessa viagem, para matar as saudades dos tempos de estudante, percorreu diferentes espaços urbanos, esteve em empresas e entidades diversas. Com o material que ajuntou, inclusive a correspondência sobre a Bavaria enviada ao *Jornal do Commercio*, escreveu o livro *A Cidade de São Paulo em 1900*.
76. Hoje avenida Presidente Wilson.

O vapor de que se utiliza a fábrica para a fabricação e as máquinas motrizes produz-se em três caldeiras, cada uma das quais tem um peso de cerca de vinte toneladas, uma superfície de aquecimento de 86 metros quadrados e tem uma força de duzentos cavalos. Uma quarta caldeira das mesmas dimensões, necessária em consequência dos últimos aumentos, acha-se já montada.

Para a fabricação há três grandes máquinas a vapor, além de um grande número de motores, bombas etc. As três máquinas grandes têm a força de 80, 160 e 300 cavalos. Esta última é do sistema Compound com dois cilindros de vapor, tendo a roda volante um peso de catorze toneladas. Estes três motores servem principalmente para a fabricação do gelo e para resfriar a sala de fermentação e as adegas frigoríficas. São distribuídas em duas enormes casas de máquinas modeladas pelas melhores fábricas da Baviera, cuja cerveja é tão afamada.

Para resfriar os canos pelos quais passa o amoníaco na máquina de gelo, a água empregada é a do rio Tamanduateí, junto do qual há mais uma casa de máquinas com duas caldeiras a vapor de dez toneladas cada uma e duas bombas Northigton Compound.

A fabricação da cerveja começa no Sudhaus. A Bavaria tem duas salas para fabricar o seu produto, cada uma das quais contém quatro grandes aparelhos, sendo duas caldeiras para ferver e duas tinas, uma para mexer e outra para filtrar. Com esse mecanismo a Bavaria produz por ano cerca de quatro milhões de litros.

Da sala de fabricação o extrato da cevada é conduzido por um sistema de bombas para um resfriador, engenhosamente inventado, que abate a sua temperatura de oitenta a quarenta graus, durante um espaço de tempo muito rápido, e situado na sala de fermentação (*Gëhrkeller*), onde o termômetro marca quatro graus acima de zero. Esta sala tem 63 tinas de fermentação de três mil litros de capacidade cada uma. Aí a cerveja fica dez a quinze dias.

Daí a cerveja desce para os depósitos frigoríficos (*Zagerkeller*). São doze, tendo cada um a capacidade de cem mil litros; temperatura zero e abaixo de zero. Em enormes barris, todos de carvalho, a cerveja fica depositada durante três ou quatro meses, a fim de se obter uma boa qualidade.

Em uma grande sala, resfriada a cerveja, que deve servir para ser vendida em *chopps*, está alojada em barris pequenos e a cerveja que deve ser engarrafada, em uma casa espaçosa, construída de tijolos, com um telhado de ferro, onde estão colocados os aparelhos e as máquinas para lavar, encher garrafas etc.

Em seis tanques de ferro, a cerveja é pasteurizada, consistindo o processo no seguinte: as garrafas, fornecidas por um segurador de ferro, estão colocadas em um tanque,

Figura 24. Casa de máquinas da Bavaria com suas moderníssimas máquinas a vapor, 1895. Fonte: Acervo Ambev/FAHZ.

que depois é enchido com água, que por meio de vapor efervescente até sessenta graus, sendo dessa maneira tiradas da cerveja todas as impurezas que ficaram da fermentação.

Este processo quebra muitas garrafas, mas tem a vantagem de a cerveja poder se conservar por muito tempo sem estragar-se ou alterar a qualidade. A fábrica já experimentou um novo arrolhamento de garrafas por meio de uma rolha de borracha, que facilita muito abrir as garrafas e que por sua comodidade adquiriu grande aceitação tanto na capital federal como no Estado de São Paulo.

A água, base de toda a fabricação, deve ser de pureza absoluta e por isso foram cavados dois poços artesianos de uma profundidade de cem metros a fim de obter água subterrânea para os usos mais delicados na fabricação. Os aparelhos para a execução dessa obra, que exigiu o trabalho de um ano e o dispêndio de 150 contos de réis, foram importados da Alemanha, sendo os trabalhos dirigidos por um ajustador especial, que veio do mesmo país[77].

77. Esses poços artesianos foram os primeiros perfurados no Brasil, conforme Antônio Francisco Bandeira Jr., no livro *A Indústria no Estado de São Paulo em 1901* (São Paulo, Tipografia do Diário Oficial, 1901). Essa realização

Figura 25. Maquinário da seção de fermentação da fábrica da Cervejaria Bavaria no bairro da Mooca, ano de 1892. Fonte: Acervo Ambev/FAHZ.

Figura 26. Após a fermentação, o chope era estocado nessa sala de depósito para distribuição. Fonte: Acervo Ambev/FAHZ.

Figura 27. Além da venda de chope em barril, a Antarctica produzia cerveja em garrafas. Foto: Seção de engarrafamento, 1895. Fonte: Acervo Ambev/FAHZ.

A água dos poços não só serve para a fabricação da cerveja como para a do gelo, que está sendo produzido em grande quantidade e que é vendido na cidade, em Santos e no interior.

As outras matérias-primas, cevada, lúpulo e fermento, são importadas da Alemanha, sendo o transporte do fermento de grande dificuldade, pois deve fazer a viagem desde Hamburgo até São Paulo sempre sobre o gelo.

A fábrica possui um desvio da linha inglesa que possibilita transportar de Santos para o quintal da fábrica todos os produtos importados, principalmente cevada, garrafas, carvão e os maquinismos, cujos volumes são muitas vezes de um peso excessivo. Além disso, um girador, que a fábrica mandou construir, divide o desvio em cinco partes, nas quais as respectivas mercadorias podem ser carregadas nos seus depósitos[78].

---

destaca o pioneirismo da Bavaria. Bandeira Jr. forneceu dados mais precisos sobre os poços: profundidade – 130 metros; produção – 32 mil litros por hora; reservatórios para a acumulação da água – 250 mil litros.

78. A interligação de fábricas aos trilhos da São Paulo Railway não eram raridade àquela altura. A estrada de ferro já havia modificado a geografia da cidade de forma definitiva: as indústrias procuravam se instalar nas proximidades dos trilhos. Por isso a Stupakoff & Cia. comprou o terreno na Mooca, com fundos para a ferrovia.

Figura 28. Além da via férrea, a Bavaria utilizava carroças para a distribuição de produtos. Foto de 1895. Acervo Ambev/FAHZ.

Fabricam-se na Bavaria as seguintes qualidades de cerveja: Pilsen, München e Export, que são vendidas em barris ou em garrafas.

Toda a fábrica é iluminada a luz elétrica, produzida por dois dínamos e uma bateria de acumuladores, que fornecem luz durante o dia nas adegas.

Os produtos da fábrica foram premiados na exposição Columbiana de Chicago, em 1893, com a medalha de ouro.

Outra descrição de época foi feita por Antônio Francisco Bandeira Jr., que publicou *A Indústria do Estado de São Paulo em 1901*[79]. Este autor trouxe dados adicionais, indicando que a fábrica ocupava uma área de 23 mil m², que o edifício tem cinco pavimentos e diversas seções para as diferentes etapas de produção. As câmeras de fermentação têm 520 m² (com 48 tonéis europeus), e as adegas 2025 m² (com 79 tinas para três mil litros cada). Sobre o resfriamento,

79. Antônio Francisco Bandeira Jr., *A Indústria no Estado de São Paulo em 1901*, pp. 37-39.

não era mais apenas uma máquina Linde de oitenta cavalos como na inauguração, mas uma segunda, de 150, e uma terceira, de trezentos.

O autor descreveu ainda uma sala especial para o cultivo do fermento (orginalmente importado), a câmara de pasteurização e um moderno laboratório de análises, além de uma oficina para consertos e manutenção. Todo o material, inclusive garrafas e barris, é lavado em uma sequência de vapor, água fervendo e água fria.

Comenta também do acesso direto à estrada de ferro, e que o que não é escoado por esse meio, conta com "120 muares e 25 carretões". Fala também dos poços (dois com 130 metros de profundidade, produzindo 32 mil litros por hora, onde "muitas vezes a população vai ali abastecer-se"). Finalmente, traz dados interessantes sobre a produção, de quarenta mil hectolitros em 1899, e funcionários, cerca de duzentos. O autor enfatiza: "O que mais impressiona na Bavaria é a ordem, o asseio, o método que se observa no mais insignificante detalhe do trabalho".

Assim, com uma fábrica-modelo e bebida de padrão superior, a Bavaria estava pronta para disputar a liderança do mercado. Foi o que fez, com duas marcas registradas ainda em 1892: a Export-Bier e a Lager-Bier, acompanhadas por certificado de qualidade, conferido pelo Instituto Agronômico do Estado de São Paulo. O laudo, publicado em 25 de novembro de 1892, no jornal *O Estado de S. Paulo*, foi assinado pelo diretor da instituição, F. W. Dafert:

A cerveja Bavaria não contém substâncias amargas nem ácido salicílico. É, segundo a presente análise, uma cerveja muito boa, completamente livre de falsificações e feita segundo todas as regras da arte. Posso, pois, com boa consciência, recomendá-la ao público[80].

Mirada retrospectiva

A literatura especializada não tem feito justiça a Stupakoff, em geral lhe dedicando poucas linhas. Trata-se de equívoco que é preciso corrigir, para resgatar a verdadeira dimensão do seu papel na industrialização de São Paulo.

---

80. "Bavaria", *O Estado de S. Paulo*, p. 3, 25.11.1892.

O princípio da industrialização paulista não deve ser confundido com a construção do moinho de trigo de Francesco Matarazzo, em 1898 – marco inicial do maior e mais famoso conglomerado industrial do país na primeira metade do século xx. Como vimos, a fábrica da Bavaria era um modelo de estado da arte internacional, com uma tecnologia muito superior a um moinho.

Um importante texto que corrobora essa visão de época veio de Teodoro Sampaio. Célebre brasileiro que hoje dá nome ao município baiano no qual nasceu em 1855, era filho de uma escrava com um padre, que lhe deu educação[81]. Formou-se em engenharia e é considerado um dos grandes cartógrafos do país (mapeou de forma precisa a hidrografia do Estado de São Paulo pela primeira vez), além de geólogo, historiador e urbanista na virada do século xix para o xx.

Em 1901, enquanto diretor-chefe de Saneamento do Estado de São Paulo, Sampaio publicou um artigo de página inteira[82] em *O Estado de S. Paulo*, no qual narrava como a cidade e o Estado cresceram vertiginosamente nos dez anos anteriores[83]. Ao citar o desenvolvimento industrial, Sampaio começa exatamente com "as grandes fábricas da Bavaria e da Antarctica", mencionando em seguida fábricas de tecidos, chitas, chapéus, móveis e vidro[84]. O moinho de Matarazzo sequer é mencionado.

Cartão-postal

Por ter sido empresa de vanguarda, a Bavaria tornou-se verdadeiro cartão-postal de São Paulo. Os paulistanos se orgulhavam da fábrica da Mooca enquanto símbolo de modernidade. Bandeira Jr. encarnava bem esse espírito, conforme escreveu em livro publicado em 1901:

---

81. Ainda estudante, lecionou Matemática, Filosofia, História, Geografia e Latim, sendo também contratado como desenhista do Museu Nacional. Em 1880 integra a Comissão Hidráulica, nomeada pelo imperador D. Pedro II, sendo o único engenheiro brasileiro entre estadunidenses. Fez ainda melhorias no Porto de Santos.

82. Ver *O Estado de S. Paulo*, p. 3, 16.2.1901.

83. Citando o fim da escravidão e a imigração, os investimentos em Saúde (inclusive vacinas), Educação, Saneamento, Transporte, Energia Elétrica e instalação de bancos como condicionantes.

84. "A industria fabril exhibe nos grandes estabelecimentos da Antarctica Paulista e da Bavaria para o fabrico da cerveja; nas fabricas de tecidos do Anhaia e Penteado na capital, Del'Aqua em S. Roque, Votorantin e Santa Rosalia em Sorocaba, na das chitas de S. Bernardo; nas fabricas de chapéus, moveis, vidro; nos cortumes [...]".

Figura 29. Funcionários da Cervejaria Bavaria em frente à fábrica, por volta de 1895. Acervo Ambev/FAHZ.

Figura 30. Heinrich Stupakoff com seu time gerencial em frente à fábrica, década de 1890. Acervo Ambev/FAHZ.

BAVARIA

Edificada no bairro da Mooca, à margem da importante Estrada de Ferro Inglesa, é um verdadeiro assombro para quem visitá-la.

Quem o fizer, pode ficar certo de que passará algumas horas tão rapidamente, quanto profunda será a impressão que há de receber.

A imponência do edifício principal, a elegância dos outros menores, a localidade e a vegetação, dão ao conjunto um aspecto tão agradável que predispõe favoravelmente o espírito dos visitantes.

É dever patriótico despertar a atenção pública por certos estabelecimentos, que se estivessem na Europa, os brasileiros seriam os primeiros a percorrê-los para ter o que narrar, entretanto não os conhecem em seu próprio país![85]

A Bavaria[86] recebia todo tipo de visitantes, fossem ilustres ou cidadãos comuns, que, como já vimos, também podiam ali pegar água. Stupakoff pelo visto já sabia que o contato direto com o público consumidor era excelente ferramenta promocional. É o que se pode verificar no *Correio Paulistano* de 11 de setembro de 1898[87]. Nessa edição, o jornal informou que a abertura da estação ferroviária da Mooca ao trânsito de passageiros, pela São Paulo Railway Company, facilitara o acesso à fábrica da Bavaria. E que, nesse sentido, a Stupakoff & Cia. dera sua contribuição, ao construir uma via de cinquenta metros para ligar a indústria à estação.

Dentre os visitantes, houve delegações estrangeiras, de passagem pela capital. Como os diários paulistanos não poupavam esforços para noticiar, de forma detalhada, todos os passos de viajantes considerados especiais, a Bavaria sempre colaborou nas recepções. E assim garantiu bastante espaço e referências simpáticas nos jornais.

Das recepções, se destacaram algumas oferecidas a militares europeus. Numa dessas ocasiões, três cruzadores italianos fundearam na barra de Santos, em 1º de novembro de 1898. Dois dias depois, oficiais graduados da flotilha e seus ajudantes foram de trem para São Paulo.

---

85. Antônio Francisco Bandeira Jr., *A Indústria no Estado de São Paulo em 1901*, p. 37.

86. Alfredo M. Pinto (*A Cidade de São Paulo em 1900*, p. 200) indica que tentou visitar a fábrica da Antarctica. "Além da Fábrica de Cerveja Bavaria possui mais o município a Antarctica. Não nos sendo possível visitá-la por achar-se distante da cidade, pedimos informações sobre ela, informações que nos foram recusadas".

87. "Indústria Paulista", *Correio Paulistano*, 1ª p., 11.9.1898.

Figura 31. Livro de visitantes da fábrica da Bavaria. Fonte: Acervo Philippe Prufer.

Figura 32. A residência da família Stupakoff ficava nos arredores da fábrica, perto também da estação da Mooca. Acervo Ambev/FAHZ.

Pode-se apostar que jamais em suas vidas esses italianos experimentaram uma acolhida tão calorosa. A monotonia a que estavam habituados no mar foi sacudida pelas manifestações de orgulho de multidões de imigrantes italianos a exaltá-los, ao som dos hinos nacionais do Brasil e da Itália, e também do repertório típico das bandas de música. A visita à Bavaria foi assim descrita pelo *Correio Paulistano*[88]:

Durante o trajeto [do centro até a Mooca, em bondes especiais] pelas ruas do Rosário, Florêncio de Abreu, Paula Souza, Santa Rosa, Figueira, avenida Rangel Pestana, rua Piratininga e Mooca, notadamente nessas últimas, era grande o agrupamento de operários italianos e maior a manifestação que faziam aos oficiais. Mulheres, homens e crianças agitavam as bandeiras italiana e brasileira e erguiam calorosos vivas às duas nações.

Eram três horas precisas quando os bondes pararam em frente ao portão da grande fábrica Bavaria. Os visitantes foram ali recebidos pelos Sr. Nicolau von Hütschler,

---

88. "Marinha Italiana", *Correio Paulistano*, 1ª p., 5.11.1898.

gerente da Bavaria, que com toda a amabilidade mostrou aos visitantes todas as dependências da grande fábrica.

A visita começou pela casa de motor, um colosso, de força de quatrocentos cavalos, da fábrica Sulzer Frères[89], de Winterthur, na Suíça. [...] Foram visitados depois os compartimentos de fabricação de gelo, de fermentação, depósito, adegas, engarrafamento, moinhos, encaixotamento, cocheiras etc., causando tudo a mais agradável impressão aos visitantes.

Depois o Sr. Hütschler convidou os distintos visitantes a saborearem a magnífica cerveja Bavaria, levando-os para o escritório da fábrica. Ali foram servidos sanduíches e chope. O Sr. Hütschler saudou então os dignos oficiais italianos, pedindo que se recordassem de sua passagem por São Paulo. [...]

Eram 4h30 quando os visitantes se retiraram da Bavaria, sendo acompanhados até os bondes especiais pelo Sr. Hütschler e pelo sr. Joseph Pohl, chefe da fabricação da cerveja, o qual recebeu muitos cumprimentos.

Muito mais impressionante foi a cobertura da imprensa à visita da oficialidade de um cruzador português, o Adamastor, ocorrida cerca de um mês após a passagem da flotilha italiana. O *Correio Paulistano*, talvez em atitude inédita, dedicou toda a primeira página da edição de 6 de dezembro de 1898 ao deslocamento dos portugueses desde Santos e à recepção apoteótica que São Paulo lhes reservou.

Sob o título "Adamastor", o jornal descreveu os preparativos para a vinda dos militares e os acontecimentos durante a viagem com uma riqueza de detalhes que seria impensável na atualidade, mencionando inclusive que: "Em todo o percurso postavam-se operários e trabalhadores, principalmente na fábrica Bavaria, onde o pessoal fez significativa manifestação aos nossos hóspedes"[90]. *O Estado de S. Paulo* complementou: "Na Mooca a fábrica de cerveja Bavaria estava lindamente enfeitada. Todos os carros de transporte dessa fábrica também estavam enfeitados. No local havia uma multidão de povo que aclamou vivamente a oficialidade da marinha portuguesa"[91].

89. Essa empresa existe ainda, e seus motores tinham realmente grande reputação à época – mais uma indicação do elevado padrão técnico da Bavaria.

90. "Adamastor", *Correio Paulistano*, 1ª p., 6.12.1898.

91. "Adamastor", *O Estado de S. Paulo*, 1ª p., 7.12.1898.

As recepções calorosas não eram restritas aos estrangeiros. *O Estado de S. Paulo* publicou em 2 de janeiro de 1900:

Ontem, em bondes especiais, partiram do largo do Rosário em visita à fábrica de cerveja Bavaria os viajantes do comércio reunidos nesta capital. Na fábrica receberam-nos o respectivo gerente e mais pessoal. Depois de percorrerem todas as dependências do edifício, foi-lhes servido um lanche, chope e vinhos finos. Às quatro horas da tarde regressaram os viajantes de sua visita à fábrica.

Pouco depois, em 27 de janeiro, o mesmo jornal informava que um grupo de alunos de engenharia, vindos do Rio de Janeiro, também visitaram a fábrica. No início do século XX, a rua da fábrica ficou conhecida oficialmente como "alameda Bavaria", hoje avenida Presidente Wilson.

O músico e filantropo

Fora do campo empresarial, Heinrich Stupakoff já obteve lugar de destaque na história de São Paulo. Em anos recentes foram publicados vários estudos sobre a evolução da cultura musical na cidade. Neles, Stupakoff sempre é mencionado como integrante do Quarteto de Cordas do Clube Haydn, organização musical responsável pela introdução da música clássica na capital.

Dotado de grande talento, Stupakoff deu notável contribuição à cultura musical em São Paulo das décadas de 1880 e 1890. Por ter bela voz de barítono e ser exímio violoncelista, foi parceiro de vários músicos renomados na época, como o pianista, compositor e regente paulistano Alexandre Levy.

A respeito do panorama cultural de São Paulo no final dos anos 1850, o escritor Augusto Zaluar comentou que a cidade lhe pareceu monótona: mesmo em dias de festa "em vez de riso jovial e franco, é taciturna e reservada como uma beata que vai à missa das almas com o rosto escondido na mantilha [...]"[92].

A capital modorrenta, sem opções de lazer, ficaria para trás aos poucos, a partir de 1867, quando as marias-fumaça da São Paulo Railway apitaram para avisar que chegara a hora de sacudir o marasmo. Inclusive na esfera da

---

92. Adriana F. C. Baldin, *A Presença Alemã na Construção de São Paulo entre 1820 e 1860*, São Paulo, Universidade de São Paulo, 2012 (Tese de Doutorado em Arquitetura e Urbanismo).

música, que seria despertada de fato dez anos mais tarde, com a ligação ferroviária de São Paulo ao Rio de Janeiro[93].

O momento, portanto, era promissor para músicos e negociantes de instrumentos musicais instalados na capital paulista. Um deles era o francês Henrique Luís Levy, clarinetista amador que migrou para o Brasil em 1848. Caixeiro-viajante, circulou pela Província de São Paulo vendendo joias, até fixar-se na capital, em 1860. Passados alguns anos, abriu loja com um sócio para comerciar pianos e partituras. O estabelecimento se tornou ponto de encontro de amadores e profissionais da música[94].

Desfeita a sociedade, Levy permaneceu na atividade e mudou de endereço, em 1869. Nos anos subsequentes, sua casa comercial se tornou a mais importante do ramo na cidade. Para lá se manteve a convergência dos interessados em música. A loja se diferenciava tanto que um antigo frequentador disse, em 1947, segundo Binder: "Vir alguém a São Paulo que gostasse de música e não ir à loja do Levy era o mesmo que ir a Roma e não ver o papa"[95].

Conforme o pesquisador Fernando Binder, o interesse do paulistano pela música e os concertos musicais seria reforçado

[...] com a mudança para São Paulo, em 1880 [...], da jovem professora de piano Emília Philippeaux, nascida no Rio de Janeiro de pai francês e mãe alemã; e, em 1882, com a chegada de Heinrich Stupakoff, alemão de Hamburgo e violoncelista que, com Emília e o violinista Frederico Krueger, formou um trio que, em família, era o suficiente para alegrar as horas noturnas ou os domingos e feriados[96].

A título de curiosidade, vale registrar que Stupakoff, Emília Philippeaux e Ernesto Preiss provavelmente estiveram desde sempre muito próximos, no microcosmo da colônia alemã. Como se recorda, Stupakoff estabeleceu-se à rua dos Bambus, 27. Emília Philippeaux dava aulas de piano no número 25, e

---

93. Ernani S. Bruno (*História e Tradições da Cidade de São Paulo*, Rio de Janeiro, Livraria José Olympio, 1954, p. 1302) cita que a nova ferrovia "foi da maior importância para o desenvolvimento da vida musical da cidade, pois tornava fácil a apresentação de companhias líricas da Corte ou estrangeiras na capital da província".

94. Fernando P. Binder, *Profissionais, Amadores e Virtuoses: Piano, Pianismo e Guiomar Novaes*, São Paulo, Universidade de São Paulo, 2018 (Tese de Doutorado em Musicologia).

95. *Idem*.

96. Ernani S. Bruno, *História e Tradições da Cidade de São Paulo*. A "chegada" de Stupakoff deve ser entendida como a sua entrada no ainda restrito circuito musical de São Paulo.

Ernesto Preiss residia no 21[97]. Sabe-se que Preiss, futuro sócio de Stupakoff, era genro dos pais de Emília[98].

Em 6 de maio de 1883, cerca de trinta pessoas, incluindo Stupakoff, fundaram o Clube Haydn, marco histórico da difusão da música clássica em São Paulo. A iniciativa, voltada para a difusão da música clássica, foi liderada pelo pianista e compositor Alexandre Levy, filho do comerciante Henrique Levy[99]. Considerado gênio, Alexandre se tornou referência na história da música no Brasil[100]. O clube surgiu imediatamente após a primeira apresentação, em São Paulo, do violinista Vincenzo Cernicchiaro e da cantora Marietta Siebs, vindos do Rio de Janeiro[101].

A essa altura, o grupo que se distinguiria por vários anos como o Quarteto do Clube Haydn já estava ativo, formado inicialmente por Frederico Krueger, violinista, Francisco Regis, violista, mais os violoncelistas Heinrich Stupakoff e Antônio Leal. O quarteto e os irmãos pianistas Luís e Alexandre Levy participaram dos concertos de Cernicchiaro e Siebs em São Paulo, em 1883[102].

Na edição de 7 de maio, o *Correio Paulistano* comentou a realização do primeiro concerto, com uma nota breve[103], sendo mais detalhista a respeito do segundo concerto realizado em 17 de maio, citando além dos irmão Levy: "É motivo de satisfação contarmos com amadores distintos como os Srs. Kruger, Antônio Leal, Stupakoff, Joaquim Leal Jr., e Regis, que podem proporcionar-nos ensejos, infelizmente raros entre nós, de ouvirmos boa música"[104].

A temporada de Cernicchiaro e Siebs em São Paulo durou até o final de junho, com um total de seis apresentações, fora sua participação em concerto promovido por uma entidade abolicionista, a Sociedade Emancipadora

---

97. *Almanach da Provincia de São Paulo*, 1888.
98. "Anúncios", *Correio Paulistano*, p. 3, 11.3.1880.
99. Fernando P. Binder, "Lições de Civilidade Musical: Os Concertos de Cernicchiaro e a Criação do Clube Haydn de São Paulo". *Paper* apresentado ao XXIII Congresso da Associação Nacional de Pesquisa e Pós-Graduação em Música, 2013.
100. Uma biografia resumida de Alexandre Levy se encontra em: https://web.archive.org/web/20101009094053 e em http://www.abmusica.org.br/patr29.htm
101. Vincenzo Cernicchiaro, um dos fundadores do Clube Beethoven do Rio de Janeiro, inspirador do Clube Haydn, é outra personalidade importante na história musical do país. Ver biografia em http://dicionariompb.com.br/vincenzo-cernicchiaro/dados-artisticos.
102. "Salão e Teatro São Jose", *Correio Paulistano*, p. 3, 5.5.1883.
103. "Concerto", *Correio Paulistano*, 1ª p., 7.5.1883.
104. "Concerto", *Correio Paulistano*, p. 2, 19.5.1883.

Acadêmica de São Paulo[105]. Profissionais e amadores do Clube Haydn atuaram em todas essas oportunidades, principalmente os irmãos Levy e o Quarteto de Cordas.

Após a partida de Cernicchiaro e Siebs, a apresentação inaugural exclusiva do Clube Haydn ocorreu em agosto de 1883[106]. Esse concerto abriu uma série inédita de espetáculos musicais regulares, que se estenderia por quase quatro anos. Assim, o público paulistano teve a oportunidade de ouvir pela primeira vez "as sinfonias 1ª e 2ª de Beethoven, a *Sinfonia n. 103* de Haydn, a *Abertura Ruy Blas* de Mendelssohn e a *Abertura Don Juan* de Mozart"[107].

A formação do Quarteto de Cordas do clube sofreu algumas modificações no período. Uma delas foi a substituição de Frederico Krueger, ainda em 1883, por José Pedro de Sant'Anna Gomes, violinista de Campinas, irmão do maestro e compositor Carlos Gomes. Stupakoff foi um dos membros que permaneceram até o encerramento das atividades do Clube, em 1887, pouco antes de seu diretor de concertos e principal animador, Alexandre Levy, partir para uma temporada de estudos na Europa.

Mas não era somente no violoncelo que Stupakoff se destacava. Era também um excelente barítono. Em 27 de setembro de 1894 *O Estado de S. Paulo* noticiava que: "O Sr. Stupakoff elevou na sua potente voz de barítono, à agrura, à semibarbárie que explode com um encanto temeroso, das partituras cheias de estranheza de Wagner. Tannhäuser feriu a fibra mais encosa do foco das nossas sensações"[108].

Uma década antes, em 1884, Stupakoff cantou ária da ópera *Salvator Rosa*, de Carlos Gomes, e recebeu a seguinte consideração: "A ária do Duque d'Arcos [...] foi cantada pelo Sr. Stupakoff com belíssima voz, notável expressão e fino estilo, o que não é muito de esperar de uma garganta germânica. Como amador, satisfaz por todos esses pontos os ouvidos mais exigentes"[109].

O Clube Haydn conquistou prestígio. Em 8 de novembro de 1884, por exemplo, o Quarteto de Cordas, então constituído por Sant'Anna Gomes,

105. Josivaldo P. Oliveira, "Filinto Justiniano Ferreira Bastos: A Trajetória de um Abolicionista, 1879-1882", *Revista História*, n. 37, 2018; "Grande Festival", *Correio Paulistano*, p. 3, 11.6.1883.
106. "Club Haydn", *A Provincia de São Paulo*, 1ª p., 25.8.1883.
107. Fernando P. Binder, "Lições de Civilidade Musical".
108. *O Estado de S. Paulo*, 1ª p., 27.9.1894.
109. "Noticiário", *A Província de S. Paulo*, p. 2, 1.10.1884.

Stupakoff, Fuchs e Regis, foi ao Rio de Janeiro, onde participaria, três dias depois, do Terceiro Grande Concerto Sinfônico, organizado pelo Clube Beethoven[110]. Para o evento, assistido pela família imperial, o Clube Beethoven formou orquestra com 75 dos melhores musicistas do país[111].

Ainda em novembro, a princesa Isabel, herdeira do trono, esteve com o marido, o Conde d'Eu, e os filhos, em visita a São Paulo. Convidada pelo Clube Haydn, a família assistiu a um concerto em sua homenagem no Teatro São José, na noite do dia 23. O *Correio Paulistano* noticiou o fato, comentando, na parte final do texto:

O Sr. Pons, regente da orquestra, operou prodígios de energia com o fim de chegar ao belo resultado obtido. Entre os sócios prestantes e amadores notamos, entre outros, o conhecido quarteto do clube, composto dos Srs. Sant'Anna Gomes, Stupakoff, Fuchs e Regis, e bem assim o Sr. Dr. Negreiros, primeira flauta, o Sr. Reingantz, 2ª flauta, e o Sr. Alexandre Levy, diretor dos concertos, que se encarregou dos tímpanos[112].

Uma matéria muito elogiosa sobre o Clube Haydn apareceu em outubro de 1885 em *A Província de São Paulo*[113], enaltecendo as artes: "O artista é tão bom operário da civilização como os que laboram as terras", "riquezas também são os produtos das artes" e que na Europa, "a arte, longe de ser um mero objeto de luxo, representa condigno papel [...] na livre expansão da atividade humana". Comenta também o concerto assistido pela princesa Isabel afirmando que: "São Paulo que nada tinha que invejar à corte". No final do artigo, um elogio ao nosso personagem:

O Sr. Pons e Stupakoff cantaram belas composições, especialmente este último, amador de primeira, que tem sabido captar as simpatias dos que o conhecem por saber conciliar de modo admirável o interesse industrial, de que é distinto representante em São Paulo, com as nobres solicitações do coração.

110. "Notícias Artísticas", *Correio Paulistano*, p. 2, 8.11.1884.
111. "Club Beethoven", *A Folha Nova*, p. 2, 9.11.1884.
112. "Notícias Artísticas", *Correio Paulistano*, p. 2, 25.11.1884.
113. "Lettras e Artes", *A Província de São Paulo*, 1ª p., 22.10.1885.

Em fevereiro de 1887 *A Província de S. Paulo* elogiou "a linda voz de Stupakoff" ao cantar parte da ópera *Marion*, de Ponchielli, indicando que a mesma teria sobressaído ainda mais se não fosse a acústica do Club Internacional[114].

Stupakoff levou a música erudita até para o interior. Em junho do mesmo ano seguiu com Eduardo Pons, Júlio Batistini e Antônio Leal para tomar parte do concerto da Philarmônica, em Rio Claro[115]. Em setembro cantaria *Standchen* (*Serenade*), de Heinrich Marschner, num quarteto de vozes no Club Internacional[116], e em dezembro acompanharia, no Teatro São José, o pianista de Berlim Alberto Friedenthal[117].

Em 1888, Stupakoff participou[118] de um evento memorável na história musical brasileira, acompanhando Emília Philippeaux e suas alunas em apresentação pública[119]. O evento, ocorrido em 11 de abril, no Teatro São José, abriu o caminho do palco para musicistas do sexo feminino, antes forçadas a ficar em casa devido aos preconceitos da época. Para Carlos Penteado de Rezende, o concerto da professora Philippeaux pode ter sido também o primeiro do gênero em todo o Brasil.

Stupakoff, com o tempo, tornou-se muito conhecido e respeitado no meio musical paulistano. A imprensa, que no início apenas registrava seu sobrenome na programação ou nos comentários sobre os concertos, passou a qualificá-lo como "virtuose" e "professor".

Como exemplo, pode-se mencionar uma nota publicada em revista de 1888:

Clube Mendelssohn. Fundou-se a 27 de agosto, nesta capital, uma sociedade de canto alemã, sob esta denominação. É seu presidente o professor Sr. B. Brak. Diretor dos concertos é o distinto virtuose Sr. H. Stupakoff. O clube tem a sua sede provisória no Clube Germânia, onde fará ensaios todas às segundas-feiras. Promete dar-nos boa música do passado, do presente e do futuro[120].

---

114. *A Província de S. Paulo*, 1ª p., 1.2.1887.
115. "Para Rio Claro", *O Estado de S. Paulo*, p. 2, 1.6.1887.
116. "Club Internacional", *A Província de S. Paulo*, p. 2, 1.9.1887. Estava acompanhado dos Srs. Brach, Joacham e Boegel.
117. *A Província de S. Paulo*, p. 2, 23.11.1887.
118. Junto ao violinista Giulio Bastiani e à cantora Clotilde Maragliano.
119. "A Primeira Professora de Piano...", *O Estado de S. Paulo*, p. 4, 4.4.1946.
120. "Club Mendelssohn", *Revista Musical*, n. 4, p. 2, 1888. O termo "professor" também é usado em matéria do *A Província de S. Paulo*, p. 2, 6.10.1888.

É muito provável que a organização do coral tenha sido iniciativa de Stupakoff, dadas suas qualidades como barítono de excelentes qualidades vocais já provadas nos vários concertos do Clube Haydn. Ele era de fato seu diretor, como pode ser constatado em apresentação em dezembro de 1888 de "*Der Frohe Waneersman* – pelo coral Mendelssohn, dirigido pelo Sr. Stupakoff"[121].

Talvez a maior proeza musical de Stupakoff no Brasil tenha sido a montagem da ópera romântica em três atos *Alessandro Stradella*, de Friedrich von Flotow[122]. Levá-la ao palco pode ser considerada uma proeza porque Stupakoff soube vencer eventuais resistências e conquistar o apoio de outros músicos, como Alexandre Levy, numa época em que as obras românticas eram consideradas fora de moda.

A apresentação de *Alessandro Stradella*, com a renda da bilheteria destinada à Santa Casa de Misericórdia e à Escola Alemã (Deutsche Schule), se deu em 1º de abril de 1889, no Teatro São José. A orquestra de 28 instrumentistas esteve sob a regência de Alexandre Levy, e a condução do coral de 32 pessoas do Clube Mendelssohn ficou a cargo de Stupakoff, naturalmente[123]. Dois maestros comentaram na imprensa a apresentação: o paulista João Gomes de Araújo e o italiano Ettore Bosio[124]. Ambos fizeram reparos à "antiguidade" da obra, como seria de esperar naquele contexto.

Araújo afirmou: "A orquestração é monótona devido à pouca variedade da tessitura; e o mesmo acontece nas melodias e modulações; são defeitos já apontados por críticos famosos, quando tratavam das composições de Flotow". Por sua vez, Bosio criticou o que chamou de "simpatia" de Friedrich von Flotow pela "velha ópera cômica francesa".

Em seguida ambos começam a dar suave polimento às asperezas da crítica. Araújo: "No entanto, agora não há necessidade de emitir uma opinião sobre um trabalho que já tem quase meio século de existência". Bosio completou:

121. "Theatro", *A Província de S. Paulo*, p. 3, 21.12.1888. O coral se apresentara três vezes na ocasião, no Teatro Ginástico Português, onde a maior atração era o violinista Giulio Bastiani. Pouco depois, em 26 de fevereiro de 1889, Stupakoff viria a ser regente não apenas do coral, mas de um concerto inteiro (*A Província de S. Paulo*, p. 2, 23.2.1889).

122. A estreia dessa ópera se deu no Stadttheater de Hamburgo, em 30 de dezembro de 1844.

123. Conforme o jornal *A Província de S. Paulo*, Stupakoff também atuou no papel de Malvolio ("Teatro São José", *A Província de S. Paulo*, p. 3, 6.4.1889).

124. "Palco Scenico", *Gli'Italiani in São Paulo*, p. 3, 5.4.1889.

"Deixando de lado a originalidade que falta a esta obra, a música ainda hoje se destaca pelo frescor dos pensamentos e pela rapidez da forma, coisas que, bem acopladas, como o autor da *Martha* (Flotow) soube fazer, conferem a esta obra um verdadeiro valor artístico".

Depois os maestros atenuaram a importância de pequenas falhas da orquestra e do coro, como se continuassem a se desculpar pelas observações iniciais, e partem para elogios calorosos e afetuosos aos participantes.

Araújo escreveu: "O Sr. Stupakoff foi um verdadeiro herói. Admiramos nele a tenacidade invejável; ele é um verdadeiro artista de muito mérito – com a força de vontade que tem esperamos que nos dê outras noites como a de 1º de abril". Bosio prosseguiu no mesmo diapasão: "O Sr. Stupakoff foi insuperável. E se não se soubesse ser ele também parte daquele simpático grupo de amadores, seria considerado um verdadeiro e perfeito artista. Também devemos elogiar esse cavalheiro como excelente instrutor de coral".

Os dois maestros foram pródigos em elogios a outros participantes do espetáculo. E descreveram como o público saudou a todos entusiasticamente, exigindo repetidas vezes a volta de Levy, Stupakoff e da cantora Leopoldina Roedder ao palco, para ondas sucessivas de aplausos. A ópera seria reapresentada em 8 de abril.

Após retornar de viagem à Alemanha em 1890, Stupakoff se ocupou com a montagem da ópera *Martha*, também de Friedrich von Flotow, em que faria o papel de Plunket – um rendeiro abastado. Houve várias apresentações entre agosto e outubro do mesmo ano, com a participação do coral Mendelssohn, sob a regência de Alexandre Levy.

Depois dessa apresentação não foram localizadas mais notícias de que Stupakoff e Levy tenham voltado a se apresentar juntos em público, enquanto condutores de orquestra e coro. Mas é certo que se encontravam todas as sextas-feiras com o violinista e regente Giulio Bastiani, na Casa Levy, onde havia um auditório apropriado para música de câmara. Essa rotina de ensaios, leitura e conversas sobre questões musicais pode ter sido estabelecida ainda na época de fundação do Clube Haydn.

Infelizmente, os encontros foram interrompidos de forma abrupta em 1892. Em 15 de janeiro, Levy compunha "um novo *Trio*, tendo acabado de escrever as partes do *Finale*. Giulio Bastiani e Heinrich Stupakoff [...] pediram então para executar a citada composição. Levy não o consentiu, dizendo: 'deixemos

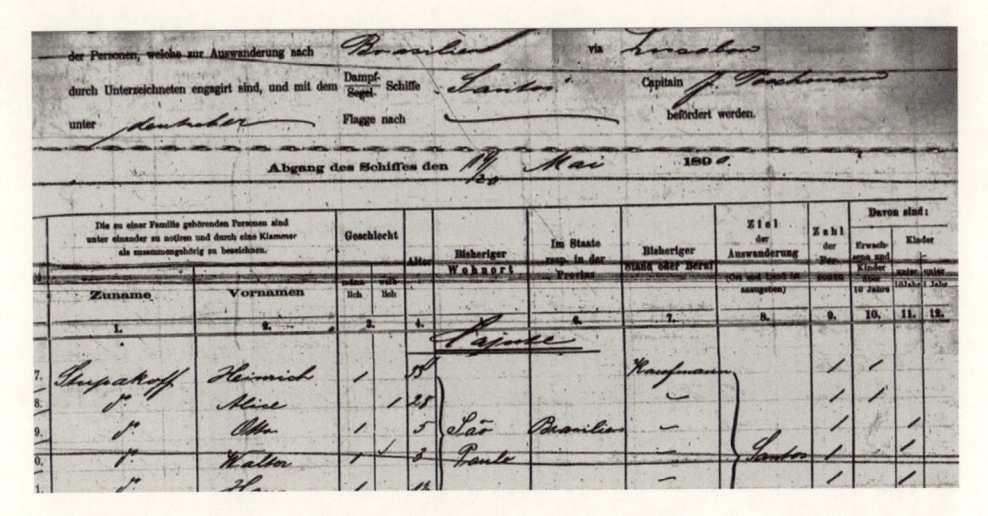

Figura 33. Em 1890, Stupakoff volta ao Brasil com a família, após estada na Alemanha. Acervo da cidade de Hamburgo.

isso para outra ocasião, tempo não falta'"[125]. Levy estava enganado: morreria dois dias após o derradeiro encontro com Bastiani e Stupakoff, de um presumível ataque cardíaco, diante da família reunida à mesa do jantar. Nascido em 10 de novembro de 1864, não completou 28 anos.

A morte de Levy, combinada com a necessidade de dedicar tempo à inauguração da fábrica da Bavaria naquele mesmo ano de 1892 e à família que aumentava fizeram com que as aparições musicais de Stupakoff rareassem. Os dois últimos encontrados para esta biografia datam de 1894.

Além de músico, Stupakoff era filantropo. Por exemplo: em 1897, ao lado de outros conterrâneos, participou da arrecadação de fundos para a compra de terreno e a construção de um hospital, doando um conto e trezentos mil--réis[126]. Inaugurado só em 1927, o atual Hospital Alemão Oswaldo Cruz ainda é uma das instituições paulistanas de referência. Neste mesmo ano, *O Estado*

---

125. Said Tuma, *O Nacional e o Popular na Música de Alexandre Levy: Um Projeto de Modernidade*, São Paulo, Universidade de São Paulo, 2008 (Dissertação de Mestrado em Comunicação).

126. Todos membros proeminentes da colônia alemã, inclusive Victor Nothmann, sócio de Stupakoff, e Antônio Zerrenner, da Antarctica. No futuro, Zerrenner e a esposa, Helena, seriam os principais responsáveis pela concretização do projeto, conforme o livro comemorativo de Ernst Günther Lipkau, lançado no centenário da instituição, em 1997.

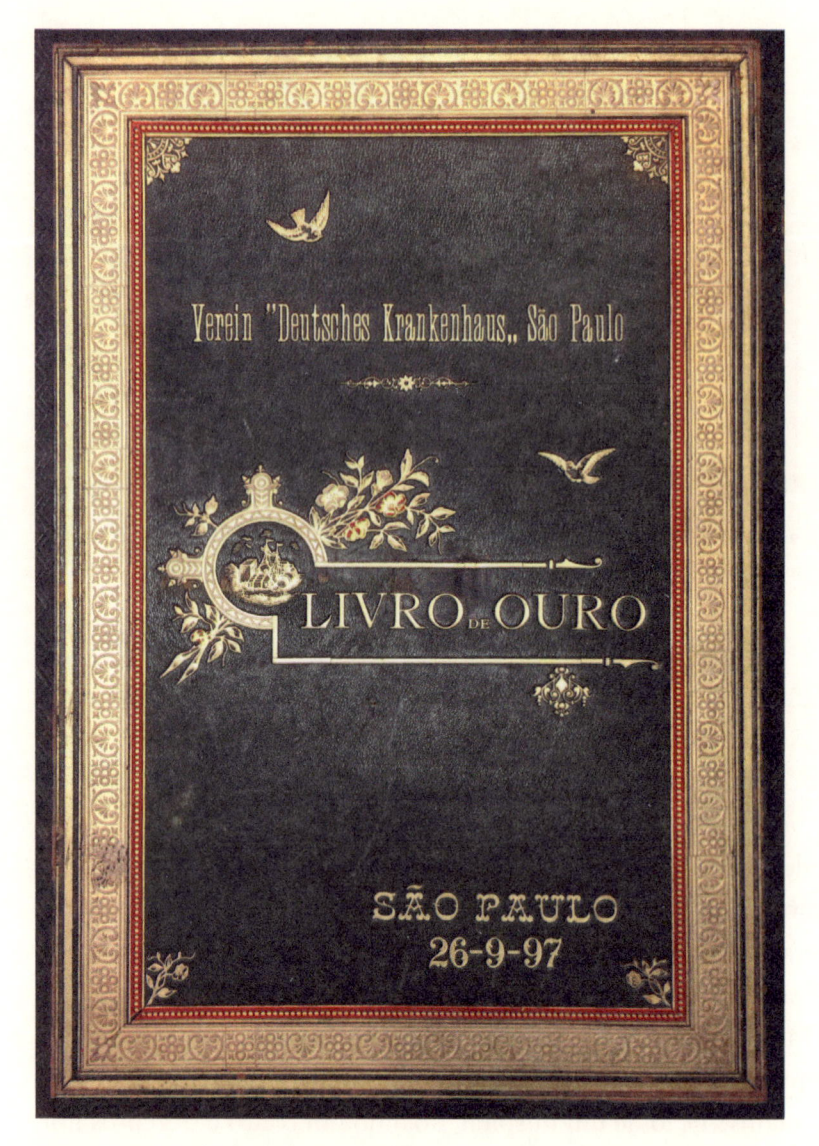

Figura 34. Livro de Ouro do Hospital Alemão Oswaldo Cruz, São Paulo,
1897. Acervo da Instituição.

de S. Paulo publica uma doação de vários empresários, dentre eles Stupakoff,
para os açorianos, que haviam vivido infortúnio[127].

Em 1904, imediatamente após a venda da Bavaria, Stupakoff doou recursos para a Deutsche Schule, instituição com a qual vinha colaborando

---

127. "Seção Livre", *O Estado de S. Paulo*, p. 2, 17.1.1897.

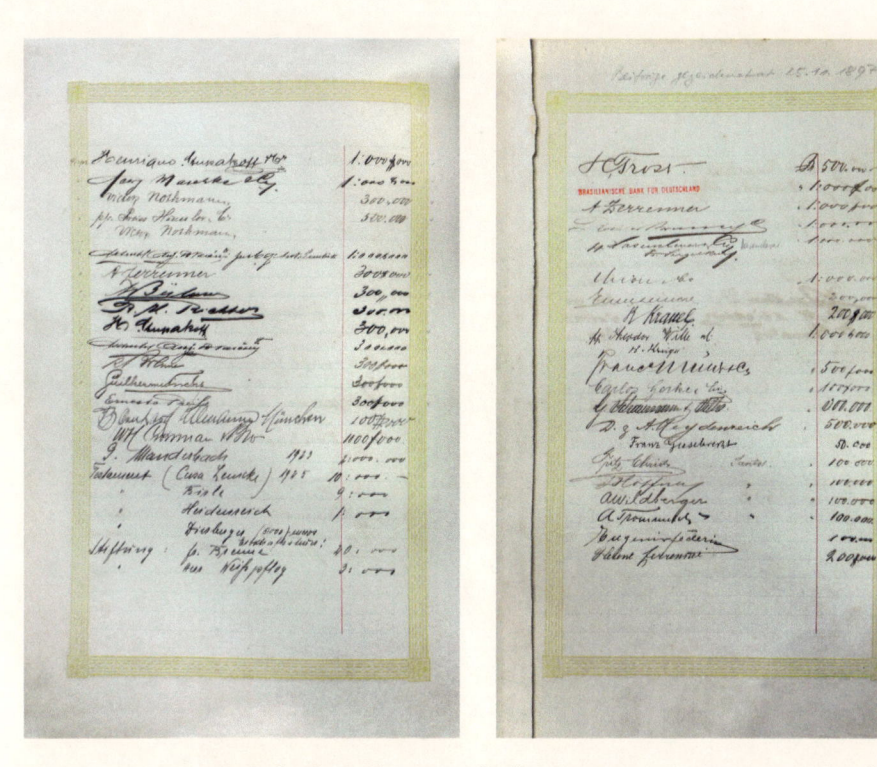

Figura 35. Por ocasião da fundação do Hospital Alemão em 1897, vários personagens deste livro doaram o necessário para sua fundação e funcionamento. Começando por Heinrich Stupakoff, temos ainda a doação e assinatura de Georg Maschke, Antônio Zerrenner, Victor Nothmann, Johannis Stupakoff, Ernesto Preiss, Adam von Bülow, e Theodor Wille. Fonte: Acervo da Instituição.

possivelmente desde sua fundação em 1878. Depois, por intermédio da Stupakoff & Cia., que mantinha com Otto, um de seus filhos, repassou mais dinheiro para a Escola, além de responsabilizar-se por importações de materiais de ensino. Conforme balanço disponível das contribuições destinadas à construção de novo prédio para a Deutsche Schule, até 1911, as doações de Stupakoff e Otto somavam quatro contos e duzentos e trinta mil-réis. A instituição hoje permanece bilíngue, com o nome de Colégio Visconde de Porto Seguro. Para a rede de notícias Deutsche Welle, trata-se da maior escola alemã do mundo em número de alunos[128].

---

128. Cf. https://www.dw.com/pt-br/colégio-porto-seguro-uma-cidade-alemã-em-são-paulo/a-4438823

6

Administrando a nova cervejaria

Produtos, preço, promoção e propaganda

EM 7 DE NOVEMBRO DE 1892 AS MARCAS EXPORT-BIER E LAGER--Bier foram registradas na Junta Comercial de São Paulo[1]. Em seguida, aconteceram as primeiras ações de promoção e publicitárias. Os rótulos desses produtos que sobreviveram ao tempo são particularmente coloridos e elegantes.

Apesar de ser paulista, a Bavaria pôde contar com um agente muito ativo no Rio de Janeiro: o comerciante Arthur Clausen. O primeiro registro de sua parceria com a cervejaria de Stupakoff saiu no *Jornal do Commercio*, em fins de 1892:

O Sr. Arthur Clausen enviou-nos um caixão com garrafas de cerveja da grande fábrica Bavaria, fundada na capital de S. Paulo pelos Srs. Stupakoff & C. e inaugurada em outubro deste ano. Esta cerveja, analisada no Instituto Agronômico daquele Estado, é uma das melhores fabricadas no país e pode bem rivalizar com a cerveja alemã[2].

Clausen atuou durante cerca de uma década como distribuidor da Bavaria na então capital federal. No decorrer desse período, anunciou com frequência os produtos da empresa nos principais veículos de comunicação cariocas.

---

1. Sob os números 23 e 24 do livro registro, respectivamente. Cf. C. A. Coutinho em http://cervisiafilia.blogspot.com.br.
2. "Indústria Nacional", *Jornal do Commercio*, 1ª p., 28.12.1892.

Figura 36. A Lager-Bier e a Export-Bier foram as duas primeiras cervejas fabricadas pela Bavaria. Fonte: Acervo Ambev/FAHZ.

Além de divulgar as cervejas, também combateu energicamente por meio da imprensa todos os boatos e insinuações contrárias à Stupakoff & Cia.

Clausen era ativo nas oportunidades de promover o produto. Durante a feira industrial realizada no Rio de Janeiro, no verão de 1895/1896, o *stand* da Bavaria foi o único a exibir, além dos produtos, diversos dados sobre a fábrica[3].

Às vezes, um *merchandising* involuntário ajuda. Ainda em 1894, *O Estado de S. Paulo* publicou, em primeira página um poema de A. Bomtempo[4], que quase lembra a "sofrência" de algumas músicas atuais, e já traz a cerveja como companheira na tristeza. Seguem duas estrofes:

> Dia estúpido! Um desgosto
> Minha alma inundando vai
> Gente que só lava o rosto
> Quando a chuva no rosto lhe cai

---

3. "Exposição Industrial", *Jornal do Commercio*, 1ª p., 2.2.1896.
4. "A Chuva", *O Estado de S. Paulo*, 1ª p., 26.7.1894.

A planta do amor contraria
A chuva não o faz medrar...
Compra um barril de Bavaria
Com cerveja é o que deves regar.

A empresa também anunciava. No jornal *O Estado de S. Paulo*, saíram anúncios entre 1892 e 1899 sobre os produtos, cerveja e gelo[5], mas eram básicos, falando apenas da existência dos produtos, preços e onde se poderia encontrar. Em 23 de novembro de 1892, o primeiro anúncio encontrado[6] oferecia cerveja a 8 500 réis sem garrafa e dez mil-réis com garrafa, "postas na casa do freguês". Em 1º de setembro de 1894[7] os produtos se tornam mais caros; eram a cerveja Bock (a doze mil-réis a dúzia, sem garrafa) e Lager (dez mil-réis a dúzia, sem garrafa). Já naquela época a ideia era retornar a garrafa, pois cada uma acrescentaria 1 500 réis ao preço.

Em 8 de fevereiro de 1898[8], o preço da dúzia seria os mesmos dez mil-réis (sem especificar o tipo de cerveja), destacando descontos progressivos para atacado. Exatamente um ano depois[9] os preços ainda se mantinham, o que é uma certa surpresa, pois a inflação do período se acelerava e o preço dos insumos aumentava com a queda do mil-réis. A crise econômica do fim do século XIX deve ter atingido a demanda.

Em 28 de outubro de 1898 são registradas novas marcas na Junta Comercial de São Paulo: Bavaria Pilsen, Bavaria München e Bavaria Culmbach[10]. No anúncio desta última em 1899[11], surge algo um pouco diferente, uma descrição mais mercadológica: "Superior à Guinness Stoat", e "recomendável às senhoras, devendo ser tomada no almoço". Não constava o preço, apenas que a venda seria por atacado.

A peça de propaganda que chegou até nossos dias e merece ser olhada mais de perto é um impresso que traz a marca Cerveja Bavaria, em vermelho,

---

5. "Gelo", *O Estado de S. Paulo*, p. 4, 9.5.1897.
6. "Fábrica de Cerveja Bavaria", *O Estado de S. Paulo*, p. 3, 23.11.1892.
7. "Preços da Cervejaria Bavaria", *O Estado de S. Paulo*, p. 3, 1.9.1894.
8. "Fábrica da Cerveja Bavaria", *O Estado de S. Paulo*, p. 4, 8.2.1898.
9. "Preços da Cervejaria Bavaria", *O Estado de S. Paulo*, p. 6, 9.2.1899.
10. Sob os números 141, 143 e 145, respectivamente, do livro n. 1 do registro de marcas na Junta Comercial de São Paulo. (C. A. Coutinho em http://cervisiafilia.blogspot.com.br).
11. "Cerveja Culmbach", *O Estado de S. Paulo*, p. 5, 18.7.1899.

Figura 37. A indústria de cerveja utilizou diversos sistemas de fechamento para as garrafas, até a invenção das tampinhas metálicas. Alguns dos sistemas antigos continuam em uso em vários países. Fonte: Biblioteca Nacional.

Figura 38. Cartaz de propaganda da Bavaria, com imagem da grande estátua de mesmo nome existente em Munique. Fonte: Acervo Ambev/FAHZ.

Figura 39. Em geral, os cartazes de propaganda da Bavaria eram mais sóbrios, com poucos elementos pictóricos. Fonte: Acervo Ambev/FAHZ.

Figura 40. Rótulos da Brahma da virada do século XIX para o XX. Fonte: Acervo Ambev/FAHZ.

Figura 41. A Cerveja Arctica, de 1895, foi a primeira a trazer no rótulo a letra "A" inscrita em estrela de seis pontas, símbolo tradicional da Antarctica Paulista. Fonte: Acervo Ambev/FAHZ.

dominando a parte superior do quadro, com efeito tridimensional. Abaixo, em caracteres menores e em cor negra, está o nome da empresa.

Dois conjuntos de imagens dividem o cartaz. O primeiro, à esquerda, retrata a estátua *Bavaria*, de Munique, cercada por folhas de lúpulo[12]. À direita, ao fundo, a fábrica da Mooca, bem-iluminada por uma estrela amarela, símbolo tradicional dos cervejeiros. Fumaça sai da chaminé e indica uma indústria em funcionamento. Mas não em área urbana, e sim na placidez de um cenário bucólico, no qual se insinua, ao fundo, o que parece ser uma cadeia de montanhas.

Ou seja, para a composição do quadro, o autor (desconhecido) e a empresa talvez quisessem mostrar que a Bavaria, enquanto símbolo de modernidade e excelência, não tinha par no terreno cervejeiro. Portanto, estaria sossegada com relação à concorrência – daí o panorama campestre tranquilo. A empresa também seria herdeira e guardiã de antiga tradição de produção de cerveja, cultivada na "pátria" da Lager, simbolizada pela "deusa". Para acentuar o caráter tradicional da empresa, uma carroça – e não uma ferrovia – é o meio de transporte retratado diante da fábrica.

Em suas primeiras peças publicitárias, a concorrente Antarctica usou bonecos de neve sentindo calor e se agarrando às garrafas de cerveja, além de ursos polares deslizando sobre um bloco de gelo[13]. Ursos polares, como sabidos,

---

12. A *Bavaria* é uma grande estátua instalada em Munique, construída sob encomenda do rei Ludwig I, da Baviera, para glorificar o reino e suas realizações. A imagem feminina, com um leão a seu lado, ilustrou os rótulos das cervejas de Stupakoff & Cia. Ver a página da Wikipedia sobre a estátua.

13. Ana Landi e Oscar Pilagallo, *De Duas, Uma*, pp. 42-45.

Figura 42. Apesar de ursos polares não viverem no continente antárctico, as propagandas nos primeiros quarenta anos da companhia faziam referência a esses animais. Os famosos pinguins só foram aparecer na década de 1920. Fonte: Acervo Ambev/FAHZ.

Figura 43. Chalé da Bavaria no Jardim da Luz, SP. Fonte: Acervo Ambev/ FAHZ.

habitam somente o Ártico. Demorou quarenta anos para surgirem os famosos pinguins, que de fato, são do continente Antártico.

A exemplo de outras cervejarias, a empresa estampava uma estrela de seis pontas em rótulos e cartazes promocionais. Essa estrela, que nada tem a ver com a Estrela de David como alguns supõe, evoca a qualidade e pureza da bebida.

Cada uma das pontas representa um dos ingredientes que deve ser usado em quantidade e qualidade corretas: a água, o lúpulo, os grãos, o malte, o fermento e a habilidade do cervejeiro[14].

A promoção das cervejas começava a ir além do uso de rótulos e cartazes mais atrativos e o uso da propaganda impressa, que era basicamente descritiva. Em um passo além, a indústria de Lager procurou relacionar a bebida ao prazer de viver, tal como fizeram os pioneiros Henrique Leiden e Alexandre Villas--Boas, no Rio de Janeiro, décadas antes.

Na capital paulista, a Antarctica deu o primeiro passo. Em 23 de fevereiro de 1901, a companhia informou, através do jornal *O Estado de S. Paulo*, que abriria o Parque da Água Branca no dia seguinte, para o lazer da população paulistana, com banda de música aos sábados e domingos. Além de diversões populares, a venda de cerveja estava incluída no programa, é claro[15].

---

14. Ver Teresa C. N. Marques, *A Cerveja e a Cidade do Rio de Janeiro de 1888 ao Início dos Anos 1930*, p. 308. A estrela, portanto, não guarda nenhuma relação com a Estrela de David.
15. "Notícias Diversas", *O Estado de S. Paulo*, p. 2, 23.2.1901.

A Bavaria procurou o Jardim da Luz, um local central, então frequentado pelos endinheirados da cidade. Lá, a companhia construiu um chalé-restaurante, em 1903 – desenhado pelo arquiteto alemão Maximilian Emilio Hehl, o mesmo projetista da Catedral da Sé[16]. O chalé continua em pé, tendo sido restaurado no início do milênio.

No Rio de Janeiro, à mesma altura, a Brahma firmou parceria com o empresário de diversões Paschoal Segreto, para promover o Parque Fluminense, um local com atrações musicais, que funcionou no Largo do Machado, zona sul da cidade, entre o verão de 1902 e novembro de 1915, quando a cervejaria abandonou o negócio, devido à contração das vendas causadas pelos reflexos da Primeira Guerra no Brasil[17].

Comparando o incomparável

Não é justo comparar o desempenho de uma cervejaria de fins do século XIX com outra do século XXI – principalmente se essa última utilizar o que há de melhor em matéria de equipamentos, processos e demais recursos, aperfeiçoados pela técnica no transcorrer de décadas.

Nos anos 1890, as maiores cervejarias já operavam com a energia do vapor para movimentar os conjuntos mecânicos, ferver o mosto e produzir gelo. Contavam até mesmo com alguns circuitos elétricos destinados à iluminação de determinados ambientes.

Enquanto, como vimos, a Fábrica Bavaria produzia quarenta mil hectolitros anuais em 1899, fábricas modernas produzem cem vezes mais, ou quatro milhões de hectolitros[18]. Mas não há dúvida de que a pioneira Bavaria era indústria de ponta na época, como avalia o mestre cervejeiro Otto Carlos Feistler[19].

---

16. "Echos – Nícia Silva", *Correio Paulistano*, 1ª p., 5.1.1903. Sobre Maximilian Hehl, ver: https://pt.wikipedia.org/wiki/Maximilian_Emil_Hehl.

17. Teresa C. N. Marques, *A Cerveja e a Cidade do Rio de Janeiro de 1888 ao Início dos Anos 1930*, pp. 159 e ss.

18. Essa é a capacidade de produção por exemplo da fábrica da Ambev em Anápolis, GO. Cf. https://adnews.com.br/ambev-investe-r-245-milhoes-em-fabrica-de-goias/.

19. O gaúcho Otto Carlos Feistler ingressou na Brahma em janeiro de 1976, como aprendiz-auxiliar de fábrica, e se aposentou no começo de 2020, como diretor da Ambev. Seu diploma de mestre cervejeiro foi obtido na Universidade Técnica de Berlim, em 1983, ao final de dois anos e meio de estudos intensivos. Durante os 44 anos de carreira na Brahma e Ambev, Feistler deu sólida contribuição técnica e administrativa a esses complexos cervejeiros, vendo a capacidade instalada saltar de dezoito milhões de hectolitros/ano para 130 milhões de hectolitros/ano na atualidade. Como é sabido, a Ambev resultou da fusão da Brahma com a Antarctica, em janeiro de 1999.

Figura 44. Fachada da Manufatura de Cervejas Brahma na av. Marquês de Sapucaí, 1896. Fonte: Acervo Ambev/FAHZ.

Para dar seu parecer, Feistler primeiro se baseou na própria experiência. Quando iniciou sua carreira profissional, em meados dos anos 1970, ele ainda encontrou no ramo cervejeiro métodos similares aos que já eram utilizados pela velha Bavaria ao final do século XIX[20]. Feistler analisou as parcas informações remanescentes sobre a empresa Stupakoff & Cia.: breves descrições dos equipamentos e do processo de produção da fábrica da Mooca, contidas em jornais e livros da época, e os resultados de análises de cervejas da Bavaria, efetuadas pelo Instituto Agronômico de Campinas – fontes já citadas.

As inovações técnicas garantiram a manutenção da uniformidade da bebida ao longo de sucessivos ciclos de produção. Algo fundamental, que

---

20. É certo que vários desses procedimentos precisavam mudar, em nome da eficiência na produção. O manejo da água é um bom exemplo. A Bavaria certamente consumia bastante. Mas, uma vez que garantiu o autoabastecimento, isso não era motivo para preocupações. O conjunto da indústria cervejeira, até pouco tempo atrás, também era grande consumidor. Em média, gastava dez litros de água para produzir um litro de cerveja. A Ambev já reduziu a proporção para menos de 3:1, segundo Otto Feistler, graças à reciclagem constante desse insumo essencial, que é reutilizado no processo produtivo tanto para a limpeza quanto na geração de vapor.

também requeria a limpeza meticulosa das instalações, pois essa era a única maneira de evitar a contaminação da bebida em preparo por microrganismos do ambiente, uma vez que a própria fermentação era realizada em tinas abertas. Esse aspecto – o cuidado extremo com a higiene – sempre foi notado pelos visitantes e cronistas que estiveram na Bavaria.

De toda forma, as empresas do ramo cervejeiro estavam sujeitas a limitações, relacionadas com a logística, com o estágio alcançado pelo desenvolvimento tecnológico àquela altura e com a disponibilidade de equipamentos. Não podia ser diferente, explica Feistler.

De um lado, era preciso importar as matérias-primas. Os pedidos aos fornecedores externos tinham de ser bem-ajustados aos cronogramas das empresas de transporte marítimo, uma vez que, mesmo as leveduras, nos primeiros tempos, chegavam à Bavaria mensalmente, conduzidas sob refrigeração na travessia do Atlântico.

De outro lado, havia a restrição mais importante, devida à capacidade das instalações, algo que naturalmente vale para as empresas de qualquer época. Assim, a Bavaria, com apenas uma unidade industrial, sempre fabricou poucos tipos de cerveja, mantendo a economia de escala. Se ampliasse o número de produtos, também multiplicaria, entre outras, as operações de limpeza dos equipamentos e as perdas durante o processamento. Portanto, era melhor oferecer poucas marcas, com qualidade.

No final do século XIX, o processo de fermentação, cuja duração hoje é de sete a oito dias, demorava o dobro do tempo, pois era realizado sob temperaturas mais baixas que as empregadas atualmente. As empresas procediam dessa maneira para manter a ação de microrganismos do ambiente sob controle. Caso contrário, os contaminantes tenderiam a se multiplicar e a competir com as leveduras, comprometendo a cerveja em elaboração. As baixas temperaturas também evitavam que a bebida espumasse e transbordasse das tinas de fermentação, que eram abertas.

Mas nem todas as perdas podiam ser evitadas. Otto Feistler trata dessa questão citando o laudo de análise da cerveja Bavaria emitido pelo Instituto Agronômico de Campinas, em novembro de 1892. Conforme esse documento, a bebida examinada apresentou extrato remanescente de 6,70% e grau de fermentação de 50%[21]. Ou seja, por ser conduzida a temperaturas bastante baixas,

---

21. Na atualidade, o grau de fermentação está na faixa de 80% ou mais.

Figura 45. Frederico Augusto Ritter, futuro dirigente da Cervejaria Ritter, aprendeu técnicas de cervejaria na Bavaria. Na foto, ele aparece em carro preparado para desfile carnavalesco promovido pela empresa, ao final do século XIX. Acervo Carlos H. Ritter Beiser.

a conversão dos açúcares contidos no malte era pouco eficiente, deixando as cervejas mais encorpadas, com menor teor de álcool e gás carbônico. Além disso, o processo de maturação da bebida era extremamente longo. Uma taxa elevada de açúcares remanescentes na bebida pode comprometer sua longevidade. Talvez isso não fosse problema na época, pois, como o volume produzido era pequeno, o mercado provavelmente dava conta de absorver com rapidez a quantidade ofertada, opina Feistler.

Também, como já citado, a incorporação de CO_2 à bebida era baixa, da ordem de 0,29% em volume[22]. Manter elevado o nível do gás na bebida interessa por várias razões, principalmente pela qualidade. O CO_2 incorporado à bebida em maior quantidade atuará como agente de proteção, porque, quanto mais oxigênio, pior. Esse gás oxida a cerveja, envelhecendo-a com maior velocidade.

Como a fermentação se dava em tinas abertas, o CO_2 gerado no processo não podia ser captado para outros usos. Hoje a indústria emprega o gás purificado em múltiplas aplicações. Por exemplo, na própria cerveja, durante a fase final do processamento, para alcançar o teor adequado a cada tipo de embalagem – latas, garrafas ou barris. O gás, purificado, também é usado na gaseificação de refrigerantes e para a extração de chope dos barris.

Uma questão não poderá ser respondida de forma plena: quais eram as características exatas da bebida? O Instituto Agronômico qualificou a cerveja Bavaria

22. Agora o teor médio de gás carbônico é maior, qualquer que seja a embalagem da cerveja. Em uma lata, oscila ao redor de 0,50%.

como sendo de cor clara, não turvada, e de gosto muito agradável. Ainda segundo o laudo, a Bavaria não continha produtos nocivos à saúde humana.

Otto Feistler observa que nenhum dos relatos disponíveis sobre o processo de fabricação na Bavaria menciona a filtração da bebida na fase final do processamento. Portanto, a cerveja devia apresentar consistência e viscosidade superiores às observadas atualmente. O grau Plato – medida da concentração de açúcares em solução – também era maior. Pena que quanto ao sabor, infelizmente nunca conseguiremos comparar a Bavaria da época com as cervejas atuais[23], mas vale notar que atualmente a cerveja de produção artesanal voltou a cair no gosto do consumidor.

Quanto à alta qualidade dos produtos da Bavaria, Feistler destaca uma última informação, constante do laudo de análise do Agronômico da cerveja preta Kulmbach, lançada pela Stupakoff & Cia. quase na virada para o século XX: além dos resultados laboratoriais, o IAC assinalou que a Kulmbach era superior à Stout inglesa, com base em análise química efetuada por outra entidade.

Esse foi, portanto, um merecido atestado de competência concedido à Bavaria, importante para lustrar a boa imagem da empresa e de seus produtos no mercado. O êxito se deveu a um conjunto de fatores: instalações de última geração para a época, logística exemplar e planejamento. Além disso, a Bavaria com certeza contava com os melhores mestres cervejeiros[24]. Eles eram Otto Hillgendorff e F. Soelinger, formados pela tradicional Cervejaria Weihenstephan[25], que ainda hoje mantém programa de ensino em parceria com a Universidade Técnica de Munique.

Stupakoff não era de esconder as técnicas, pelo contrário. Por exemplo, Frederico Augusto Ritter, da Cervejaria Ritter do Rio Grande do Sul, estagiou na Bavaria entre 1899 e 1901 para aprender as técnicas desses mestres cervejeiros[26].

---

23. Nem com a Bavaria atual, produzida em outra fábrica, com outro método e outra matéria-prima, cuja produção não é voltada ao público *premium*.

24. "A Fábrica Bavaria", *Correio Paulistano*, p. 3, 18.8.1803.

25. Localizada em Freising, na Baviera, a Weihenstephan começou a produzir no ano 800, sendo considerada a mais antiga cervejaria do mundo. Conforme a página https://pt.wikipedia.org/wiki/Weihenstephan.

26. Conforme informa a pesquisadora Ana Beiser (*Frederico Augusto Ritter: De Cervejeiro a Doceiro*, Porto Alegre, EdiPUCRS, 2009). Frederico deixou a Bavaria para se aperfeiçoar na Alemanha, onde frequentou a Brauerakademie München. Ao partir, levou um "certificado de ensino", escrito em alemão, em papel timbrado da Bavaria, assinado por Hilgendorff.

Resultados financeiros

No que tange aos resultados financeiros, as únicas demonstrações financeiras da Bavaria de que temos conhecimento são as do exercício terminado em 30 de junho de 1897. Nesse documento constava um exaustivo inventário de tudo que havia na fábrica e em trânsito, uma lista completa de credores e devedores, o Balanço Patrimonial[27] e a Demonstração de Lucros e Perdas (hoje chamada de Resultado). Dele, extraímos resumidamente as informações das Tabelas 3 e 4, para as quais mantivemos a terminologia da época, mas de forma reorganizada.

Tabela 3. Bavaria – Balanço patrimonial em 30.6.1897 (em contos de réis).

Ativo	3.840:385	Passivo	3.840:385
Imóveis	2.202:166	Capital social	500:000
Móveis/Maq.	334:303	Capital especial	1.013:358
Estoques	1.011:150	Credores	2.136:533
Devedores	272:984	Impostos	56:875
Caixa	13:148	Outros	133:619
Outros	6:634		

Tabela 4. Bavaria – Lucros e perdas em 30.6.1897 (em contos de réis).

Receitas	1.831:299	% receita
Venda Mercadorias	1.780:097	97%
Venda Gelo/Outros	51:202	3%
Despesas	**1.162:828**	**% despesas**
Juros e Descontos	188:522	16%
Ágio	112:993	10%
Depreciação	176:315	15%
Salários	278:316	24%
Carvão	157:695	13%
Despesas Gerais	160:187	14%
Ferragens e Consertos	88:800	8%
Lucro	**668:471**	**36,5% (margem)**
PLR Funcionários	66:847	10% (fixo)
Stupakoff	66:847	10% (fixo)
Acionistas*	534:777	$13:369,5/quota

* Na ocasião, havia vinte quotas sobre o capital social e vinte sobre o capital especial, totalizando quarenta[28].

---

27. Um tanto diferente de nossos dias, mas seguindo o tradicional método de partidas dobradas.

28. Os acionistas, que receberam o lucro conforme suas quotas, eram: Stupakoff (6 quotas equivalentes a 15% do capital total), M. Haussler (6 ou 15%), Augusto Tolle (4 ou 10%), Carlos Schroedinger (2 ou 5%), Gustavo Jeep (2 ou 5%), Hermann Burchard (3 ou 8%), Martin Burchard (11 ou 28%) e Manoel de Barros (6 ou 15%).

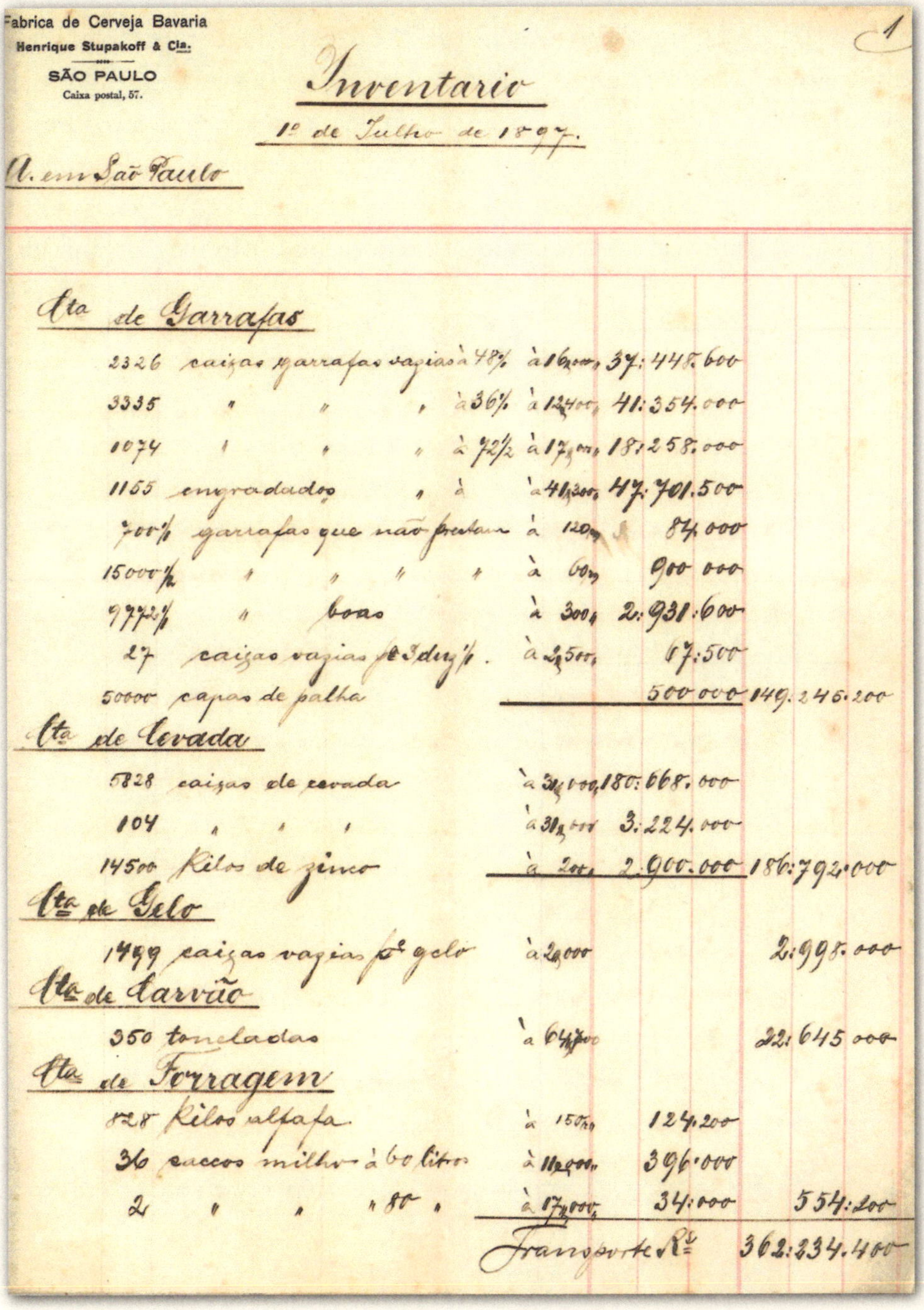

Fabrica de Cerveja Bavaria
Henrique Stupakoff & Cia.
SÃO PAULO
Caixa postal, 57.

Inventario
1º de Julho de 1897.

A. em São Paulo

Cta de Garrafas

2326	caixas garrafas vazias à 48	à 16.000	37:448.600	
3335	" " " à 36	à 12.400	41:354.000	
1074	" " " à 72½	à 17.000	18:258.000	
1155	engradados " à	à 41.300	47:701.500	
700	garrafas que não prestam à	120	84.000	
15000	" " " " à	60	900.000	
9772	" boas	à 300	2:931.600	
27	caixas vazias fº 3 duz	à 2.500	67.500	
50000	capas de palha	500.000	149.246.200

Cta de Cevada

5828	caixas de cevada	à 31.000	180:668.000	
104	" " "	à 31.000	3:224.000	
14500	kilos de zinco	à 200	2:900.000	186:792.000

Cta de Gelo

| 1499 | caixas vazias fº gelo | à 2.000 | | 2:998.000 |

Cta de Carvão

| 350 | toneladas | à 64.700 | | 22:645.000 |

Cta de Forragem

828	kilos alfafa	à 150	124.200	
36	saccos milho à 80 litro	à 11.000	396.000	
2	" " " 80 "	à 17.000	34.000	554.200

Transporte Rs. 362:234.400

Figura 46a. Reprodução da página 1 do inventário da Bavaria de 1.7.1897. Fonte: Acervo Ambev/FAHZ.

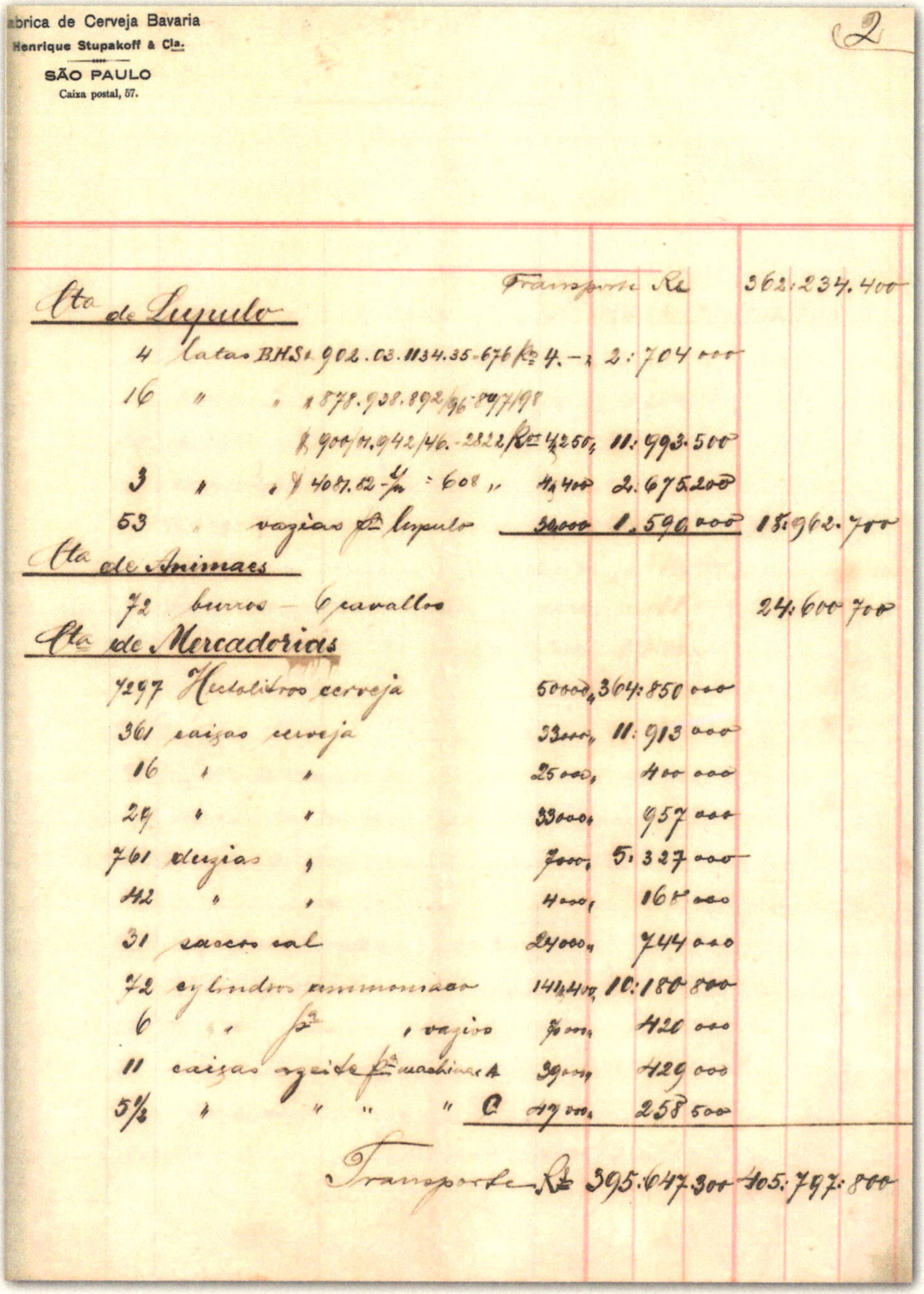

abrica de Cerveja Bavaria

Henrique Stupakoff & Cia.

SÃO PAULO

Caixa postal, 57.

Figura 46b. Reprodução da página 2 do inventário da Bavaria de 1.7.1897. Fonte: Acervo Ambev/FAHZ.

Stupakoff ganhou 147 contos nesse ano: 10% do lucro enquanto administrador e 15% em dividendos. Cabe destacar a margem de lucro de 36,5%. É um número excelente[29]. Já no retorno sobre o patrimônio investido, a Bavaria de 1897 teve 668,4/1 514, ou seja, uma incrível possibilidade de retorno sobre o capital em menos de dois anos e meio...

É importante notar que essas margens não eram feitas às custas de exploração de mão de obra. Ao contrário. Os salários eram o maior item das despesas (24%), e os funcionários receberam 10% do lucro líquido do exercício, devido ao Plano de Lucros e Resultado (PLR) – inovação notável, instituída por Stupakoff e associados. A soma do valor dos salários com a distribuição de lucros significou uma injeção de 344 contos de réis na economia paulista, em 1897[30].

Surpresas no caminho

Heinrich Stupakoff passou no teste inicial de adaptação ao Brasil. Talvez imaginasse ter à sua frente o caminho desimpedido para chegar à prosperidade, sem sobressaltos. Porém, sabemos que a realidade deste solo é mais complexa e sujeita a percalços do que um imigrante possa imaginar.

O campo dos negócios "piratas" daqueles tempos lhe deram as primeiras contrariedades. Em 20 de abril de 1884, um anúncio no *Correio Paulistano* proclamava mais uma vez a excelência dos produtos da primeira Heinrich Stupakoff & Cia. (mais tarde Christoffel-Stupakoff). Mas, em sua última linha, o anúncio também alertava o público de forma um tanto discreta: "Cuidado com as falsificações"[31].

Três dias depois, em 23 de abril de 1884, ainda no *Correio*, a empresa foi mais incisiva. Sob o título "Água de Litina Fosfatada":

---

29. Ainda que as épocas sejam distintas e hoje as companhias tenham outras despesas, como as relacionadas com ESG, a mero título de comparação, os números da Ambev para 2022 foram 18,7% de margem de lucro e 17,9% de retorno sobre o patrimônio líquido. Cf. https://ri.ambev.com.br/visao-geral/destaques-financeiros/, com base na razão lucro líquido/receita líquida.

30. Entre salários e a bonificação, as despesas com funcionários eram de 344 contos, o que dividido pelos cerca de duzentos funcionários daria 1,72 contos por ano, em média, a cada funcionário.

31. "Água de Lithina Phosphatada", *Correio Paulistano*, p. 4, 20.4.1884.

Tendo chegado ao nosso conhecimento que já falsificam a água de litina fosfatada [...] por nós unicamente preparada, declaramos que a única legítima se vende na Farmácia Popular do Sr. J. E. de Macedo Soares, na rua da Imperatriz, nº 4, único depósito para esta cidade e toda a província, e na nossa fábrica, rua dos Bambus[32].

A campanha de Stupakoff contra a pirataria deve ter dado bons resultados, pois foi curta. No *Correio Paulistano*, o último dos comunicados sobre a questão apareceu em 10 de maio de 1884, menos de um mês após a primeira publicação. Stupakoff sairia com anúncio de conteúdo semelhante ainda uma vez, em 27 de junho, nas páginas de *O Estado de S. Paulo*. Depois, não mais se manifestou a respeito do assunto.

Passados quase dez anos, com a fábrica de cerveja já em produção, na Mooca, Stupakoff e os sócios foram surpreendidos pelo jornal *O Commercio de São Paulo*, que publicou algumas notas francamente desfavoráveis à Bavaria ao longo de 1893. É importante registrar que *O Commercio* pertencia a dona Veridiana da Silva Prado, uma das pessoas mais influentes em São Paulo na segunda metade do século XIX. Dona Veridiana costumava hospedar membros da família imperial quando de suas visitas à capital da província, além de receber um sem-número de notáveis da época em seu palacete, durante os famosos serões que promovia[33].

A primeira estocada foi desferida na edição de 27 de janeiro, quando o jornal reclamou de falta d'água na capital e exigiu das autoridades a normalização do abastecimento. A demanda podia ser legítima, mas o jornal também procurou atingir a Bavaria, torcendo o texto de forma inusitada:

ÁGUA! ÁGUA!

Justamente quando há mais sede, quando o corpo pede umas lavagens mais frequentes e recomendadas pela higiene; precisamente no momento em que a abundância d'água pode evitar uma grande calamidade, é que a Cantareira começa a pingar... quando pinga[34].

---

32. "Água de Lithina Phosphatada", *Correio Paulistano*, p. 3, 23.4.1884.

33. Dona Veridiana também participava do Clube Germânia, pois foi em suas dependências que, junto com outras mulheres, realizou ao menos uma festa de caridade, em 1888 (*Correio Paulistano*, 22.12.1893).

34. As nascentes da Serra da Cantareira eram, na época, as principais fontes de abastecimento de água de São Paulo. Ver http://www.saopauloantiga.com.br/historia-da-cantareira/.

Ora, isto, francamente, na quadra que atravessamos, é a maior das barbaridades.

Temos ouvido de muitas pessoas que não podem regularmente fazer o asseio do corpo pela absoluta falta d'água em suas casas.

É preciso, é muito preciso, que o governo providencie sobre o caso.

Infelizmente ainda não se sabe o que possa substituir a água quando utilizada para o banho.

Se temos sede, e não há água, o sorvete e outras bebidas substituem-na com vantagem. Mas o banho?

Será possível ou admissível um banho de chope Bavaria?

O governo deve imediatamente providenciar para que a nossa cidade seja abastecida de muita água, custe o que custar e, até lá, regularizar o consumo.

O calor tem sido extraordinário e uma epidemia qualquer faria aqui milhares de vítimas[35].

É de imaginar o grau de irritação com que o jornal desse dia foi recebido na Bavaria, dada a incoerência do texto publicado. A empresa nada tinha a ver com o desabastecimento da capital: não dependia da rede urbana para o fornecimento de água e, portanto, não contribuía para aumentar a escassez[36]. *O Commercio de São Paulo* não se contentou com o primeiro ataque e fez críticas ainda mais duras alguns dias depois:

Gelo

Com este calor tremendo, com este formidável sol de rachar, a população de São Paulo, ameaçada de ficar sem água de um momento para o outro, como há poucos dias já ficou, vê-se absolutamente privada de gelo, não só porque a fábrica Bavaria, que o costuma fornecer em maior quantidade, se desorganiza frequentemente e não o pode produzir, como também os grandes consumidores o monopolizam para os seus estabelecimentos, impedindo os particulares, os pequenos consumidores, de poder obter um artigo tão necessário e indispensável num tempo como este.

---

35. "Água, Água!", *O Commercio de São Paulo*, 1ª p., 27.1.1893.
36. Em seu livro sobre a indústria em São Paulo, A. F. Bandeira Jr. escreveu: "Muitas vezes a população vai ali [à Bavaria] abastecer-se [de água], quando falta o líquido fornecido pela Repartição de Obras Públicas". Embora tenha sido publicada em 1901, essa informação mostra que a Bavaria não era insensível às necessidades da população ao seu redor (Antônio Francisco Bandeira Jr., *A Indústria do Estado de São Paulo em 1901*).

Por que motivo a fábrica Bavaria, que pode produzir todo o gelo que quiser, que está em condições de abarrotar de gelo toda uma população, tendo de mais a mais a certeza de que lucra imensamente com isso, não desenvolve, como deve, esse ramo de negócio, tão útil, tanto ao público como à própria fábrica, e, por fim, não estabelece, no centro da cidade, um depósito permanente, onde se possa encontrar gelo a qualquer hora, sem ser preciso forçar a gente a recorrer à egoísta e monopolizadora condescendência dos donos de restaurantes e de cafés, que não o vendem, que implicam com quem o quer comprar e que, se chega a ceder um miserável quilo, cobram por ele quantias exorbitantes?

Hoje a falta de gelo vale o mesmo que a falta de água, porque o gelo, mesmo pelo lado higiênico, é tão necessário quanto a própria água, e não compreendemos a razão pela qual os srs. da Bavaria, possuindo uma fábrica perfeitamente montada, e sabendo que se vende todo o gelo que mandarem fazer, se descuidam, como têm se descuidado, produzindo pouquíssimo gelo, às vezes não produzindo nenhum, e pondo-o, quando o há, unicamente ao alcance dos grandes consumidores. Isto, para uma fábrica como a Bavaria, que já tem uma reputação bem-firmada, é inexplicável e incompreensível[37].

A direção da Bavaria não comprou a briga. Nem o redator saberia que a produção de gelo não era lucrativa, vendido a meros cem réis o quilo (litro), equivalentes a um décimo do valor de venda de uma garrafa de cerveja[38]. Poderia ter respondido ao ataque com anúncios na imprensa, até mesmo em *O Commercio de São Paulo*, para esclarecer o público sobre suas práticas e interesses. Como sabemos hoje, por vezes é mais prudente deixar o assunto "morrer".

Após os primeiros ataques, *O Commercio* silenciou em relação à Bavaria. Meses depois, a direção da fábrica de cerveja, em possível gesto de boa vontade, comunicou à praça, por meio de anúncio em *O Commercio*, em 1º de agosto de 1893, que lançaria sua Bock-Bier alguns dias mais tarde. No entanto, um velho ditado português – "o lobo perde o pelo, mas não o vício" – cairia bem em *O Commercio de São Paulo* nessa ocasião: no dia 28 de dezembro de 1893, o jornal voltou a "morder" a Bavaria, embora com menos força:

---

37. "Gelo", *O Commercio de São Paulo*, 1ª p., 31.1.1893.

38. No Balanço da Bavaria de 1897, vemos que a receita de cerveja é de 97% do total, contra 3% do gelo.

Está à venda a afamada cerveja Antarctica, tão decantada pelos apreciadores como a mais pura, a mais agradável e a única completamente expurgada de ácido salicílico que se fabrica em São Paulo.

A Antarctica tem que lutar com a Bavaria, mas nós apostamos pela primeira, porque os seus fabricantes já conhecem perfeitamente a ação climatológica de São Paulo sobre a fermentação e outras fases por que tem de passar a cerveja, até que, purificada, é entregue ao consumo. Em todo caso, o público nada tem a perder com a rivalidade das duas empresas[39].

O texto revela não só a intolerância de *O Commercio de São Paulo* para com a Bavaria, mas também sua despreocupação quanto a imprimir sandices, nos moldes da "ação climatológica de São Paulo sobre a fermentação". Basta lembrar que, àquela altura, as cervejas eram fabricadas em ambientes sob temperaturas controladas, em todas as fases da produção. Dessa vez a Bavaria acusou prontamente o golpe. No dia seguinte, publicou em *O Commercio* um pequeno anúncio com número de telefone, caixa postal e o endereço do depósito para a distribuição de cerveja que mantinha no centro da capital paulista.

Dali em diante *O Commercio de São Paulo* finalmente deixou a Bavaria em paz. E passaria a receber publicidade da empresa com regularidade – uma indicação de que um provável acordo de paz tenha sido firmado nos bastidores. Depois, a Heinrich Stupakoff & Cia. vinha sendo cliente regular dos principais jornais, com os quais mantinha contatos cordiais, muitas vezes entregando cerveja gratuita nas redações[40].

Stupakoff voltaria a enfrentar problemas com falsificações – dessa vez, de cervejas, no início de 1894. Em tal situação, para ele e os sócios talvez tenha parecido melhor arregimentar o maior número possível de aliados – com os jornais em frente única – e conquistar a simpatia da população. Assim, a Bavaria passou a denunciar a fraude através da imprensa, começando pelo próprio *O Commercio de São Paulo*:

39. "Trampolim – Cerveja", *O Commercio de São Paulo*, 1ª p., 28.12.1893. É sabido que a Cia. Antarctica paralisou suas atividades em 1893, quando esteve à beira da falência.
40. Diversas notas foram publicadas ao longo dos anos 1890 pelos redatores em agradecimento. A primeira que temos notícia foi no *Estado de S. Paulo*, p. 2, 6.11.1892.

Ao Público

Constando-nos existirem pelo interior do Estado muitas falsificações da nossa marca de cerveja, registrada na Junta Comercial desta capital sob os números 23 e 24, devidamente arquivada na Junta Comercial da União, chamamos a atenção dos consumidores para as cápsulas das garrafas, que trazem em relevo a nossa firma e uma estrela, assim como para as rolhas, que são também marcadas com as palavras "Bavaria São Paulo" a fogo. Estando nossa marca registrada com todas as formalidades exigidas por lei, prevenimos que serão perseguidos e punidos os falsificadores com todo o rigor[41].

Esse anúncio seria repetido ao longo de meses, em muitas edições dos principais jornais do Rio de Janeiro e de São Paulo, intercalado com a publicidade normal das bebidas da Bavaria. No bojo dessa campanha, a empresa também comunicou à praça que compraria garrafas vazias de suas cervejas, pagando dez mil-réis por cada caixa de 48 garrafas[42]. Pode ser que essa providência visasse a reduzir o fluxo de embalagens destinado a suprir a concorrência clandestina. Ao mesmo tempo, diminuiria os problemas da empresa com a escassez de vasilhame, um aborrecimento do qual a indústria de bebidas, como um todo, só se livraria apenas alguns anos mais tarde, quando passou a investir também na produção de garrafas[43].

O ambiente externo condicionava de forma mais ampla a evolução dos negócios, mas era natural que, no interior das empresas, fatores particulares determinassem o destino de cada uma. Assim foi com a Bavaria, de Stupakoff & Cia., cujo quadro societário sofreu mudanças significativas em curto espaço de tempo. A primeira troca de guarda se verificou em março de 1895, conforme registrou o *Diário Oficial de São Paulo*, na edição do dia 15 daquele mês, transcorridos apenas quatro anos desde a fundação.

Na oportunidade, os comanditários fundadores Victor Nothmann, a firma Bastos Irmãos, Camillo José de Sampaio e a filial do Banco São Paulo e Rio de Janeiro deixaram a sociedade, dando lugar a Gustavo Jeep e ao advogado e político Manoel de Moraes Barros[44]. Barros se tornaria senador por São Paulo

---

41. "Fábrica", *O Commercio de São Paulo*, p. 2, 20.2.1894.
42. "Fábrica de Cerveja Bavaria", *O Estado de S. Paulo*, p. 4, 12.4.1899.
43. Teresa C. N. Marques, *A Cerveja e a Cidade do Rio de Janeiro de 1888 ao Início dos Anos 1930*, pp. 38-39.
44. A saída de Nothmann não significou uma ruptura com Stupakoff, pois logo adiante ele aderiu como sócio à Cervejaria Teutonia, em Mendes.

ainda em 1895. Além disso, o novo sócio da Bavaria era irmão de Prudente de Moraes, então presidente da República.

Neste mesmo ano de 1895, circularam boatos de que as cervejas da empresa estavam "contaminadas". Em resposta aos rumores, as bebidas passaram novamente por análises no Instituto Agronômico de Campinas e os resultados foram divulgados amplamente pela Bavaria, como de costume, por meio de anúncios na imprensa, a exemplo do *Jornal do Commercio*:

A cerveja Bavaria de 1896 – foram examinadas garrafas compradas em vários armazéns de Campinas – não contém nem ácido salicílico, nem outras substâncias preservativas proibidas. Comparando o produto de 1896 com o de 1892, também analisado neste Instituto, acha-se [*sic*] que aumentou o seu conteúdo em álcool e correspondentemente o extrato original, sendo o grão e fermentação maior. Ficou, porém, perfeitamente conservada a excelente qualidade da cerveja Bavaria.

Campinas, 10 de janeiro de 1896. O diretor, Dr. F. W. Dafert[45].

O ano de 1898 também seria cheio de percalços. Em 1º de junho, *O Estado* noticiava:

A fábrica de cerveja Bavaria há muitos dias estava sendo vítima dos gatunos que, durante a noite daí subtraíam [...] grande quantidade de objetos. Avisada a polícia, na noite de anteontem permaneceram na fábrica dois praças, à espera dos gatunos, que não mais apareceram[46].

Perto do final do ano, segundo a própria Bavaria, "especuladores pouco escrupulosos" foram responsáveis por propalar, a partir de Minas Gerais, que "a cerveja Bavaria de São Paulo" havia sido "recentemente condenada por conter ingredientes nocivos à saúde".

Na ocasião, a fábrica da Mooca produzia três marcas de cerveja: a Pilsen, clara; a München, escura; e a Culmbach, preta – um lançamento recente. Mais uma vez, amostras desses produtos foram enviadas para análise no

45. "Cerveja Bavaria", *Jornal do Commercio*, p. 10, 23.1.1896.
46. *O Estado de S. Paulo*, p. 2, 1.6.1898.

Instituto Agronômico de Campinas. E os resultados, previsíveis, foram divulgados pela imprensa. O jornal *Cidade do Rio*, diário vespertino que pertencia ao abolicionista José do Patrocínio, publicou texto elogioso em 6 de dezembro de 1898, mesma edição que continha um anúncio da companhia:

Quem há no Brasil que não conheça a Cerveja Bavaria, de São Paulo? Desde a Pilsen, clara, verdadeiro topázio, a München, escura, saborosa ao paladar, até a Culmbach preta, a Bavaria tem conquistado o mercado brasileiro pela sua excelência no gosto, por ser inofensiva e ser feita com todas as regras, e fabricada como na velha Germânia. Pedimos aos nossos leitores que prestem atenção ao anúncio que na seção competente publicamos hoje e em que os Srs. H. Stupakoff & Cia. fazem importante declaração que convém ser lida por quantos apreciam um copo de cerveja[47].

No corpo do anúncio, a Bavaria, além de desafiar os "especuladores" a mostrar a cara, apresentava o laudo da análise da Culmbach, seu último lançamento. Gustavo Dutra, então diretor do IAC, assinou o documento em que se lia:

A cerveja não contém substâncias amargas estranhas, nem ácido salicílico. É, segundo a análise presente, de ótima qualidade, completamente livre de falsificações e feita segundo todas as regras da arte. Merece, pois, ser recomendada esta cerveja, que é superior à Guinness Stout [...].

O tacape seria usado contra a Bavaria ainda uma vez, ao final de 1898. Alguém fez chegar à direção do *Jornal do Commercio*, do Rio de Janeiro, que Alfredo Moreira Pinto recebera quinhentos mil-réis da empresa para escrever sobre ela, publicado na edição de 11 de dezembro[48]. Por tal razão, o diário resolveu suspender as colaborações do autor.

Indignado, Moreira Pinto, homem muito respeitado no Rio de Janeiro, tornou público o assunto, e o mal-estar foi generalizado. O jornal se retratou dias depois, tendo, inclusive, recebido a visita de Nicolau von Hütschler,

---

47. "Cidade Nova", *Cidade do Rio*, p. 2, 6.12.1898.
48. "Fábrica de Cerveja Bavaria", *Jornal do Commercio*, p. 2, 11.12.1898.

gerente da Bavaria, que foi ao Rio de Janeiro prestar declarações favoráveis a Moreira Pinto[49].

Em 30 de junho de 1899, saíram da sociedade: Manoel de Moraes Barros, Hermann Burchard, Augusto Tolle, Carlos Schorcht Junior e Gustavo Jeep. Entraram: a empresa F. Laeisz, que já era sócia na Teutonia, e Rodolpho H. Richter.

---

49. "Várias Notícias", *Jornal do Commercio*, 1ª p., 24.12.1898.

7

A concorrência

A DÉCADA DE 1890 FOI MARCADA PELA TRANSIÇÃO DA LIDERANÇA de mercado das pequenas empresas que vendiam cerveja de alta fermentação na própria fábrica, para grandes indústrias que vendiam cerveja de baixa fermentação com capilaridade regional[1]. Bavaria e Antarctica se tornariam as marcas líderes do mercado paulista, enquanto a Brahma e a Teutonia (sob o comando do irmão de Stupakoff, Johannis) seriam as dominantes no Rio de Janeiro no final do século XIX. Não à toa, essas quatro empresas fizeram uma tentativa de fusão em 1901 para consolidar o mercado nacional, como será visto mais adiante.

Essas indústrias tiveram uma necessidade de capital muito maior que as antigas cervejarias artesanais de alta fermentação. E quem tinha capital, no Brasil da época, eram os produtores e comerciantes de café. Theodor Wille, empresário baseado em Hamburgo, tornou-se o maior exportador de Santos ao final da década de 1890[2].

Wille assumiu posições de acionista e de debenturista da Brahma e fez a intermediação para o aporte de capital dado pelo Brasilianische Bank[3]. Aqueles que tornaram a Antarctica uma grande empresa, Zerrenner e Bülow, tinham também posição relevante nas transações com café em Santos. Quando montou

---

1. Observou-se ainda o início de algumas vendas interestaduais.
2. Robert Greenhill, "E. Johnston: 150 Anos em Café", p. 191.
3. Será detalhado adiante, na seção "Brahma".

a Bavaria, Stupakoff, da mesma forma, se associou a Ignacio Cochrane, outro importante comerciante de café.

Ao mesmo tempo, no contexto econômico, a indústria cervejeira nacional foi protegida da concorrência estrangeira pela taxação do produto importado, imposta pelo governo republicano na segunda metade dos anos 1890. No entanto, a desvalorização contínua do mil-réis de mais de 70% ao longo da década[4] pode ter sido uma barreira ainda mais eficaz que as taxas alfandegárias, embora encarecesse as principais matérias-primas importadas – malte e lúpulo[5]. Fato é que as importações de cerveja estrangeira diminuíram drasticamente no final do século XIX. Em 1897, o cônsul britânico em Porto Alegre comentou:

As cervejas estrangeiras, principalmente as alemãs, foram quase completamente alijadas do mercado pelas cervejas realmente boas fabricadas em São Paulo e no Rio de Janeiro, que são praticamente iguais em qualidade e sabor às cervejas comuns alemãs, ao mesmo tempo que são naturalmente muito mais baratas devido aos direitos elevados sobre a cerveja importada[6].

Se por um lado esse contexto diminuiu a concorrência, por outro fez aumentar os custos de produção para as cervejarias locais, dependentes dos insumos importados. A crise que veio ao final dos anos 1890 também afetou a demanda, favorecendo produtos mais baratos, e, portanto, pressionando a margem de lucro. Quanto à estrutura de capital, havia companhias menos endividadas, como a Bavaria e sua congênere fluminense, a Teutonia. A Brahma adotou desde cedo uma política ousada de endividamento, e a Antarctica esteve à beira da falência em 1893. Outra companhia relevante na época, a Bavaria Carioca, quebrou. Veremos a história de cada uma a seguir.

---

4. O mil-réis, cotado em média a 26 7/16 *pence* em 1889, não parou de cair até 1899, quando alcançou o valor mínimo de 7 7/16 *pence* (cf. Sérgio Silva, *Expansão Cafeeira e Origens da Indústria no Brasil*, São Paulo, Alfa Ômega, 1981, p. 64). Mais detalhes sobre as crises no Apêndice.

5. Wilson Suzigan, *Indústria Brasileira: Origem e Desenvolvimento*, p. 232.

6. *Idem*, p. 233.

Antarctica

Os dirigentes da Stupakoff & Cia. cultivavam para a Bavaria a imagem de líder setorial. Havia, contudo, uma concorrente de peso na São Paulo dos anos 1890: a Companhia Antarctica Paulista.

A empresa foi inicialmente um frigorífico e abatedouro, construído por um grupo de sócios capitaneado pelo engenheiro Joaquim de Salles. O projeto da fábrica, assinado pelo engenheiro Antônio de Toledo Piza, teria sido copiado de um frigorífico do Kansas (EUA), pertencente ao magnata do setor de carnes Philip Armour[7].

A Joaquim Salles & Cia. em março de 1886 anunciava venda de gelo. Para tanto, a empresa montou pequena rede de distribuidores em algumas cidades do interior paulista e em Santos, comprometendo-se a entregar o produto em qualquer localidade servida por ferrovia[8]. Alguns meses depois surgiriam anúncios dos produtos suínos[9], que começaram a ser produzidos em outubro de 1886.

Não se tratava de empreendimento comum; ao contrário. O frigorífico pode ser considerado um dos marcos da industrialização de São Paulo. Localizado no bairro da Água Branca, impressionava por suas dimensões e recursos técnicos: todo o maquinário fora importado dos EUA e poderia processar até trezentas carcaças de suínos por dia, com o uso de trilhos aéreos e elevadores a vapor[10]. Os equipamentos de refrigeração mantinham 1 700 metros cúbicos de câmaras frias a uma temperatura ao redor de 3°C e produziam dez toneladas diárias de gelo. Daí o nome Antarctica Paulista, utilizado em anúncios desde 1886[11].

Produzia banha de porco, produto essencial para a época, além de linguiça, presuntos, salames e carnes defumadas[12]. Naquele mesmo ano, a empresa ofereceu aos jornalistas do *Correio Paulistano*, além de uma lata de excelente banha

---

7. "Embaixada Americana", *A Província de São Paulo*, 1ª p., 23.12.1886.
8. "Fábrica de Gelo da Água Branca", *Correio Paulistano*, p. 4, 20.3.1886. O anúncio precifica o gelo no atacado a cem réis o quilo, mesmo preço da edição do jornal.
9. "Linguiças", *Correio Paulistano*, p. 3, 6.11.1886. Por coincidência para nós, o anúncio está situado exatamente abaixo da convocação para a 33ª reunião do Clube Haydn, que ocorreria no dia seguinte.
10. "Antarctica Paulista", *A Província de São Paulo*, 1ª p., 3.10.1886.
11. Ver "Precisa-se de Pedreiros", *A Província de São Paulo*, p. 3, 14.8.1886.
12. "Antarctica Paulista", *A Província de São Paulo*, p. 3, 26.4.1887.

Figura 47. Fachada da Companhia Antarctica Paulista, bairro da Água Branca, São Paulo, 1888. Acervo Ambev/FAHZ.

de porco, algo impensável nos dias de hoje: "um dourado pescado no Rio Tietê preservado nas câmaras frigoríficas daquele estabelecimento"[13].

Porém, com a unidade industrial em funcionamento, a oferta de suínos para o abate se revelou insuficiente, gerando ociosidade. É o que afirma Edgar Köb[14]. A ociosidade atraiu o empresário e cervejeiro Louis Bücher, que vivia na cidade desde 1870. Bücher se associou a Salles em 1888 e começou a fabricar a Antarctica Lager-Bier em baixa fermentação, adaptando as instalações frigoríficas da empresa[15]. A produção diária inicial, da ordem de mil a 1500 litros, evoluiu para seis mil litros mais adiante.

Em janeiro de 1890, Ricardo Guimarães Filho, "depositário-geral" da Antarctica em São Paulo, recebeu o laudo da análise da Lager-Bier que solicitara à então chamada Estação Agronômica (atual Instituto Agronômico) de Campinas. O resultado foi alentador. O diretor da instituição, Franz W. J. Dafert, químico austríaco, declarou: "Entre as cervejas nacionais até agora analisadas nesta repartição, é a Antarctica a única que pode ser comparada às

---

13. *Correio Paulistano*, p. 3, 5.11.1886.

14. Edgar Helmut Köb, "Como a Cerveja se Tornou Bebida Brasileira", p. 29.

15. Em 24 de fevereiro de 1889, *A Provincia de São Paulo* publica "Inauguração do Café Americano", que contará com "*chops*" Antarctica.

cervejas europeias"[16]. Um ano depois, Guimarães Filho já havia expandido a rede de distribuidores no interior, nomeando representantes para cerca de vinte municípios paulistas. Ribeirão Preto estava entre os mais distantes. A essa altura, a cervejaria entregava gelo, além de bebida em barris e garrafas[17].

Uma grande mudança estava prestes a acontecer naquele ano de 1891, o mesmo da inauguração da Bavaria. A Companhia Industrial de São Bernardo lançou subscrição de ações para levantar recursos no montante de três mil contos e comprar a Antarctica. Um dos objetivos era elevar a produção diária de cerveja até vinte mil litros. O anúncio da subscrição, publicado pela diretoria da empresa em jornais da capital paulista, recendia ao Encilhamento em todas as linhas. Estava recheado de planos sedutores e, na aparência, factíveis. Um desses projetos previa o reaproveitamento do maquinário desmontado, "mas bem-conservado", do abatedouro de suínos de Joaquim de Salles, em outro frigorífico, a ser construído em algum ponto do Estado[18].

O que mais chama a atenção no anúncio são as projeções da receita que seria obtida apenas com as vendas futuras de cerveja. Deduzidos os custos e despesas administrativas, a São Bernardo dizia que a produção diária de seis mil litros da bebida proporcionava receita anual de 460 contos, equivalente a 15,33% sobre o capital de três mil contos, que se pretendia integralizar. Mas que a receita chegaria "a mais do triplo (46%) sobre o capital apenas sejam instalados os novos aparelhos, elevando a produção a vinte mil litros diários".

Não são conhecidos os pormenores de como se deram as negociações com Salles e Bücher, nem do que ocorreu após a fundação da nova empresa Companhia Antarctica Paulista, sociedade anônima com capital de três mil contos, divididos em quinze mil ações de duzentos réis cada, surgida em 1891[19]. A sede seria na rua São João. Havia em seu estatuto elementos do que hoje denominamos governança corporativa, por exemplo, parentes até o segundo grau não poderiam ser diretores, e a determinação da existência de Conselho Fiscal[20]. Augusto da Rocha Miranda seria o primeiro

- 135 -

---

16. "Antarctica Lager-Bier", *O Estado de S. Paulo*, p. 2, 27.1.1890.
17. "Antarctica Lager-Bier", *Correio Paulistano*, p. 8, 9.1.1891.
18. "Companhia Antarctica Paulista", *O Mercantil*, p. 4, 27.1.1891. A informação também consta no Estatuto publicado no Decreto 217 de 2.5.1891.
19. Decreto n. 217, de 2.5.1891.
20. Artigos 12 e 24/25 do Estatuto Social original publicado no Decreto 217.

Figura 48. Adam Dietrich Von Bülow, 1921. Acervo Ambev/FAHZ.

Figura 49. Comendador Antônio Zerrenner, 1933. Acervo Ambev/FAHZ.

presidente. Antônio Zerrenner, alemão de Lubeck que chegara ao Brasil em 1862[21], figura-chave na empresa mais adiante, apareceria como membro do Conselho Fiscal[22].

Mas a casa, ao invés de receber o toque de Midas, desabou em 1893. Na opinião de Köb, a Antarctica esteve à beira da falência por causa da desvalorização do mil-réis no período, o que tornou muito pesados os encargos de sua dívida externa, referente à compra de equipamentos.

Mas pode ser que outros fatores tenham contribuído para a debacle, pois a situação desandou a tal ponto que a produção foi paralisada por meses. Era a deixa para a entrada em cena dos comerciantes de café Antônio Zerrenner e seu sócio Adam Dietrich von Bülow[23]. Em 1893, eles eram credores da Antarctica

---

21. Ana Landi e Oscar Pilagallo, *De Duas, Uma*, pp. 46-47.
22. Artigos 36 e 37 do Estatuto Social original publicado no Decreto 217.
23. Zerrenner era alemão, de Bremen, e Von Bülow, dinamarquês. Ambos se tornaram amigos em princípios da década de 1870, em Santos. Juntos, começaram a fazer fortuna a partir de 1873, com investimentos diversificados, principalmente no segmento do café.

Figura 50. Trabalhadores da empresa de exportação de café Zerrenner & Bülow, em Santos, 1890. Acervo Ambev/FAHZ.

em 390 contos. Como homens de negócios, certamente determinados, fixa-ram as condições para salvar seu próprio investimento e a companhia. Assim, a assembleia de acionistas, reunida em 27 de julho de 1893, aprovou a redução do capital de três mil para 1 710 contos, divididos em 17 100 ações, com valor nominal de cem mil-réis. A empresa Zerrenner, Bülow & Cia. ficou com 8 600 ações – ou 50,3% do capital[24].

Na ocasião, os controladores também fizeram a assembleia sacramentar mu-danças nos estatutos, direcionando o foco da Antarctica quase que exclusiva-mente para a produção de cerveja. O tempo se encarregaria de mostrar que haviam acertado[25]. Sob o pulso firme de Zerrenner e Bülow, a empresa entrou em recuperação, e não há registros de que tenha passado por outros apuros.

24. As decisões da Assembleia foram aprovadas pelo Governo Federal, conforme consta do Decreto n. 1.523, de 18.8.1893.

25. Asdrúbal do Nascimento saiu-se bem, da mesma forma. Ele, que aparentemente nada tinha a ver com o fri-gorífico de Joaquim de Salles, como pretendem alguns autores, aparece como o primeiro diretor-gerente da

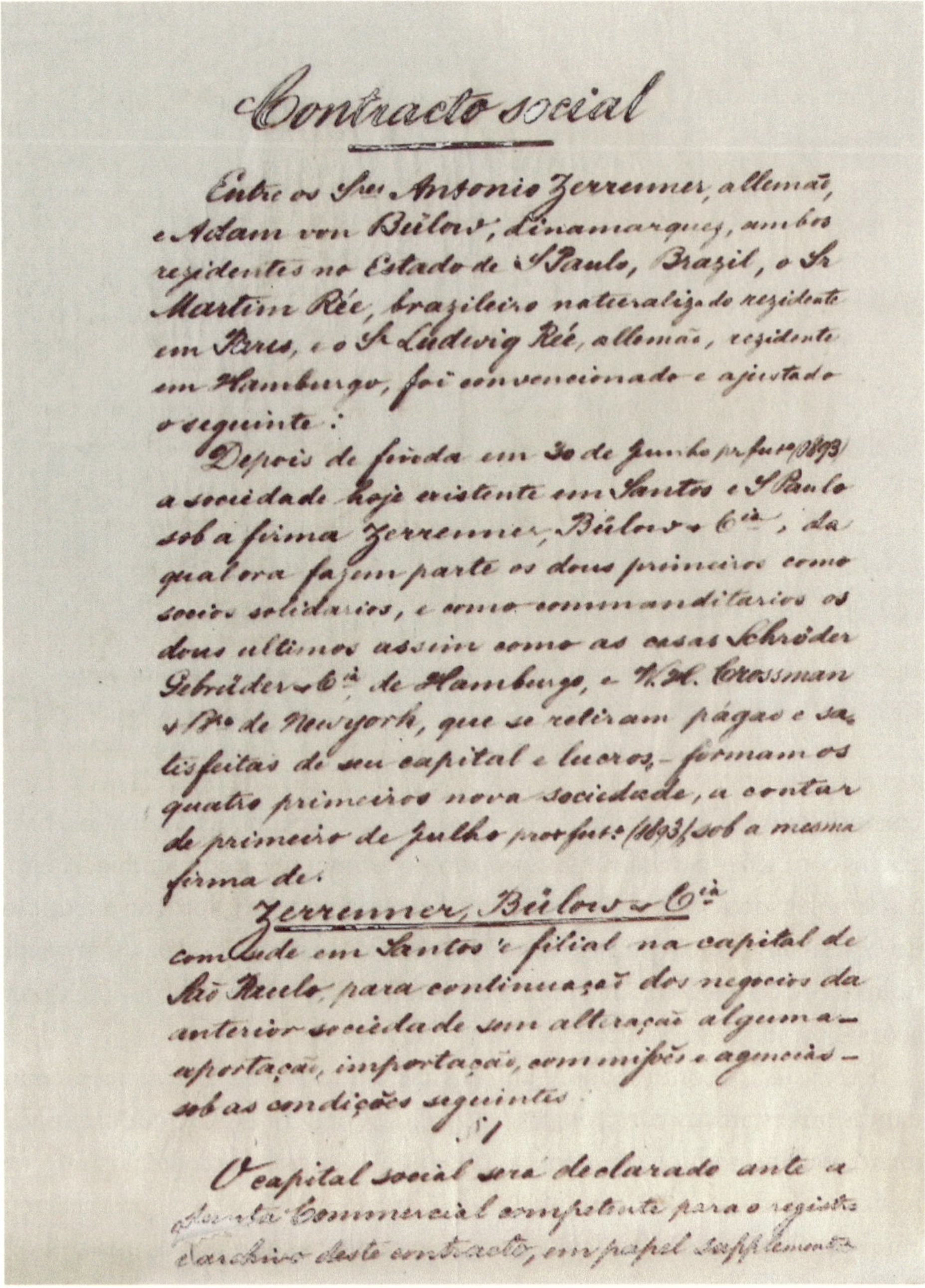

Contracto social

Entre os Srs. Antonio Zerrenner, allemão, e Adam von Bülow, dinamarquez, ambos residentes no Estado de S. Paulo, Brazil, o Sr. Martim Rée, brazileiro naturalizado residente em Paris, e o Sr. Ludwig Rée, allemão, residente em Hamburgo, foi convencionado e ajustado o seguinte:

Depois de finda em 30 de Junho pr. futuro (1893) a sociedade hoje existente em Santos e S. Paulo sob a firma Zerrenner, Bülow & Cia., da qual ora fazem parte os dous primeiros como socios solidarios, e como commanditarios os dous ultimos assim como as casas Schröder Gebrüder & Cia. de Hamburgo, e W. H. Crossman & Bro. de New York, que se retiram pagas e satisfeitas do seu capital e lucros, — formam os quatro primeiros nova sociedade, a contar de primeiro de Julho pr. futuro (1893) sob a mesma firma de:

Zerrenner, Bülow & Cia.

com sede em Santos e filial na capital de São Paulo, para continuação dos negocios da anterior sociedade sem alteração alguma — exportação, importação, commissões e agencias — sob as condições seguintes:

§1

O capital social será declarado ante a Junta Commercial competente para o registo e archivo deste contracto, em papel supplementar

Figura 51. Página inicial do Contrato Social que deu à Zerrenner, Bülow e Cia. o controle da Antarctica, datado de 30 de junho de 1893 e aprovado por assembleia de acionistas cerca de um mês depois. Fonte: Acervo Ambev/FAHZ.

Figura 52. Operários da Companhia Antarctica Paulista, bairro da Água Branca, São Paulo, 1900. Fonte: Acervo Ambev/FAHZ.

Antarctica[26] e Bavaria seriam as grandes concorrentes do cenário paulistano nos dez anos subsequentes. Na então capital, Rio de Janeiro, o cenário tinha outros jogadores.

Bavaria carioca

Em 1892, ano da inaugração da Bavaria de Stupakoff em São Paulo, uma cervejaria homônima entrou em operação no Rio de Janeiro. Autorizada a funcionar pelo Decreto 369/1890[27], com capital inicial também de quinhentos contos de réis, mas com sócios distintos da homônima paulista: Haupt & Comp[28], Ernesto Frederico da Cunha e Ignacio de Loyola Gomes da Silva.

---

nova Antarctica, no anúncio da subscrição, em 1891. Nascimento, que também era acionista, decerto caiu nas graças de Zerrenner e Bülow, pois fez carreira na companhia, chegando à presidência.

26. Para uma história de Antarctica após os fatos aqui narrados, ver Ana Landi e Oscar Pilagallo, *De Duas, Uma*.
27. Decreto n. 369, de 2.5.1890.
28. Tratava-se de companhia que lidava com comércio exterior (cf. matérias no *Jornal do Commercio* da década de 1880) e com grande poder financeiro com investimentos pelo Brasil, pelo que se depreende de matéria "N. 22 Engenhos Centraes", *Jornal do Commercio*, 10.1.1890.

A construção da fábrica se deu coincidentemente ao longo de 1891-1892[29], no bairro da Tijuca, nas proximidades da Pedra da Babilônia, de onde veio o nome do produto, cerveja Babylonia. Seus primeiros anúncios, em novembro[30], deixavam claro que também era uma cerveja de baixa fermentação, "preparada em baixa temperatura e conservada em adega refrigerada".

Para resumir: ao longo da década de 1890, Stupakoff & Cia. de São Paulo fabricava a cerveja Bavaria, enquanto a Cervejaria Bavaria do Rio de Janeiro fabricava a cerveja Babylonia. Ambas eram independentes e sem vínculos societários.

Quanto ao produto, é sintomático que o *Jornal do Commercio*, ao noticiar o recebimento de amostras da Babylonia Bräu, tenha se mostrado menos caloroso e enfático do que seria um mês depois em relação aos produtos da Bavaria paulista, enviados à redação por seu representante no Rio de Janeiro, Arthur Clausen[31]. A empresa da capital da República mereceu um texto lacônico: "Babylonia Bräu é o título de uma bem-preparada cerveja que recebemos da Cervejaria Bavaria, estabelecida nesta capital"[32]. Em 1895, o jornal foi mais simpático: "Cerveja que rivaliza com as melhores estrangeiras"[33].

Aparentemente a empresa não conseguia servir a clientela de forma satisfatória, possivelmente por falta de capacidade de produção. Indícios surgiram em 1894, quando, ao anunciar um aumento nos preços da cerveja, a Bavaria informou que as encomendas não atendidas até áquela data seriam entregues pelo valor previamente acertado. Mais adiante, a empresa passou a aceitar apenas os pedidos feitos em seu escritório, sem dar maiores explicações[34].

Em novembro do mesmo ano, a Bavaria realizou lançamento pioneiro de debêntures, no valor de quatrocentos contos. A captação de recursos, por meio do Banco de Depósitos e Descontos, se destinava à ampliação da unidade fabril[35]. No anúncio respectivo, a empresa abriu o jogo: na época, só podia entregar a cerveja trinta dias após a encomenda[36]. Por fim, a Bavaria limitou a oferta,

29. Diversos anúncios no *Jornal do Commercio* na época chamavam por pedreiros e serventes para a construção.

30. "Cerveja Bavaria", p. 11, 27.11.1892.

31. Apesar de não sabermos o grau de influência que Clausen teria sobre a equipe do jornal.

32. "Notícias Várias", *Jornal do Commercio*, p. 3, 27.11.1892.

33. *Jornal do Commercio*, p. 3, 4.10.1895.

34. *Jornal do Commercio*, edições de 15.2.1894 e 3.9.1894.

35. "Pela Praça", *Jornal do Commercio*, 1ª p., 3.12.1894.

36. "Cervejaria Bavaria", *Jornal do Commercio*, p. 6, 3.12.1894.

vendendo apenas cinquenta garrafas ou mais de cada vez, ao mesmo tempo que denunciava falsificações de sua Babylonia Bräu[37]. Para evitá-las, a companhia anunciou que estaria carimbando as rolhas[38].

As coisas continuaram nesse pé até maio de 1895, quando a empresa anunciou que as obras de ampliação estavam terminadas e que ela já podia atender prontamente os pedidos[39]. A essa altura, porém, a firma provavelmente já estava com a imagem desgastada e os dias contados. Relato de um profissional da imprensa, publicado em agosto de 1896, embora elogioso, de acordo com o figurino da época, foi ambíguo em uma questão central: "A fábrica está montada em condições de poder produzir diariamente oito mil garrafas de cerveja. Podendo a produção ser ainda muito mais elevada"[40], donde se conclui que a empresa saiu de falta de oferta para capacidade ociosa.

O fato é que os negócios iam mal. Tanto assim que, em 6 de outubro desse mesmo ano, o *Jornal do Commercio* publicou nota, informando que os acionistas da Bavaria, em assembleia-geral, haviam rejeitado propostas da diretoria para mudanças nos estatutos e aumento de capital.

Em 20 de janeiro de 1897, a Bavaria reajustou os preços da cerveja e do chope, na esteira da elevação contínua dos custos de importação. Na oportunidade, a empresa também se queixou da sobrecarga de impostos diretos sobre o consumo[41].

Como se não bastasse, pode ser que as dificuldades da Bavaria carioca tenham sido potencializadas pela morte de seu diretor técnico, o francês Jules Dumoulin, assassinado nas imediações da fábrica, em março de 1897[42]. A diretoria declarou na ocasião que a perda era irreparável.

Nesse mesmo ano, em 14 de setembro, Olavo Bilac assinou um divertido artigo sobre o primeiro ano do funcionamento da Academia Brasileira de Letras[43], dizendo que a Academia nada fez porque os acadêmicos não apareciam: "A imortalidade ficava em casa trabalhando, ou na rua do Ouvidor,

---

37. "Companhia Cervejaria Bavaria", *Jornal do Commercio*, p. 4, 13.2.1895.
38. "Cerveja Bavaria", *Jornal do Commercio*, 29.8.1895.
39. "Companhia Cervejaria Bavaria", *Jornal do Commercio*, p. 8, 17.5.1896.
40. "Notícias Várias", *Jornal do Commercio*, p. 2, 4.8.1896.
41. "Companhia Cervejaria Bavaria", *Jornal do Commercio*, p. 10, 20.1.1897.
42. "Gazetilha", *Jornal do Commercio*, 1ª p., 31.3.1897.
43. Artigo datado de 14.12.1897, publicado em *O Estado de S. Paulo* no dia seguinte sob o título "Diário do Rio".

namorando, ou na Colombo tomando um *chopp* do Stupakoff". Um carioca fazendo propaganda da cerveja paulista.

A empresa se arrastaria por mais dois anos. Nesse intervalo, produziu novas marcas, a exemplo da Luzitânia, lançada em princípios de 1898. E, mais adiante, ainda nesse ano, finalmente conseguiu realizar subscrição de ações, embora o resultado da operação não tenha aparecido na imprensa[44]. A penúltima notícia relevante sobre a empresa foi negativa. E pela primeira vez envolveu a Bavaria paulista: a Junta Comercial do Rio de Janeiro indeferiu o pedido da cervejaria carioca para registrar a marca Bavaria Pilsen, que já pertencia à Heinrich Stupakoff & Cia.[45]

No carnaval de 1899, a Bavaria carioca patrocinou um bloco de foliões, conforme noticiou o jornal *A Imprensa*[46]. A companhia pode ter sido pioneira na junção dos negócios cervejeiros com a folia carnavalesca. Todavia, o contexto econômico prejudicou a companhia, pois esse foi o ano da implementação de política econômica austera pelo ministro da Fazenda, Joaquim Murtinho, com pesados efeitos negativos sobre a atividade econômica.

Köb[47] indica que em 1898 as três grandes cervejarias do Rio tinham a capacidade de produzir cem mil hectolitros de cerveja, mas fabricaram apenas 57 mil (doze mil da Bavaria, trinta mil da Brahma e quinze mil da Teutonia). No ano seguinte, Brahma e Bavaria juntas produziram 65 mil hectolitros, mas venderam apenas 45 mil.

A Bavaria não resistiu. Assim, em agosto de 1899, com dívidas acumuladas, a empresa teve liquidação forçada a pedido dos credores[48]. No decorrer desse processo, os bens da companhia foram a leilão e arrematados pela Brahma, como veremos adiante[49].

---

44. "Parte Comercial – Chamadas de Capital", *Jornal do Commercio*, p. 3, 10.10.1898.
45. "Junta Comercial", *Jornal do Commercio*, p. 7, 10.8.1899.
46. "Carnaval", *A Imprensa*, 1ª p., 15.2.1899
47. Edgar Helmut Köb, *Die Brahma-Brauerei und die Modernisierung des Getränkehandels in Rio de Janeiro 1888 bis 1930*, Stuttgart, Franz Steiner Verlag, 2005, p. 94.
48. "De Convocação", *Jornal do Commercio*, p. 4, 22.8.1899.
49. Teresa C. N. Marques, *A Cerveja e a Cidade do Rio de Janeiro de 1888 ao Início dos Anos 1930*, p. 77; e Edgar Helmut Köb, *Die Brahma-Brauerei und die Modernisierung des Getränkehandels in Rio de Janeiro 1888 bis 1930*, p. 93.

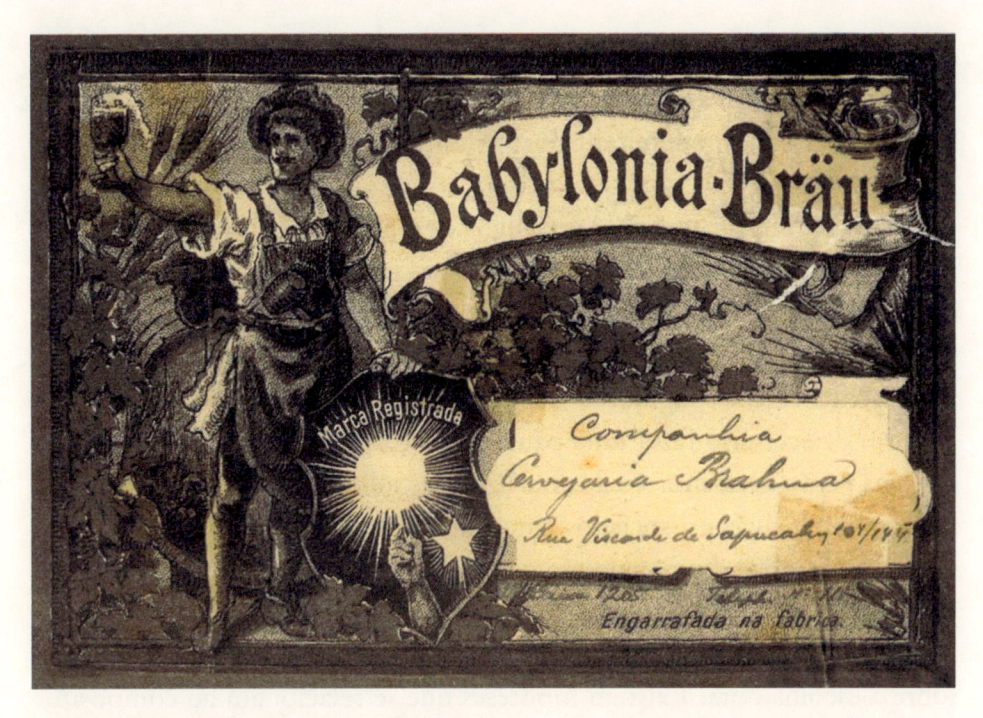

Figura 53. A Brahma continuou a produzir a Babylonia-Bräu depois de incorporar a dona da marca, a cervejaria Bavaria do Rio de Janeiro. Fonte: Acervo Ambev/FAHZ.

Brahma

A Brahma surgiu no Rio de Janeiro pouco antes de a Antarctica de Joaquim de Salles e Louis Bücher começar a funcionar em São Paulo. Propriedade da firma Villiger & Cia., foi autorizada a operar em outubro de 1887. A Villiger era uma sociedade em comandita que reunia três sócios, com capital de sessenta contos de réis. Tinha Joseph Villiger, engenheiro suíço, por sócio solidário, e endereço no Catumbi, à rua Visconde de Sapucahy[50], endereço este onde a fábrica funcionou até 1998[51].

Villiger estava no Brasil pelo menos desde 1879 e inovou o processo de alta fermentação da cerveja. Para isso, desenvolveu e patenteou alguns equipamentos de aço inoxidável, que substituíram os de cobre, usuais à época. A

---

50. "Parte Comercial – Contratos Comerciais", *Gazeta de Notícias*, p. 2, 17.10.1887.

51. A fábrica foi demolida em 2011 para ampliação do Sambódromo carioca, mesmo após ter sido tombada em 2002.

fábrica foi aberta à imprensa na inauguração formal, em 4 de abril de 1888[52]. Conforme registros na imprensa, do edifício da Brahma, de quase dois mil metros quadrados, podiam sair doze mil litros de cerveja por dia – volume nada desprezível[53].

Meses depois, em setembro, a Villiger & Cia. registrou sua marca de cerveja[54]. As garrafas traziam um rótulo em cores, surpreendente pelo bom gosto. Nele se destacava a palavra Brahma, em vermelho. Além da marca, aparecia uma figura feminina, no topo de um barril, com caneca de cerveja na mão, entre ramos de cevada e lúpulo.

Aqui é necessário fazer uma pausa na história dos primeiros tempos da Brahma para a apresentação de uma hipótese sobre as razões que levaram os fundadores, Villiger e associados, a nomear assim a própria empresa e sua primeira cerveja. Essa é uma questão que permanece em aberto há mais de um século, pois, na época, o pessoal da imprensa jamais perguntou o porquê do nome aos dirigentes da companhia, que também nada deixaram registrado sobre a escolha feita. Existem hipóteses que se relacionam ao compositor Brahms, ou ao inventor da válvula do chope, Joseph Bramah.

A terceira hipótese é também muito plausível: na época, a vanguarda intelectual do Rio de Janeiro talvez ainda estivesse sob o impacto do espetáculo de dança *Brahma*[55], apresentado, entre outras obras, por uma companhia italiana, no Rio de Janeiro, entre abril e junho de 1886[56]. A *performance* da bailarina italiana Giovaninna Limido apaixonou a imprensa[57]. Coincidência ou não, no primeiro rótulo da companhia, a figura feminina parece bailar. Mas outro fator parece corroborar em definitivo que o nome teria sido inspirado no deus Brahma: em 26 de dezembro de 1897, quando a fábrica ainda estava em construção, o *Jornal do Brasil* noticiou ter recebido de brinde da

52. *Diário de Notícias*, 4.4.1888, em matéria que acusa recebimento do convite para inauguração nesta data.
53. "Festa Industrial", *O Apóstolo*, p. 2, 6.4.1888.
54. "Gazetilha", *Jornal do Commercio*, 1ª p., 12.9.1888.
55. A peça era voltada ao deus Brahma, que, para os indianos, é o deus da criação, da música e das canções.
56. A peça, criação do coreógrafo francês Hipollyte Monplaisir, narrava em um prólogo e sete atos a saga do deus indiano Brahma, exilado na Terra, com a incumbência de buscar o "amor perfeito". Sobre o bailado, ver: https://stefanofiorucci.altervista.org/ippolito-monplaisir-brahma-ballo-in-sette-atti-e-un-prologo-musica-di-c-dallargine/
57. "A Semana", *Gazeta do Povo*, p. 189, 12.6.1886.

Figura 54.
Georg Maschke.

fábrica cinzeiros com a inscrição "Quem cerveja Brahma bebe, as bênçãos do céu recebe"[58].

Por pouco, todavia, a empresa não dura mais que meio ano. Em outubro de 1888, ela foi notícia por causa de um incêndio em suas instalações[59], que começou ao meio-dia, em uma caldeira, e só foi controlado às três da manhã. O jornal *Cidade do Rio* estimou o prejuízo em 25 contos, mas haveria seguro no valor de noventa contos[60].

Villiger se apressou em informar que o acidente só afetara parte do maquinário, e que a produção continuaria[61]. Se não afetara a produção, provavelmente o incêndio afetou as finanças, pois nos anos seguintes os jornais registram brigas entre Villinger e seguradoras. De qualquer forma, a empresa só voltou ao

---

58. *Jornal do Brasil*, p. 2, 26.12.1897.
59. *Diário de Notícias*, p. 3, 19.10.1888; *Jornal do Commercio*, 19.10.1888.
60. *Diário do Rio*, p. 1, 18.10.1888.
61. "Fábrica de Cerveja Brahma", *Gazeta de Notícias*, p. 2, 22.10.1888.

Figura 55. Rótulo da primeira cerveja Brahma. Fonte: Acervo Ambev/FAHZ.

noticiário quando de sua dissolução e da venda da marca e da fábrica ao "co-mendador" Manoel Cardoso da Silva, em 1891[62].

Sobre Cardoso da Silva, foi possível apurar que era membro proeminente da colônia portuguesa do Rio de Janeiro e investidor excepcionalmente ativo no auge do Encilhamento, ele apareceu nos anúncios de lançamento de grande número de sociedades anônimas como conselheiro, às vezes como presidente. Por seu "tino comercial", era incensado pelos jornais.

Os mesmos veículos da imprensa que silenciaram sobre ele, de maneira notável, a partir de 1892. Em relatório aos acionistas da Companhia Progresso Industrial de Carandahy, sua última aparição no *Jornal do Commercio*, Cardoso da Silva relata o violento impacto que teve a conjuntura pós--Encilhamento sobre os negócios da empresa. Portanto, não é impossível que o "comendador" e seus múltiplos investimentos tenham sido arrastados pela voragem da crise[63].

---

62. "À Praça", *Jornal do Commercio*, p. 7, 29.2.1891.
63. "Cia. Progresso Industrial de Carandahy", *Jornal do Commercio*, p. 7, 29.9.1892.

Figura 56. Produção de cerveja nos primórdios da Brahma. Fonte: Acervo Ambev/FAHZ.

Neste ponto, há uma lacuna na história da Brahma: de quem e de que modo o alemão Georg Maschke comprou a empresa. Maschke, com apenas 28 anos, foi o empreendedor responsável pela condução da empresa em 1894, adquirindo máquinas que permitiram à Brahma adotar o processo de baixa fermentação[64]. Maschke estreou como anunciante no mesmo ano, apregoando a excelência de sua Brahma Bier, fabricada pelo sistema de Munique[65], e deve ter passado por alguns apertos em seus primeiros meses, pois, ao anunciar a marca Franziskaner Bräu, que substituíra a Brahma Bier, começou pedindo desculpas ao público por ter atrasado a entrega de encomendas[66].

Maschke trouxe a bordo o mestre cervejeiro catarinense Germano Thieme, que por muitos anos viria a ser figura-chave no comando da produção da

---

64. Edgar Helmut Köb, *Die Brahma-Brauerei und die Modernisierung des Getränkehandels in Rio de Janeiro 1888 bis 1930*, p. 92.

65. "Cervejaria Brahma", *Jornal do Commercio*, p. 9, 6.9.1894. Não sabemos exatamente a que se referia o termo sistema de Munique que ele utilizou no anúncio, mas provavelmente era relacionado à baixa fermentação.

66. "Cervejaria Brahma", *Jornal do Commercio*, p. 4, 3.3.1895.

Brahma. Antes de sua chegada, a cerveja produzida era escura e amarga, do tipo München, igual a tudo que havia na cidade. Era necessário modernizar, melhorar a qualidade e produzir tipos diferentes de cerveja[67]. Maschke trouxe também o químico Alois Driesler[68], mas precisava de capital para assegurar seus objetivos.

Assim, em setembro de 1895, arquitetou uma mudança relevante, transformando a Brahma em sociedade em comandita por ações[69]. A nova Brahma começou com capital de seiscentos contos, representado por 1 200 ações no valor de quinhentos mil-réis cada. A parcela maior coube a John Baptist Friederizi (oitocentas ações), seguindo-se Maschke (duzentas), Hermann Eisenstuck Schumann (120) e Driesler (oitenta). No acordo entre os acionistas, ficou acertado que Maschke, enquanto diretor técnico e comercial da firma, receberia salário inicial de seiscentos mil-réis por mês, além de comissão por garrafa vendida[70].

Friederizi, como vimos, foi quem aportou mais capital. Veio para o Rio de Janeiro antes de 1880 e se dedicava ao comércio e à importação de produtos europeus, principalmente insumos para a produção de cerveja, a exemplo de malte e lúpulo[71]. Marques[72] indica que ele era dono do Restaurante Stadt München, na Praça Tiradentes, reduto da boemia carioca. Nesse local vendia a cerveja alemã Spatenbrauerei, logo apelidada de "Pá", pela pronúncia difícil. Não apenas a posse de capital, mas também o fato de Friederizi conhecer o mercado consumidor foi fundamental para a sociedade.

Com o capital levantado, a Brahma conseguiria concorrer com a Bavaria da Tijuca e com a de Stupakoff, "importada" de São Paulo. A Brahma era bem

---

67. Teresa C. N. Marques, *A Cerveja e a Cidade do Rio de Janeiro de 1888 ao Início dos Anos 1930*, p. 70.

68. Edgar Helmut Köb, *Die Brahma-Brauerei und die Modernisierung des Getränkehandels in Rio de Janeiro 1888 bis 1930*, p. 92.

69. Decreto n. 2.115, 30.9.1895. Forma comum na época, na sociedade em comandita de ações, os sócios investidores possuem responsabilidade limitada ao valor de suas quotas, enquanto os sócios gestores respondem de forma ilimitada.

70. Cem réis por garrafa de cerveja vendida. Quando se tratasse da venda de cerveja em barril, para o cálculo da remuneração o volume da garrafa seria considerado de 0,75 litro.

71. "Importação", *Jornal do Commercio*, p. 4, 13.1.1880. Foi esta a primeira citação de seu nome na imprensa. Em 21 de janeiro de 1883, Friederizi anunciou no mesmo jornal que abrira o restaurante Stadt Köblenz na Praça da Constituição (atual Praça Tiradentes). Era nesse local que mantinha todos os seus negócios, em prédios contíguos.

72. Teresa C. N. Marques, *A Cerveja e a Cidade do Rio de Janeiro de 1888 ao Início dos Anos 1930*, p. 66.

agressiva na publicidade, anunciando com frequência em todos os grandes jornais do Rio[73], de 1895 em diante. Também mandava caixas de cerveja para as redações e convidava os redatores para almoços e visitas. Numa destas, a *Gazeta da Tarde* informou que no verão de 1895/1896 eram produzidos quinze mil litros diários e que a fábrica contava com 120 funcionários[74].

Georg Maschke não parou. Uma vez que precisava de mais recursos para investir, ele recorreu a um empréstimo da Hermann Stoltz & Cia., sediada em Hamburgo, com interesses diversificados no Brasil. Ajudou nesse processo o fato de que Friederizi era sogro do gerente-geral da Stolz no Brasil, Heinrich Hölck[75].

O crédito, concedido em marcos alemães, foi equivalente a 378 contos de réis[76]. Em contrapartida, a companhia alemã se tornou fornecedora de matérias-primas importadas e distribuidora de produtos da cervejaria carioca em mercados da costa brasileira[77]. No balanço de 1896 também eram credores o próprio Maschke (dezenove contos), *Herr* Friederizi (144 contos), *Herr*[78] Schumann (23 contos), além de outros (158 contos), contra um capital que havia sido ampliado para novecentos contos[79].

Maschke investiu na produção, com a compra de um grande gerador de gelo Augsburg-Nuremberg, uma nova máquina Linde, dois novos compressores, uma nova caldeira e investimentos na iluminação elétrica da fábrica[80]. Assim, a capacidade de produção foi aumentada para 42 mil hectolitros

• 149 •

73. Pesquisa pelo sistema da Biblioteca Nacional mostra anúncios no *Jornal do Commercio*, *Cidade do Rio*, *O Paiz*, *Correio da Tarde*, *Jornal do Brasil*, *A Notícia*, *Gazeta da Tarde*, *Gazeta de Notícias*, *A Imprensa*, *Semana Esportiva*, *O Fluminense* e *The Rio News* (em inglês).

74. "Exposição Industrial", *Gazeta da Tarde*, 1ª p., 4.1.1896.

75. Teresa C. N. Marques, *A Cerveja e a Cidade do Rio de Janeiro de 1888 ao Início dos Anos 1930*, p. 71; Edgar Helmut Köb, *Die Brahma-Brauerei und die Modernisierung des Getränkehandels in Rio de Janeiro 1888 bis 1930*, p. 93.

76. Teresa C. N. Marques, *A Cerveja e a Cidade do Rio de Janeiro de 1888 ao Início dos Anos 1930*, p. 70. O valor em marcos alemães seria de 278 233.

77. *Idem*, p. 70. O estreitamento das relações entre essas firmas traria para a Brahma um funcionário da Herman Stoltz & Cia.: Johann Künning. Ele se tornou presidente da cervejaria poucos anos depois, permanecendo no comando por décadas – é o que se verá na última parte deste livro.

78. Em alemão, "senhor".

79. Edgar Helmut Köb, *Die Brahma-Brauerei und die Modernisierung des Getränkehandels in Rio de Janeiro 1888 bis 1930*, p. 93.

80. *Idem*, p. 92; Teresa C. N. Marques, *A Cerveja e a Cidade do Rio de Janeiro de 1888 ao Início dos Anos 1930*, p. 71.

Figura 57. Casa de máquinas a vapor, nos primórdios da Brahma. Fonte: Acervo Ambev/FAHZ.

anuais, e a produção totalmente convertida para baixa fermentação. A marca Franziskaner Bräu, carro-chefe por muitos anos, foi mantida[81].

Na exposição industrial do Rio de Janeiro que ocorreu no verão de 1895/1896, a orientação da Brahma no sentido de cativar o público por todos os meios disponíveis se manifestou precocemente. No recinto da mostra, o estande foi descrito assim:

É linda a instalação da Cervejaria Brahma [...] levanta-se do soalho uma elegante coluna hexagonal, flanqueada de bocas de pipas com as competentes torneiras niqueladas, contendo a cerveja e tendo ao lado o aparelho que serve ao apanhamento do chope, tudo bem-preparado e vistosamente acondicionado. [E, o que era mais

81. "Cervejaria Brahma", *Jornal do Commercio*, p. 10, 14.2.1895.

atraente para quem passava por ali:] Os representantes dos expositores têm distribuído desse chope aos visitantes[82].

Com tudo isso, a empresa apresentou lucro de 45 contos em 1896[83]. Em junho de 1897, a Brahma comunicava à praça que, além de expandir sua capacidade de produção de cerveja, acabava de construir grande fábrica de gelo, estando com a estrutura logística pronta para entregar esse produto duas vezes por dia[84]. Com o pé no acelerador, nesse mesmo ano, Maschke tentou levantar mais oitocentos contos no Brasilianische Bank für Deutschland. Não teve sucesso, já que o banco considerava a companhia muito endividada[85].

A saída foi recorrer às debêntures, tal como já fizera a Bavaria carioca, em novembro de 1894. Debêntures são títulos de dívida[86] de longo prazo[87], com ou sem garantia[88], emitidos diretamente por companhias[89], que prometem determinada remuneração[90] ao longo do tempo, e ao final deste o retorno do capital. As primeiras emissões no Brasil datam da década de 1860, mas naquela época sua emissão era muito difícil, dependendo de autorização legislativa[91]. Este requisito caiu em 1882[92], mas como as exigências legais ainda

---

82. "Gazetilha", *Jornal do Commercio*, 1ª p., 2.2.1896.

83. Teresa C. N. Marques, *A Cerveja e a Cidade do Rio de Janeiro de 1888 ao Início dos Anos 1930*, p. 73.

84. "Cervejaria Brahma", *Jornal do Commercio*, p. 7, 30.6.1897.

85. Teresa C. N. Marques, *A Cerveja e a Cidade do Rio de Janeiro de 1888 ao Início dos Anos 1930*, pp. 72-76. Antes do empréstimo, as dívidas já equivaliam a 52,6% dos ativos.

86. Ao contrário das ações, que são o capital próprio, as debêntures fazem parte no balanço do capital de terceiros, ou dívidas.

87. Usualmente cinco ou mais anos, nos dias de hoje.

88. Garantia essa que pode ser real (como um terreno). Em caso de quebra, a garantia é executada. As não garantidas são hoje chamadas de subordinadas.

89. Em contraponto aos empréstimos bancários, que são feitos pelos próprios bancos com o capital dos depositantes, e pelos bancos são remunerados pela diferença de juros (*spread* bancário). As debêntures são um produto interessante tanto para o investidor como para a companhia, pois o *spread* é dividido, dando maior remuneração ao investidor e menor custo para a companhia emissora.

90. Remuneração que pode ser fixa (exemplo: 8% ao ano) ou variável (exemplo: IGPM ou CDI +4% ao ano).

91. M. Carvalhosa, *Comentário à Lei das Sociedades Anônimas*, São Paulo, Saraiva, 2002. Nesse ano de 1860 foi editada a Lei 1.083, que vedava expressamente a emissão de obrigações (como eram conhecidas na época) sem autorização prévia do Poder Legislativo, razão pela qual passou à história como a "Lei dos Entraves", dadas as dificuldades para a sua utilização.

92. Com a Lei 3.150, de 4.11.1882.

Figuras 58 e 59. A marca Franziskaner-Bräu, registrada pela Brahma em 1899, foi carro-chefe da empresa por muitos anos. A empresa, por vezes, foi iconoclasta em seus cartazes. Fonte: Acervo Ambev/FAHZ.

eram rigorosas[93] e na década de 1890 o país viveria o Encilhamento[94], poucas emissões foram registradas.

A Brahma utilizou frequentemente esse instrumento. Sua primeira emissão foi realizada no dia 30 de novembro de 1897[95]. O lançamento dos papéis, no valor de setecentos contos, recebeu aprovação unânime da assembleia dos acionistas.

Convém destacar que a Georg Maschke & Cia. anunciou a captação de recursos apenas na véspera da colocação das debêntures[96]. Mais que isso: os interessados em aplicar nesses títulos, resgatáveis em até dez anos, com juros anuais de 8%, tiveram apenas algumas horas do dia 23 de dezembro de 1897 para efetivar a compra. O prazo diminuto parece indicar que a emissão havia sido negociada previamente com os compradores, entre os quais constava Theodor Wille, que, como vimos, era grande comerciante de café. Como credora das debêntures, aparece sua empresa Wille, Schmilinsk e Cia., que, para tanto, caucionou[97] 95 dos setecentos contos.

Capital, ao que parece, nunca era suficiente para os planos de Maschke. Como exposto acima, em setembro de 1899 a Bavaria carioca faliu. Para comprar o espólio da fábrica, Maschke recorreu novamente ao Brasilianische Bank für Deutschland[98], que dessa vez concedeu crédito de dez mil libras esterlinas (322 contos), em 18 de novembro.

Porém, conforme Marques, o banco impôs condições bem duras à companhia, que precisou hipotecar terrenos e teria de liquidar a operação no máximo em 30 de agosto de 1901, apenas um ano e nove meses depois. Um atraso no pagamento acarretaria multa de 10% sobre o total do empréstimo. Nessas condições, a compra da Bavaria foi financiada a 8,5% de juros ao ano, custando algo em torno de 342 contos à Brahma[99]. O Quadro 1 resume essas operações, tentando trazer os valores aos dias de hoje.

---

93. Principalmente em termos de capital próprio.
94. Ver Apêndice.
95. "Associações", *Jornal do Commercio*, p. 6, 2.12.1897.
96. "Diversas", *Jornal do Commercio*, p. 5, 22.12.1897.
97. O termo significa manter em garantia.
98. Aprovado por assembleia extraordinária de 4 de novembro de 1899.
99. Teresa C. N. Marques, *A Cerveja e a Cidade do Rio de Janeiro de 1888 ao Início dos Anos 1930*, p. 77.

Quadro 1. Captações e capital da Brahma (1888-1899)

Ano	Discriminação	Valores originais e estimativa atual
1888	Fundação da Cervejaria Brahma Villiger & Companhia, do suíço Joseph Villiger	
1894	Capital inicial de seiscentos contos de réis. Georg Maschke assumiu a direção da empresa sob a denominação Georg Maschke & Cia. – Cervejaria Brahma.	600 contos a £23,92/mil-réis(1) ⇔ ~£ 49 mil de 1894(2) ~£ 4,8 milhões em 2022(3) ~R$ 31 milhões em 2022(4)
1896	Obtenção de empréstimo junto à Herman Stoltz & Cia., em marcos alemães no valor de cerca de 378 contos de réis, e capital social ampliado para 900 contos de réis. As dívidas equivaliam a 52,6% dos ativos líquidos.	378 contos a £26,67/mil-réis(1) ⇔ ~£ 14 mil de 1894(2) ~£ 1,4 milhões em 2022(3) ~R$ 9 milhões em 2022(4)
1897	Em 16 de setembro foi emitida a escritura pública de dívida garantida pela emissão de debêntures, no valor unitário de 200 mil-réis, perfazendo o total de setecentos contos de réis (Rs 700:000$000). O prazo de resgate das debêntures se estendia até junho de 1908, com o pagamento, em parcelas semestrais, de juros de 8% ao ano. Maschke ofereceu em garantia os dois prédios da fábrica, na rua Marquês de Sapucaí, os maquinismos e equipamentos de fabricação.	700 contos a £31,85/mil-réis(1) ⇔ ~£ 22 mil de 1897(2) ~£ 2,1 milhões de 2022(3) ~R$ 13 milhões em 2022(4)
1899	Operação de empréstimo feita com o Brasilianische Bank für Deutschland, no valor de dez mil libras esterlinas (cerca de 322 contos de réis), cujo prazo limite para o pagamento do empréstimo foi estabelecido em 30 de agosto de 1901, correndo juros de 8,5% ao ano. Assim, no prazo exíguo de um ano e nove meses, bem diferente dos habituais dez a quinze anos de resgate das debêntures, Maschke pagou a quantia que devia ao banco.	£10 mil de 1899 ⇔ £980 mil de 2022(3) R$ 6,2 milhões de 2022(4)

Fonte: (1) cotações em libra/mil-réis (cf. Heitor Moura Filho, "Taxas Cambiais do Mil-Réis (1795-1913)", MPRA *Paper*, n. 5210, 2006, Anexo – Séries Cambiais 4). (2) Valor em libras da época calculado como inicial em mil-réis (cotação cf. *idem*). (3) Trazidos a libras de junho de 2022 pela calculadora oficial de inflação do Banco da Inglaterra: https://www.bankofengland.co.uk/monetary-policy/inflation/inflation-calculator. (4) Em 30.6.2022, uma libra equivalia a R$ 6,37 (cf. Banco Central do Brasil).

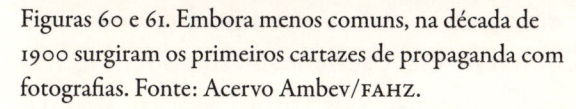

Figuras 60 e 61. Embora menos comuns, na década de 1900 surgiram os primeiros cartazes de propaganda com fotografias. Fonte: Acervo Ambev/FAHZ.

• 155 •

Na publicidade, uma ação que vale a pena lembrar foi a organização, pela companhia, de um desfile de carros alegóricos que rememoravam acontecimentos da história do país durante as comemorações do quarto centenário do desembarque de Pedro Álvares Cabral, em 1900. O cortejo partiu da avenida Central (hoje Rio Branco) até a Praia de Botafogo. Para tornar o desfile ainda mais atraente, a empresa instalou equipamentos de chope na última carroça, servindo a bebida de graça ao público, de forma ininterrupta[100].

O negócio prosperava, a despeito das dificuldades enfrentadas pelo conjunto da economia nos anos finais do século XIX e no princípio do século XX. Contudo, a Brahma não estaria livre da concorrência mesmo com o fim da Babylonia: uma nova concorrente estava para entrar no mercado: a Teutonia, em Mendes, Rio de Janeiro.

Teutonia

A Brahma não dominaria ainda o mercado carioca por conta da família Stupakoff. O irmão de Heinrich (que também seria sócio), Johannis (abrasileirado João), comandou o processo de criação da Cervejaria Teutonia, no município fluminense de Mendes em 1897. Ainda em 16 de setembro 1895 eles

---

100. *Idem*, p. 155.

fundaram junto com outro velho conhecido nosso, Augusto Tolle, além de
F. Laeisz e Ernst Preiss, a Stupakoff, Tolle & Cia.[101] O objetivo era disputar o
mercado do Rio de Janeiro com a Brahma e a Bavaria carioca, além de atingir
o rico Vale do Café, onde se situava, e Minas Gerais, pois, tal qual a Bavaria de
São Paulo, a empresa se localizava ao lado da linha férrea.

Nas pesquisas para este livro, a primeira menção da imprensa ao projeto
da Cervejaria Teutonia foi localizada no *Jornal do Commercio*, do Rio de
Janeiro, de 2 de fevereiro de 1896. Nessa edição, a Stupakoff, Tolle & Cia.
anunciou que compraria um milhão de tijolos de primeira qualidade ao longo
do ano. Quase um mês depois, em 29 de fevereiro, a companhia solicitou a
entrega inicial de "quinze mil telhas francesas e sessenta metros de cumeeiras
para as mesmas" – o que dá ideia das dimensões da fábrica a ser construída.
Não soa absurdo afirmar que a Teutonia seria quase uma réplica da Bavaria
paulista, dada a experiência dos sócios.

Mais tarde, em outubro de 1897, a companhia registrou sua marca e rótulo de cerveja na Junta Comercial de Niterói, mas já com outra denominação: apenas Stupakoff & Cia. Tolle, se não deixou a sociedade, cedeu o
posto de sócio solidário a Matheus Haussler. Pois foram Haussler e João
Stupakoff que assinaram o documento que extinguia a Stupakoff & Cia.,
em 10 de novembro de 1897, e passava o controle da Cervejaria Teutonia à
firma Preiss, Haussler & Cia[102]. Heinrich Stupakoff, comanditário, participou
das negociações, atuando como procurador do sócio solidário Ernst Preiss.
João Stupakoff continuou no negócio, também como sócio comanditário.
Na ocasião, novos membros ingressaram na sociedade: Martin Burchard e
Victor Nothmann.

Os relatos da imprensa carioca acerca da Teutonia se concentram na inauguração festiva da fábrica, realizada em 28 de novembro de 1897. Falhos e
recheados de banalidades, os textos praticamente não contêm informações
de interesse. Mas vale a pena registrar que se tratou de evento incomum:
trem especial da Central do Brasil, com banda de música a bordo, conduziu

---

101. Escritura lavrada em cartório, transcrita na obra *Duas Famílias, Dois Mundos, uma União* (São Paulo, Museu
da Pessoa, 2013). Eram sócios comanditários na empresa Heinrich Stupakoff, F. Laeisz e Ernst Preiss. João Stupakoff e Augusto Tolle eram sócios solidários (*idem*, p. 62).
102. "À Praça", *Jornal do Commercio*, p. 8, 13.11.1897.

os convidados até Mendes, onde foram recepcionados com banquete e os brindes usuais.

As viagens de ida e volta, da mesma forma que as festividades, foram narradas com riqueza de detalhes, mas a imprensa não se preocupou em divulgar dados técnicos da indústria. Uma descrição superficial da fábrica saiu em 19 de julho de 1898, na primeira página de *O Mercúrio*[103]. O texto deixa perceber que a Teutonia foi planejada com o rigor germânico para os detalhes. A fazenda comprada em Mendes divisava com os trilhos da Central do Brasil, e era de causar inveja a disponibilidade de água, de excelente qualidade, obtida de fontes naturais.

A capacidade de produção da fábrica era menor que a da Bavaria, na Mooca, embora fosse considerável para os padrões da época. Havia quarenta dornas de fermentação, para 3500 litros de mosto por vez. A cerveja, após quinze dias, era transferida para cinco tonéis de maturação, cujo volume total somava 750 mil litros[104]. Teresa Marques acrescenta que a fábrica dispunha de capacidade para bombear quatrocentos litros de água por minuto e produzir doze toneladas de gelo por dia, além de possuir um triturador que processava uma tonelada de cevada por hora[105].

O primeiro produto da empresa, uma cerveja Pilsen, teve o lançamento cercado de cuidados, inclusive com a divulgação do resultado de análise química efetuada pelo Laboratório Nacional de Análises. Mas talvez o melhor da estratégia de promoção foi convidar para uma visita à fábrica "o Sr. Dr. Campos da Paz, nome que todo o Brasil conhece e venera", segundo *O Mercúrio*, na matéria citada. Professor de química e biologia da Faculdade de Medicina, havia se distinguido, conforme o jornal, "na sagrada campanha contra os falsificadores que envenenam a saúde pública". O professor, que aparentemente tendia a uma postura pró-temperança, aceitou dar uma declaração sobre a Teutonia:

103. "Sem Pés nem Cabeça...", *O Mercúrio*, 1ª p., 19.7.1898.
104. Em São Paulo, a Bavaria operava com 63 dornas de três mil litros para a fermentação, além de poder estocar 1,2 milhão de litros.
105. Teresa C. N. Marques, "Títulos ao Portador e Investimento Empresarial nas Primeiras Décadas Republicanas", em C. G. Guimarães e L. F. Saraiva (orgs.), *Crédito & Descrédito. Relações Sociais de Empréstimos na América, Séculos XVIII ao XX*, Niterói, Eduff, 2018, pp. 318-358.

Tivemos a ocasião, há tempos, de visitar este importante estabelecimento industrial, e foi a mais agradável possível a impressão que tivemos.

A instalação é completa, e os aparelhos e maquinismos são os mais modernos. É salubérrimo o clima da localidade em que ela está instalada, e a água é excelente. Em todos os compartimentos da fábrica o asseio é o mais rigoroso que se possa imaginar, inclusive nos vastos depósitos onde é comodamente guardado o grande estoque que espera o momento de ser entregue ao mercado. [...]

O sabor da cerveja Teutonia é muito agradável e revela desde logo a superioridade de sua qualidade[106].

A Teutonia, com o fim da Babylonia, se tornou uma das quatro grandes do mercado nacional de cerveja, ao lado de Brahma, Antarctica e a Bavaria de Stupakoff. Fora do eixo Rio-São Paulo, apenas a Cervejaria Ritter[107], do Rio Grande do Sul, chegaria perto em volume de produção em fins do século XIX.

---

106. "Sem Pés nem Cabeça...", *O Mercúrio*, 1ª p., 19.7.1898.
107. Um dos membros da família Ritter estagiou na Bavaria na década de 1890, o que mostra a comunicação entre as famílias naquela época.

8

O novo século

A VIRADA PARA O SÉCULO XX SE DEU EM CONJUNTURA DE CRISE econômica[1]. Para se ter uma ideia, em 1899, a Brahma, já tendo incorporado a Bavaria carioca, produziu 65 mil hectolitros de cerveja, dos quais só vendeu 45 mil. Em 1901 as vendas da Brahma pioraram ainda mais, caindo para trinta mil.

Todavia, as quatro grandes sobreviventes no mercado, Antarctica, Bavaria, Brahma e Teutonia entraram em condições distintas no novo século. O consumidor, como é usual em épocas de crise, procurou produtos mais baratos – inclusive a cerveja de alta fermentação. Conforme relatório do Ministério da Fazenda de 1903, foram arrecadados impostos sobre o consumo de 4,89 milhões de litros de cerveja de alta fermentação, contra 2,42 milhões de litros de bebidas de baixa fermentação ou Lager[2].

Esse cenário favoreceu a Antarctica e a Brahma. Embora produzissem Lager, também fabricavam cervejas de alta fermentação para atender ao consumidor, com a vantagem sobre os concorrentes do segmento de terem bom padrão técnico e ofertarem bebidas pasteurizadas[3].

---

1. Carlos M. Peláez e Wilson Suzigan, *História Monetária do Brasil*, Rio de Janeiro, Ipea, 1976, p. 181.
2. Os dados do Ministério da Fazenda são fornecidos em milhões de garrafas, convertidos em milhões de litros por multiplicação pelo fator 0,66 (volume médio do conteúdo das garrafas) – conforme metodologia empregada por Edgar Helmut Köb, *Die Brahma-Brauerei und die Modernisierung des Getränkehandels in Rio de Janeiro 1888 bis 1930*, p. 234 (Brasil, *Relatório do Ministério da Fazenda*, 1903, p. 234).
3. Por exemplo, a marca ABC, da Brahma, lançada em 1905, era de alta fermentação (cf. Teresa C. N. Marques, *A Cerveja e a Cidade do Rio de Janeiro de 1888 ao Início dos Anos 1930*, p. 151).

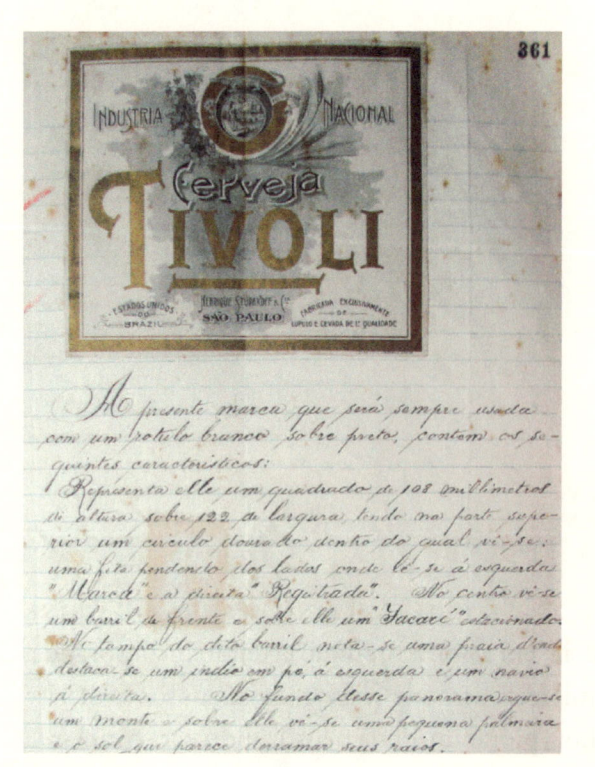

Figura 62. Mesmo nos últimos anos à frente da Bavaria, Stupakoff sempre procurou inovar. Fac-símile da primeira página do registro da marca Tivoli na Junta Comercial de São Paulo, feito em 1902. Fonte: Acervo Ambev/FAHZ.

Porém, mesmo as cervejas de baixa fermentação tinham diferentes níveis de qualidade (primeira, segunda e terceira) e, por conseguinte, de preço. Essa classificação havia sido acertada entre as empresas por volta de 1901, na proposta de criação da Federação das Cervejarias – assunto que veremos na próxima seção – para um possível cálculo e divisão dos lucros. Era baseada na quantidade de malte usada na produção cervejeira, que se refletia no teor do extrato dessa matéria-prima na bebida, expresso em gramas por mililitro. Quanto maior o índice, maior o teor alcoólico do produto e maior o custo de produção. Também tinha um significado fiscal, uma vez que as cervejas classificadas como de primeira qualidade recebiam a maior taxação[4].

Segundo Teresa Marques, entre janeiro e maio de 1902 e 1903, 57% dos lucros médios mensais da Brahma e 43% da Antarctica vieram do faturamento

---

4. *Idem*, p. 83.

Figura 63. Em 1902, a Brahma fabricava outras cervejas, como a Brahma Bock. Fonte: Acervo Ambev/FAHZ.

das cervejas de terceira qualidade[5] – aquelas de custo de produção menor e preços mais baixos no varejo[6].

Já a Bavaria e a Teutonia, que seguindo a visão de Stupakoff sempre priorizaram a excelência, obtinham a maior parte de seus lucros com a produção e venda de cervejas consideradas de "segunda qualidade" – 66% e 61%, respectivamente. Este retrato foi gerado pela crise da virada do século, que reduziu o poder aquisitivo do consumidor, já acostumado com a cerveja do dia a dia. Ironicamente, Bavaria e Teutonia sucumbiram às rivais que operavam no espectro mais baixo da relação qualidade/preço.

Enquanto a Brahma estava a ponto de pagar sua enorme dívida, a Antarctica estava melhor ainda. Uma evidência foram os bons dividendos pagos pela companhia entre 1898 e 1903[7]. A Antarctica inclusive aumentou seu capital, que passou de 2 245 contos para sete mil contos em 1902. Isso tornou a companhia financeiramente robusta a ponto de capitanear a ideia que veremos a seguir.

---

5. No caso da Brahma, as bebidas de primeira qualidade respondiam por apenas 8% dos lucros da empresa, e as de segunda, por 35% no mesmo período (*idem*, pp. 140, 141).

6. *Idem*, p. 141.

7. A distribuição de dividendos pela companhia se deu conforme os percentuais a seguir: 6% em 1898; 9,19% em 1889; 17% em 1900; 20% em 1901; 12% em 1902; e 10% em 1903 (Maria Teresa R. Versiani, "Proteção Tarifária e Crescimento Industrial nos Anos 1906-12: O Caso da Cerveja", *Pesquisa e Planejamento Econômico*, vol. 12, n. 2, p. 471, ago. 1982).

Cartel cervejeiro

Nessas circunstâncias, as quatro grandes decidiram tentar formar um cartel[8]. A inspiração veio de fora, tanto da economia alemã como da americana, cujo maior exemplo foi a Standard Oil de Rockefeller[9], o cidadão mais rico do mundo à época. E também das condições de mercado, nas palavras da própria Antarctica na ata que levantou a questão:

A superabundância de cerveja nos diversos mercados e a concorrência que entre si fazem as quatro grandes fábricas no Brasil aconselham de há muito uma união dos maiores produtores daquela mercadoria com o fim de, unidos todos os esforços, obterem melhor remuneração aos grandes capitais empregados em nossa indústria[10].

Antes de prosseguir, vale lembrar que se hoje em dia o acerto de preços entre concorrentes e outras práticas de políticas da concorrência são ilegais, o mesmo não ocorria no início do século XX no Brasil. Apenas em 1938 foi promulgado o Decreto-Lei 869, que listava os denominados crimes contra a economia popular[11], enquanto o Cade, órgão destinado a investigar e decidir sobre a livre concorrência foi criado em 1962[12].

---

8. Cartel: grupo de empresas independentes que formalizam um acordo para atuação coordenada, com vistas a interesses comuns. O tipo mais frequente de cartel é formado por empresas que produzem artigos semelhantes, de forma a constituir um monopólio de mercado (Paulo Sandroni, *Novíssimo Dicionário de Economia*, São Paulo, Best Seller, 2000, p. 84).

9. Nos Estados Unidos, a primeira legislação sobre política de Concorrência foi o Sherman Act de 1890, mais voltado à proibição de restrição de oferta do que da construção do monopólio. Em 1911, a Suprema Corte estadunidense decidiu quebrar a Standard Oil, que praticamente monopolizava o nascente comércio de combustíveis em várias regiões, criando um precedente legal para decisões futuras. Em 1914 surgem o Clayton Act e o Federal Trade Comission Act, que restringem com mais força a formação de novos monopólios.

10. "Fusão das Grandes Fábricas de Cerveja no Brasil", *Ata de Reunião da Antarctica de 8.1.1902*, Acervo Ambev, sem especificação.

11. Cf. Cade (2013). o Decreto-Lei regulamentava o previsto no Art. 141 (Proteção da Economia Popular) da Constituição de 1937. Dentre os crimes listados no Art. 2 do referido Decreto-Lei estavam "[...] III – Promover ou participar de consórcio, ajuste, aliança ou fusão de capitais, com o objetivo de impedir ou dificultar [...] a concorrência em matéria de produção, transporte ou comércio". Já o Decreto-Lei 7.666/45 é reconhecido como a implantação da legislação Antitruste no Brasil (*idem*, p. 37). Vale notar ainda que a questão continuou a existir na Constituição de 1946 (Art. 148), que fala em repreender o abuso econômico, regulamentado posteriormente pela Lei 1521/51 e outras subsequentes. A Política da Concorrência no Brasil atualmente é regulada pela Lei n. 12.529/2011 na esfera administrativa e pela Lei n. 8.137/90 na esfera criminal. Agradecemos ao Dr. Jorge Rojas Carro pela pesquisa.

12. O Conselho Administrativo de Defesa Econômica (Cade) foi criado pela Lei n. 4137/62.

O primeiro movimento foi no sentido de fundir as quatro empresas[13], sob a liderança da Antarctica (que, como vimos, estava em melhor situação financeira), conforme acertado entre os dirigentes cervejeiros durante reunião ocorrida em dezembro de 1901[14]. As demais cervejarias seriam incorporadas pela companhia paulista, e cada uma ficaria com uma quota do capital da nova sociedade. Essa participação seria proporcional ao valor das empresas, apurado na ocasião da forma mostrada na Tabela 5.

O valor de 15,55 mil contos do capital da nova empresa equivalia a cerca de 740 mil libras em 1901, ou setenta milhões de libras em 2022[15]. A Antarctica aprovou, em 9 de janeiro de 1902, a subscrição de ações para elevar o capital e assim levantar os recursos necessários à fusão, no valor de 21 mil contos[16] (105 mil ações a duzentos mil-réis cada). A diferença a mais seria usada em planos de expansão. Se bem-sucedida, a criação de uma empresa com as marcas da Ambev seria antecipada em cem anos[17].

Porém, em março de 1902, durante novo encontro dos dirigentes das empresas, Adam D. von Bülow declarou que a companhia não conseguiu captar a totalidade dos recursos, mas continuava interessada em comprar as demais de forma gradual. E que dispunha de reservas suficientes para começar pela Bavaria, ainda naquele ano[18]. Stupakoff aparentemente recusou a proposta.

No mês seguinte, as quatro empresas alinhavaram outro acordo, desta vez operacional[19]. O acerto, por exemplo, a partição do mercado nacional em zonas de distribuição (a Brahma, por exemplo, teria exclusividade no Rio e em Minas), fixação de preços dos produtos, divisão dos lucros e congelamento da capacidade de produção das cervejarias, além de outros itens. A divisão dos lucros, feita em conformidade com a avaliação das empresas já realizada, exigia que cada empresa abrisse sua contabilidade para um escritório

• 163 •

---

13. A outra cervejaria relevante, a Ritter, gaúcha, teria sido convidada a participar, mas recusado desde o início.

14. Teresa C. N. Marques, *A Cerveja e a Cidade do Rio de Janeiro de 1888 ao Início dos Anos 1930*, pp. 78-87.

15. Usando cotação de 20,9 mil-réis para libra em 1901 e a calculadora de inflação do Bank of England para atualizar os valores, seguindo metodologia do Quadro 1.

16. *O Estado de S. Paulo*, 20.2.1902; "Fusão das Grandes Fábricas de Cerveja no Brasil", *Ata de Reunião da Antarctica de 8.1.1902*, Acervo Ambev, sem especificação.

17. A criação da Ambev, em 1999, resultou da fusão da Brahma e da Antarctica, que já haviam adquirido a Bavaria e a Teutonia. Na ocasião, o Cade determinou a venda da marca Bavaria para aceitar a fusão.

18. Teresa C. N. Marques, *A Cerveja e a Cidade do Rio de Janeiro de 1888 ao Início dos Anos 1930*, p. 81.

19. *Ata de Reunião da Criação da Federação das Cervejas*, 6 abr. 1902, Acervo Ambev, Caixa 415.

Tabela 5. Tentativa de fusão das empresas, 1901.

Companhia	Valor Estimado	Pagamento	% da nova companhia (apenas ações)
Antarctica Paulista	7 mil contos	100% em ações	45%
Bavaria Paulista	4,2 mil contos	70,24%% em ações 29,76% em dinheiro	19%
Brahma (Rio)	4,8 mil contos	81,25% em ações 18,75% em dinheiro	25%
Teutonia (Mendes)	2,6 mil contos	65,38% em ações 34,61% em dinheiro	11%
Total	18,6 mil contos	15,55 mil contos em ações 3,05 mil contos em $	100%

de auditores, instalado com essa finalidade em São Paulo[20]. Era um compromisso abrangente, de muitas cláusulas e, por isso mesmo, pouco exequível.

A despeito da complexidade do acordo, batizado como Federação das Cervejarias, elas tentaram levá-lo à prática. Porém, em 1903 o pacto já fazia água e logo afundaria, sob o peso de diferenças insuperáveis entre as firmas.

Lance final

Na virada do século XIX para o XX, os negócios da Bavaria não iam bem. A partir de 1898, podemos encontrar, em várias edições do jornal *O Estado de S. Paulo*, as negociações de ações da companhia na Bolsa de São Paulo. Em poucas ocasiões houve negócios de fato, mas em 25 pregões entre abril de 1898 e julho de 1903 podemos encontrar datas em que simultaneamente houve registros de ofertas de compra e de venda das ações (Gráfico 1)[21].

---

20. Edgar Helmut Köb, *Die Brahma-Brauerei und die Modernisierung des Getränkehandels in Rio de Janeiro 1888 bis 1930*, p. 94.

21. Especificamente, encontramos essas informações, utilizadas no gráfico abaixo, nos jornais de 5.4.1898; 27.6.1898; 12.7.1898; 27.7.1898; 8.12.1898; 16.4.1899; 19.5.1899; 12.7.1899; 11.8.1899; 15.10.1899; 12.5.1901; 6.6.1901; 5.7.1901; 4.9.1901; 13.11.1901; 3.12.1901; 15.5.1902; 2.7.1902; 29.8.1902; 28.9.1902; 16.4.1903; 10.5.1903; 31.5.1903; 21.6.1903; 1.7.1903 e 8.7.1903.

Figura 64. Setor de engarrafamento da Antarctica, década de 1900. Fonte: Acervo Ambev/FAHZ.

Figura 65. Seção de pinturas de carros da Antarctica, década de 1910. Fonte: Acervo Ambev/FAHZ.

Gráfico 1. Estimativa do preço das ações de Stupakoff & Cia.

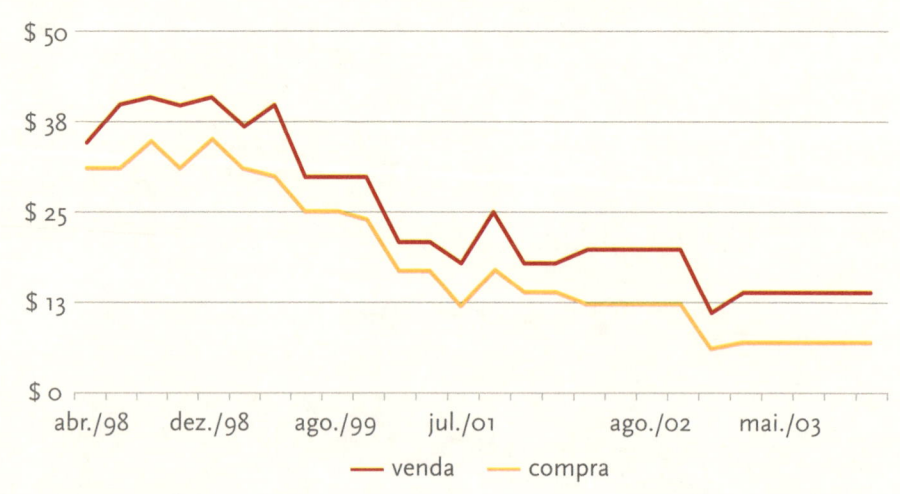

Fonte: Elaboração própria.

É nítido que a ação sai de um patamar entre trinta e quarenta mil-réis, em 1898, e vai decaindo com os anos até atingir o intervalo entre $7 e $12 em 1903. Uma queda muito forte, por um lado reflexo da crise, que favorecia o patamar de produtos da Antarctica e da possível ausência do dia a dia de Stupakoff, que passara a ir muito à Alemanha[22].

Um dado revelador foi deixado pelo *Correio Paulistano*, na edição de 18 de agosto de 1903: a fábrica da Bavaria estava produzindo 2,5 milhões de litros de cerveja por ano, tendo cinco marcas da bebida[23]. Portanto, se for admitida a correção dos dados publicados por Alfredo Moreira Pinto algum tempo antes, a unidade industrial tinha capacidade instalada para fazer quatro milhões de litros de cerveja/ano[24]. Ou seja, em 1903 ela operava com índice elevado de capacidade ociosa, da ordem de 37,5%.

Teria sido a essa altura que Stupakoff e os sócios decidiram retomar com a Antarctica a ideia da venda. Além das questões empresariais, Stupakoff tinha outros motivos para deixar as atividades industriais. Segundo a tradição

---

22. Diário de uma parente indicava brigas entre Stupakoff e seus executivos, uma das possíveis razões para a decisão da venda da companhia.

23. "Fábrica Bavaria", *Correio Paulistano*, p. 3, 18.8.1903.

24. Dado corroborado pelo Ministério da Fazenda, Relatório de 1903, p. 644, o qual indica que a capacidade de produção da Bavaria em 1899 era de quarenta mil hectolitros, ou quatro milhões de litros.

familiar, ele não escondia a intenção de regressar à Alemanha, sobretudo para dar aos filhos uma educação mais estruturada[25].

Com as negociações em andamento, em 16 de abril de 1904 houve a última mudança no quadro societário da Stupakoff & Cia. Saíram Martin Burchard e Matheus Haussler, ficando Heinrich Stupakoff, F. Laeisz e Rodolpho H. Richter[26]. Finalmente, em 20 de julho, os acionistas da Antarctica aprovaram em assembleia a compra da Bavaria, em operação no valor de 3 700 contos, abaixo dos 4 200 previstos no esboço do acordo de fusão de 1901[27].

Conforme a ata da assembleia publicada no *Correio Paulistano*, parte do total foi pago em dinheiro – 2 500 contos –, e Stupakoff recebeu seis mil ações da Antarctica, no valor de 1 200 contos. Dessas, ele imediatamente vendeu cerca da metade, permanecendo em 1º de agosto de 1904 com 3 050 ações, das quais se desfez paulatinamente até 1909[28]. Em de dezembro de 1906, por exemplo, ainda detinha 1 666 ações, referentes a 3,9% do capital total da companhia[29].

No contrato de venda da Bavaria havia ainda uma cláusula curiosa, que hoje seria inválida juridicamente: nem Stupakoff nem os filhos poderiam voltar a atuar no ramo de produção de cerveja no Brasil. Vale notar ainda que a Antarctica manteve a Bavaria em funcionamento na Mooca e, alguns anos depois, mudou-se para lá, realizando sucessivas reformas e ampliações no conjunto de edifícios, desativando sua sede original, que se transformaria no Parque Antarctica.

Os entendimentos para a venda da Teutonia para a Brahma transcorreram em paralelo. Se havia ociosidade nas instalações da Bavaria, é muito provável que o mesmo quadro se repetisse na Teutonia, pois as duas empresas operavam de forma semelhante no início do século XX.

De qualquer maneira, a Teutonia estava endividada, o que tornou a negociação mais complexa. Heinrich Stupakoff e seu irmão, João, além de detentores de 24% do capital da Preiss, Haussler & Cia., dona da Teutonia, eram

---

25. As poucas escolas paulistanas à época eram ligadas a instituições católicas, por isso o esforço dos imigrantes em tentar estabelecer instituições laicas.

26. "À Praça", *Correio Paulistano*, p. 3, 25.4.1904.

27. "Companhia Antarctica Paulista", *Correio Paulistano*, p. 5, 24.7.1904.

28. Existe no Acervo Ambev um documento com as movimentações entre 1.8.1904 e 10.1.1909, quando o último lote foi vendido por Stupakoff.

29. Conforme Relação dos Acionistas da Cia. Antarctica Paulista de 31.12.1906. Acervo Ambev. Interessante notar no documento que na ocasião a Zerrenner Bülow e Cia. tinha oito mil ações, Adam von Bülow 6 229, seu filho Carl 515 e Zerrenner 9 311. O bloco detinha, portanto, 24 055 ações, ou 57,2% do total de 42 500 ações.

também os maiores credores da empresa, que lhes devia quatrocentos mil marcos alemães[30]. Adicionalmente, o Brasilianische Bank für Deutschland tinha a receber duzentos mil marcos e era parte interessada. Talvez por isso fizesse parte da operação um seguro de dois milhões de marcos[31]. A fim de incorporar a cervejaria de Mendes, a Brahma tornou-se sociedade anônima em 1904, com capital de cinco mil contos de réis, emitindo 25 mil ações[32].

A Georg Maschke & Cia., majoritária, ficou com 15 175 ações equivalentes a 3 035 contos, enquanto que à Preiss, Haussler & Cia. couberam 9 700 ações equivalentes a 1 940 contos[33]. Dessa forma, os sócios da Teutonia receberam ações da Brahma. Em dezembro de 1907, alguns deles figuravam no quadro dos maiores acionistas da companhia. Suas cotas de capital eram as seguintes: Matheus Haussler, 5,38%; F. Laeisz, 5,11%; Heinrich Stupakoff, 5,11%[34]. Ao contrário do que fez com a Antarctica, Stupakoff permaneceria com as ações da Brahma, até porque mais adiante teria boa relação pessoal e comercial com o futuro presidente da companhia, Johann Künning[35]. Ao final da Primeira Grande Guerra, em 1918 ainda tinha 3,11% da empresa[36].

Remanescentes após esses movimentos de fusão, Brahma e Antarctica celebraram novo acordo de preços e vendas para todo o território nacional, que previa também a representação mútua do parceiro no seu próprio domicílio, ainda em 1904. Em contraste com a tentativa do acordo de 1902, essa cooperação durou quase sete anos[37]. As duas companhias dominariam o mercado nacional no século XX, comprando as concorrentes regionais remanescentes, até que a fusão de ambas em 1999 criou a Ambev[38], líder do mercado nacional nos dias de hoje.

---

30. Teresa C. N. Marques, *A Cerveja e a Cidade do Rio de Janeiro de 1888 ao Início dos Anos 1930*, p. 89.

31. *Idem*, pp. 88-89.

32. Decreto n. 5.298, de 30.8.1904.

33. Edgar Helmut Köb, *Die Brahma-Brauerei und die Modernisierung des Getränkehandels in Rio de Janeiro 1888 bis 1930*, p. 95. O autor fornece a divisão do capital; as ações foram calculadas nessa proporção. Não é claro quem teria ficado com as 125 ações restantes no valor de 25 contos.

34. *Idem*, p. 105.

35. Ver Parte III: "Johann Künning: O Arquiteto da Brahma (1906-1938)".

36. Edgar Helmut Köb, *Die Brahma-Brauerei und die Modernisierung des Getränkehandels in Rio de Janeiro 1888 bis 1930*, p. 105.

37. *Idem*, p. 99.

38. Para esta história ver Cristiane Correa, *Sonho Grande*; Ariane Abdallah, *De um Gole Só*.

Figura 66 e 67. A Brahma continuou produzindo a marca Teutonia mesmo após comprar a marca, como visto nesse rótulo e propaganda do início do século XX. Fonte: Acervo Ambev/FAHZ.

Figura 68 e 69. Rótulos da Bavaria, o primeiro da década de 1910 e o segundo de 1940. A Antarctica manteve o nome por quase um século como sua segunda marca. Fonte: Acervo Ambev/FAHZ.

Figura 70. Propaganda da Bavaria nos anos 1990, remetendo à música sertaneja. No fim do século XX era o segundo produto da Antarctica, chegando a um *share* de 5% do mercado com uma campanha na década de 1990 feita pelos maiores cantores sertanejos. Quando da fusão com a Brahma em 1999, o Cade decidiu que a marca deveria ser vendida. Fonte: Acervo Ambev/FAHZ.

Vendidas as empresas, Heinrich Stupakoff encerrou as atividades industriais no Brasil e organizou seu retorno à Alemanha, com uma despedida emotiva da Bavaria e de seus funcionários, em festa realizada nas dependências da fábrica, no dia 31 de julho de 1904.

O Sr. Stupakoff, muito comovido, pronunciou um discurso cheio de frases de gratidão, despedindo-se do seu antigo pessoal.

Disse mais ou menos o seguinte: quem como ele, depois de muitos anos, encontrou o que procurava, o trabalho, mas o trabalho honrado, e que depois de ter chegado em porto seguro, sentia-se sumamente ufano porque foi aqui no Brasil, sua segunda pátria, que ele conquistara o fruto de seus esforços. Proclamou bem alto a hospitalidade dos brasileiros e convidou seus operários a erguerem com ele um brinde entusiástico à prosperidade do Brasil!

Foi um verdadeiro delírio quando o Sr. Stupakoff terminou o seu discurso e, no meio daquele vozerio de mais de mil pessoas, a banda de música executou o hino nacional[39].

Retornou então à pátria natal, mas manteria vínculos pessoais e comerciais com o Brasil, comandando em Hamburgo a empresa que tinha desde 1893, denominada H. Stupakoff[40], voltada ao comércio exterior. Passaria a ser grande fornecedor de matérias-primas e máquinas para a Antarctica e para a Brahma. Outros grandes clientes incluíam a Quilmes, na Argentina, e a Anheuser-Busch, nos Estados Unidos[41].

Ainda assim, se manteve antenado à evolução tecnológica da indústria. Prova se encontra em cartas[42] que mandava ao amigo Johann Künning, que passara a comandar a Brahma[43].

Na casa que mandou construir em Hamburgo havia uma sala de música, com um piano de cauda Steinway ao lado de um busto de mármore de Beethoven, destinado a ensaios e apresentações de música de câmara, que Stupakoff continuou a patrocinar até seus últimos dias. No andar superior, havia um aposento

---

39. "Festa na Bavaria", *O Estado de S. Paulo*, p. 3, 3.8.1904.
40. Que seria tocada por seu filho mais novo, Henri, após seu falecimento.
41. Pouco mais de um século depois, todas essas fariam parte do maior conglomerado de cerveja do planeta, a ABI.
42. Uma dessas cartas encontradas no Acervo Ambev será reproduzida na Parte III deste livro.
43. Este será o tema central da próxima parte deste livro.

Figura 71. Prédio na Trotsbrücke 1, em Hamburgo, Alemanha, onde ficava a empresa H. Stupakoff. Foto de Giovanna Kistler, outubro de 2023.

Figura 72. Residência de Heinrich Stupakoff entre 1908 e 1920 na Mittleweg, 48 em Hamburgo, Alemanha. A mesma encontra-se em ampla reforma no momento, visando restaurar seu esplendor original. Foto: Acervo de Família.

Figura 73. Mausoléu da família Stupakoff no cemitério de Ohlsdorf em Hamburgo, Alemanha. Foto: Giovanna Kistler, outubro de 2023.

para aula de música dos filhos, que apresentavam no domingo o que aprendiam durante a semana[44].

Seu filho mais velho, Otto, voltou ao Brasil em 1908, aos 23 anos, para fundar uma terceira Stupakoff & Cia. brasileira, essa voltada somente ao comércio exterior, como braço da firma do pai em Hamburgo. O patriarca Henrique voltaria um ano depois para matar as saudades e ajudar por um breve período na condução dos negócios. O desembarque dele e da esposa foi registrado em *O Commercio de São Paulo*[45].

Stupakoff continuou interessado em investir no Brasil. Além das ações que manteve da Brahma, em 1912, fez acordo com Henrique Schiefferdecker, tornando-se sócio comanditário da Schiefferdecker & Companhia, fabricante de

---

44. Informações extraídas do diário de um parente próximo.
45. "Na Capital", *O Commercio de São Paulo*, p. 2, 26.5.1909.

artefatos de chumbo, especializada ainda em estamparia e estanharia de ferro, aço e outros metais[46].

Neste mesmo ano, 1912, viveu com alegria a visita do filho Otto e do neto, já com dois anos, com o qual gostava de ficar a sós na sala da música[47]. Foi um último alento antes do início da Primeira Grande Guerra, em 1914, que separou a família, levou alguns filhos ao *front* e suspendeu seus negócios. O conflito também interrompeu as comunicações entre os familiares, sendo somente restabelecidos em 1919, um ano antes de sua morte.

Previdente, Heinrich Stupakoff construiu um mausoléu no cemitério local – o Ohlsdorf. E foi de maneira romântica que se despediu da família e do mundo. Às vésperas da morte, em 11 de abril de 1920, pediu que fosse sepultado do lado de fora do mausoléu: "Para que eu possa continuar observando as estrelas".

---

46. Seu filho Otto ainda se aventurou, após a Primeira Guerra, em estradas de ferro e fábrica de pentes no Brasil.
47. Informações extraídas do diário de um parente próximo.

PARTE III

Johann Künning: o arquiteto da Brahma (1906-1938)

9

Troca de comando

COM A FUSÃO DE BRAHMA E TEUTONIA, NASCE EM 30 DE AGOSTO de 1904 a Companhia Cervejaria Brahma Sociedade Anônima[1], com capital de cinco mil contos e ainda sob a presidência de Georg Maschke. A Brahma firmou posição de liderança absoluta no mercado de cerveja do Rio de Janeiro. Seus concorrentes à época, mas de porte bem menor, eram a Viveiros & Castro (cerveja Polonia) e a Bohemia, de Petrópolis[2].

Por outro lado, era uma companhia endividada, via sucessivas emissões de debêntures e empréstimos bancários[3]. Em 1903, nos preparativos para a fusão, a Brahma emitiu oitocentos contos para rolar as debêntures de 1897 e consolidar outras dívidas. No ano seguinte, para quitar as dívidas da Teutonia, que totalizavam seiscentos mil marcos, e novamente rolar dívidas e fazer investimentos, o Conselho da Brahma foi autorizado a emitir novas debêntures até o valor de dois mil contos[4].

---

1. Denominação que perduraria até a fusão com a Antarctica em 1999.
2. Teresa C. N. Marques, *A Cerveja e a Cidade do Rio de Janeiro de 1888 ao Início dos Anos 1930*, p. 89.
3. Vide seção anterior para definição de debêntures e histórico de emissões até 1899.
4. Edgar Helmut Köb, *Die Brahma-Brauerei und die Modernisierung des Getränkehandels in Rio de Janeiro 1888 bis 1930*, p. 97; Teresa C. N. Marques, *A Cerveja e a Cidade do Rio de Janeiro de 1888 ao Início dos Anos 1930*, pp. 88-89. Segundo a autora, o truque para as sucessivas rolagens da Brahma se dava com o lançamento de novos lotes de debêntures, que eram adquiridos normalmente pela pequena comunidade de antigos credores, eles também acionistas.

Figura 74. Comboio de carroças da Brahma circundando a fábrica da Visconde de Sapucahy. Final do século XIX e início do século XX. Fonte: Acervo Ambev/FAHZ.

Para Teresa Marques[5], a emissão de debêntures atendia às expectativas dos grandes credores, que também eram acionistas, especialmente das firmas Theodor Wille, Hermann Stoltz e do Brasilianische Bank für Deutschland. Esses títulos agradavam aos investidores, pois tinham garantias reais e preferência de recebimento em caso de insolvência. Desse modo, o seleto grupo de grandes acionistas da Brahma sentia-se confortável para aportar capital adicional a fim de financiar os planos de expansão, desde que as operações fossem lastreadas por debêntures e o grupo pudesse ter controle sobre a administração da empresa[6].

5. *Idem*, p. 90; Teresa C. N. Marques, "Títulos ao Portador e Investimento Empresarial nas Primeiras Décadas Republicanas", pp. 347-348.

6. Por exemplo, ao tempo da saída de Maschke da direção da Brahma, apenas treze investidores adquiriram o novo empréstimo lastreado em debêntures, lançado em dezembro de 1905 (*idem*, p. 75). Levantar capital por meio de debêntures continuou a ser a espinha dorsal das finanças da companhia mesmo após a saída de Maschke.

A epidemia de febre amarela atingiu o Rio de Janeiro em 1904 afetando os resultados[7], de forma que Maschke começaria a receber pressão dos acionistas/credores que capitalizavam a empresa, preocupados com sua gestão, caracterizada pelo endividamento elevado. Maschke renunciou em 1906 e logo retornaria para a Alemanha com sua família.

Conforme Köb, a história oficial da empresa oferece a explicação alternativa para a saída de Maschke: razões pessoais. Afinal, ele contava apenas quarenta e poucos anos e detinha o cargo de presidente eleito estatutariamente em 1904, por seis anos. Porém, o autor observa: "Os comentários pouco críveis na crônica da empresa, segundo os quais Maschke queria dar a si mesmo uma merecida pausa, na Europa, após doze anos de trabalho duro, sugerem que o primeiro presidente não deixou a companhia de forma inteiramente voluntária"[8].

O comando passou para o imigrante alemão Johann Friedrich Künning, que ficaria no comando da empresa até o ano de sua morte, 1937. Com sua visão sobre finanças, inovações em *marketing*, investimento em modernização e com os relacionamentos certos, ele seria responsável por transformar a já grande companhia regional em gigante nacional, multiplicando receitas e lucros e criando novos produtos, como Guaraná Brahma e Brahma Chopp.

Jovem imigrante

Künning nasceu em Bremen, no noroeste alemão, em 13 de fevereiro de 1872. Era filho de um capitão da marinha mercante alemã, também chamado Johann Friedrich[9]. Ainda jovem, entre seus dezesseis e dezoito anos, Künning tomou contato com as técnicas de escrituração contábil ao ser admitido como aprendiz na firma Faber und Schwabe, uma grande empresa de comércio de importação e exportação ainda existente. Desembarcou no Rio de Janeiro, em 23 de maio de 1891, com apenas dezenove anos de idade, para trabalhar na filial brasileira da Hermann Stoltz & Cia.[10]

7. Edgar Helmut Köb, *Die Brahma-Brauerei und die Modernisierung des Getränkehandels in Rio de Janeiro 1888 bis 1930*, p. 95.
8. *Idem*, p. 97.
9. *Duas Famílias*, p. 65.
10. *Pelo 60º Aniversário de Joh. Künning*, Rio de Janeiro, jun. 1932, p. 5. Este é um livro familiar, em forma de poema, que conta sua história. Foi produzido por sua segunda esposa (havia se tornado viúvo antes), Elsa.

Figura 75. Johann Friedrich Künning. Fonte: Acervo Philippe Prufer.

Como visto na seção anterior, a Stoltz, sediada em Hamburgo, mesclaria parte de seus interesses com os da Brahma, em 1896. Nesse ano, a Stoltz emprestou 378 contos de réis à cervejaria. Ao mesmo tempo, passou a fornecer matérias-primas importadas e a distribuir seus produtos em alguns mercados da costa brasileira[11]. Com o tempo, também se tornou acionista da Brahma.

Não há documentos que relatem a atuação do jovem Künning na empresa alemã. Mas é certo que se lançou ao trabalho com energia, ascendendo profissionalmente. Segundo registros familiares, ele só tirou férias em 1898, para voltar à Alemanha e se casar com Marie Elisabeth (Lisa)[12]. Feito isso, retornou de imediato ao Brasil, com a esposa. Ele já ocupava, então, a gerência do setor de transporte de cerveja por cabotagem da Hermann Stoltz[13]. Portanto, seus contatos com a Brahma, nas questões relacionadas à distribuição de cerveja, começaram antes da virada para o século XX.

---

11. Teresa C. N. Marques, *A Cerveja e a Cidade do Rio de Janeiro de 1888 ao Início dos Anos 1930*, p. 70.

12. Teriam três filhas nascidas no Brasil: Marie Elisabeth, Adelheid Gertrud e Joana Margareth. O caçula, Johann Heinrich, nasceria na Alemanha e seria seu sucessor na companhia, como veremos adiante.

13. *Idem*, p. 95.

Figura 76. Johann Künning com Marie Elisabeth, sua primeira esposa. Fonte: Acervo Philippe Prufer.

A exemplo do que fizera Heinrich Stupakoff, em São Paulo, Künning procurou ligar-se à colônia alemã desde cedo. Em 1894, conforme o *Almanack Laemmert*, ele já participava da Sociedade Germânia[14]. Georg Maschke, então à frente da Brahma, presidiu a sociedade em 1904 e foi sucedido por Künning, que permaneceu no cargo de 1905 a 1907.

Conforme tradição da família de Künning, ele teria sido colocado na cervejaria pela própria empresa alemã, que era acionista e queria ter uma pessoa de confiança na gestão da companhia, acompanhando o trabalho de Maschke. Conforme a Ata da Reunião, sabemos que Künning representou a Hermann Stoltz na assembleia dos acionistas da cervejaria realizada em 16 de novembro de 1905. Mas, de acordo com a ata da assembleia de 1906, foi nessa mesma data que Künning teria assinado acordo particular com Maschke para substituí-lo no cargo de presidente da companhia[15], o que não ocorreu de imediato, talvez por conta do contrato de Künning com a Stoltz.

Em 30 de dezembro de 1905, Künning ainda assina pela Stoltz esta carta:

14. *Almanack Laemmert*, 1894, p. 1401.
15. "Declarações", *O Paiz*, p. 7, 25.10.1906.

Ilmos. Srs. Diretores da Companhia Cervejaria Brahma [...]

De acordo com a cláusula 3 do nosso contrato de 17 de setembro de 1904, cumprimos o dever de avisar a essa Companhia que, desejando obter modificações nos termos desse contrato, respectivo apêndice da mesma data, conforme alteração constante da nossa correspondência de 9 e 12 de dezembro corrente, ficará o mesmo rescindido, para todos os seus efeitos, na data de 31 de dezembro de 1906 em diante.

Apressemo-nos, pois, em declarar que estamos inteiramente ao dispor de v. s. para o fim de entrarmos em novas negociações que redundem em vantagem recíproca que será a realização dos nossos maiores desejos. Dirigimos nesta data carta de igual teor à Companhia Antarctica Paulista.

Sem mais somos com estima e consideração

Amigos Criados Obrigados
pp. Herm. Stoltz & Cia.
Joh. Künning[16]

A carta é respondida pela Brahma em 3 de janeiro de 1906, assinada por Joseph Klepsch, indicando não concordar com a rescisão, pois, conforme a cláusula 13 do contrato: "Os outorgados [Stoltz] obrigam-se a não concorrer direta ou indiretamente para o desenvolvimento de qualquer outra fábrica de cerveja e a só vender as marcas dos outorgantes". Afirma que isto estaria ainda em vigor por um ano após o fim do contrato, sob multa de duzentas mil libras esterlinas, multa essa que a Brahma pretendia, segundo a carta, cobrar. No dia 5, em nome da Stoltz, Künning responde que a visão da Brahma é uma mera opinião, e que a Stoltz se reserva outra solução no tempo oportuno[17]. Não sabemos a solução da contenda, mas fato é que o contrato continuou em vigor até ser rescindido unilateralmente por Künning, já do outro lado da mesa como presidente da Brahma em 1907, como veremos adiante.

Em outubro de 1906, uma assembleia extraordinária[18] aprovou a contratação de Künning, então com apenas 36 anos, para presidi-la. A ata da assembleia[19]

---

16. Esta carta consta no Acervo Ambev (sob responsabilidade da FAHZ – Fundação Antônio e Helena Zerrener), sem identificação de caixa ou referência. Grafia atualizada.

17. As duas outras cartas também constam do Acervo Ambev, sem identificação de caixa ou referência.

18. Alterações publicadas no Decreto 5.789, de 5.12.1905.

19. A íntegra encontra-se no Acervo Ambev, sem identificação. É importante notar que Künning também fora autorizado a acumular a função de diretor da Vidraçaria Santa Marina, em São Paulo.

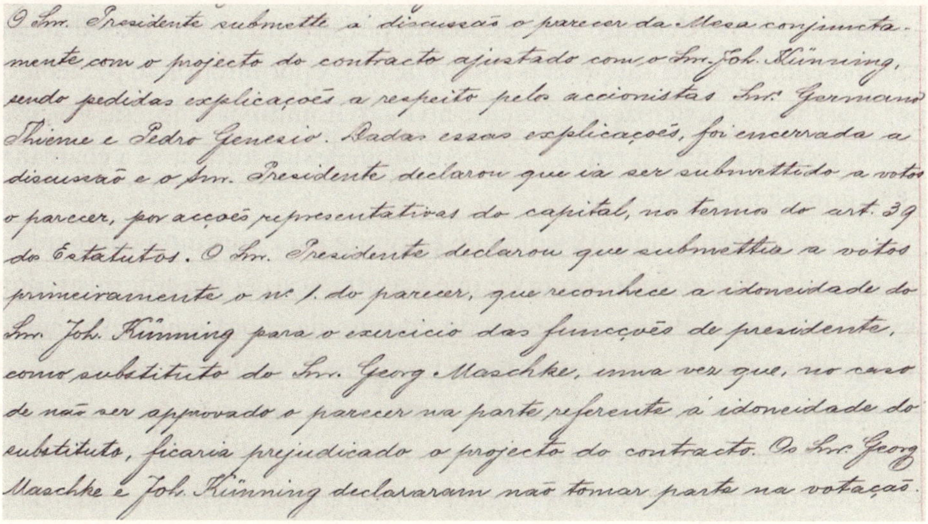

O Snr. Presidente submette á discussão o parecer da Mesa conjunctamente com o projecto do contracto ajustado com o Snr. Joh. Künning, sendo pedidas explicações a respeito pelos accionistas Snrs. Germano Thieme e Pedro Genesio. Dadas essas explicações, foi encerrada a discussão e o Snr. Presidente declarou que ia ser submettido a votos o parecer, por acções representativas do capital, nos termos do art. 39 dos Estatutos. O Snr. Presidente declarou que submettia a votos primeiramente o nº 1. do parecer, que reconhece a idoneidade do Snr. Joh. Künning para o exercicio das funcções de presidente, como substituto do Snr. Georg Maschke, uma vez que, no caso de não ser approvado o parecer na parte referente á idoneidade do substituto, ficaria prejudicado o projecto do contracto. Os Snrs. Georg Maschke e Joh. Künning declararam não tomar parte na votação.

Figura 77. Trecho da ata da assembleia da Brahma em que consta a contratação de Johann Künning para presidi-la. Fonte: Acervo Ambev/FAHZ.

esclarece que ele já vinha ocupando o cargo interinamente (não sabemos exatamente desde qual mês) e estava sendo indicado por Maschke. Ulysses Vianna, que o auxiliaria e o substituiria no momento de maior animosidade na Primeira Guerra, também assina a ata. Fato interessante é que o próprio Hans Stoltz[20] estava presente à assembleia, representando a Hermann Stoltz, aprovando a ascensão de Künning e costurando para que o diretor-gerente de sua empresa, Heinrich Hölck, se tornasse presidente do Conselho Fiscal[21].

Outro que aprovou a ascensão de Künning foi nosso velho conhecido Heinrich Stupakoff, que manteve as ações da Brahma adquiridas na fusão com a Teutonia. Ambos seriam amigos e parceiros nos negócios por muitos anos. Stupakoff, assim como antigos acionistas como Laeisz, Haussler, Richter e Friederizi, foram representados pelo Brasilianische Bank für Deutschland. Apenas Germano Thieme[22] e Pedro Genésio fizeram questionamentos.

---

20. Hans era filho de Hermann e teria sido enviado ao Brasil para assumir a filial em 1901 (Teresa C. N. Marques, *A Cerveja e a Cidade do Rio de Janeiro de 1888 ao Início dos Anos 1930*, p. 97).

21. Edgar Helmut Köb, *Die Brahma-Brauerei und die Modernisierung des Getränkehandels in Rio de Janeiro 1888 bis 1930*, p. 97.

22. Além de acionista, era o diretor técnico da Brahma, trazido por Maschke ainda em 1894. Retornaremos a esse

Na reunião foi definido que ele ficaria por um triênio na presidência, com vencimentos mensais de três contos de réis, valor inferior ao percebido por Maschke, e participação crescente no lucro líquido da empresa: 7%, 9% e 10%, respectivamente, em 1907, 1908 e 1909. Assim iniciou-se a chamada Era Künning na Brahma[23].

O tempo mostrou que a escolha de Künning para presidir a companhia foi acertada. É interessante observar que a contratação de um administrador profissional para a Brahma destoou do figurino da época, quando a maioria das empresas era criada e dirigida por grupos familiares. Além disso, Künning não era nenhum mestre cervejeiro nem *expert* na sua produção, como Stupakoff. Inicialmente, tinha poucas ações da Brahma, talvez apenas o lote de cinquenta títulos exigidos estatutariamente de qualquer candidato à presidência.

Mercado em crescimento

Em meados da primeira década de 1900, a produção de cerveja cresceu para responder à rápida expansão do consumo e à ampliação do mercado interno. A expansão acelerada se deveu aos esforços das grandes empresas na promoção de suas marcas, em contexto favorável, a economia e a renda estavam em recuperação. O imposto sobre consumo também era baixo, $30 réis por litro de cerveja de alta fermentação e $40 por litro de Lager. Outras bebidas alcoólicas, conforme o teor, de $50 a $200. Mais estranho era o fato de a água engarrafada ou o refrigerante pagarem $100[24].

O terreno era firme para o avanço, particularmente no Rio de Janeiro, como herança dos cervejeiros precursores. Entre eles Henrique Leiden e Alexandre Villas-Boas, que, como vimos na primeira parte desta obra, souberam ligar o consumo da cerveja gelada ao lazer, em locais atraentes, numa cidade de clima muito quente.

O mercado ainda era regional. O perfil dos lucros revela que, por essa época, a Brahma praticamente só ia até onde suas carroças podiam chegar: não compensava despachar cervejas baratas para outras praças, devido ao custo dos

---

personagem quando, poucos anos depois, ele ajuda a montar a grande concorrente em 1910, a Hanseatica, fato que será narrado adiante.

23. Teresa C. N. Marques, *A Cerveja e a Cidade do Rio de Janeiro de 1888 ao Início dos Anos 1930*, p. 95.

24. Brasil, *Relatório do Ministério da Fazenda de 1906*, pp. 50-51.

transportes ferroviários ou de cabotagem, além das perdas de garrafas que inevitavelmente aconteciam no caminho[25].

Todavia, o Rio de Janeiro ainda era o maior núcleo urbano do país. Assim, em termos físicos, o grande mercado para a Brahma era o centro da capital e bairros próximos. Ali estavam o grosso da população, locais de lazer, casas de espetáculos, restaurantes, bares e a concorrência, as tradicionais fábricas de cerveja de alta fermentação[26].

A indústria recebeu incentivo a partir de 1904, quando o governo cortou pela metade a taxação sobre o malte e o lúpulo importados e, ao mesmo tempo, triplicou a tarifa aplicada à cerveja estrangeira[27]. Essa última medida surpreendeu, pois as importações da bebida para o consumo nas regiões Sul e Sudeste haviam diminuído substancialmente desde o final dos anos 1890, segundo Suzigan[28]. Nos Estados do Norte, animados pelos negócios de exportação de borracha, e por haver impostos estaduais de "importação" de outros Estados[29], a demanda por cerveja importada persistiu na virada do século XX[30].

O consumo da cerveja cresceu no início do século XX. Conforme relatório do Ministério da Fazenda, foram arrecadados impostos sobre o consumo de 4,89 milhões de litros de cerveja de alta fermentação, 2,42 milhões de litros de bebidas de baixa fermentação e 350,5 mil litros de chope[31], produzidos em 65 fábricas. Em 1906, o mesmo organismo arrecadador registrou a produção de 7,36 milhões de litros de alta fermentação (+50%), 2,91 milhões de litros de baixa fermentação (+20%) e 322,5 mil litros de chope (-8%) em 85 fábricas[32].

---

25. Embora valesse a pena remeter bebida de qualidade para outras cidades, o que era feito, a produção própria dessas localidades, situadas em vários Estados, representava obstáculo considerável ao crescimento sustentado das vendas.

26. Teresa C. N. Marques, *A Cerveja e a Cidade do Rio de Janeiro de 1888 ao Início dos Anos 1930*, p. 125.

27. O *Relatório do Ministério da Fazenda* de 1903 (p. 410) denota reclamação do governo britânico. Até 1903 as cervejas Guinness e Bass pagavam $500 por quilograma de peso importado, valor que subiu para $1500.

28. Wilson Suzigan, *Indústria Brasileira: Origem e Desenvolvimento*, p. 234.

29. O Estado de Mato Grosso, por exemplo, cobrava $200 por garrafa vinda de outros Estados (*Relatório do Ministério da Fazenda*, 1904, p. 540).

30. "Tarifas", *Gazeta de Notícias*, p. 5, 11.11.1904.

31. Brasil, *Relatório do Ministério da Fazenda*, 1903, p. 428. Os dados são fornecidos em milhões de garrafas, convertidos em milhões de litros por multiplicação pelo fator 0,66 (volume médio do conteúdo das garrafas) – conforme metodologia empregada por Edgar Helmut Köb, *Die Brahma-Brauerei und die Modernisierung des Getränkehandels in Rio de Janeiro 1888 bis 1930*, p. 234.

32. Brasil, *Relatório do Ministério da Fazenda*, 1907, p. 170.

Entre 1907[33] e 1909, as cervejas de baixa fermentação avançaram significati-vamente: nesse último ano o consumo foi de nove milhões de litros de cerveja de alta fermentação (+21% sobre o triênio anterior), e 6,6 milhões de litros de baixa (+127%) e 731 mil litros de chope[34] (também mais 127%). Os números ficam mais claros na Tabela 6, que resume o que aconteceu nos triênios entre 1903 e 1909.

Tabela 6. Brasil, produção em milhões de litros de cerveja (1903-1909)[35].

	Alta Fermentação		Baixa Fermentação		
Ano	Produção	Imposto por garrafa	Produção	Imposto por garrafa	Fábricas
1903	4,9	$30	2,4	$40	65
1906	7,4	$40	2,9	$50	85
1909	9,0	$40	6,6	$50	94

O grande trunfo mercadológico para a Brahma na época foi a conquista de medalha de ouro na Exposição Universal de Saint Louis, em 1904. A empresa utilizou essa vitória na propaganda durante anos, pelo menos até 1908. Chama a atenção, por exemplo, o anúncio da Brahma Porter publicado em 1905, em que a empresa, apoiada "em análise do produto, realizada pelo Laboratório Nacional, pareceres médicos e opinião do público", recomenda o consumo "aos que sofrem do estômago, convalescentes" e às "excelentíssi-mas senhoras no período da amamentação". E reforçava a mensagem: "Única cerveja igual à Stout Inglesa, premiada com a medalha de ouro na Exposição Universal de S. Luiz[36], em 1904".

---

33. Brasil, *Relatório do Ministério da Fazenda*, 1908, p. 158. Para o ano em questão, os dados de produção são os seguintes: 95 fábricas produziram 12,96 milhões de garrafas de alta fermentação; 5,57 milhões de *meias* garra-fas de Lager e 410 mil litros de chope. Fica difícil comparar em litros com o ano anterior pela questão da meia garrafa. Para 1908, mais confusão: 15,03 milhões de *meias* garrafas de alta fermentação, 7,62 *meias* garrafas de baixa e 689 mil litros de chope (Brasil, *Relatório do Ministério da Fazenda*, 1909, p. 88).
34. Brasil, *Relatório do Ministério da Fazenda*, 1910, p. 283. Neste ano voltam a ser simplesmente "garrafas", tanto a de baixa como a de alta fermentação, facilitando a comparação com 1906.
35. Fontes: *Relatórios do Ministério da Fazenda* (1903, p. 428; 1907, p. 170 e 1910, p. 283).
36. "Companhia Cervejaria Brahma", *Correio da Manhã*, p. 6, 7.7.1905. S. Luiz na verdade é Saint Louis, nos EUA.

Figura 78. Cartaz da cerveja Franziskaner-Bräu, principal cerveja produzida pela Brahma na virada do século XIX para XX. O Frade chegou a ser símbolo dos produtos da companhia, denotando qualidade. Fonte: Acervo Ambev/FAHZ.

A medalha, contudo, não bastaria para manter a preferência do consumidor. No segundo semestre de 1907, Künning registrou uma série de novas marcas de cerveja: Homem, Babylonia Bräu, Crystal, Teutonia Pilsen, München, Excelsior, Castello e Frade. Essa última trazia no rótulo a imagem de um feliz e rechonchudo frade que por muitos anos figurava na propaganda da cervejaria[37]. Outras não devem ter passado de testes, pois em fevereiro de 1908 eram anunciadas Bock-Ale, Franziskaner Bräu, Teutonia, Brahma Porter, Chrystal, Ypiranga e Guarany, às quais juntou-se a Brahma Bock em agosto[38].

---

37. *Cronologia da Brahma*, 1995, pp. 9-10.
38. *Idem*, pp. 9-11.

10

Os intensos primeiros anos

Primeiros movimentos

KÜNNING MOSTROU DETERMINAÇÃO ASSIM QUE ASSUMIU. COmeçou por transferir máquinas e equipamentos da Teutonia de Mendes para a Visconde de Sapucahy, com o objetivo de diminuir custos e entraves logísticos, concentrando a produção na capital. O prédio da fábrica de Mendes passou a ser usado como centro de distribuição.

Mostrando independência de seu antigo empregador, Künning revisou o contrato da Brahma com a Hermann Stoltz, firmado em 1896. Estava desconfiado de que a cervejaria era lesada pela filial brasileira da organização alemã, por meio de superfaturamento, pois não recebia as faturas originais de fornecedores estrangeiros, conforme estava previsto no acordo operacional entre as duas empresas. Künning tentou obter os documentos no decorrer de 1907, mas a Stoltz se recusou a entregá-los.

Porém, conseguiu alguns documentos com os próprios fornecedores, comprovando suas desconfianças. Künning também não aceitava pagar a comissão especial de quinhentos marcos cobrada pela Stolz, pois estava previsto em contrato que a Brahma se relacionaria diretamente com a matriz alemã no caso de compras diretas do exterior. Em decorrência, a Brahma suspendeu as negociações e os pagamentos devidos à firma de Hamburgo e levou a questão à justiça alemã[1].

---

1. Arquivo Ambev, Caixa 40, Documento "Memorial", BR.AT.040.002.0000.0035, e Teresa C. N. Marques, *A Cerveja e a Cidade do Rio de Janeiro de 1888 ao Início dos Anos 1930*, p. 97.

Figura 79. Pátio interno da fábrica da Brahma, no Rio de Janeiro, em 1908. Fonte: Acervo Ambev/FAHZ.

Por suspeitar da lisura da Stoltz, Künning foi inflexível no mesmo ano ao rechaçar a contratação de Heinrich Hölck para a diretoria da Brahma, sugerida por Maschke[2]. Isso porque Hölck era o administrador da Hermann Stoltz no Brasil. Portanto, se a Stoltz havia pensado em colocar um fantoche na companhia ao apoiar a entrada de Künning na presidência, se deu mal.

Ainda em 1907, no mês de julho, Künning encarregou o gerente técnico Hans Wemaer[3], recrutado por ele em Berlim, de realizar uma investigação completa das condições técnicas e higiênicas prevalecentes na fábrica. Wemaer

2. *Idem, ibidem.*
3. Alguns anos depois, em 1913, Künning demitiria Wemaer por suspeita de desvio de materiais e recebimento de comissões indevidas (Relatório ao Conselho Fiscal, 10.10.1913, Acervo Ambev, Documento BR.FAHZ.BRA. AT.049.002.1913.0102, p. 8).

Figura 80. Seção de engarrafamento na fábrica da Brahma. Rio de Janeiro, 1908. Acervo Ambev/FAHZ.

apresentou seu relatório em abril de 1908[4]. Trata-se de documento devastador para a imagem da administração de Maschke. Ele descreve o interior da cervejaria como um pesadelo: um antro dominado por ratazanas de esgoto, baratas, fungos e bactérias, com equipamentos mal posicionados, em prejuízo da eficiência e higiene das operações.

Para Köb, o estado da cervejaria, segundo a avaliação de Wemaer, foi consequência de expansões muito apressadas, que haviam comprometido o bom funcionamento das instalações e superado a capacidade do pessoal técnico de lidar com elas. Havia equipamentos modernos, mas faltava *know-how* para utilizá-los de forma eficiente. A instalação inadequada das máquinas teria sido resultado de falhas no planejamento. Assim, ao lado das dificuldades técnicas e organizacionais, provavelmente os custos também começaram a pesar, nos

---

4. Edgar Helmut Köb, *Die Brahma-Brauerei und die Modernisierung des Getränkehandels in Rio de Janeiro 1888 bis 1930*, seção 3.2.2. Köb descreve em detalhes as conclusões de Wemaer.

primeiros anos do século xx. Segundo Köb, "A saída de Maschke da diretoria, que parece surpreendente à primeira vista, deve ser encarada nesse contexto"[5].

Ao finalizar seu relatório, em abril de 1908, Wemaer comunicou a Künning os primeiros sucessos na renovação da cervejaria: as ratazanas de esgoto e as baratas já haviam desaparecido das dependências da empresa. Em 8 de agosto desse ano, durante assembleia dos acionistas, Künning assumiu um claro compromisso com a qualidade dos produtos, que deveria ser a chave do sucesso da Brahma "no presente e no futuro"[6].

Atento aos riscos e ciente de suas responsabilidades, Künning procurou se cercar de gente confiável. Convidou, por exemplo, a empresa de Emil Schmidt, com quem trabalhara na Stoltz, para cuidar da distribuição das bebidas da Brahma em praças situadas no litoral brasileiro. Nesse processo, o destino cruzaria Künning com nosso personagem anterior, Heinrich Stupakoff.

Künning e Stupakoff

O primeiro contato de Künning com Stupakoff pode ter ocorrido durante as negociações para a compra da Teutonia pela Brahma. Se foi assim, é razoável supor que desde então a confiança e a simpatia mútuas tenham crescido, levando Künning a substituir a Hermann Stoltz pela firma de Stupakoff, ainda em 1907[7]. A essa altura, Stupakoff já retornara a Hamburgo, após a venda da Bavaria, para tocar a *trading* H. Stupakoff. Künning entregou à *trading* o fornecimento de matérias-primas e equipamentos provenientes do mercado alemão e de países adjacentes[8].

Um ajuste fino nas relações da Brahma com a empresa de Stupakoff decerto foi realizado em 1909. Como vimos no capítulo anterior, em maio desse ano, Stupakoff retornou ao Brasil. Reviu o filho mais velho, Otto, e encaminhou negócios em São Paulo. Depois viajou ao Rio de Janeiro para reuniões com Künning.

---

5. *Idem*, p. 3.

6. *Idem*, capítulo 3.

7. O Acervo Ambev (Caixa 49) contém carta em alemão da Brahma (assinada por Künning e Klepsch) a Stupakoff datada de 14.8.1907, falando sobre remessas.

8. A relação entre as duas empresas seria duradoura e envolveria outros aspectos. Stupakoff e, mais tarde, seu filho e sucessor Henri (que também viria a ser genro de Johann Künning), por vezes também recrutaram técnicos alemães para a Brahma (Teresa C. N. Marques, *A Cerveja e a Cidade do Rio de Janeiro de 1888 ao Início dos Anos 1930*, p. 98).

Ao menos um desses encontros está documentado. Em 18 de janeiro de 1909, com doze acionistas[9], ambos participaram de assembleia extraordinária na sede da Brahma, para a renovação do contrato de Künning. Durante a reunião, presidida por Heinrich Hölck, Stupakoff e Emilio Nielsen foram eleitos secretários. Em seguida, presidente e secretários acertaram os termos definitivos do novo acordo com Künning e o redigiram. Apresentado à assembleia, o contrato, válido por três anos, recebeu aprovação unânime[10]. Künning seguiu na presidência, com a mesma remuneração mensal de três contos de réis, mais 10% dos lucros líquidos da Brahma, apurados semestralmente na época[11]. Em julho, porém, Künning pediu licença de saúde por seis meses e foi para a Alemanha[12].

Primeiro susto

Os primeiros anos de Künning à frente da empresa foram bem agitados. As tarefas iam desde não dar trégua à concorrência, investir em modernização e a pressionar os governos quando tentassem abocanhar porções maiores da receita pela via dos impostos. E, de forma inesperada, defender a imagem da cervejaria.

Em abril de 1907, poucos meses após a posse formal de Künning como presidente, surge o maior problema de gerenciamento de imagem já enfrentado até então por uma cervejaria no Brasil. No dia 6 de abril, um sábado, o jornal carioca *A Tribuna* noticiou com estardalhaço, em edição vespertina, que todas as bebidas da Brahma apresentavam índices altíssimos de dióxido de enxofre. Essa substância é encontrada em qualquer cerveja, como resultado do processo de produção. Mas sua presença não pode exceder limites muito estreitos. A legislação brasileira atual determina que a proporção máxima é de cinco miligramas por litro. E já em 1907, em países europeus, a tolerância para resíduos do dióxido de enxofre era mínima: não mais que dez miligramas por litro.

Os dados apresentados pelo jornal, vazados do Laboratório Municipal de Análises, atribuíam à Brahma Porter alarmantes 354 miligramas por litro. Ou

---

9. Dentre os quais figuras conhecidas como Theodor Wille, Maschke e as esposas de Preiss e Friederizi.

10. "Associações", *Jornal do Commercio*, p. 7, 26.6.1909.

11. A ata encontra-se no Acervo Ambev, Caixa 49, Documento BR.FAHZ.BRA.AT.049.002.1909.0040. Ressalte-se que Stupakoff mantinha ainda suas ações da Brahma, recebidas no processo de venda da Teutonia.

12. Arquivo Ambev, Caixa 49, carta datada de 24.7.1909.

seja, um conteúdo de anidrido sulfuroso 3 540% maior que o máximo então admissível. Nas outras marcas de cerveja da companhia, a contaminação, embora menor, também atingiria níveis intoleráveis. Entre bebidas de outros fabricantes, o laboratório colocou sob suspeição até a Guinness, britânica, que conteria 140 miligramas do dióxido de enxofre por litro.

Para a direção da Brahma começava assim um período tenso, de algumas semanas. Mas também de desgaste e exasperação, pois estava claro que se tratava de erro clamoroso do laboratório, na melhor das hipóteses. A empresa reagiu com moderação, pedindo calma aos consumidores e varejistas, através de anúncios nos jornais do dia 8, segunda-feira. Há evidências de que ela e os veículos de comunicação souberam com antecedência dos resultados das análises.

A companhia procurou antecipar-se para evitar as consequências de um escândalo sobre sua imagem e a de seus produtos. Alguns dirigentes da empresa foram até a casa do general Francisco de Souza Aguiar, prefeito da capital, na noite do dia 4. Com certeza pediram ao general para impedir a divulgação do laudo, até que as análises fossem refeitas. E Joseph Klepsch, diretor-tesoureiro, esteve com o diretor do Laboratório Municipal no dia seguinte, com o mesmo objetivo. Os jornais cariocas, prudentes, nada publicaram, até que fossem arrastados para o centro da polêmica pelo noticiário bombástico de *A Tribuna*.

Açodada, acreditando que dera um furo de reportagem sensacional, nas edições seguintes *A Tribuna* continuou a lançar combustível ao fogo, com duvidoso viés nacionalista nos comentários, exigindo das autoridades o cumprimento da lei. O que significava a paralisação da Brahma, por suposta violação de regulamentos sanitários. Ao mesmo tempo, o jornal criticava a postura cautelosa dos demais veículos da cidade. Insinuava que só valorizavam o dinheiro da cervejaria, enquanto anunciante, sem se preocupar com os fatos, deixando de lado seu compromisso com a verdade.

A seguir alguns trechos de matérias de *A Tribuna*[13], começando pelo conteúdo de parte da conversa de Joseph Klepsch, tesoureiro da Brahma, retratado

---

13. A coleção de *A Tribuna*, conservada na Biblioteca Nacional, infelizmente está desfalcada. Por sorte, nos dias que se seguiram ao começo do escândalo, alguns veículos cariocas, embora não tomassem partido, divulgaram matérias de *A Tribuna* na íntegra, o que tornou possível a reconstituição do episódio. Os textos reproduzidos aqui foram adaptados à ortografia atual e abreviados.

de forma caricata, com o médico Azurem Furtado, diretor do Laboratório Municipal de Análises[14]:

Às 8 horas e 45 minutos da noite, parou à porta do Laboratório [...] um senhor baixo, corpulento, de bigodes louros, trajando rigorosamente *smoking* e chapéu de palha; [...] cavaleiro de reluzentíssimo nariz vermelho:

– Sr. Dr. Azurem, isto é uma questão de vida ou morte para nós. Sem honra se vive, mas sem vida não, e, por isso, defendendo os interesses da Brahma, que são a nossa vida, aniquilaremos seu laboratório e o próprio poder municipal.

A isso, o Dr. Azurem Furtado retorquiu:

– As autoridades brasileiras não querem matar pessoa alguma. Cumprem a lei, e os senhores estão fora da lei.

O Sr. Klepsch esboçou um sorriso de escárnio e respondeu:

– Leis? Que leis? Leis do Brasil feitas por bacharéis que nem sabem o que é indústria...

Veja o público a audácia desse Sr. Klepsch, com que desdém escarnece do parlamento brasileiro, dos legisladores da terra que lhe deu hospitalidade generosa e lucrativa. Ao princípio, ameaçando as instituições do país, depois insultando os nossos códigos e os representantes deste infeliz povo mistificado por sua indústria [...].

Quando o laboratório voltar suas vistas para os chopes é que esse caso do envenenamento pelas cervejas assumirá proporções fantásticas, assombrosas, podemos afirmar, amparados em informações seguras de profissionais competentes e de abalizados conhecedores do fabrico de tais bebidas.

De fato, ninguém ignora que as cervejas em chopes se deterioram completamente dentro de 48 horas, e não menos sabido que na maior parte das casas de varejo os barris de chope só se substituem ao cabo de longos dias.

Não é preciso dizer mais para que se possa facilmente imaginar a dose brutal de substâncias nocivas aditadas aos chopes, a fim de que essa bebida ature tanto tempo o envenenamento pelo chope, portanto é, e o laboratório o provará, quando menos, de violência dupla da que se opera pelas cervejas em garrafas. [...]

O Laboratório Municipal não pode ser útil, profícuo e sábio, autônomo e impecável quando condena os produtos e gêneros dos pequenos industriais, dos vendeiros e comerciantes modestos, dos pobres brasileiros ou portugueses que laboram

14. "Seção Livre – A Questão das Cervejas", *Correio da Manhã*, p. 5, 10.4.1907.

com pequenos recursos e sem a força pecuniária dos grandes capitais estrangeiros, para se transformar magicamente e ser uma repartição duvidosa, suspeita, sem ciência e sem crédito, sem respeitabilidade e sem valor, quando se trata de ricos e poderosos, jogando com os cofres abarrotados à custa da saúde, da vida do nosso povo! [...]

Com tamanha agressividade, o noticiário repetitivo de *A Tribuna* teve enorme repercussão. Mas foi uma fogueira que produziu excesso de fumaça e pouquíssima luz. Acuado, o prefeito Souza Aguiar se viu na obrigação de defender o Laboratório Municipal de Análises e despachar fiscais para apreender as cervejas "condenadas" no comércio varejista[15]. Como é normal em tais situações, a praça foi tomada por boatos. Um deles insinuava que a Brahma, em sua defesa, havia mobilizado a diplomacia do Império Alemão para pressionar o governo brasileiro.

Isso mexeu com os brios dos nacionalistas mais exaltados, inclusive os de uma certa Liga Patriótica Brasileira, que prometeu organizar *meeting* de protesto contra a "falsificação de alimentos". Se a manifestação de fato ocorreu, os jornais não registraram[16]. Algumas publicações repisaram na época a origem alemã de diretores e acionistas da Brahma.

Em meio à balbúrdia, a Brahma manteve-se serena e respeitosa para com as autoridades. Mas também foi altiva. Publicou uma série de comunicados em muitos jornais para responder à campanha de *A Tribuna*. Nesses textos, ela afirmava sempre que o laudo do laboratório público estava errado. E explicava, de forma didática, que, sob qualquer ponto de vista – técnico, econômico ou sanitário – seria um disparate adicionar dióxido de enxofre às cervejas. Precavida, a empresa contratou os serviços de químicos de renome para uma análise independente de seus produtos.

O primeiro laudo foi divulgado em 15 de abril: Daniel Henninger, da Escola Politécnica, havia detectado apenas 3,8 miligramas de anidrido sulfuroso na Brahma Porter. Quantidade equivalente a 0,01% daquela supostamente

---

15. Nos primeiros dias, os fiscais extrapolaram, quebrando garrafas apreendidas nos pontos de comércio. Mas logo foram contidos pela administração municipal. Depois disso, limitaram-se a proibir a venda dos produtos "condenados" no comércio varejista

16. A Liga, embora se distinguisse por sua participação em velórios e cerimônias em homenagem a figuras públicas e a seus próprios associados, merecia alguma atenção da imprensa, pois tinha como presidente honorário o célebre senador Pinheiro Machado, um dos políticos mais poderosos da República Velha.

encontrada no laboratório da prefeitura (354 miligramas), estando muito aquém do limite de dez miligramas aceito na Europa. Índices semelhantes ao da Brahma Porter logo seriam apurados nas demais cervejas da empresa. Os dados apresentados por Henninger e equipe foram corroborados por análises efetuadas no Instituto Agronômico de Campinas e no Laboratório Nacional, comandado por Oswaldo Cruz.

A Brahma deu ampla publicidade aos resultados dos exames laboratoriais, mas o prefeito, Souza Aguiar, só ficou satisfeito e inocentou a companhia quando assistiu aos testes de amostras das bebidas, realizado por químicos militares no próprio Laboratório Municipal, em 23 de abril. Ficou patente, então, que a fatídica "análise" anterior não passara de fraude, praticada por dois químicos da prefeitura.

A essa altura, o escândalo já esfriava, para alívio da Brahma e da maioria dos órgãos de imprensa. Mas permaneceu no noticiário, em notas curtas e esparsas. Houve inquérito policial e um dos implicados foi levado a julgamento. Contudo, o juiz o absolveu, por falta de provas. Jamais foram esclarecidas as verdadeiras motivações da ação fraudulenta. Uma vingança? É possível: a Brahma teria avisado ao prefeito, antes do alvoroço começar, que o fraudador processado na Justiça trabalhara em sua fábrica, tendo sido dispensado.

Disputa acirrada

Como vimos, em abril de 1907 as fábricas de alta fermentação foram exaltadas pela *Tribuna* em detrimento das de Lager, em particular a Brahma. A partir desse ponto, inverter a situação e desacreditar a qualidade das cervejas de alta fermentação foi um dos eixos da estratégia das grandes cervejarias para avançar no mercado. Para tanto, a Brahma contaria com o apoio de um médico, José Ricardo Pires de Almeida[17].

A partir de 13 de outubro de 1907, e nos domingos seguintes, o *Jornal do Commercio* publicou o primeiro de uma série de artigos do médico, intitulada "Visita às Fábricas de Cerveja do Rio de Janeiro", começando pela Brahma[18]. A data pode não ter sido escolhida ao acaso, pois nesse mês acontecia a

---

17. Um moralista da época ou "formador de opinião", como seria chamado na atualidade.
18. "Visita às Fábricas de Cerveja no Rio de Janeiro", *Jornal do Commercio*, p. 8, 13.10.1907.

tradicional Festa da Penha, a qual rivalizava com o Carnaval, recebendo até sessenta mil pessoas nos domingos de outubro, e a Brahma não tinha muito sucesso em vendas naquela época[19].

Os fragmentos de textos do médico apresentados a seguir merecem atenção. Descrevem os argumentos esgrimidos pela indústria cervejeira nas primeiras décadas do século XX na propaganda de produtos, em diversas demandas junto aos governos, notadamente no plano fiscal, e antecipam a meta a ser alcançada: a transformação da cerveja em bebida "nacional":

Visitar as nossas fábricas de cerveja e, nessa correição antes sanitária do que econômica, tirar a limpo a momentosa questão da superioridade, no fabrico e preparo, de umas sobre outras marcas e, mais ainda, a supremacia da cerveja como bebida higiênica, sobre as demais bebidas alcoólicas, tal será o meu objetivo, convencido de que presto um grande serviço ao país e à população, mormente hoje, que o consumo da cerveja nacional parece ganhar terreno entre nós, com prejuízo e abandono das demais bebidas, mesmo fracamente alcoólicas.

De fato, ele preconizava que a cerveja não fazia mal, mas as outras bebidas alcoólicas sim, recomendando seu consumo: "Lauto banquete ou mesmo modesta refeição entre bons amigos perderiam todo o encanto se simplesmente regados à água pura ou com insossas limonadas, gasosas ou não"[20].

Pires de Almeida foi o primeiro a condenar algo que condenamos também hoje: "adicionar diretamente gelo à cerveja equivale à maior das profanações". Outra consideração dele seria aprovada hoje somente para os mais puristas: "Entre nós os *chopps* são servidos demasiado frios; nessas condições, a cerveja anestesiando a língua apaga a sensação de gosto, não deixando o consumidor saborear a delicada bebida"[21].

Por anos a fio, os fabricantes procuraram colocar em relevo as supostas qualidades medicinais e nutritivas da cerveja, principalmente as da Lager, que também era símbolo de modernidade. Pires de Almeida assinaria embaixo, dizendo até que a bebida poderia curar cálculos renais. Depois da Brahma, Pires de

19. Teresa C. N. Marques, *A Cerveja e a Cidade do Rio de Janeiro de 1888 ao Início dos Anos 1930*, p. 245.

20. *Cronologia da Brahma*, 1995, 6.2.

21. *Idem*, *ibidem*.

Almeida esteve na Fábrica Polonia, outra produtora de Lager, para concluir a série de oito artigos em 23 de fevereiro de 1908[22]. Nessa data, em seguida à breve introdução em que exaltou as qualidades da Polonia, ele passou ao ataque:

Concluindo, não calarei aqui os diferentes vícios, defeitos e moléstias a que se acham expostas principalmente as cervejas marca barbante. Efetivamente, a cerveja ordinária é sujeita a defeitos, vícios e doenças que tornam esta bebida desagradável ao paladar e até, não raro, prejudicial à saúde.

Complementa dizendo que nessas cervejas "turvas" pode haver microrganismos causadores de doenças, que a fermentação é "pútrida". O gosto seria desagradável e até podre, a consistência viscosa, frequentemente causando náuseas. Pede até mesmo a intervenção das autoridades sanitárias. O artigo termina dizendo:

Cumpre-me fazer votos pela prosperidade dessa fábrica [Polonia] dirigida por dois distintos engenheiros brasileiros que tomaram a si a espinhosa tarefa de converter a cerveja em uma bebida verdadeiramente nacional, certos de que a boa cerveja constitui um alimento tal que merece ser chamada, na culta Alemanha, o pão líquido.

Com certeza, Johann Künning e a diretoria da empresa acompanharam muito satisfeitos as publicações do médico[23], que chegou a ser patrocinado pela empresa para escrever o *Álbum da Companhia Cervejaria Brahma – Exposição 1908*[24], distribuído no encerramento da mostra organizada em comemoração ao centenário da abertura dos portos.

O frade e o bar da Brahma

Vinda da era Maschke, a Franziskaner-Bräu foi a primeira marca de produto mantida sistematicamente pela cervejaria Brahma. A Franziskaner-Bräu já era uma marca existente na Alemanha, e Maschke pagava *royalties*[25]

---

22. Uma informação de relevância nos artigos é que a Brahma teria setecentos operários nessa data.

23. Marques sustenta que a Brahma teria patrocinado o médico desde antes da Exposição de 1908.

24. Ver em http://bdlb.bn.gov.br/acervo/handle/20.500.12156.3/436610

25. A Cervejaria alemã registrou o nome na Junta Comercial do Rio de Janeiro em 1890. Maschke chegou a entrar em disputa judicial, mas concordou em pagar os *royalties* em 1904.

à proprietária. A cerveja da Brahma trazia no rótulo a imagem de um monge com sobrepeso e simpático, começando a beber um copo de cerveja e derramando espuma contra o pano de fundo de vários barris. Por algum tempo, o tema do monge evoluiu para uma espécie de segunda marca de fábrica ao lado da estrela da cervejaria. Ele adorna, por exemplo, os rótulos idênticos das marcas Pilsener. Até a marca de baixo custo ABC usava o monge.

Seja por questões mercadológicas ou por conta do pagamento dos *royalties*, Künning não estava interessado em continuar usando o nome Franziskaner-Bräu e a imagem do frade. Assim, aos poucos os produtos foram substituídos[26].

Antes disso, porém, Maschke havia apoiado a abertura de um restaurante chamado Ao Franziskaner, como complemento estratégico em difundir a marca. Em 1908, a Brahma de Künning adquiriu todos os direitos do estabelecimento, que a partir de então passou a se chamar Bar da Brahma. Assim, pôde associar os produtos da cervejaria a um endereço de prestígio, na nova Avenida Central[27].

O restaurante abriu as portas no dia 9 de outubro de 1907, com um almoço para a imprensa[28]. Johann Künning esteve presente, assim como políticos e outros convidados. Theodoro Sattler, proprietário do estabelecimento, discursou, reconhecendo o papel da empresa no projeto: "A Brahma inspirou a criação deste negócio. Em torno desse ideal, foi a nossa firma por ela animada e auxiliada por todos os meios para tornarmos realidade tudo que se contempla à nossa vista"[29].

Após a fala de Sattler, o deputado Germano Hasslocher, do Rio Grande do Sul, aproveitou para contestar, de forma bem-humorada, certo movimento estridente contra o "perigo alemão", que seria representado pela concentração de colônias de imigrantes teutônicos e seus descendentes no sul do país[30]. Ele disse que o único "perigo" trazido pelos alemães era o progresso.

26. Edgar Helmut Köb, *Die Brahma-Brauerei und die Modernisierung des Getränkehandels in Rio de Janeiro 1888 bis 1930*, seção 3.2.2.

27. O bar-restaurante, na esquina da avenida Central – hoje Rio Branco – com a rua São José, ficava no térreo do Hotel Avenida, cartão-postal da cidade durante décadas, até ser demolido em 1961.

28. "Ao Franziskaner", *O Século*, p. 2, 9.10.1907.

29. "Novo Restaurante", *O Século*, p. 3, 10.10.1907.

30. Hasslocher, o primeiro representante gaúcho de origem germânica na Câmara Federal, advogou para a Brahma durante o escândalo das falsas análises de cervejas no Laboratório Municipal.

Figura 81. Bar Ao Franziskaner situado abaixo do hotel Avenida na av. Rio Branco, Rio de Janeiro, em 1907. O hotel foi demolido em 1957, dando lugar ao hoje edifício Avenida Central. Fonte: Biblioteca Nacional.

 201

Künning, bom político, aproveitou o momento para erguer um brinde ao presidente da República, Afonso Pena, representado no evento pelo chefe de sua casa militar.

É evidente que a Brahma patrocinou o restaurante para conquistar a elite. Naquele ambiente refinado, suas melhores cervejas seriam consumidas por gente rica e influente. Olavo Bilac comentou a respeito, ainda na época em que o bar ainda se chamava Franziskaner:

É preciso notar que, desses oitocentos ou novecentos mil habitantes, há apenas alguns mil (bem poucos!) que podem ter vida inteligente e elegante. São sempre as mesmas pessoas que vão ao Corso, que frequentam hotéis, que ouvem óperas no Lírico, tomam chá no Cavé e cerveja no Franziskaner [...][31].

---

31. Citado por João Rodrigo A. Santana, *A Modernização do Rio de Janeiro nas Crônicas de Olavo Bilac (1890-1908)*, Salvador, Universidade Federal da Bahia, 2013 (Dissertação de Mestrado e Ciências Sociais), p. 118.

Uma vez que dependia não apenas da elite, mas de amplo leque de consumidores, para estimular o consumo de cerveja e conquistar o mercado, a Brahma diversificou suas frentes de atuação. O formato era financiar os varejistas, mediante compromisso de vendas exclusivas[32].

Um exemplo é o bar Zum Alten Jacob, mais popular, aberto desde 1887 na rua da Assembleia, 102[33]. Quando o primeiro dono quis se retirar, em maio de 1908, a Brahma financiou a compra de novos móveis que remetiam à cervejaria para o então gerente Adolf Rumaneck. Ele era apelidado de "braço de ferro" por ser campeão da modalidade, cujas disputas se davam no bar.

A Brahma também seria locadora do imóvel. Aluguel e crédito custariam novecentos mil-réis por mês, Rumaneck também era obrigado a comprar apenas cerveja e gelo da Brahma, e a ceder sua imagem para ações publicitárias. Em uma delas, para a Brahma Bock-Ale, ele joga para fora do bar um desordeiro dentro de um barril de chope[34]. Outro exemplo é o Bar Guanabara, localizado no cais de Niterói, em frente ao transporte de barcas entre as duas cidades[35].

Além de bares, outros estabelecimentos também eram casas de espetáculos, redutos da classe média, muito importantes na época. Entre eles vários teatros, que pertenciam a Paschoal Segreto, imigrante italiano e empresário do setor de entretenimento. Segreto manteve parceria com a Brahma durante vários anos[36]. Um exemplo notável foi o Parque Fluminense.

Parque Fluminense

Paschoal Segreto escreveu sua história no entretenimento da cidade do Rio de Janeiro. Em 1897 inaugurou a primeira sala de cinema do Brasil, na rua do Ouvidor – a via chique da *Belle Époque* carioca. Com o tempo, ele abriu um leque variado de empreendimentos: cafés, teatros e outros, além de três parques

---

32. Teresa C. N. Marques, *A Cerveja e a Cidade do Rio de Janeiro de 1888 ao Início dos Anos 1930*, p. 150.

33. Esse bar tem história. Por força de lei que proibia nomes estrangeiros, Rumaneck renomeou o bar em 1915 para seu primeiro nome, Adolf. Ficou à frente até sua morte em 1926 quando seu sócio, Ludvig Voit, mudou o estabelecimento para a rua da Carioca, 39. O nome não era nada propício durante a Segunda Guerra, então o estabelecimento foi renomeado Bar Luiz, que existe até hoje.

34. Edgar Helmut Köb, *Die Brahma-Brauerei und die Modernisierung des Getränkehandels in Rio de Janeiro 1888 bis 1930*, seção 3.4.3.

35. Edgar Helmut Köb (*idem*), detalha a história deste bar.

36. Teresa C. N. Marques, *A Cerveja e a Cidade do Rio de Janeiro de 1888 ao Início dos Anos 1930*, pp. 157 e ss.

Figura 82. Financiar bares e restaurantes como o da foto foi uma estratégia utilizada por décadas pela Brahma. Fonte: Acervo Ambev/FAHZ.

de diversão[37]. Nesse percurso, Segreto terminou por se encontrar com a Brahma no Parque Fluminense, em 1900[38].

O Parque Fluminense, "restaurante e jardins", surgiu em agosto de 1898, por iniciativa da empresa Ferreira, Vasques & Cia.[39], projetado por um famoso arquiteto da época, Morales de los Ríos[40]. Um mês depois, *A Notícia* publicou anúncio sobre as atrações desse espaço de diversões, situado no atual Largo do Machado, zona sul do Rio de Janeiro[41]. Havia um restaurante e chopes Franziskaner e Teutonia, da Brahma.

---

37. Paschoal mantinha no Rio de Janeiro pelo menos três parques de diversões amplamente conhecidos: o Pavilhão Internacional, o Parque Fluminense e a Maison Moderne (Niuxa Drago, "Cidade da Alegria em Meio à Demolição: O Parque de Diversões da Exposição de 1922", *VI Jornada Nacional de Arquitetura, Teatro e Cultura*, p. 15, s.d.).

38. Teresa C. N. Marques (*A Cerveja e a Cidade do Rio de Janeiro de 1888 ao Início dos Anos 1930*, pp. 158-167) discute a longa a atribulada relação comercial entre Segreto e a Brahma. William Martins (*Paschoal Segreto*) e Eliane Perez ("O Cinema Brasileiro em Periódicos: 1896-1930", *BNdigital*, set. 2013) revelam aspectos do agitado mercado de diversão carioca, nas primeiras décadas do século XX.

39. "Local Botes", *The Rio News*, p. 8, 9.8.1898.

40. Niuxa Drago, "Cidade da Alegria em Meio à Demolição".

41. "Parque Fluminense", *A Notícia*, 1ª p., 8.9.1898.

Mais que isso, era um centro de lazer. Havia pista de patinação, cinematógrafo (o cinema da época) e teatro, além de uma parte aberta onde eram montados *rides* elétricos[42]. Em propaganda na revista *O Malho*, de 28 de março de 1903, o Parque Fluminense se anuncia como "o centro da sociedade carioca mais fina", prometendo divertimentos para crianças e toda a família, e criando expectativas sobre a "nova Montanha Russa e o carrossel elétrico".

Em maio de 1900, o controle do parque passou à empresa Segreto, Vasques & Cia.[43], dissolvida pouco depois. Posteriormente, a Brahma entrou e saiu do negócio mais de uma vez, alternando o controle das operação com Paschoal Segreto por mais de uma decada até deixá-lo, de forma definitiva, no início da Primeira Grande Guerra.

Em dezembro de 1902, o semanário *Rua do Ouvidor* noticiou que Maschke estava para voltar da Europa, trazendo novidades para o Parque Fluminense, sem especificá-las. Pode-se afirmar, portanto, que até as sessões de cinema e demais atrativos serviram aos propósitos da cervejaria, mesmo que de forma indireta. A propósito, este seria o ano que a Antarctica fundaria seu Parque Antarctica (atual Allianz Parque).

Nessa época, a Brahma se esforçava para estimular o consumo do chope, hábito que levaria algum tempo para "pegar". O parque ajudou nesse processo.

O Parque Fluminense também foi usado para outras finalidades. No início de 1904, o presidente da República, Rodrigues Alves, esteve lá, abrindo a mostra de produtos da capital, preparatória para a Exposição Internacional que se realizaria em Saint Louis, no Missouri, EUA, de 30 de abril a 1º de dezembro daquele ano[44]. Em uma das salas, foram apresentadas duas marcas da Brahma, a Franziskaner-Bräu e a Bock-Ale, "numa bem-feita instalação de garrafas e barris de cerveja, banhadas por luz elétrica, vinda de um foco assentado em estatueta de bronze".

Vale notar ainda que Segreto teve dificuldades financeiras em 1908, e a Brahma lhe emprestou 120 contos, em troca de exclusividade em todos os seus estabelecimentos, muitos na Praça Tiradentes, inclusive o Teatro Santana, os quais seriam hipotecados em favor da Brahma[45].

42. Niuxa Drago, "Cidade da Alegria em Meio à Demolição".
43. "Comercio", *Jornal do Brasil*, p. 3, 2.10.1900.
44. "Visitas Presidenciais", *O Paiz*, 1ª p., 4.1.1904.
45. Teresa C. N. Marques, *A Cerveja e a Cidade do Rio de Janeiro de 1888 ao Início dos Anos 1930*, p. 161.

Figura 83. A parceria da Brahma com o empresário Paschoal Segreto durou vários anos, a partir de 1900. Fonte: Acervo Ambev/FAHZ

Em 1912, as contas da Brahma tinham uma rubrica indicando que havia uma diferença de aluguéis a pagar e receber, tendo direito a um lucro mensal de 300$000 relativo ao Parque[46].

A grande vitrine

A Brahma deu também apoio meticuloso à Exposição Nacional de 1908. O próprio Künning esteve na primeira reunião preparatória da mostra, junto com dezenas de dirigentes industriais do Rio de Janeiro[47]. Na feira, a empresa lançou a Teutonia München, cerveja especial, fabricada para a ocasião[48]. No entanto, mais vistoso e importante foi o estande que montou no pavilhão dos expositores do

---

46. Acervo Ambev, Caixa 49, Documento BR.FAHZ.AT.049.002.1912.0081, p. 2.
47. "Exposição Nacional", *O Paiz*, p. 2, 2.8.1907.
48. "Peçam Cerveja Brahma-Bock", *Jornal do Brasil*, p. 19, 9.8.1908.

Figura 84. Enquanto no Rio a Brahma patrocinava o Parque Fluminense, em São Paulo a Antarctica patrocinava eventos no Parque Antarctica, como essa corrida em 1905. Fonte: Acervo Ambev/FAHZ.

Distrito Federal. O arranjo, descrito em detalhes e com imagens no *Álbum* do Dr. Pires de Almeida, hoje seria considerado extravagante, para dizer o mínimo.

Não importa. Em visita à instalação da Brahma, o presidente da República, Afonso Pena, gostou do que viu, elogiando a companhia e suas cervejas. É certo que ele deve ter feito o mesmo em relação a muitas outras empresas e produtos. Mas, para a Brahma, valeu o gesto e o relato da passagem do presidente, assim como a descrição do estande, publicada pelo *Jornal do Brasil*[49]. Essa foi a face polida da empresa na disputa com outros fabricantes pelas atenções e a preferência dos visitantes.

Fora da vista dos espectadores, a Brahma mostrou-se belicosa com a concorrência. Tendo bar próprio, procurou monopolizar a venda de cervejas em outros bares e restaurantes que funcionavam no espaço da feira. Mas foi derrotada pelo contra-ataque enérgico da Viveiros & Cia., proprietária da Cervejaria

---

49. "Os Expositores", *Jornal do Brasil*, p. 11, 16.10.1908.

Polonia, que pediu ao órgão administrador da mostra para intervir na questão. Sendo atendida, a Viveiros, sem citar a Brahma, publicou anúncio e carta em jornais, encorajando o público a exigir suas marcas preferidas nos estabelecimentos instalados na Exposição, qualquer que fosse o fabricante[50].

Tudo indica que os ânimos serenaram a partir daí, mas a Brahma não conquistou o grande prêmio – distinção superior à medalha de ouro. À empresa restou publicar anúncio em que se declarava vitoriosa – "moralmente", diríamos hoje:

A Companhia Cervejaria Brahma, ao encerrar-se a Exposição Nacional de 1908, agradece aos inúmeros frequentadores do memorável certame a preferência absoluta dada às suas cervejas. Prova melhor do que essa, conferida pelo gosto imparcial e competente do público, a Companhia Cervejaria Brahma jamais poderia desejar como afirmação de superioridade dos seus produtos[51].

Entretanto, quem conquistou o grande prêmio foi a Cervejaria Polonia[52]. E a Antarctica também, embora tenha entrado na feira com o pé esquerdo e levado um puxão de orelhas do correspondente do *Correio Paulistano*[53], que escreveu, em 24 de agosto de 1908:

A poderosa companhia que nos deu (em São Paulo), na Exposição Preparatória, uma instalação ao menos decente de seus produtos, parece dormir até agora o sono apático da indiferença em relação ao glorioso certame nacional. Indagando dos encarregados das nossas salas, tivemos a desagradável notícia de que a nossa popular cerveja não dera ainda passo algum para instalar-se![54]

A Antarctica com certeza se redimiu e montou o estande. No entanto, sua atitude inicial contrastou vivamente com a da Brahma, que não perdia qualquer oportunidade de apresentar produtos, difundir suas marcas e cativar os consumidores, a exemplo do que fizera desde a Exposição Industrial

50. "Cerveja Polonia na Exposição", *Correio da Manhã*, p. 10, 15.8.1908; "A Exposição Nacional", *A Imprensa*, p. 2, 20.8.1908.
51. "As Cervejas da Companhia Brahma", *Jornal do Commercio*, p. 9, 15.11.1908.
52. "Polonia e Super-Ale", *Jornal do Commercio*, p. 10, 15.11.1908.
53. "A Exposição", *Correio Paulistano*, 1ª p., 24.11.1908.
54. "Cartas da Exposição", *Correio Paulistano*, 1ª p., 27.8.1908.

207

Figura 85. Bar da Cervejaria da Brahma na Exposição Mundial de 1908, Rio de Janeiro. Fonte: Acervo Ambev/FAHZ.

Carioca, realizada durante o verão de 1895/1896, quando distribuiu cerveja de graça. Conforme essa estratégia, investir na Exposição Nacional de 1908 certamente deu retorno, pois mais de um milhão de pagantes, vindos de todos os Estados do país, ingressaram na área da mostra, durante seus três meses de duração[55].

Ação na Câmara

Nesses tempos de uma industrialização incipiente no país, as cervejarias estavam logo atrás das tecelagens de algodão e das usinas de açúcar em montante de capital investido. Em 1907, ocupavam o quinto lugar em valor da produção. Havia pelo menos 186 fabricantes da bebida em vários Estados, mas a maioria era de pequeno porte. As três maiores empresas – Brahma, Antarctica e Fábrica de Cerveja Paraense, em Belém – controlavam mais de 50% do mercado, concentravam 61,9% do capital, 68% da potência instalada para a geração de energia e empregavam 47,3% da mão de obra no setor[56].

---

55. Margareth S. Pereira, "A Exposição de 1908 ou o Brasil Visto por Dentro", *ArqTexto*, n. 16, 2009.
56. Wilson Suzigan, *Indústria Brasileira: Origem e Desenvolvimento*, pp. 228, 235.

Figura 86 e 87. O uso de pavilhões fixos ou em eventos foi uma estratégia iniciada na era Künning e que de certa forma perdura até hoje na forma de quiosques. As fotos são de cerca das décadas de 1910 e 1930, respectivamente. Fonte: Acervo Ambev/FAHZ.

A importância crescente do setor conferia prestígio às fábricas e a seus dirigentes, nos meios empresariais e políticos. Assim, em janeiro de 1900, Georg Maschke recebeu Campos Sales, presidente da República, nas dependências da Brahma[57]. A Brahma, isolada ou em conjunto com outras companhias, saberia tirar proveito dessa proximidade com os poderes da República. Principalmente a partir de 15 de agosto de 1904, quando foi criado o CIB – Centro Industrial do Brasil.

A entidade, nascida da fusão da Sociedade Auxiliadora da Indústria Nacional e do Centro Industrial de Fiação e Tecelagem de Algodão, foi extremamente ativa na defesa dos interesses empresariais durante as décadas seguintes[58]. Sempre que necessário, o CIB[59] intervinha nos debates do Legislativo, municiando os parlamentares que o apoiavam com argumentos para o debate e dados estatísticos. E, não raro, levava as demandas da indústria ao chefe do Executivo ou a ministros de Estado. Johann Künning, como se verá adiante, participou com regularidade das atividades do CIB por muitos anos.

Ainda em 1907, o primeiro ano completo de Johann Künning na presidência, as atenções da Brahma também se voltaram para a Câmara dos Deputados, onde se discutia um projeto de reforma das tarifas aduaneiras. No final do ano, a comissão parlamentar encarregada do assunto rejeitou emenda apresentada em julho, propondo elevação de 200% da taxa de importação do malte, que passaria de quarenta réis para 120 réis o quilo[60].

Na justificativa para o veto, a comissão expôs um dado técnico irrefutável: era impossível cultivar cevada no país na quantidade e na qualidade requeridas pela indústria. No entanto, a taxação do malte não passava de questão pontual no bojo de debates sobre temas de alcance muito maior, nos quais se engalfinhavam representantes de correntes pró e contra a própria industrialização do país, dentro e fora do parlamento.

Por esses anos, circulavam ideias contrárias à atividade industrial por intermédio tanto na imprensa como no parlamento. Antigas opiniões sobre a vocação

---

57. "Visitas Presidenciais", *O Paiz*, 1ª p., 4.1.1900. Sales então percorria algumas empresas para verificar o estágio do desenvolvimento industrial na cidade

58. Sergio Lamarão e Inoa Urbinati, "Centro Industrial do Brasil", *Dicionário Histórico-Biográfico Brasileiro*, Rio de Janeiro, CPDOC/FGV, s.d.

59. Atualmente esse papel cabe à Confederação Nacional da Indústria, CNI, criada em 1938.

60. *Annaes da Câmara*, sessão de 20 de novembro de 1907, p. 91.

agrária do país foram reativadas no início do século XX. Mesmo entre os defensores da atividade industrial, havia os que distinguiam entre as indústrias naturais, que processavam matérias-primas oriundas do meio agrícola nacional, e as indústrias artificiais, que não processavam produtos agrícolas brasileiros[61].

A indústria de cerveja, por sua dependência de matérias-primas importadas, especialmente cevada e lúpulo, ficava vulnerável a críticas dessa ordem, uma vez que a produção nacional de cevada era insuficiente para atender à demanda das cervejarias. Em resposta aos críticos, as empresas se dirigiam ao Congresso Nacional afirmando a sua contribuição para a redução dos níveis de alcoolismo na população, além de enfatizar a importância de insumos nacionais, como o açúcar e a madeira, na sua cadeia produtiva[62].

Em uma das muitas vezes em que a matéria ocupou os congressistas, a questão das tarifas foi objeto de consideração no segundo semestre de 1907. Os integrantes da Comissão de Revisão de Tarifas mostraram-se simpáticos à industrialização. Com respeito às demandas do setor cervejeiro, a comissão deixou registradas outras razões para não acolher a emenda que previa sobretaxar o malte. É interessante observar que em quase todos os parágrafos do texto se percebe o dedo da Brahma – a principal fonte das informações apresentadas. É provável que a companhia tenha municiado os parlamentares por meio do Centro Industrial do Brasil, presidido por Jorge Street, um dos mais importantes defensores da indústria nacional. Vejamos alguns de seus principais argumentos.

Em primeiro lugar, para a comissão, as cervejarias não poderiam ficar sem proteção contra a concorrência externa, dado o volume de capitais investidos nas fábricas, o endividamento das empresas e os avanços obtidos pela indústria em termos de qualidade e preços dos produtos:

Pela lei 1.144, de 30 de dezembro de 1903, elevaram-se os direitos de entrada sobre as cervejas estrangeiras e reduziu-se equitativamente a importação do malte e do lúpulo, que não produzimos. As fábricas, que lutavam com sérias dificuldades, contraíram empréstimos e se aumentaram, melhorando o produto e reduzindo o seu preço, porque, se deixaram de ter a concorrência do similar estrangeiro, passaram a ter a concorrência

---

61. Nícia V. Luz, *A Luta pela Industrialização do Brasil*, p. 89.
62. Teresa C. N. Marques, *A Cerveja e a Cidade do Rio de Janeiro de 1888 ao Início dos Anos 1930*, p. 123.

do similar nacional. Além das fábricas existentes que assumiram vultosos compromissos, outras se criaram em vários pontos do nosso território, todas fiadas na estabilidade da tarifa, que é a condição primordial para o sucesso de todas as iniciativas industriais.

Não deve ser, pois, agora, quando a indústria das cervejas está se expandindo à sombra da proteção que vigora há quatro anos, que convém alterá-la. Pelo contrário, o bom critério econômico aconselha que se conserve a taxa em vigor, e com relação ao lúpulo se mantenha a taxa atual, que vem desde 30 de dezembro de 1903.

A comissão prosseguiu, lembrando o papel nada desprezível dos efeitos multiplicadores da cadeia de produção cervejeira sobre o conjunto da economia, o valor de suas contribuições para o Tesouro e o volume relativamente pequeno de suas importações. Os números apresentados estavam inflados, talvez para dar maior peso ao discurso e amplificar seu alcance.

Segundo o texto da comissão, a Brahma, por exemplo, para faturar sete mil contos de réis por ano, desembolsava seiscentos contos com as compras de matérias-primas no exterior. Na verdade, em 1907, o faturamento da empresa totalizou 5 310 contos e ainda levaria pelo menos dois anos para realmente alcançar e ultrapassar a marca citada na Câmara. Assim, os dados apresentados devem ser vistos com cautela, pois à empresa interessava diminuir o peso das importações no conjunto de suas despesas. Como se comentou acima, as cervejarias eram criticadas pelos adversários porque eram importadoras de insumos essenciais.

Mas não se pode duvidar da influência positiva da indústria cervejeira sobre outros ramos de atividade. Para começar, as cervejarias davam sustentação à indústria gráfica do Distrito Federal: "Só a Brahma gasta anualmente com diversos gêneros de cartazes de propaganda para suas diferentes marcas, 180 contos de réis". E, ao produzir gelo, a empresa "prestou relevante serviço de fazer baixar o preço deste gênero, necessário ao nosso clima, de duzentos réis para sessenta réis o quilo". A comissão acrescentou que sob a influência direta da companhia haviam sido fundadas no Rio de Janeiro "uma fábrica de rolhas 'coroa' [tampinhas metálicas]" e uma "grande fábrica de ácido carbônico liquefeito [gás carbônico], de modo que não mais as fábricas principais importam essa matéria".

Com a Antarctica, a Brahma estimulava a indústria madeireira do Paraná. Juntas gastavam 250 mil caixas por ano. E eram fonte de receitas para a navegação de cabotagem. Pagavam "ao Lloyd, anualmente, para mais de 250 contos em fretes". Além disso, a cada ano, as duas empresas recolhiam ao Tesouro valor superior a 1 200 contos em impostos sobre o consumo. Em defesa das cervejeiras, os parlamentares aliados também lembraram que se devia a elas a fundação da Vidraçaria Santa Marina, em São Paulo, para a produção de garrafas.

Era apenas o início da atuação da indústria junto a parlamentares e governo. Köb também observa, através de documentos da Brahma, que Künning e os demais diretores comunicaram com regularidade ao Conselho Fiscal os esforços do conjunto da indústria contra projetos legislativos desvantajosos.

O Centro Industrial do Brasil – cib

O CIB surgiu em 1904. "Sua fundação ocorreu num momento de expansão e diversificação da indústria brasileira e correspondeu à necessidade de um organismo que, em nome da defesa do mercado interno para a produção nacional, pudesse dar voz ao setor. Na prática, sempre que necessário, o CIB atuava como órgão de pressão dos industriais sobre a administração pública"[63], tal como sua sucessora, Confederação Nacional da Indústria (CNI), a partir de 1938.

A entidade receberia a adesão de Künning e da Brahma em 1908. Nessa ocasião, o CIB entrou na luta[64] contra o "imposto do vintém", assim chamado por *A Imprensa*[65]. A tributação fora aprovada na véspera, pela Câmara Municipal, e com ela o prefeito, general Souza Aguiar, pretendia engordar o orçamento para 1909. O tributo veio no bojo de planejada reestruturação do Laboratório Municipal de Análises, órgão que havia causado enorme problema para a Brahma no ano anterior, devido à fraude em laudos sobre a qualidade de cervejas.

Em 15 de outubro, o prefeito sancionou o dispositivo aprovado pela Câmara[66]. O decreto fixava em vinte réis o valor do imposto, a ser cobrado

---

63. Sergio Lamarão e Inoa Urbinati, "Centro Industrial do Brasil".
64. O CIB já se manifestara contra o imposto do vintém em 1907, quando ele ainda estava em fase de projeto (*Jornal do Brasil*, 25.10.1908).
65. Ao dar esse título ao novo tributo, na edição de 6 de junho de 1908, *A Imprensa* quis lembrar o "imposto do vintém" que a população carioca havia rechaçado e derrotado em 1880, à custa de manifestações de rua e mortes, provocadas pela repressão policial.
66. Em 17.10.1908, *O Paiz* publicou o decreto na íntegra.

por meio da aplicação de uma "etiqueta de qualidade" em cada unidade de produto destinado à alimentação humana, bebidas inclusive. No dia 22, já tendo Johann Künning como um dos secretários, o CIB lançou um manifesto endereçado à Câmara, apontando as dificuldades criadas pela nova lei[67]. Não satisfeito, enviou comissão para entregar cópia desse documento à Presidência da República, no dia 28[68]. Künning foi um dos emissários que estiveram com o presidente Afonso Pena nessa data. Contudo, o chefe do governo não tomou medidas concretas e o debate prosseguiu, com *A Imprensa* permanecendo firme no ataque, secundada por outros jornais, elevando o tom contra o presidente e o prefeito.

Por fim, o próprio CIB apresentou uma solução conciliatória: propôs a substituição do imposto por uma elevação da taxa cobrada pela concessão de licença para o funcionamento de estabelecimentos industriais e comerciais. Não foi preciso. Após intensos debates ao longo de meses, sob o fogo cerrado dos jornais[69], o imposto terminou revogado na Câmara, pois o orçamento aprovado para 1909 fora idêntico ao de 1905[70].

No ano de 1909, por ocasião de debates na Câmara Federal sobre revisão de tarifas aduaneiras, um documento da Brahma em defesa da indústria nacional foi lido no plenário, com dados sobre a importância do ramo cervejeiro para a economia do país. O CIB, que participava das discussões, representado por Jorge Street, encampou decididamente os argumentos da empresa[71].

Ainda em 1909, a Brahma fez *lobby* em comissão no Ministério da Fazenda contra a redução das tarifas de importação de cerveja. Esses episódios marcaram o início da colaboração de Künning com a entidade, que se estenderia por três décadas. Em 1912, ainda sob a presidência de Jorge Street, Künning foi eleito membro do Conselho Superior do CIB[72].

Em 1914, ano em que a Primeira Grande Guerra começou, alguns dirigentes de cervejarias já haviam se tornados influentes o bastante para serem

---

67. A *Gazeta de Notícias* foi o primeiro jornal a publicar o texto do manifesto, em 23 de outubro.

68. *O Paiz*, 29.10.1908.

69. *A Imprensa*, 26.11.1908.

70. *O Século*, 2.1.1909.

71. *O Paiz*, 20.10.1909.

72. *A Imprensa*, 13.12.1912.

recebidos pelo presidente da República. Um deles era Künning, que esteve no Palácio do Catete, em companhia de Theotônio Sá, dirigente da Cervejaria Hanseatica, para apresentar ao presidente Venceslau Brás questões do interesse de suas respectivas indústrias[73]. Em consequência, as cervejarias conseguiram reduzir em 80% um pretendido aumento de imposto sobre a bebida[74].

Relações públicas

Kunning e a Brahma não se relacionavam apenas com políticos. Era importante estabelecer laços com a sociedade. Maschke, seu antecessor, já sabia disso. Ainda em 1900, o *Jornal do Commercio* chamou a Brahma de benfeitora da Instituição de Ensino Infantil Dr. Alfredo Maia[75]. Na festa de inauguração da entidade, a companhia doou chope e cerveja, "distribuídos profusamente" [*sic*]. No ano seguinte, em 27 de abril, *A Notícia* registrou: "O proprietário da Fábrica Brahma, o Sr. Georg Maschke, membro fundador do Instituto de Proteção à Infância, prometeu fazer um valioso donativo e ceder uma porcentagem da venda dos seus produtos para a manutenção dessa útil instituição"[76].

No início de 1904 houve mobilização no Rio de Janeiro em solidariedade às vítimas de seca que assolava o Nordeste. Gaetano Segreto, dono do jornal *Il Bersagliere*, propôs a criação de comissões para percorrerem todas as ruas da capital para angariar fundos, o que ficou a cargo do Círculo dos Repórteres[77]. A Brahma ofereceu a essa entidade dez barracas para uma quermesse em prol dos nordestinos, além de oferecer o Parque Fluminense para a realização de qualquer festa.

Em julho do mesmo ano o Círculo dos Repórteres inaugurou sua sede na rua do Ouvidor. *O Paiz* comentou:

Já há alguns dias os ativos diretores da prometedora associação estão ali fazendo sua instalação. E têm conseguido arranjar uma casa decente e bonita. Nesse empenho a diretoria do Círculo tem conseguido o valioso concurso de vários cavalheiros, que

---

73. "O Dia de Ontem", *Gazeta de Notícias*, p. 2, 14.7.1914.

74. Segundo Köb, em 1916, 1919, 1923 e 1926 as empresas cervejeiras atuaram em conjunto contra reajuste do imposto sobre o consumo, mas nem sempre tiveram sucesso. Em 1920, no entanto, conseguiram impedir uma redução da tarifa sobre a importação de cervejas.

75. "Associações", *Jornal do Commercio*, p. 2, 21.3.1900.

76. "Sport", *A Notícia*, p. 3, 27.4.1901.

77. "Rabiscos", *Gazeta de Notícias*, p. 3, 18.4.1904.

vão ajudando os interesses da nova associação. Entre os que maior auxílio lhe prestaram, conta o Círculo dos Repórteres, o Sr. Georg Maschke, que fez importantes donativos em dinheiro[78].

Künning continuaria essa empreitada. Na exposição comemorativa do centenário da Abertura dos Portos, em 1908, ele escreve:

Exmo. Sr. Coronel Benjamin de Souza Aguiar, comandante do Corpo de Bombeiros. A Companhia Cervejaria Brahma, querendo dar mais brilho à Exposição Nacional de 1908, para a qual o glorioso Corpo de Bombeiros da Capital Federal tem sido um dos maiores esteios, pede licença para oferecer à Caixa de Beneficência a quantia de dois contos de réis. [O comandante respondeu:] Em meu nome e no deste corpo acuso e agradeço o donativo feito por esta Companhia à nossa Caixa de Beneficência. Sou, com a maior estima e consideração, amigo, admirador, criado, obrigado[79].

Em agosto do mesmo ano, um vigarista conseguiu que ele doasse um conto de réis em nome da Brahma para a "compra de automóvel", a ser doado ao ministro da Indústria, Miguel Calmon. Descoberto o golpe e preso o estelionatário, Künning foi parar no noticiário policial, algo extremamente desagradável para um homem que prezava sua intimidade[80]. O incidente foi relatado com maior riqueza de detalhes pela *Gazeta de Notícias*[81].

Em 1910, o fervor patriótico da Liga Marítima Brasileira despertou em seus dirigentes a ideia de organizar subscrição nacional para presentear a Marinha com novo encouraçado. A Brahma considerou oportuno contribuir para a compra do Riachuelo, da inovadora classe *dreadnought*, doando cinco contos de réis. Com isso, o total arrecadado subiu de 36 para 41 contos até 24 de julho, conforme o *Jornal do Commercio*[82].

---

78. "Círculos dos Repórteres", *O Paiz*, p. 2, 25.7.1904.
79. "Rio, 17 de Agosto de 1908", *Correio da Manhã*, p. 6, 21.8.1908.
80. Um incidente mais desagradável ocorreria em 1910. Por volta das 18h do dia 23 de setembro, Pedro Magalhães, filho de um médico conhecido da família, portando um revólver e ameaçando se suicidar, esteve na casa de Künning, que o desarmou e chamou a polícia. Em fuga, o estudante perdeu a vida ao cair de ribanceira e bater a cabeça em uma pedra. O episódio foi amplamente noticiado (*A Notícia*, 24.9.1910; *Correio da Manhã*, 25.9.1910 e *Jornal do Commercio*, p. 11, 5.12.1910).
81. *Gazeta de Notícias*, 5.9.1908. O jornal chamou Künning equivocadamente de Hirnnung.
82. O Riachuelo seria encomendado a estaleiros ingleses, mas o projeto foi cancelado por causa da Primeira Guerra.

Depois do movimento pró-Riachuelo, a Brahma apareceu no noticiário diversas vezes, em ações que se podem encaixar em sua campanha permanente de relações públicas. Assim, ao lado de autoridades e instituições, por exemplo, participou da festa do 1º de Maio de 1911 e da recepção ao presidente Hermes da Fonseca, no mês de julho[83]. Além dos vivos, a companhia homenageava também os mortos, como fez por ocasião da morte do ex-prefeito Pereira Passos, em 1913[84]. Também nesse ano, Johann Künning, com muitos outros empresários, participou da comissão organizadora de banquete em homenagem ao ministro da Fazenda, Francisco Sales[85].

Uma relação importante foi com o Centro Cosmopolita, entidade surgida em 1903, financiado por contribuições mensais dos operários, para garantir assistência médica, jurídica e auxílio invalidez, além de garantir pensões às viúvas "que conservassem a devida honestidade"[86]. Era, de fato, um antecessor dos sindicatos, com atuações políticas[87] e também composto de uma caixa de pecúlio, que naquela época não estava sujeita à supervisão e fiscalização governamental.

Dada a expansão das atividades, em 1911 a entidade procurou a Brahma para levantar o financiamento necessário para construir sua nova sede. A companhia emprestou cinquenta contos de réis, com juros de 8% ao ano e pagamentos até 1918, exigindo como garantia a hipoteca do terreno. Em 1912, a entidade solicitou redução dos juros, o que foi negado pela Brahma. O prédio foi construído e em 1913 sediou o Segundo Congresso Operário Brasileiro, de inspiração anarquista, e a primeira Conferência Comunista do Rio de Janeiro, em 1919, além de se tornar o comando-geral de greves, inclusive de operários da Brahma[88].

Investimentos e modernização

A produção de cerveja Lager, como se viu, exigia frio. E a obtenção do frio só se dá com a aplicação de energia. Nos primórdios da industrialização, a energia vinha da queima do carvão em caldeiras, para a produção de vapor, que, por sua

---

83. "1º de Maio", *O Paiz*, p. 2, 1.5.1911; "A Viagem Presidencial", *O Paiz*, p. 2, 23.7.1911.
84. "Coroas e Grinaldas", *O Século*, p. 2, 31.5.1913.
85. "Gazetilha", *Jornal do Commercio*, p. 5, 29.1.1913.
86. Teresa C. N. Marques, *A Cerveja e a Cidade do Rio de Janeiro de 1888 ao Início dos Anos 1930*, p. 263.
87. Inicialmente dominado pelos anarquistas e, após a guerra, pelos comunistas (*idem*, p. 265).
88. *Idem*, pp. 265-268. As greves de 1917 e 1918 serão objeto deste texto mais à frente.

vez, acionava todo o conjunto de equipamentos mecânicos da indústria – entre eles os compressores de amônia e de outros fluidos refrigerantes nas fábricas de cerveja, para a produção de gelo e redução da temperatura nos tanques e salas de fermentação. O carvão seria substituído na indústria, com o tempo, pela energia elétrica. Essa mudança traria ainda outra vantagem, a capacidade de estocar bebida refrigerada para vender por ocasião do aumento sazonal da demanda, nos meses mais quentes do ano[89].

A Brahma também inovava, incorporando as invenções que surgiam. Nessa época havia busca intensiva por novos tipos de arrolhamento para frascos de vidro. Os avanços se tornaram possíveis com a produção padronizada dos vasilhames em geral. Ainda em 1908, a companhia adotou o Sistema Goldy para o fechamento das garrafas de bebidas[90]. Tal sistema, depois superado pelas tampinhas metálicas, dispensava o uso de abridores especiais e, como novidade, era um atrativo, por si só. Quanto a isso, Künning recebeu conselhos de nosso velho conhecido Heinrich Stupakoff[91]:

Hamburgo, 15 de agosto de 1908

Prezado Sr. Künning,

Muito obrigado pela sua amigável carta de 30 de junho.

Não deixarei de lhe recomendar que uma parte das garrafas de cerveja fechada com rolhas tipo Goldy, sem a inserção de papel, seja deixada pasteurizando de cabeça para baixo. O senhor então obterá uma imagem bastante precisa da maior quebra das garrafas resultante do colapso das mesmas e, por outro lado, da preservação consideravelmente melhor do conteúdo de dióxido de carbono em comparação com as garrafas pasteurizadas verticais com fecho Goldy sem inserção de papel.

Com os melhores agradecimentos, retribuo os seus amáveis votos e cumprimentos de empresa para empresa e permaneço

seu devoto

H. Stupakoff

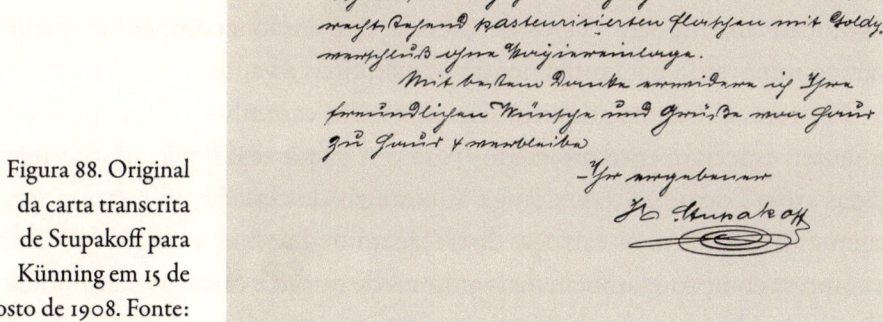

Figura 88. Original da carta transcrita de Stupakoff para Künning em 15 de agosto de 1908. Fonte: Acervo Ambev/FAHZ.

Ao mesmo tempo, a empresa procurou reforçar o que parece ter sido uma tendência: o consumo doméstico de chope em barris, de dez ou mais litros, acompanhados de gelo, conforme anúncios publicados às vésperas das festas do fim desse ano. Mais adiante o volume mínimo para as encomendas foi reduzido a apenas cinco litros[92].

Sempre atenta às mudanças tecnológicas, em 1909, a empresa foi uma das primeiras do Estado a assinar um contrato de fornecimento de energia elétrica com a Rio de Janeiro Light & Power Company[93], o que reduziu

92. "Aviso às Exmas. Famílias", *Gazeta de Notícias*, p. 16, 15.2.1914.
93. A Light até hoje existe como companhia de capital aberto e fornece energia na cidade do Rio de Janeiro.

Figura 89. A Brahma procurou estimular o consumo doméstico de chope, vendendo pequenos barris de cinco a dez litros, entregues em domicílio. Fonte: Biblioteca Nacional.

significativamente seus custos de energia. Até então a companhia queimava carvão importado para movimentar as máquinas a vapor[94].

Em 1910, a Brahma adquiriu seus primeiros caminhões das marcas Orion e Saurer, especialmente projetados para o transporte de mercadorias refrigeradas até o Porto[95]. No que tange às entregas de cerveja em restaurantes e a clientes particulares, as carroças de tração animal permaneceriam[96]. Portanto, a empresa comprou também mais animais de tração e carroças e ampliou a cocheira. As obras se estenderam a um terreno nas imediações da fábrica, onde se ergueram três barracões destinados à estocagem de matérias-primas e outros produtos. A diretoria ainda mencionou no relatório a entrada em funcionamento de mais um gerador de gelo, em outubro de 1910, e novas instalações para o abastecimento de água.

Assim, ao se iniciar a década de 1910, Künning e os diretores da Brahma estavam eufóricos com o andamento dos negócios. É o que se pode verificar no relatório aos acionistas, publicado na véspera de assembleia geral ordinária, convocada para o exame das contas relativas ao exercício compreendido entre julho de 1910 e junho de 1911:

---

94. Edgar Helmut Köb, *Die Brahma-Brauerei und die Modernisierung des Getränkehandels in Rio de Janeiro 1888 bis 1930*, p. 99.

95. *Idem, ibidem.*

96. Até o final da década de 1920 (cf. *idem, ibidem*).

Figura 90. Brahma e Antarctica substituíram gradualmente as carroças por caminhões no transporte de bebidas. Fonte: Acervo Ambev/FAHZ.

Felizmente só temos informações favoráveis a prestar-vos: a venda das nossas cervejas manteve-se em tendência sempre crescente, de forma que, durante o verão passado, lutamos com dificuldades para atender regularmente aos pedidos da nossa freguesia[97].

Em vista de panorama tão promissor, o relatório informava que a diretoria e o conselho fiscal haviam tomado providências para elevar a capacidade de produção da fábrica em cerca de 75%, a tempo de aproveitar o verão de 1911/1912. As obras destinadas a aumentar as adegas de depósito e de fermentação, iniciadas em fevereiro, estavam adiantadas, sete meses depois. Também havia sido comprado o suplemento correspondente de máquinas e equipamentos acessórios[98].

A Brahma também reformou e aumentou a fábrica de gelo que tinha na Bahia e estava construindo a de Santos[99]. Fora isso, comprou terreno da União no cais do Porto do Rio de Janeiro, com acesso a uma linha férrea, onde ergueria armazéns. Adquiriu também dois prédios pequenos nas proximidades da Visconde de Sapucahy. Todos esses investimentos foram realizados com o desembolso de 1 056 contos durante o ano social.

Resultados

No relatório de 1911, a diretoria celebrou o fato de o fundo de reserva ter alcançado o limite de 1 250 contos, conforme estabeleciam os estatutos. E também por estar em dia com o pagamento dos juros de debêntures, tendo distribuído dividendos de 11% relativos ao exercício de 1910/1911[100]. O comunicado aos acionistas terminou assim: "Embora as obras em execução exijam ainda consideráveis dispêndios de dinheiro durante o corrente semestre, a nossa situação financeira é lisonjeira".

---

97. "Associações – Cia. Cervejaria Brahma", *Jornal do Commercio*, p. 14, 24.9.1911.

98. Teresa C. N. Marques, *A Cerveja e a Cidade do Rio de Janeiro de 1888 ao Início dos Anos 1930*, p. 175.

99. Segundo Köb (*Die Brahma-Brauerei und die Modernisierung des Getränkehandels in Rio de Janeiro 1888 bis 1930*, p. 95), a fábrica de gelo na Bahia fora construída pela Preiss, Häussler & Co.

100. Além disso, a companhia pagou os dividendos correspondentes ao segundo semestre de 1908, operação que havia sido postergada com a aprovação de assembleia geral, realizada em agosto de 1909.

Figura 91. Prova de debênture da Brahma do início do século XX. Os cupons na parte inferior deveriam ser recortados para, na data especificada, o portador receber o valor dos juros periódicos. Fonte: Acervo pessoal, Henri Kistler.

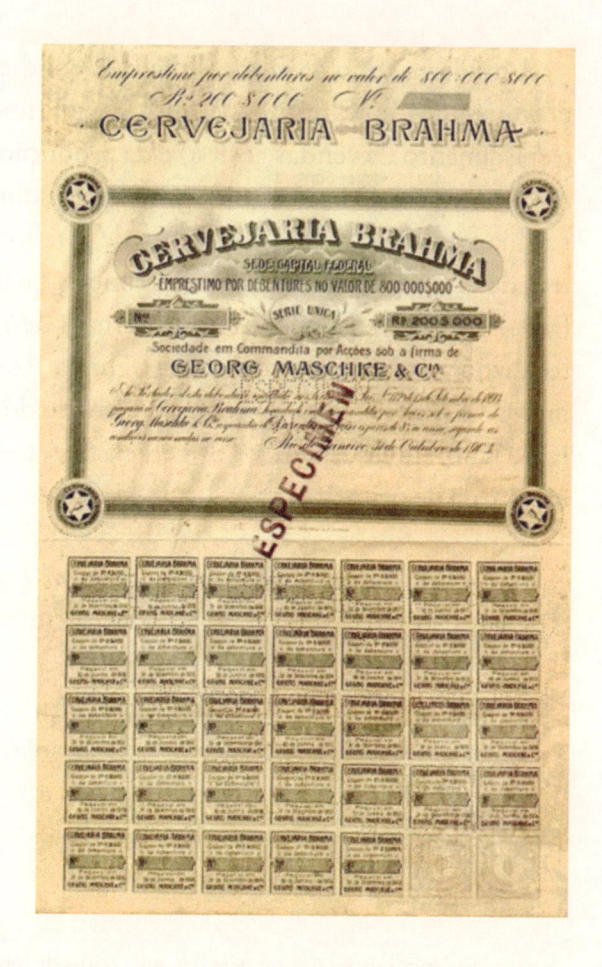

No primeiro semestre de 1912 o investimento somou outros 307,9 contos[101], para um lucro de 1,7 mil. Foram distribuídos os dividendos normais de 6% mais um suplemento de 4%, totalizando quinhentos contos. Após assembleia geral de 27 de setembro de 1912, deliberou-se aumentar o capital social da empresa para dez mil contos de réis, sendo que cada acionista receberia uma ação nova para cada antiga, o que denominamos hoje bonificação em ações[102]. O Quadro 2 dá uma ideia do que o novo capital significaria em termos atuais.

---

101. Acervo Ambev, Caixa 49, documento BR.FAHZ.AT.049.002.1912.0081. Inclui construções e máquinas novas, fábrica de gelo em Santos, móveis para restaurantes, abastecimento de água e automóveis.

102. Edgar Helmut Köb, *Die Brahma-Brauerei...*, p. 99, 2005. Obs.: Na bonificação o acionista não paga pelas ações, o que ocorre na subscrição.

A modernização da fábrica, aliada às condições de mercado e à estratégia de *marketing* de Künning, permitiu, nos primeiros anos sob seu comando, o crescimento de vendas (148%) e da produção (221%), como pode ser visto na Tabela 7. Uma mudança de paradigma sobre a origem do lucro da companhia também ocorreu. Em junho de 1912 foram vendidos 8,7 mil hectolitros de cerveja, sendo 4,2 mil de primeira qualidade (48%), 3,2 de segunda (37%) e 1,3 de terceira (15%). Em termos de receita, porém, a de primeira totalizou 483 contos (69%), a de segunda 150 contos (21%) e a de terceira, meros 71 contos (10%)[103]. Cenário distinto do de dez anos antes, quando o lucro da Brahma vinha 57% da cerveja de terceira, 35% da de segunda e apenas 8% da de primeira![104]

Quadro 2. Modificação no capital da Brahma (1904-1912).

Ano	Discriminação	Valores de hoje (Estimativa)
1904	Criada a Companhia Cervejaria Brahma S/A, resultado da fusão com a Teutonia, com capital de cinco mil contos. Feita emissão de debêntures no valor de Rs$ 2:000$000 (dois mil contos de réis) para levantar capital e expandir a empresa.	Debêntures: 2 mil contos a £19,72/mil-réis(1) ⇔ £101 mil de 1904(2) £9,4 MM de 2022(3) R$ 60 milhões de 2022(4) Capital: 5 000 contos: ⇔ R$ 150 milhões em 2022(4)
1912	O capital social passou para dez mil contos de réis	Capital: 10 000 contos ⇔ £15,00/mil-réis(1) £666 mil de 1912(2) £ 58 milhões em 2022(3) R$ 370 milhões em 2022(4)

Fonte: (1) cotações em libra/mil-réis (cf. Heitor Moura Filho, "Taxas Cambiais do Mil-Réis (1795-1913)", Anexo – Séries Cambiais 4 [exceto nota 5]). (2) Valor em libras da época calculado como inicial em mil-réis (cotação cf. *idem*). (3) Trazidos a libras de junho de 2022 pela calculadora oficial de inflação do Banco da Inglaterra. https://www.bankofengland.co.uk/monetary-policy/inflation/inflation-calculator. (4) Em 30.6.2022 uma libra equivalia a R$ 6,37 (cf. Banco Central do Brasil).

---

103. Acervo Ambev, Caixa 49, documento BR.FAHZ.AT.049.002.1912.0081.
104. Teresa C. N. Marques, *A Cerveja e a Cidade do Rio de Janeiro de 1888 ao Início dos Anos 1930*, p. 141.

Tabela 7. Brahma: Produção e venda de cervejas (1907-1913)[105].

Ano	Vendas (contos de réis)	Produção em hectolitros (hl)	Preço médio, em réis, por litro	Dividendos sobre capital
1907	5 310	52 233	101	–
1908	5 027	54 179	93	9%
1909	6 089	65 032	94	12%
1910	8 704	92 058	95	16%
1911	9 609	115 113	84	20%
1912	11 578	151 024	77	26%
1913	13 210	168 171	78	30%

Na primeira década do século xx, o carro-chefe era a Franziskaner-Bräu[106], cerveja de primeira qualidade, oriunda da era Maschke. Em março de 1910 Künning informa ao conselho fiscal sobre a crescente demanda do segmento de cervejas mais baratas. Apesar das margens de lucro baixas, é importante dar atenção ao segmento. A Brahma reforçou assim a marca Guarany, carro-chefe da cerveja de terceira categoria. Neste mesmo ano, a companhia lançou a Brahmina para reforçar o segmento de segunda, com um *marketing* voltado ao consumo nas refeições[107]. Foi bem-aceita no mercado.

Outra comparação interessante das mudanças no período consta no Relatório da Diretoria ao Conselho Fiscal datado de 19 de outubro de 1912[108], assinado por Künning:

Em setembro de 1907 tivemos com a saída de 4 023 hl de cerveja e Rs. 73:733 de ordenados e em setembro de 1912, com uma saída de hl. 8 870 de cerveja, Rs. 84:740 de

---

105. Fontes: Venda e Produção: Acervo Ambev Caixa 49, documento BR.FAHZ.BRA.AT.049.002.1912.0092, p. 2; Teresa C. N. Marques, *A Cerveja e a Cidade do Rio de Janeiro de 1888 ao Início dos Anos 1930*, p. 178. Apenas vendas de cerveja. As vendas totais na época incluíam ainda gelo e ácido carbônico, mas de forma muito pouco significativa (0,5 a 0,8% do total). Valores diferem em grau baixo de uma compilação de 1920: Acervo Ambev, *Relatório CC Brahma, Vendas. Anfage zum bericht von 23 Juni, 1920.* Dividendos: Edgar Helmut Köb, *Die Brahma-Brauerei und die Modernisierung des Getränkehandels in Rio de Janeiro 1888 bis 1930*, p. 96.
106. Edgar Helmut Köb, *Die Brahma-Brauerei und die Modernisierung des Getränkehandels in Rio de Janeiro 1888 bis 1930*, seção 3.3.3.
107. *Idem, ibidem.*
108. Acervo Ambev, Caixa 49, documento BR.FAHZ.BRA.AT.049.002. 1912.0092.

despesas com ordenados do pessoal da fábrica. Por aí v.s. veem que o nosso custo de produção tem diminuído consideravelmente.

A distribuição de lucros aumentou de 5% sobre o capital, em 1908, para 16% em 1910. Mesmo considerando o novo capital de dez contos, não caiu abaixo de 10% nos anos subsequentes, até que estourasse a Primeira Grande Guerra.

O aumento da produção e das vendas provocou gargalos no escoamento da produção tanto no pátio da fábrica como no Porto do Rio de Janeiro. Esse fato foi assinalado por Künning no início de 1913. Para eliminá-los foi sugerido respectivamente comprar casas ao lado da fábrica para depois ampliar o pátio e construir um novo armazém no cais do Porto[109].

A Brahma também investiu em atividade estratégica relacionada ao ramo cervejeiro: a produção de garrafas[110], ainda importadas e com problemas sistemáticos de oferta e que ainda hoje ocupa em torno de 30% dos custos de produção[111]. Assim, a Brahma foi sócia da Vidraçaria Santa Marina, que no primeiro semestre de 1912 distribuiu 15% de dividendos sobre o capital[112].

Ainda em 1912, a Brahma investiria também cinquenta mil contos em ações[113], no lançamento da Companhia Vidraria Carmita, no Rio de Janeiro[114]. Künning, pelo investimento feito pela Brahma, teria assento no conselho fiscal da companhia. A produção foi iniciada em 1914.

Enquanto pessoa física, Künning investira[115] anos antes na Cia. Litographica Hartmann Reinchenbach, localizada em São Paulo[116]. Fundada provavelmente

---

109. Relatório ao Conselho Fiscal, Acervo Ambev, Caixa 49, Documento BR.FAHZ.BRA.AT.049.002.1913.0094 de 6.3.1912, pp. 5-6.

110. "Informações – Assembleias Gerais", *Jornal do Commercio*, p. 13, 24.5.1912. Teresa Marques (*A Cerveja e a Cidade do Rio de Janeiro de 1888 ao Início dos Anos 1930*, pp. 39-40) oferece mais informações sobre a relação comercial entre cervejarias e fábricas de vidro.

111. Informação obtida junto à Ambev.

112. Acervo Ambev, Caixa 49, Documento BR.FAHZ.AT.049.002.1912.0081, p. 4.

113. Relatório ao Conselho Fiscal, Acervo Ambev, Caixa 49, Documento BR.FAHZ.BRA.AT.049.002.1913.0094 de 6.3.1912.

114. "Associações", *Jornal do Commercio*, p. 22, 20.10.1912; "Parte Comercial", *Jornal do Commercio*, p. 8, 21.2.1913.

115. Ao lado de Künning, vários membros da comunidade de negócios alemã estavam entre os principais acionistas da Cia. Litographica, destacando-se o Brasilianische Bank für Deutschland e Augusto Tolle, antigo sócio de Heinrich Stupakoff.

116. "Cia. Litographica H. Reichenbach", *O Estado de S. Paulo*, p. 9, 24.12.1910. Quase cem anos depois, a Ambev retornou à produção de garrafas, inaugurando fábrica no Rio de Janeiro, em 2008 ("Ambev Inaugura...", *Extra*, 14.12.2010).

no início do século XX, a empresa foi a primeira da América do Sul a produzir impressos em cores. Com certeza fornecia rótulos, prospectos de propaganda e outros serviços gráficos à Brahma.

Ao investir em atividades correlatas, Künning, agindo por interesse próprio ou em nome da Brahma, seguia a tendência predominante no momento: os primeiros anos da década de 1910 constituíram um período ímpar na história das empresas cervejeiras, marcado por investimentos maciços nas fábricas e pela abertura de novas firmas.

É o que mostram as importações de máquinas e equipamentos realizadas por esse segmento da indústria. Entre 1906 e 1909, essas importações somaram 8,5 milhões de libras esterlinas, saltando para 27,5 milhões de libras de 1910 a 1913. Durante a Guerra, por conta fechamento das rotas comerciais do Atlântico, essas importações praticamente deixaram de existir[117], notadamente de 1915 em diante[118].

117. Apesar de ainda terem sido consideráveis no ano de início da Guerra, em 1914.

118. Wilson Suzigan, *Industrialização e o Desenvolvimento Econômico do Brasil*, São Paulo, Hucitec, 2021, p. 236. O autor indica que as importações seriam retomadas nas décadas de 1920 e 1930, mas jamais alcançariam o valor recorde dos quatro anos anteriores à Primeira Guerra.

A concorrência

11

A "cerveja barbante" persiste

COMO VIMOS, A PRODUÇÃO DE LAGER VINHA EM UMA ESPIRAL AS-
cendente desde 1907. Era um caminho sem volta. Em algum momento entre
1911 e 1913[1], o volume produzido ultrapassou o das cervejas de alta fermentação pela primeira vez. Em 1912, o imposto sobre o consumo de ambos os tipos
de cerveja foi unificado para 30 réis cada meio litro, o que auxiliou nesse processo. A nova alíquota incluiu também águas e refrigerantes, que chegaram a
ter imposto de 100 réis por garrafa, abrindo caminho para a expansão desse
último segmento.

Em 1914, quando a produção cervejeira alcançou seu ponto mais alto antes da Primeira Grande Guerra, foram produzidas 21,05 milhões de litros de
Lager, quase o dobro dos 11,17 milhões de litros de cerveja de alta fermentação, além de ainda 1,3 milhão de litros de chope[2]. A comparação com os dados
de 1902 revela que em apenas onze anos a produção de Lager foi multiplicada
por cerca de 8,7, e a de chope, por um fator próximo a 3,8. O fabrico de cerveja
de alta fermentação cresceu bem menos: algo em torno de 2,3 vezes. De qualquer forma, o mercado como um todo se expandiu.

---

1. Os relatórios do Ministério da Fazenda para 1911, 1912, 1913 e 1914 não comentam sobre o imposto arrecadado
   por segmento.
2. Brasil, *Relatório do Ministério da Fazenda*, 1915, p. 49. O documento (p. 48) nota também que dezesseis fábricas haviam sido fechadas no ano anterior, mas não indica o novo número destas.

Ainda assim, as cervejas de alta fermentação não desapareceram. Longe disso: o volume da produção superou o da fabricação de Lager em 1915 e 1929 – anos de crise. Isso porque as cervejarias produtoras de Lager também ofertaram maior volume de bebidas de alta fermentação nos períodos de crise, em vista dos custos mais baixos de produção.

Ademais, é preciso reconhecer que o segmento de alta fermentação mostrou forte capacidade de resistência à ofensiva da grande indústria. Sermões como o de Pires de Almeida podem ter afastado setores da classe média do consumo das "cervejas barbante". Mas, não iriam mudar o comportamento dos consumidores tradicionais desse tipo de produto, como os frequentadores de bares mais baratos. Algumas eram cervejas de boa qualidade que não mereciam o apelido depreciativo. E, claro, tinham preços mais baixos.

As cervejarias de alta fermentação também se juntaram em defesa de interesses em comum. Ainda em 1894, três empresas – Petrópolis, Logos e Guarda-Velha – combinaram reajustar os preços de seus produtos e vendê-los segundo determinada tabela, em que constavam todas as marcas de cada fabricante[3]. Esse foi o embrião de um acordo bem mais amplo, assinado por vinte fabricantes, em 1900[4].

Dessa vez, as cervejas foram agrupadas em apenas duas categorias – branca ou preta, que passaram a ser vendidas pelos mesmos preços. O compromisso seria renovado no ano seguinte[5] e novamente em 1909, quando foi assinado por 27 fabricantes[6]. Mais adiante, em algum momento da década de 1910, surgiu uma entidade de classe, a Associação dos Cervejeiros de Alta Fermentação, que ingressaria na Associação Comercial do Rio de Janeiro.

Sob o guarda-chuva da Associação Comercial, a instituição dos cervejeiros sobreviveu até meados dos anos 1930[7]. Porém, consideradas isoladamente, as cervejarias de alta fermentação duravam pouco, como regra geral. Todavia, várias delas foram longevas e sobressaíram-se no ambiente carioca. Uma das mais importantes, a Cervejaria Logos, nasceu em 1865, fundada por Francisco Logos, imigrante suíço naturalizado brasileiro.

3. "Fabricas de Cerveja", *O Paiz*, p. 5, 13.1.1892.
4. "Fabricas de Cerveja", *Gazeta de Notícias*, p. 4, 1.8.1900.
5. "Fabricas de Cerveja", *Jornal do Brasil*, p. 4, 2.7.1901.
6. "Rio de Janeiro", *A Imprensa*, p. 2, 31.1.1909.
7. O *Almanak Laemmert* citou a Associação dos Cervejeiros de Alta Fermentação pela última vez em 1936.

O *Brauer und Hopfenzeitung*, jornal especializado de Nuremberg, publicou artigo sobre a empresa, em 7 de abril de 1886. O texto, enviado do Brasil, destinava-se a dar aos leitores alemães "melhor impressão das circunstâncias em que se achavam as fábricas de cerveja brasileiras". Era uma resposta à descrição de cervejaria alemã-brasileira, situada na roça, editada pelo *Brauer*, em 1885[8].

Dotada de equipamentos importados, a Logos utilizava matéria-prima das melhores procedências, saindo-se bem na Exposição Internacional de Antuérpia, realizada um ano antes. Na Bélgica, ela havia conquistado duas medalhas: uma de prata, com a cerveja preta Tell's Bier von Gomnoins, e outra de bronze, dada à Brazilian Pale Ale.

Por ser fabricada de acordo com métodos clássicos britânicos, a Brazilian Pale Ale poderia conservar-se durante "alguns anos, sem a menor aplicação de antissépticos e também sem ser pasteurizada. Essa qualidade de conservar-se boa por tão longo tempo pode e deve resultar do elevado grau alcoólico e do emprego considerável de lúpulo (1,25 libra por hectolitro)". O diretor da Real Escola de Fabricantes da Baviera, em Weihenstephan, analisou e aprovou a cerveja, que achou muito clara, espumante, com gosto e cheiro correspondentes a esse tipo de bebida. No produto da Logos, que tinha "o caráter de boa Pale Ale", o analista encontrou 5,18% de álcool[9].

Francisco Logos faleceu em 1889[10]. Em 1892, Carlos Castro, como novo dono da fábrica, anunciou que também tinha restaurante e bilhares no local, em arranjo bem típico na época[11]. O negócio foi repassado ao francês Louis Emile Chatenay, por volta de 1894[12], que continuou na direção pelos doze anos seguintes[13].

Em 30 de março de 1907, a poucos dias do retumbante ataque à Brahma pelo jornal *A Tribuna*, o suspeitíssimo Laboratório Municipal de Análises

8. O autor dos comentários enviados ao jornal alemão, identificado apenas pelas iniciais A. C., escolheu a Logos como exemplo de empresa urbana, que operava na capital do Império. Segundo o articulista, a produção da cervejaria, diminuta no começo, evoluíra para quinze mil hectolitros por ano, podendo ser duplicada, graças a alguns melhoramentos já realizados. A empresa empregava 42 pessoas. Os cervejeiros eram alemães e, os operários, na maioria dos casos, vinham de Portugal ou da Espanha.

9. A matéria publicada no *Jornal do Commercio* reproduzia artigo do periódico estrangeiro, traduzido por um tradutor juramentado ("Cerveja Logos", *Jornal do Commercio*, p. 4, 20.5.1886).

10. "Club dos Tucanos", *Novidades*, p. 2, 6.5.1889.

11. "Cervejaria Logos", *Jornal do Commercio*, p. 10, 27.10.1892.

12. "Cerveja", *Almanak Laemmert*, 1894, p. 611.

13. *Gazeta de Notícias*, 11.3.1906.

condenou duas cervejas da Logos, que conteriam ácido salicílico[14]. Uma das marcas era a Tell's Bier, premiada com medalha de prata em Antuérpia. M. Chatenay – talvez *madame* Chatenay, a viúva de Emile – contestou o resultado dessas análises[15]. A empresa, que era provavelmente a segunda maior da capital depois da Brahma, foi liquidada por dívidas em fins de 1808[16].

Outro episódio de atrito da Brahma com uma pequena cervejaria foi o caso da Santa Maria, analisada por Teresa Marques[17]. A campanha contra essa cervejaria foi inaugurada pela *Gazeta de Notícias,* em 14 de maio de 1912, e prosseguiu nos meses seguintes. Para a *Gazeta*, a cervejaria assemelhava-se a um chiqueiro, também povoado por "ratos imensos, desses de porão de navio, ratos internacionais!" Seria também um antro de jogatina, que toleraria a presença de menores, além de outras vítimas de caça-níqueis, como os "pobres operários ignorantes, que ali vão repousar e beber"[18].

Para encerrar a "reportagem", a *Gazeta* acrescentou: "E a polícia não vê isso! E a Saúde Pública não cumpre o seu dever, mandando fechar aquele antro anti-higiênico, fétido e imundo! Até quando teremos nós da imprensa de ensinar às autoridades os seus deveres?" A *Gazeta* manteve esse tom nas edições subsequentes, insinuando que a tolerância das autoridades para com a Santa Maria era resultado de corrupção.

Por que essa pequena empresa, com nome evocativo de Santa Maria, mas dedicada à produção de bebidas alcoólicas, foi atacada dessa maneira? Nunca houve resposta para essa pergunta, a exemplo do ocorrido com a Brahma. De qualquer maneira, o português Napoleão da Silva Lima, dono do empreendimento, reagiu, apoiado por vários órgãos de imprensa, inclusive pelo influente *Jornal do Commercio.*

Em diversos artigos, os jornais lembraram que a Santa Maria, já com quase meio século de existência, era patrimônio da cidade e não merecia o tratamento injurioso que lhe dava a *Gazeta*[19]. Tudo terminou alguns dias depois, quando

---

14. "Laboratório Municipal de Análises", *O Paiz*, p. 4, 31.3.1907.

15. "Cervejaria Logos", *O Paiz*, p. 5, 12.4.1907.

16. "De Praça – Com Prazo de 20 Dias", *Jornal do Commercio*, 11.11.1908. Havia um patrimônio considerável, formado por terreno amplo, diversas construções e equipamentos para a produção de cervejas, bebidas não alcoólicas e gelo.

17. Teresa C. N. Marques, *A Cerveja e a Cidade do Rio de Janeiro de 1888 ao Início dos Anos 1930*, pp. 131 e ss.

18. "Pela Saúde Pública", *Gazeta de Notícias*, 1ª p., 14.5.1912.

19. "A Fábrica Santa Maria", *O Malho*, ed. 208, p. 26, 1906.

Figura 92. Em 1910, a Antarctica comemorou a passagem do Cometa Halley, com lançamento de nova marca. Fonte: Acervo Ambev/FAHZ.

a Saúde Pública atestou as boas condições de funcionamento da fábrica, com apenas alguns reparos. Sem se desculpar ou dar explicações, a *Gazeta* fechou a matraca. Assim, o Napoleão da rua da Carioca venceu sua Waterloo, e a Santa Maria, ao lado de quase quarenta cervejarias de alta fermentação, ainda apareceu no *Almanak Laemmert* pelo menos até 1938.

Tacada paulista

Conforme Köb, o acordo entre Brahma e Antarctica firmado em 1904 foi rompido em setembro de 1910[20]. Assim, a partir de 1911, a disputa entre as duas empresas ganhou intensidade. Cada uma tentou avançar sobre o principal mercado da concorrente.

A Antarctica iniciou sua ofensiva no Rio de Janeiro com redução de preços e muita publicidade. E provavelmente ganhou terreno, pois a Brahma só conteve o avanço da empresa de São Paulo quando baixou seus preços em 25%. Esse corte se refletiu nos resultados do exercício: as vendas aumentaram de forma significativa em relação ao ano anterior, mas os dividendos pagos aos acionistas foram reduzidos de 16% para 11%.

---

20. Edgar Helmut Köb, *Die Brahma-Brauerei und die Modernisierung des Getränkehandels in Rio de Janeiro 1888 bis 1930*, p. 99. O autor alega que isso se deu devido a divergências sobre a divisão de mercados no Norte do país.

Figura 93. Cartaz da cerveja München da Antarctica, com experimentação de um efeito 3D, década de 1910. Fonte: Acervo Ambev/FAHZ.

Figura 94. Em 1909 a Antarctica decide montar uma fábrica de águas gasosas e bebidas sem álcool, anexa à fábrica da Mooca. O início da produção do Club Soda se dá em 1912. Fonte: Acervo Ambev/FAHZ.

As tentativas da Brahma de ganhar posições no mercado paulista foram infrutíferas no começo. A Antarctica reagiu com força: ameaçou os clientes com a suspensão das entregas de gelo caso eles também oferecessem produtos da Brahma em seus estabelecimentos. Por isso a Brahma decidiu construir a fábrica de gelo em Santos, às portas da capital paulista. A unidade começou a produzir em 1912. Em relatório de 20 de outubro de 1913, Künning enfatizou expressamente o caráter estratégico da planta industrial, cuja operação deveria ser mantida a todo custo, "mesmo com prejuízo"[21]. Mas ainda estaria longe de incomodar a maior rival em sua praça.

Nova concorrente

A Cervejaria Hanseatica[22], sob a denominação inicial de Sociedade Anonyma Companhia Piratininga, com capital de trezentos contos, foi autorizada a funcionar por decreto presidencial, em 1910[23]. Embora fosse menor, incomodaria a Brahma por anos a fio[24].

---

21. *Idem*, p. 100.
22. Teresa C. N. Marques (*A Cerveja e a Cidade do Rio de Janeiro de 1888 ao Início dos Anos 1930*, pp. 135 e ss.) analisa a origem desta empresa e a repercussão de suas atividades sobre o mercado cervejeiro no Rio de Janeiro.
23. Brasil, *Relatório do Ministério da Agricultura*, 1910, p. 402.
24. A Brahma passaria a comprar lotes de ações da Companhia Hanseatica a partir da morte de seu principal acionista, Zeferino de Oliveira, em 1929. Pelo ano de 1941, o herdeiro de Oliveira, Mário de Oliveira,

Figuras 95 e 96. A Antarctica inaugurou uma filial em 1911 em Ribeirão Preto, promovendo aumento do consumo no interior paulista, região que se desenvolvia com a economia cafeeira. Fonte: Acervo Ambev/FAHZ.

Em novembro de 1912 sua nova e moderna fábrica no bairro da Tijuca entrou em operação à plena carga e foi saudada pela imprensa. Como exemplo, basta citar *O Paiz*, do dia 13 do mês:

Ficaram completamente instalados esta semana os vastos e primorosos serviços da Companhia Hanseatica, uma das mais importantes de toda a América. É, no gênero, um modelo essa fábrica de cerveja, que mereceu do general Dr. Ismael da Rocha, o ilustrado e zeloso chefe do serviço higiênico e clínico do nosso exército, referências honrosas e verdadeiramente entusiásticas, em comunicação solene à Academia de Medicina, de que é um dos mais conspícuos membros.

O eminente cientista, descrevendo o que viu [na cervejaria], disse o seguinte: "Não é possível exigir mais. Visitei fábricas na Europa. Essa que aí está leva, sobre as que tive ocasião de visitar, a vantagem de dispor de aparelhos os mais aperfeiçoados, os mais modernos, pois alguns têm o número dos primeiros saídos das fábricas respectivas. Pode haver [cervejarias] maiores. Mas nunca se poderá dizer que existam estabelecimentos dessa natureza, montados com aparelhos de mais luxo e mais higiene. A nova fábrica que a Companhia Hanseatica vem de instalar é um orgulho nacional"[25].

No texto, *O Paiz* transcreve entrevista de Ismael da Rocha ao *Jornal do Commercio*, concedida em setembro do mesmo ano. Na ocasião, o general Rocha elogiou os dirigentes da Hanseatica: Antonio Norberto Ribeiro do Valle, Theotônio Sá e Germano Thieme, o diretor técnico. Thieme, personagem esquecido na história cervejeira do país, é o que mais nos interessa. Nascido em Santa Catarina, de ascendência alemã, ele teria sido o primeiro sul-americano a obter diploma no Instituto Experimental e Educacional para Cervejarias em Berlim (Versuchs- und Lehranstalt für Brauerei, VLB), instituição ainda existente, fundada em 1883[26].

------

venderia o último lote que daria à Brahma o controle sobre a cervejaria. Em 1994, a fábrica situada junto à avenida Maracanã foi desativada. Anos depois, o terreno, que compreende todo um quarteirão, daria lugar a um centro de compras.

25. "A Indústria Nacional e a Companhia Hanseatica", *O Paiz*, p. 3, 13.11.1912.

26. Pródiga em elogios às qualidades pessoais de Thieme, a imprensa da época jamais publicou dados bibliográficos. Sabe-se que seu pai, Germano Augusto Thieme, foi prefeito de Brusque (SC) em 1883 e de 1887 a 1889. Germano filho teria nascido em 1863 e morado um tempo na Alemanha ("As Nossas Gravuras", *Revista da Semana*, n. 154, p. 563, 26.4.1913).

Na imprensa, a primeira referência às atividades profissionais de Thieme data de 1902, quando era diretor técnico da Brahma[27]. Competente em suas funções de cervejeiro, destacava-se por inovações que introduzia na produção. Em 1902, requereu patente para um "processo de aproveitamento do levedo líquido da cerveja e de outras fermentações". Dois anos depois, ele e Georg Maschke patentearam um "refrigerador universal"[28]. Em 1906, por ocasião de reformas e ampliações na Visconde de Sapucahy, "um engenhoso aparelho para esfriar água", criação de Thieme, é citado como novidade instalada na fábrica[29].

Como se vê, no início do século XX, Thieme estava em posição confortável na Brahma. Além do cargo que ocupava, era acionista – votou (e questionou) na assembleia que elegeu Künning presidente, em 1906 – e tinha um irmão, Henrique, mestre cervejeiro na Teutonia, em Mendes[30]. Não sabemos por que e nem quando ele deixou a Brahma, mas sua experiência e conhecimento certamente foram essenciais para o bom desempenho da nova cervejaria.

O acionista principal e presidente da Hanseatica era Zeferino de Oliveira. Português nascido em 1870, emigrou para o Brasil com dezessete anos de idade. Começando de baixo, gostava de passar o tempo estudando e lendo no Real Gabinete Português de Leitura. Empresário de visão, além da Hanseatica, fundou ou dirigiu diversas empresas[31]. Ajudou a cervejaria a modular produtos voltados para a comunidade imigrante portuguesa (um contraponto às origens germânicas da Brahma), que eram também trabalhadores e dirigentes no setor de restaurantes e bares. Isso acabaria atiçando a rivalidade nos anos de guerra.

---

27. "A Cerveja", *O Paiz*, 1ª p., 28.12.1902; Brasil, *Relatório do Ministério da Agricultura*, 1903, p. 33.
28. Brasil, *Relatório do Ministério da Agricultura*, 1905, p. 45.
29. *Jornal do Brasil*, p. 2, 9.9.1906.
30. "Dia Social", *Correio da Manhã*, p. 5, 25.9.1905.
31. Dentre as quais, Banco Português do Brasil, Moinho da Luz, Companhia da Luz Esteárica, Companhia de Fumos Veado, Fábrica de Calçados Polar, Casa Heitor Ribeiro e Cia., Cerâmica D. Pedro II e Cia. Continental de Seguros. Os dados sobre Zeferino foram extraídos de https://diariodorio.com/ruasdorio-quem-foi-ze-ferino-de-oliveira/.

12

Anos de guerra

O tombo

UMA CRISE DE AMPLITUDE INÉDITA SE ABATEU SOBRE A ECONO-
mia brasileira a partir do segundo semestre de 1913, devido a mais um retro-
cesso dos preços do café no mercado internacional[1], com efeitos agravados pelo
rápido descenso, em valores, das exportações de borracha, ocorrido em paralelo. Esses reveses empurrariam o país ladeira abaixo, com ou sem a Primeira
Grande Guerra. Porém, em 1912 e 1913 a região dos Bálcãs, no Sudeste Europeu,
foi sacudida por conflitos que se tornaram o estopim da tremenda conflagração iniciada em fins de julho de 1914[2].

A percepção de que a tormenta se avizinhava levou as potências da época a
entesourar ouro, como medida defensiva para proteger suas economias e assegurar os preparativos militares. Em consequência, houve brusca contração do
crédito no mercado internacional, e a crise se precipitou no Brasil. Faltaram
recursos em moeda forte para financiar o déficit público crônico, assim como
as exportações e importações.

Segundo Köb, para a indústria cervejeira, a desvalorização do mil-réis foi
particularmente prejudicial porque tornou mais caras as matérias-primas e
os combustíveis, que já eram escassos. A Guerra interromperia a navegação

---

1. Ver Apêndice para mais detalhes.
2. Joimar C. Menezes, *Setor Externo e Política Econômica do Brasil, 1913-1918*, São Paulo, Universidade de São
Paulo, 2015 (Tese de Doutorado em História Econômica).

comercial entre Brasil e Alemanha, e por consequência as relações entre a H. Stupakoff e a Brahma para o fornecimento de matéria-prima. A Brahma teve que buscar malte, lúpulo e cevada, no mercado norte-americano[3].

A elevação dos custos teve impacto sobre o lucro da Brahma. Os dividendos caíram para 10% em 1913 e para 5% em 1914. Em 1915 nada foi distribuído. O nível de vendas anual médio do período 1914-1917, comparado a 1913, caiu quase 50%[4]. Somente em 1922 as vendas voltariam ao patamar daquele ano[5].

Se as vésperas da Guerra o país já se encontrava em situação delicada, após o início da contenda as dificuldades se acumularam, com a obstrução dos canais financeiros e das rotas marítimas do comércio internacional. O Brasil, que assumiu a neutralidade, viveria anos difíceis, tentando se equilibrar sob a pressão de interesses antagônicos dos blocos liderados pela Grã-Bretanha e pela Alemanha. Até que, finalmente, declarasse guerra ao Império Alemão e seus aliados, em 1917[6].

Como resultado imediato do choque provocado pela crise e agravado pelo conflito, em 1914 a produção da Brahma recuou 28% em relação a 1913, para 121 mil hectolitros, enquanto o faturamento caía 31%, totalizando 9,1 mil contos de réis. A companhia procurou ajustar-se às severas restrições econômicas do período da guerra, mas a produção e vendas declinaram até 1917. Essa deve ter sido a etapa mais tensa na história da Brahma para Künning e demais acionistas de origem alemã, devido a fatores políticos. Antes de examiná-los seguiremos na esfera econômica, com as decisões da empresa no sentido de resguardar-se e garantir a continuidade dos negócios.

Em 1914, a companhia chegou a registrar diversas novas marcas: Brahma Bier Branca, Chopp Rápido Expresso, Soberba, Supremas, Mascote, Carioca,

---

3. Teresa C. N. Marques, *A Cerveja e a Cidade do Rio de Janeiro de 1888 ao Início dos Anos 1930*, p. 181.

4. *Idem*, p. 178.

5. Edgar Helmut Köb, *Die Brahma-Brauerei und die Modernisierung des Getränkehandels in Rio de Janeiro 1888 bis 1930*, p. 103.

6. A Grã-Bretanha formou a Tríplice Entente com a França e o Império Russo no início da Guerra. O Império Alemão, o Império Austro-Húngaro e o Reino da Itália compunham a Tríplice Aliança, desde 1882. O Império Alemão também tinha o Império Otomano como aliado. A Itália abandonou o bloco alemão assim que começaram as hostilidades e aderiu à Tríplice Entente. A Declaração de Guerra do Brasil não resultou, na prática, em combates.

Negrinha, Teteia, Allemania, Malzbier[7] e Fidalga. Essa última, lançada bem no início do conflito, em fins de julho de 1914[8], tinha o *slogan* "popular em preço e fidalga na qualidade". A empresa procurou acompanhar o movimento do público que, tendo a renda em declínio devido à crise, buscava produtos mais baratos[9]. A Fidalga se tornou um dos carros-chefes da empresa por cerca de dez anos, como veremos adiante.

Quanto aos investimentos, até outubro de 1913, Künning e a diretoria permaneciam otimistas. Mantinham sobre a mesa os planos para novo ciclo de aumento da produção, a ser implementado a partir de fevereiro de 1914. Mas cancelaram o projeto dois meses depois, tão logo perceberam os primeiros sinais da crise: as vendas de cerveja começaram a recuar em todo o país[10].

E prosseguiriam em marcha à ré. No primeiro semestre de 1914, o enfraquecimento da demanda levou à paralisação das atividades na Vidraçaria Santa Marina, em São Paulo, a maior fabricante brasileira de garrafas, da qual Johann Künning também era acionista[11]. Além disso, a crise com certeza teve sua parte de culpa na extinção precoce da Companhia Vidraria Carmita, ocorrida em 1916[12].

O patrimônio moderno e certamente valioso da Carmita foi arrematado em leilão por Olavo Egydio de Souza Aranha Jr. e Alberto Monteiro de Carvalho e Silva e utilizado na fundação da Companhia Industrial São Paulo e Rio (Cisper), em 1917[13]. Em 1918, a Brahma estabeleceu relacionamento comercial duradouro com a Cisper, após a encomenda inaugural de cem mil garrafas[14].

O caso da Carmita não abalaria as finanças da Brahma, mas dificuldades e perdas se sucederam enquanto durou a Guerra. Em agosto de 1914, o governo brasileiro decretou moratória da dívida de empresas privadas. A medida desafogou a Brahma, endividada junto a fornecedores e credores alemães[15]. Mas,

---

7. Outra grande tacada da época. Posteriormente a Antarctica disputaria o uso exclusivo da marca, como veremos.

8. Teresa C. N. Marques, *A Cerveja e a Cidade do Rio de Janeiro de 1888 ao Início dos Anos 1930*, p. 187.

9. "Fidalga – A Nova Criação da Brahma", *Gazeta de Notícias*, p. 6, 31.7.1914.

10. Teresa C. N. Marques, *A Cerveja e a Cidade do Rio de Janeiro de 1888 ao Início dos Anos 1930*, p. 177.

11. *Idem*, p. 187.

12. "Informações", *Jornal do Commercio*, p. 15, 20.7.1916; "Associações", *Jornal do Commercio*, p. 12, 1.7.1914.

13. "Massa Falida", *Jornal do Commercio*, p. 13, 11.2.1917.

14. Claudio Lamas Farias, *Panorama e Cronologia do Desenvolvimento do Design de Produto no Rio de Janeiro, 1901-2000*, São Paulo, Universidade de São Paulo, 2012 (Tese de Doutorado em Design e Arquitetura).

15. Teresa C. N. Marques, *A Cerveja e a Cidade do Rio de Janeiro de 1888 ao Início dos Anos 1930*, p. 187.

a companhia, impedida de comerciar com a Alemanha, viu-se obrigada a importar insumos mais caros, principalmente dos EUA e do Canadá[16]. Os custos se elevaram, também porque subiram o câmbio e os fretes, e passaram a absorver grande parte das receitas obtidas no mercado interno.

Com o faturamento e os lucros em queda no período da Guerra, para aliviar as pressões sobre o caixa e manter-se em pé, a Brahma, acompanhada pelas demais cervejarias, aumentou seus preços ao menos uma vez. O reajuste ocorreu em fevereiro de 1916, às vésperas do Carnaval, que seria comemorado no princípio de março. Segundo o jornal *O Paiz* do dia primeiro desse mês, a majoração foi acertada "em convênio, convocado e presidido" por Johann Künning. Durante a reunião, os fabricantes teriam acertado um aumento geral de mil-réis por dúzia de garrafas, e proibiram os distribuidores de dar descontos aos clientes. Também ficou combinado que as fábricas não mais emprestariam aos varejistas geladeiras, mesas, cadeiras, copos etc., utensílios explorados como veículos de propaganda. Da mesma forma, seriam suspensos os anúncios de produtos na imprensa.

Na véspera, *A Noite* já havia publicado matéria criticando o aumento, que seria da ordem de 30%. O jornal reconhecia que o malte e o lúpulo, importados dos EUA, estavam mais caros em relação ao suprimento europeu. Mas apenas 3% no caso do malte e 8% no do lúpulo. *A Noite* aproveitou a ocasião para dar uma estocada nos dirigentes das cervejarias, comentando seus rendimentos:

O Sr. Johann Künning, por exemplo, que é o diretor-presidente da Brahma, tem os vencimentos mensais de três contos e dez por cento sobre os lucros líquidos da companhia, percentagem essa que, informam-nos, lhe dá média de um conto de réis por dia![17]

A Noite ouviu os principais envolvidos na questão. Künning foi evasivo. Sem citar números, disse que as matérias-primas haviam encarecido muito. Na Hanseatica, Theotônio de Sá, o presidente, enumerou a alta dos preços

---

16. A Grã-Bretanha impôs bloqueio naval à Alemanha; minou as águas e declarou o Mar do Norte "área militar" britânica. Conforme se lê em: http://www.nationalarchives.gov.uk/pathways/firstworldwar/spotlights/blockade.htm. A presença naval alemã no Atlântico também existia, o que provocou conflitos diretos.

17. "Por que a Cerveja Subiu de Preço?", *A Noite*, 1ª p., 28.2.1916.

das matérias-primas e outros itens indispensáveis à fabricação de cerveja, a exemplo do carvão e da amônia para refrigeração. Theotônio de Sá acrescentou que o imposto de consumo por garrafa havia subido de cinquenta para sessenta réis. No varejo, *A Noite* constatou que o preço da Cascatinha, o carro-chefe da Hanseatica, subira de seiscentos para setecentos réis a unidade.

O presidente da empresa afirmou: "A Cascatinha, de que no ano passado vendemos perto de nove milhões de garrafas, só no Distrito Federal, passou de 375 réis a garrafa, que era o preço pelo qual vendíamos aos varejistas, para 470 réis. Ela vendida a seiscentos réis ainda dará bons lucros".

Ou seja, bares e restaurantes deveriam arcar com a elevação dos custos para as cervejarias, sem repassá-los ao consumidor. A direção da Cervejaria Polonia era da mesma opinião, é claro: "Os varejistas que vendem a cerveja a seiscentos réis não têm o direito de aumentar esse preço"[18].

Porém, os comerciantes não estavam interessados em ouvir esse discurso, como seria de esperar. Os preços foram reajustados no balcão e o mercado cervejeiro continuou a encolher. A Brahma fechou o ano com queda de 21% nas vendas físicas, que totalizaram 98 mil hectolitros, ante os 124 mil hectolitros do ano anterior. Mas o faturamento caiu só 3%, de 9 308 contos para 9 023 contos. Esses dados são uma evidência de que a puxada nos preços da cerveja não permitiu um declínio acentuado da receita.

Fora o aumento de preços, a Brahma tomou outra decisão importante em 1916, vendendo a propriedade de Mendes, onde a fábrica da antiga Teutonia foi convertida em frigorífico pela compradora, a Sociedade Comercial e Industrial Suíça[19]. Isso possibilitou um pagamento de dividendos de 2,5% naquele ano.

Brahma sob ataque

Em 1914, Portugal e Alemanha tinham colônias na África, em territórios contíguos. E a Alemanha pretendia aumentar suas possessões nesse continente, subtraindo áreas aos portugueses. Assim, no começo da guerra, em agosto, os alemães atacaram um posto fronteiriço luso, em Moçambique. No Brasil a escaramuça não mereceu a atenção da imprensa. Mas a República ibérica

---

18. *Idem.*
19. "Associações", *Jornal do Commercio*, p. 13, 25.8.1916.

reagiu e enviou contingentes militares para defender seus domínios africanos, a partir de outubro. Esse deslocamento de tropas foi noticiado pelos jornais brasileiros e, provavelmente, contribuiu para indispor boa parte dos portugueses residentes aqui contra a Alemanha e seus interesses[20].

Na época reacendeu-se o debate sobre o "perigo alemão", ao mesmo tempo que chegavam ao Brasil notícias de atrocidades cometidas na Bélgica e na França pelos exércitos do *kaiser*. Em vista dos acontecimentos, seria lógico esperar que a aversão a tudo que se relacionasse com a Alemanha crescesse no país. E a Brahma era considerada empreendimento germânico pelos brasileiros. Afinal, seus principais dirigentes eram alemães, assim como acionistas importantes, do porte de um Brasilianische Bank für Deutschland ou da Theodor Wille & Cia.

Portanto, a Brahma não atravessaria incólume esse período envenenado pela guerra, mesmo sendo brasileira, conforme a legislação em vigor, pois eram consideradas nacionais as firmas organizadas segundo as leis do Brasil, estando sediadas e operando aqui[21]. Não importava de onde vinham os capitais investidos, tampouco a origem dos sócios ou acionistas.

Assim, em novembro de 1914 as vendas da Brahma caíram mais de 20% em relação a novembro de 1913. Em relatório ao conselho fiscal, a diretoria reconheceu que a questão política prejudicara a empresa:

O resultado teria [...] sido mais favorável se a esperada participação de Portugal na guerra europeia não tivesse servido de pretexto aos nossos concorrentes para procurarem explorar os sentimentos patrióticos dos portugueses aqui domiciliados, os quais formam grande parte de nossa freguesia[22].

O estado de guerra entre Alemanha e Portugal seria reconhecido formalmente só quinze meses mais tarde. Mas outras contrariedades se avizinhavam.

20. A teia complexa de acontecimentos que envolveu a participação de Portugal na Guerra foi descrita, entre outros, por João José Brandão Ferreira. O artigo está disponível em https://www.revistamilitar.pt/artigo/965. O documentário *Portugal na Primeira Guerra Mundial* também é ilustrativo: https://www.youtube.com/watch?v=lQt8JZjnLVA.

21. Teresa C. N. Marques, "A Cervejaria Brahma e os Investimentos Alemães no Brasil Durante as Duas Guerras Mundiais", *História Unisinos*, vol. 19, n. 2, pp. 242-255, maio-ago. 2015.

22. Teresa C. N. Marques, *A Cerveja e a Cidade do Rio de Janeiro de 1888 ao Início dos Anos 1930*, p. 189.

Em fevereiro de 1915, a Brahma publicou anúncio para contrapor-se a rumores irritantes sobre a água utilizada na fábrica[23].

No intuito de fazer cessar de uma vez por todas os boatos malévolos, espalhados por interessados sem escrúpulos, e as tentativas de chantagem, a respeito da qualidade da água empregada na fabricação de suas cervejas, a Companhia Cervejaria Brahma julga oportuna a publicação do requerimento dirigido ao diretor-geral da Saúde Pública e do respectivo despacho, que dispensa comentários: [...]
"A vistoria procedida pela comissão nomeada em janeiro por esta diretoria foi favorável ao requerente, cujas instalações foram julgadas ótimas, do ponto de vista higiênico, verificando mais a mesma comissão que a fabricação da cerveja e do gelo é feita com água de excelente qualidade, procedente dos reservatórios do Pedregulho".

Ainda em fevereiro, o Ministério das Relações Exteriores insistiu na neutralidade do Brasil ante os países em conflito, por meio de orientação enviada às representações diplomáticas brasileiras no estrangeiro. No mesmo documento, o Itamaraty reafirmou os critérios vistos acima para o reconhecimento da nacionalidade de empresas em operação no Brasil. Mas também informou que o país não tomaria partido de sócios ou acionistas estrangeiros dessas firmas caso fossem alvo de represálias por parte de nações beligerantes[24].

Esse ponto é muito importante porque, não satisfeita com o bloqueio naval da Alemanha, desde 1915 a Grã-Bretanha investiu contra empresas e cidadãos de países inimigos, por meio de uma "lista restritiva". Súditos britânicos estavam proibidos de negociar com firmas e pessoas cujos nomes aparecessem nessa "lista", não importando onde tais firmas e cidadãos operassem, mesmo que fosse em países neutros. Portanto, para desassossego de quem tivesse vínculos com a Alemanha e aliados, a proteção dada a seus interesses era incompleta no Brasil.

A propaganda e as pressões antigermânicas aumentaram substancialmente a partir de 7 de março de 1915, data de fundação da Liga Brasileira pelos Aliados, presidida pelo senador Rui Barbosa. Em julho desse ano, representando o Brasil

---

23. "A Companhia Cervejaria Brahma ao Público", *O Paiz*, p. 3, 13.2.1919.
24. Teresa C. N. Marques, *A Cerveja e a Cidade do Rio de Janeiro de 1888 ao Início dos Anos 1930*, pp. 192 e ss.

em Buenos Aires, Barbosa discursou contra a neutralidade brasileira e atacou a Alemanha. Recebeu aprovação do Congresso Nacional, protestos teutônicos e decidida reprimenda do general Lauro Müller, titular do Itamaraty. Depois disso, o catarinense Müller, descendente de alemães e defensor da neutralidade brasileira, não teve mais sossego. Combatido com frequência através da imprensa, terminou por renunciar, em maio de 1917, logo após o Brasil ter rompido relações diplomáticas com a Alemanha[25].

As ações da Liga pelos Aliados contribuíram para a corrosão gradativa do apoio político à Alemanha e a seus interesses no país. E os fatos tendiam a reforçar os argumentos da entidade. Em maio de 1915, um submarino alemão afundou o Lusitania, transatlântico britânico, nas proximidades da costa irlandesa, provocando a morte de cerca de 1 200 passageiros e tripulantes. O incidente teve enorme repercussão, sendo convenientemente explorado pela propaganda britânica e a de seus aliados[26].

Adiante, em junho de 1915, as dissensões provocadas pela Guerra atravessaram os portões da Visconde de Sapucahy e sacudiram a Brahma. O rebuliço começou no dia 2, quando o jornal *Il Corriere Italiano* publicou matéria intitulada "O Ato Violento e Indigno da Companhia Brahma", referindo-se à demissão do químico Umberto Facciotti, imigrante italiano. Facciotti discutiu com colegas alemães que chamaram a Itália de traidora por ter abandonado a Tríplice Aliança e aderido ao bloco britânico. Ferido em seu patriotismo, o italiano pediu ao diretor técnico da Brahma, Adam Stadler, para interferir e proibir ofensas à Itália[27].

O alemão Stadler se negou e a questão incômoda foi parar no colo de Künning. Numa tentativa de pôr panos quentes sobre o assunto, Künning ofereceu licença remunerada a Facciotti. Dessa forma, novos atritos seriam evitados. Não houve acordo e o químico pediu demissão do emprego. Esses foram

25. Stefan C. Bonow, *A Desconfiança Sobre Indivíduos de Origem Germânica em Porto Alegre Durante a Primeira Guerra Mundial: Cidadãos Leais ou Retovados?*, Porto Alegre, Pontifícia Universidade Católica do Rio Grande do Sul, 2011 (Tese de Doutorado em História); Livia C. Pires, "A Liga Brasileira pelos Aliados e o Brasil na Primeira Guerra Mundial", *Anais do XXVI Simpósio Nacional de História – Anpuh*, São Paulo, 2011.

26. Os alemães avisaram pela imprensa estadunidense que as pessoas não deveriam atravessar o Atlântico em navios britânicos. Sabe-se ainda que, além dos passageiros, o navio levava armas e munições para a Inglaterra. Ver em: https://historycollection.com/how-the-sinking-of-rms-lusitania-changed-world-war-i/11/.

27. Teresa C. N. Marques, *A Cerveja e a Cidade do Rio de Janeiro de 1888 ao Início dos Anos 1930*, p. 196.

os fatos, e a Brahma não respondeu ao pesado ataque desferido pelo *Corriere Italiano*. Mas mudou de atitude duas semanas mais tarde, logo depois de o jornal *A Noite* reavivar a fogueira ao publicar "Os Italianos e a Brahma", transcrevendo material do *Corriere*, inclusive a versão de Umberto Facciotti sobre o entrevero na cervejaria.

Para defender-se, a Brahma comprou espaço nos jornais de 18 de junho, também porque panfletos começaram a surgir nos pontos de bondes, incitando a colônia italiana a boicotá-la. Na matéria paga, a empresa contou à sua maneira o incidente com Facciotti. Segundo ela, o químico não fechou o acordo proposto porque exigiu, além da licença, "uma gorda pensão mensal até o final da Guerra". Mas, no contra-ataque, a Brahma cometeu um erro tático: sugeriu que a confusão poderia ter sido resultado de conspiração da Cervejaria Hanseatica, onde Facciotti já estava trabalhando àquela altura[28].

Cutucada com vara curta, a Hanseatica respondeu imediatamente. Mandou publicar texto recontando os acontecimentos e explicou, de maneira razoável, os motivos que a levaram a contratar Facciotti. E também bateu com força na Brahma:

Em primeiro lugar, nenhum precedente autoriza a Cervejaria Brahma a nos julgar capazes de recursos e manobras que nunca empregamos; em segundo, no próprio fato, já sobejamente discutido pela imprensa, não há um só elemento que permita supor um acordo prévio ou posterior, entre a Companhia Hanseatica e o empregado despedido da Brahma[29].

A Hanseatica acrescentou:

Não é a Hanseatica quem faz publicar *interviews* desfazendo os produtos alheios e até insultando os que os consomem; não é a Hanseatica quem manda deteriorar ou arrancar os cartazes ou tabuletas das fábricas concorrentes. Temos tido, felizmente, o mais constante e auspicioso desenvolvimento de consumo, porque nossos produtos

---

28. "Os Italianos e a Brahma", *A Noite*, p. 4, 16.7.1915; "A Cia. Cervejaria Brahma – Ao Público...", *A Época*, p. 3, 18.7.1915.

29. "A Companhia Hanseatica – Ao Público", *Correio da Manhã*, p. 3, 19.6.1915. Na mesma página há um anúncio da Fidalga. Aliás, este jornal continuou publicando anúncios de ambas as empresas.

agradam ao público. Desse modo se vê ser também inexata a afirmação de que não conseguimos enfrentar a Brahma no terreno comercial[30].

E termina o texto afirmando que a Brahma "emprega todos os processos para estabelecer um monopólio de fato", e que já havia comprado a Babylonia e a Teutonia e tentado comprar a própria Hanseatica. A Brahma, de forma tácita, reconheceu que cometera um erro, pois bateu em retirada, sem responder à Hanseatica. Não lhe interessava alimentar o debate. De toda forma, vindo em péssima hora, o problema com Facciotti e sua repercussão foram muito prejudiciais. Em relatório ao conselho fiscal, de 29 de junho de 1915, a diretoria da empresa informou ao conselho fiscal da empresa:

A animosidade latente contra tudo que é alemão exerce uma influência desfavorável sobre os nossos negócios. Como sabeis, a Brahma, embora sociedade anônima brasileira, é geralmente tida como empresa alemã. Depois de ter a concorrência, logo após a declaração de guerra europeia, procurado nos indispor com a colônia portuguesa, tem procurado ultimamente acirrar também a população italiana contra nós. A desejada oportunidade para tais maquinações forneceu um incidente havido entre empregados alemães e italianos da nossa fábrica, o qual deu origem a artigos de jornais[31].

Pouco depois, em setembro, seja por quebra de confiança na companhia, ou por falta de liquidez no mercado, investidores correram para resgatar debêntures vencidas da Brahma – papéis cujas emissões sempre canalizaram recursos para seus cofres. A corrida quase zerou os depósitos bancários da empresa, que foi socorrida com crédito suplementar pelo Brasilianische Bank[32]. Mais complicações viriam no princípio de 1916. As vendas de janeiro a março desse ano caíram 16% em relação ao mesmo período do ano anterior. A crise econômica em curso e o verão ameno decerto contribuíram para a redução do consumo, mas os efeitos impactantes da guerra europeia não podem ser ignorados.

A solução seria desmobilizar o terreno da antiga fábrica da Teutonia em Mendes, mas este já havia sido colocado como garantia em emissões de

30. "A Companhia Hanseatica – Ao Público", *Correio da Manhã*, p. 3, 19.6.1915.
31. Teresa C. N. Marques, *A Cerveja e a Cidade do Rio de Janeiro de 1888 ao Início dos Anos 1930*, p. 198.
32. *Idem, ibidem.*

debêntures anteriores. A solução foi lançar novas debêntures no valor de 2 500 contos de réis[33], usando como lastro os bens disponíveis, o que permitiu a venda da propriedade, que daria lugar a um curtume.

Em 23 de fevereiro, Portugal apreendeu navios alemães atracados em seus portos. A Alemanha respondeu com declaração de guerra, em 9 de março. Daí por diante o ambiente se tornou mais e mais hostil à Alemanha e às empresas com capitais teutônicos sediadas no Brasil. Os portugueses residentes no Rio de Janeiro criaram uma Comissão Pró-Pátria, a fim de apoiar o esforço de guerra do país. Uma das primeiras iniciativas foi arrecadar dinheiro para a Cruz Vermelha lusitana. Os empregados da Brahma decidiram participar. Com "valioso apoio moral e material" da direção da companhia, mais de seiscentos trabalhadores se reuniram para discutir o assunto, em 31 de março de 1916[34].

A Brahma enviou representantes à reunião. Além dos discursos patrióticos, eles ouviram diversas manifestações eloquentes em defesa da companhia. O encontro, evidentemente, terminou com a aprovação de subscrição interna a favor da Cruz Vermelha portuguesa, seguindo-se farta distribuição de elogios e de cerveja Fidalga ao pessoal da imprensa. No entanto, na noite de 1º de abril, a Comissão Pró-Pátria realizou encontro concorrido e agitado, com os presentes aprovando boicote a produtos e firmas alemãs, estimulados por discursos inflamados contra o inimigo teutônico. Como seria de esperar, sobrou para a Brahma, indicada para ser um dos alvos preferenciais[35].

Houve inclusive, manifestação contrária à aceitação da subscrição na Brahma, que deveria ser considerada uma ofensa, pois os portugueses que lá trabalhavam "subordinavam o patriotismo às necessidades do estômago". A Brahma respondeu com matéria paga: "O projeto de boicote, cuja propaganda se vem fazendo, nomeadamente contra os produtos desta Companhia Nacional, é um atentado contra todos os acionistas, como aos do Fisco, que são, afinal, os interesses da Nação"[36]. Os portugueses empregados pela cervejaria também protestaram, enviando ofício à Comissão Pró-Pátria, reafirmando

33. Pela metodologia anterior, equivaleria a 203 mil libras em 1916 ou 13,4 milhões de libras de 2022.
34. "Portugal e a Guerra Europeia", *Correio da Manhã*, p. 16, 1.4.1916.
35. "A Crise Europeia", *Gazeta de Notícias*, 1ª p., 2.4.1916.
36. "Portugal na Conflagração Europeia", *O Paiz*, p. 3, 9.4.1916.

seu patriotismo e sua lealdade para com Portugal. E a direção da Pró-Pátria, pragmática, permitiu entrever que aceitaria os donativos[37].

Foi o que aconteceu. Um balanço das contribuições à Cruz Vermelha portuguesa publicado mais adiante mostrou que a própria Brahma abriu a subscrição interna, doando dois contos de réis. No total, mais de quatro contos saíram da empresa, com donativos de grande número de funcionários[38]. Contudo, ainda em 1º de abril, o espectro do "perigo alemão" ressurgiu intimidador, na primeira página de *O Paiz*, com um articulista afirmando a existência no Sul do país de oitenta mil alemães armados, "organizados em batalhões, fazendo exercícios militares". Para complicar, em 3 de maio o navio brasileiro Rio Branco, a serviço da Inglaterra, com tripulação majoritariamente norueguesa, foi a pique, torpedeado por submarino alemão. Em vista do incidente, a atmosfera carregada da época inspirou comentários sobre as vantagens para o Brasil de uma ruptura das relações diplomáticas com a Alemanha e sua adesão ao bloco anglo-francês[39].

Mas, a despeito do ambiente tenso, não houve relato de outros incidentes envolvendo a Brahma até o final do ano. Na defensiva, a companhia fez o possível para conquistar simpatias, conforme ficou demonstrado no episódio da Cruz Vermelha portuguesa. E também no de sua filiação à Liga de Defesa Nacional, em dezembro[40]. O ano de 1916 terminou com saldo político positivo para as cervejarias, na área externa: a Brahma e a Antarctica não entraram na "lista restritiva" do Império Britânico, renovada constantemente ao longo do ano. Possivelmente, as duas grandes empresas eram importantes para o comércio dos EUA, de onde traziam insumos e, se suas operações fossem interrompidas, o público consumidor brasileiro poderia assumir atitude hostil em relação à Grã-Bretanha e aliados[41].

37. *Idem, ibidem.*

38. "Assuntos Portugueses", *O Paiz*, p. 3, 2.7.1916.

39. O jornal publicou declarações de "eminente personalidade política brasileira", não identificada, à agência Havas, em Paris, no corpo da notícia sobre o afundamento do Rio Branco ("Um Navio Brasileiro Torpedeado", *O Paiz*, p. 3, 9.5.1916).

40. "Liga da Defesa Nacional", *O Paiz*, p. 6, 6.12.1916. Essa liga surge no bojo da campanha do serviço militar obrigatório.

41. Marques indica que essa foi a razão de Vargas para impedir o confisco das duas empresas em 1942/1943. Não sabemos se as autoridades brasileiras atuaram nesse sentido em 1917.

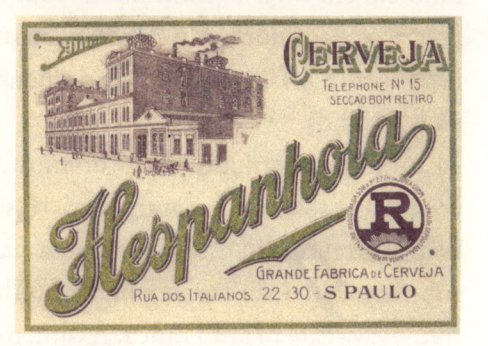

Figuras 97, 98, 99 e 100. Dado o sentimento antigermânico oriundo da Primeira Guerra, a Cervejaria Germânia de São Paulo teve que trocar o nome para Companhia Progresso Nacional. Suas cervejas, com nomes alusivos ao norte da Europa também foram trocadas para "Portuguesa" e "Espanhola", países sem tradição na produção do produto, mas com muitos imigrantes por aqui. Essa cervejaria foi posteriormente incorporada pela Antarctica na década de 1930. Fonte: Acervo Ambev/FAHZ.

Tensões no limite (1917)

Por coincidência, o ano de 1917, o pior da Guerra para a Brahma, começou mal para Johann Künning, que sofreu queda durante cavalgada em Petrópolis, tendo de submeter-se a "melindrosa operação"[42].

Na época, os efeitos da conjuntura adversa alcançavam todas as cervejarias. Em princípios de março, a Companhia Hanseatica publicou o relatório da diretoria relativo a 1916, a ser apresentado à assembleia ordinária dos acionistas, no dia 5 daquele mês[43]. Com franqueza exemplar, os dirigentes da empresa, apoiados pelo Conselho Fiscal, expuseram um quadro de grandes dificuldades. E previram que o ano em curso seria ainda pior.

---

42. "Enfermos", *O Paiz*, p. 3, 23.1.1917.
43. "Companhia Hanseatica", *Jornal do Commercio*, p. 10, 2.3.1917.

De fato, 1917 começou com mordida do fisco. O imposto sobre o consumo das cervejas de baixa fermentação teve alta de 33%, passando de noventa a 120 réis por garrafa. O reajuste para as bebidas de alta fermentação foi de 25%, de oitenta para cem réis[44].

Assim, o faturamento da Brahma caiu para o mínimo da década, 8,3 mil contos, ficando 37% abaixo dos 13,2 mil contos registrados em 1913 – o nível mais alto. As vendas físicas recuaram 52%, do máximo de 168,2 mil hectolitros, também em 1913, ao mínimo de 80,4 mil hectolitros. A diretoria da empresa teve ao menos um motivo para comemorar: o aumento dos preços das cervejas impediu o faturamento de despencar na mesma proporção que a quantidade vendida.

Em 1917, a conjuntura piorou muito porque o conflito internacional acrescentou tons bem mais dramáticos aos interesses da Brahma, cuja imagem de empresa teutônica estava arraigada na mente do público. Em 5 de abril, um submarino alemão torpedeou e afundou o Paraná, navio mercante brasileiro que levava café para a França. Assim, no dia 10, o governo do Brasil finalmente rompeu relações diplomáticas com o Império Alemão, logo após a entrada dos EUA na Guerra[45]. Seguiram-se manifestações de rua contra a Alemanha no Rio de Janeiro, São Paulo e Porto Alegre. A agitação foi mais intensa na capital gaúcha, onde a multidão depredou estabelecimentos comerciais, indústrias, hotéis e jornais de alemães ou de seus descendentes. Os torpedos contra o Paraná também fizeram naufragar a carreira de Lauro Müller no Itamaraty. Favorável à neutralidade do Brasil no conflito, Müller deixou o Ministério das Relações Exteriores, em maio.

Servindo-se do ensejo, lideranças anarquistas aproveitaram as manifestações de 1º de maio contra a carestia para promover uma série de greves, que atingiria também as cervejarias[46] e teria seu auge em julho, com estimados cinquenta mil operários cruzando os braços.

Ainda em maio, sérias desavenças com a Alemanha despontaram na Argentina, também por causa do afundamento de navio pertencente ao país vizinho, seguido de ataques a outras de suas embarcações pouco tempo depois.

---

44. "Impostos de Consumo", *Gazeta de Notícias*, p. 4, 7.1.1917.
45. "O Brasil Rompe as Relações Diplomáticas…", *A Época*, 1ª p., 11.4.1917.
46. Teresa C. N. Marques, *A Cerveja e a Cidade do Rio de Janeiro de 1888 ao Início dos Anos 1930*, p. 261.

O encarregado de negócios alemão em Buenos Aires, Karl von Luxburg, gerenciou a crise enquanto pôde, postergando a deterioração das relações entre o Império Alemão e a nação platina. Porém, em setembro, Luxburg se tornou pivô de enorme escândalo internacional com a divulgação, primeiro por jornais estadunidenses, de alguns de seus telegramas para a chancelaria alemã, enviados desde a embaixada sueca em Buenos Aires. As mensagens foram interceptadas pelos EUA e decodificadas pela inteligência britânica.

Em uma das mais importantes, Luxburg havia recomendado à marinha alemã continuar atacando navios argentinos, se necessário, mas sem deixar vestígios. A dissimulação do diplomata era imperdoável, pois enviara as correspondências durante as negociações para colocar novamente em bons termos as relações entre Buenos Aires e Berlim, estremecidas desde o ataque ao primeiro navio argentino[47]. Com um agravante: Luxburg chamou o ministro das Relações Exteriores da Argentina de "asno" e "anglófilo". Em telegrama posterior, Luxburg abordou a possibilidade de "uma reorganização do Brasil meridional", algo interpretado como sugestão de conquista dos Estados do Sul brasileiro pela Alemanha. A notícia saiu na primeira página de *O Imparcial*, de 27 de outubro de 1917, um dia depois de o Brasil declarar guerra ao Império Alemão e seus aliados, devido ao torpedeamento do navio Macau, ocorrido em 18 desse mês[48].

A Keiserliche Marine não se fez esperar. Em 3 de novembro, um de seus submarinos torpedeou mais dois navios brasileiros no arquipélago de Cabo Verde. O Guahyba afundou, e o Acary ficou encalhado no porto da Ilha de São Vicente, onde estava ancorado. O troar das explosões e morte de tripulantes ecoou rapidamente no Brasil. O presidente da República, Venceslau Brás, reagiu com presteza. No mesmo dia enviou mensagem ao Congresso, pedindo a aprovação de medidas excepcionais, destinadas a complementar a legislação em vigor para tempos de guerra. Essas medidas, a serem debatidas na Câmara dos Deputados e no Senado, poderiam atingir em cheio os interesses teutônicos, e teuto-brasileiros[49].

47. "...E Entramos na Guerra!", *Gazeta de Notícias*, 1ª p., 26.10.1917.
48. "O Perigo Alemão", *O Imparcial*, p. 4, 1.11.1917; "O Brasil na Guerra", *O Imparcial*, p. 5, 1.11.1917. Importante notar que, pela proximidade do final da Guerra, Brasil e Alemanha de fato não entraram em combates diretos.
49. "O Torpedeamento de Mais Dois Navios...", *Correio da Manhã*, p. 3, 4.11.1917.

As ruas entraram em ebulição, dado o aumento da temperatura política. No Rio de Janeiro, o movimento começou já na tarde do dia 3, quando manifestantes se dirigiram ao Palácio do Catete, sede do governo federal, para homenagear o presidente da República. Depois, a multidão buscou o centro da cidade e o caldo entornou: vários edifícios que sediavam empresas ou instituições alemãs foram depredados durante horas seguidas de tumulto. A polícia tentou impedir os ataques, em vão. Assim, do luxuoso Ao Franziskaner, ou Bar da Brahma, só restaram as paredes. Quebra-quebra semelhante ocorreu em Petrópolis.

Os acontecimentos deixaram claro para a direção da Brahma que a crise, plena de sinais agourentos, atingira o ápice. A definição de empresa nacional, segundo a legislação corrente, deixou de inspirar confiança, pois as medidas de exceção em debate no Congresso, realmente ameaçadoras, eram do conhecimento geral. A possibilidade de desapropriação de firmas teutônicas pairava no ar.

Para acautelar-se, e dar um ar mais brasileiro à companhia, a Brahma mudou a diretoria, tornando pública a decisão por meio de anúncio discreto na *Gazeta de Notícias*, em 9 de novembro. O psiquiatra Ulysses Machado Pereira Vianna Filho assumiu a presidência[50]. João Machado de Oliveira e Silvino Leitão passaram a ocupar os cargos de diretor-secretário e diretor-tesoureiro, respectivamente.

Uma semana depois, após a aprovação pelo Congresso de um texto bem mais severo e extenso que o da proposta recebida do Executivo, o presidente Venceslau Brás sancionou a lei que endurecia as medidas para tempos de guerra. Alguns itens se destacavam, prevendo:

Artigo 3º – i) a liquidação das empresas inimigas, singularmente, ou em globo [*sic*], ressalvados os direitos dos nacionais; j) fiscalização especial sobre as empresas inimigas, qualquer que seja a sua natureza, podendo suspender suas operações ou cassar-lhe autorização para funcionar no Brasil.

50. O novo presidente era filho do acionista e advogado da Brahma, Ulysses Vianna, morto em 10 de setembro de 1911 e homenageado por Johann Künning na assembleia geral de 25 desse mês. Sobre Ulysses Filho ver: http://hpcs.bvsalud.org/wp-content/uploads/2018/07/Vianna-Filho-Ulysses.pdf.

Artigo 6º – Os estabelecimentos comerciais ou industriais, associações, sociedades, inclusive as anônimas, bancos, usinas ou armazéns, serão considerados de propriedade inimiga sempre que a totalidade do respectivo capital, ou a sua maior parte, pertencer a súditos inimigos, qualquer que seja a respectiva sede, no Brasil ou no estrangeiro[51].

A Brahma reiterou sua condição de empresa nacional, por meio de anúncios em jornais, a partir de 26 de novembro[52]. Além disso, o texto resumia a história da companhia, seu enquadramento na legislação ordinária e, mais uma vez, pôs em relevo a importância da cervejaria para a economia do país e para os cofres do Tesouro.

Realmente notável foi o resultado da "visita" de representante do jornal *O Paiz* à fábrica, publicado em 30 de novembro. Além de elogios em profusão à empresa, usuais naqueles tempos, o diário reproduziu as declarações de Ulysses Vianna Filho, então presidente da companhia, no que deve ter sido "jogo combinado", em ação de contrapropaganda:

Uma companhia industrial como a Brahma, quando chega a esse grau de desenvolvimento, não se limita a fazer viver um certo número de empregados. [...] Com uma série de outras indústrias, mantém em outras fábricas e em outros misteres, assegurada a vida de muita gente. [...] Contemos o que uma garrafa de cerveja representa de outros trabalhos: garrafeiros, caixoteiros, impressores, litógrafos. Há cem trabalhos a solicitar a diferenciação de energias, desde o eletricista até o plantador agrícola. [...] Só com a indústria nacional a Brahma despende quase dois mil contos em garrafas da Vidraçaria Santa Marina, de São Paulo; madeiras para caixões e palhões do Paraná, cápsulas metálicas, rótulos, pregos do Rio Grande do Sul e de São Paulo, cartazes, arreios, animais, placas, energia elétrica, carvão nacional, lenha...[53]

A troca de Künning para Ulysses Vianna Filho se mostrou acertada. Assim como a "nacionalização" de parte do capital da empresa, possivelmente no decorrer do intervalo de dez dias entre o decreto de Venceslau Brás e a publicação do comunicado de Vianna Filho. O comunicado afirmava que mais de 50% do

---

51. "O Momento Nacional", *Correio da Manhã*, 1ª p., 17.11.1917.
52. "A Companhia Cerveja Brahma – Ao Público", *Gazeta de Notícias*, p. 2, 26.11.1918.
53. "A Brahma – Uma Visita à Companhia", *O Paiz*, p. 2, 30.11.1917.

capital da empresa não pertencia a alemães, mas a acionistas brasileiros, portugueses e de outras nacionalidades.

Conforme analisou Marques[54], a operação consistiu na transferência tempo-
rária de ações dos reais proprietários para cidadãos brasileiros de confiança, que
não estariam sujeitos a eventual desapropriação. Pode-se tomar como exemplo
o caso do Brasilianische Bank für Deutschland. Em 1907, esse banco era o principal acionista da Brahma, com 15,7% do capital, então representado por um
total de 25 mil ações. Em 1912, o Brasilianische subscreveu mais de 50% da emissão de outras 25 mil ações, na operação destinada ao aumento de capital para
dez mil contos. Se os novos papéis fossem somados ao lote anterior, o banco
alemão chegaria a uma participação da ordem de 32% no capital da cervejaria.

No entanto, em 1918 essa participação se reduzira a apenas 4%, enquanto
Mathilde de Moura Vianna, que devia ser relacionada a Ulysses Vianna, surgia como detentora de 4,7% das ações da cervejaria. Mais adiante, em 1926, o
banco alemão já havia recuperado a posição de principal acionista da Brahma,
controlando 21% do capital. E Mathilde Vianna sumiu da lista dos maiores investidores[55]. Portanto, tudo leva a crer que ela foi uma das "fiéis depositárias"
dos papéis do Brasilianische, na fase mais crítica da Guerra.

Em seguida ao comunicado de Ulysses Vianna, no dia 11 de dezembro de
1917, Johann Künning entregou à Justiça Federal um conjunto de documentos, provando residir no Brasil há mais de vinte anos, ser dirigente industrial
e que seus filhos haviam nascido no país. Então vigorava a Lei Adolfo Gordo,
para regular a expulsão de estrangeiros. O conteúdo era claro: "O estrangeiro
que, por qualquer motivo, comprometer a segurança nacional ou a tranquili-
dade pública, pode ser expulso de parte ou de todo o território nacional"[56]. Essa
lei foi concebida para ameaçar lideranças de trabalhadores, principalmente as
anarquistas, e não dirigentes empresariais. Mas, no contexto da época, Künning
procurou cercar-se de garantias de que não seria perturbado.

---

54. Vide Teresa C. N. Marques, *A Cerveja e a Cidade do Rio de Janeiro de 1888 ao Início dos Anos 1930*, pp. 217 e ss.
e "A Cervejaria Brahma e os Investimentos Alemães no Brasil Durante as Duas Guerras Mundiais".

55. Edgar Helmut Köb, *Die Brahma-Brauerei und die Modernisierung des Getränkehandels in Rio de Janeiro 1888
bis 1930*, p. 105.

56. Sobre o advogado e senador paulista Adolfo Gordo e as leis que levam seu nome consultar Alice Beatriz da
Silva Gordo Lang, "Leis Adolfo Gordo", *Dicionário Histórico-Biográfico Brasileiro*, Rio de Janeiro, CPDOC/
FGV, s.d.

Com essas providências acauteladoras, dezembro provavelmente transcorreu em banho-maria na Brahma. A única novidade foi a companhia acrescentar "Empresa Nacional" aos anúncios de produtos, durante algum tempo. Isso pode ter surtido algum efeito positivo no sentido de mudar a percepção do brasileiro em relação à nacionalidade da empresa, que continuou fora das "listas negras", tanto da Grã-Bretanha quanto dos EUA – essas últimas com nomes coligidos após a entrada do país na guerra[57]. Assim, depois de meses de tensão, no fim de 1917 a diretoria da Brahma certamente ansiava pelo retorno à vida normal. Não faltava muito: para a empresa, a recuperação econômica começou em 1918. O fim da Guerra também se aproximava, com o armistício de 11 de novembro.

Ventos de esperança (1918)

Nesse último ano da Guerra, com um panorama geral menos ameaçador, os negócios melhoraram de forma sensível e a Brahma deixou o fundo do poço. O faturamento de 10,7 mil contos superou o de 1917 por 28,5%. As vendas físicas totalizaram 91,1 mil hectolitros, com alta de 13,3%. É certo que se registraram problemas com a importação de matérias-primas do Chile, estocadas em Buenos Aires. O mais provável é que tenha havido desavença quanto ao valor dos fretes entre as cervejarias e o Lloyd Brasileiro, estatal de navegação. Ulysses Vianna Filho, então presidente interino da Brahma, reclamou solução do governo e declarou que, se nenhuma providência fosse tomada, os estoques de matéria-prima estariam esgotados em três meses. Essa foi uma crise que não houve, pois tudo indica que as partes chegaram a um acordo: os jornais não retomariam o assunto.

Uma crise complicada se deu com a greve dos cocheiros entre maio e junho. Marques indica que a maioria dos cocheiros era de portugueses[58], e essa greve ainda teria resquícios da animosidade destes com os alemães advindos da época da Guerra. O estopim seria a suspensão de dois cocheiros, durante negociações para redução da carga horária. O clima esquentou: os cocheiros ameaçaram montar um boicote nacional aos produtos Brahma se os suspensos não fossem reintegrados. Inicialmente a Brahma não se intimidou, mas não sabemos como a contenda terminou.

---

57. Outras firmas jamais voltaram à situação anterior a 1915. Por exemplo: a Cia. Litographica Hartmann Reinchenbach foi incluída em "lista negra" britânica e virou Cia. Lithographica Ypiranga.

58. Teresa Marques (*A Cerveja e a Cidade do Rio de Janeiro de 1888 ao Início dos Anos 1930*, p. 273) sustenta que o número era de 87% em média entre 1916 e 1935.

Em paralelo, na mesma época a Brahma também era credora do Centro Cosmopolita (central sindical) e cobrou a dívida. De forma surpreendente, os cocheiros se reuniram para quitar o débito de cinco mil contos de réis. Ao que parece, a Brahma teria descoberto que isso se deu por empréstimo de sua concorrente, a Hanseatica[59].

No segundo semestre, a Brahma deu um passo importante ao ingressar no segmento das bebidas sem álcool, mercado em que a Antarctica já atuava pelo menos desde janeiro de 1916[60]. Em outubro, a empresa declarou: "Temos a honra de comunicar aos nossos bons amigos e fregueses que iniciamos a fabricação de excelentes bebidas sem álcool, de saborosíssimo paladar, manipuladas com esmero, de acordo com os modernos princípios higiênicos"[61]. Entre os novos produtos havia Ginger-ale, Berquis (refresco de frutas) e Soda-limonada, que seriam seguidos em 1919 pela água tônica[62]. Porém, nesse dia, a manchete da primeira página do mesmo jornal foi "Entre a Vida e a Morte": o pesadelo da "gripe espanhola" já se abatera sobre o Brasil – e isso, é óbvio, afetaria os negócios.

É possível que o *Correio da Manhã* tenha sido o primeiro dos jornais brasileiros a noticiar que uma grande epidemia de gripe havia irrompido na Europa[63]. Mas o assunto só ganharia a primeira página desse diário, com destaque, em 23 de setembro, após a morte de 55 marinheiros da Armada Brasileira, em serviço no teatro europeu. O que veio depois foi um desastre. A pandemia assolou o país. No Rio de Janeiro, circularam rumores de que a Brahma havia paralisado suas operações. Em 23 de outubro, o *Correio da Manhã* publicou um desmentido do diretor-secretário da empresa, Machado de Oliveira: "Efetivamente, nossa fábrica tem funcionado diariamente, embora com pessoal reduzido, devido à epidemia reinante, sendo até relativamente satisfatório o estado sanitário do nosso numeroso pessoal".

Dada a queda da produção, a Brahma não teve qualquer dificuldade para atender requisição da municipalidade e emprestar vinte parelhas de animais arreados ao serviço funerário do Rio de Janeiro[64]. Um ano depois, a diretoria informou aos acionistas que

---

59. *Idem*, p. 274.
60. "Calor...Sede...", *O Estado de S. Paulo*, p. 8, 30.1.1916.
61. "Bebidas sem Álcool", *Gazeta de Notícias*, p. 4, 26.10.1918.
62. *Cronologia da Brahma*, 1995, 7.4-5.
63. "Uma Grande Epidemia de Gripe", *Correio da Manhã*, p. 3, 29.5.1918.
64. "Um Ofício da Brahma", *Correio da Manhã*, p. 3, 30.10.1918.

[...] o resultado do 2º semestre de 1918 foi bastante prejudicado pela epidemia de gripe que assolou esta capital e quase todas as regiões do país, tendo, por consequência, uma quase paralisação do fabrico e da venda durante algumas semanas e grande diminuição das vendas até o fim do ano[65].

Mas a pandemia arrefeceu em 1919, e a Brahma aproveitou o fenômeno para reforçar as supostas propriedades medicinais da cerveja. Em 23 de março, publicou anúncio no *Correio da Manhã*: "Fortalecei vosso organismo, preparando-o contra as epidemias – Brahma-Porter é uma cerveja de ótimo paladar e de superiores qualidades como tônico geral"[66].

É impossível avaliar se tais anúncios impulsionaram as vendas, mas, no relatório aos acionistas, assinado por Johann Künning, em outubro de 1919, além da pandemia, a direção da empresa apontou outras dificuldades conjunturais, que diminuíram os lucros do exercício. Mas o texto terminou afirmando que "continua folgada a nossa situação financeira". Assim, em termos econômicos, a administração Künning saiu-se da melhor maneira possível na dura prova representada pela Primeira Grande Guerra, conforme se vê na tabela abaixo:

Tabela 8. Vendas, produção e dividendos da Brahma (1913-1918)[67].

Ano	Vendas (contos de réis)	Produção em Hectolitros (hl)	Preço médio em réis por litro	Dividendos sobre capital
1913	13 210	168 171	79	30%
1914	9 109	120 898	75	21%
1915	9 308	124 054	75	22%
1916	9 023	98 105	92	18%
1917	8 321	80 424	103	15%
1918	10 693	91 139	117	17%

65. "Associações", *Jornal do Commercio*, p. 18, 21.10.1919.
66. "Fortalecei o Vosso Organismo", *Correio da Manhã*, p. 3, 23.3.1919.
67. Continuação da Tabela 6. Dados de 1913 a 1918 extraídos de Teresa C. N. Marques (*A Cerveja e a Cidade do Rio de Janeiro de 1888 ao Início dos Anos 1930*, p. 178). Apenas vendas de Cerveja. Dividendos: Edgar Helmut Köb, *Die Brahma-Brauerei und die Modernisierung des Getränkehandels in Rio de Janeiro 1888 bis 1930*, p. 96.

Apesar da retração observada nos anos de Guerra, sua participação no total da produção nacional de cerveja se manteve em níveis elevados. Entre 1911 e 1918, as vendas da companhia responderam em média por 15,5% da arrecadação nacional do imposto de consumo sobre bebidas[68]. Operacionalmente, nunca deixou de ter lucro e distribuir dividendos, mas, para lograr esse êxito, a direção da empresa teve que mudar o foco para produtos mais baratos[69]. Seu maior trunfo foi o lançamento da cerveja Fidalga.

A fidalga e o carnaval

Como vimos, antes da Guerra o carro-chefe da Brahma era a cerveja de primeira qualidade, que representava 70% da receita. Todavia, entre 1914 e 1919, as cervejas do segundo nível de qualidade, como a Brahmina, representaram quase 60% das vendas da empresa, enquanto a participação das marcas *premium* caiu para menos de um terço[70].

A Brahma deu uma grande cartada, uma das mais importantes de sua história, com o lançamento da marca Fidalga, em julho de 1914, três dias após estalar a Primeira Guerra Mundial[71]. A Fidalga sustentou as vendas da companhia durante período reconhecidamente difícil, que se estendeu até meados da década de 1920[72]. A nova cerveja foi difundida sob o *slogan* "popular em preço e fidalga na qualidade", bem ajustado à realidade econômica da época. O rótulo era sóbrio, tinha um Cavaleiro Gambiano[73] ao centro, com castelo à esquerda e um copo de cerveja espumante no meio da estrela de seis pontas à direita do outro[74].

Mas o sucesso não foi imediato como a Brahma pretendeu fazer acreditar com matéria no *Jornal do Commercio*, publicada em 25 de dezembro. Assim,

---

68. Teresa C. N. Marques, *A Cerveja e a Cidade do Rio de Janeiro de 1888 ao Início dos Anos 1930*, p. 177.

69. Note-se na tabela que o preço médio por hl até subiu a partir de 1916, mas isso era tão somente reflexo da inflação dos anos finais de Guerra, não somente aqui, mas no mundo todo.

70. Edgar Helmut Köb, *Die Brahma-Brauerei und die Modernisierung des Getränkehandels in Rio de Janeiro 1888 bis 1930*, seção 3.3.3.

71. *Gazeta de Notícias*, 31.7.1914.

72. Marques (*A Cerveja e a Cidade do Rio de Janeiro de 1888 ao Início dos Anos 1930*, p. 180) sustenta que a Brahma teria praticamente dobrado o preço da Fidalga entre 1914 e 1920, se compararmos o preço da garrafa no equivalente em libras esterlinas. Porém a Primeira Guerra causou grande inflação no Reino Unido – de acordo com a calculadora oficial de inflação do Bank of England, dez libras em 1914 teriam o poder de compra de 25 em 1920. Portanto, por essa base, o preço da Fidalga na realidade teve um decréscimo em termos reais.

73. Homenagem a Gambrinus, deus da cerveja.

74. O Castelo e a Estrela eram símbolos tradicionais da cervejaria, invocando tradição e pureza.

no Carnaval de 1915, a companhia resolveu distribuir garrafas da bebida seladas com tampinhas premiadas.

Esse tipo de promoção era prática antiga, utilizada por empresas de diversos ramos de negócios[75]. A primeira série do certame da Fidalga totalizava 315 prêmios, que iam de cinco mil-réis a cem mil-réis, somando três contos[76]. Mas o público não se entusiasmou. Tanto assim que, em abril, o valor dos prêmios não reclamados atingia mais de um conto de réis, saldo que seria distribuído entre viúvas pobres da capital, com a ajuda de dez jornais cariocas[77]. No entanto, a Brahma não desistiu. De forma gradual, aumentou a quantidade e o valor total dos prêmios, de modo que o concurso se tornou duradouro, estimulando o consumo da Fidalga. Em 1922, por exemplo, uma série especial concedeu mais de seis mil prêmios, no valor de vinte contos de réis[78].

Enquanto prosseguia a campanha com as tampas de garrafas da cerveja, no Carnaval de 1916 a Brahma organizou concurso e premiou fantasias de fidalgas, de qualquer época ou país, aproveitando sugestão de leitor de jornal. Mas, fora o título, as representações de mulheres nobres não poderiam ter qualquer relação com a cerveja. As vencedoras do concurso receberam prêmios luxuosos: um anel, com solitário de brilhante; um prendedor de cabelos com pérolas, brilhantes e rubis sobre platina; um espelho de cristal, acompanhado de frascos para *toilette* em metal branco; um guarda-chuva com cabo de ouro incrustado de rubis e diamantes[79].

Em 1917, a Brahma usou a música pela primeira vez. Nesse ano, na voz de Pedro Manuel dos Santos, o Baiano, surgiu *Pelo Telefone*, de Donga e Mauro de Almeida – o primeiro samba gravado no país. A gravação alcançou grande sucesso popular e sua letra ganhou inúmeras variações. Segundo Marques, a Brahma não perdeu tempo, lançando uma versão para propagandear a Fidalga[80]:

75. Por exemplo, em 1907, a Cigarros Cardeaes, por meio de seu 8º sorteio mensal, entregou aos clientes dois relógios de ouro e oito de prata, conforme números de extração da Loteria da Capital Federal (*Jornal do Brasil*, p. 8, 3.5.1907).

76. "Fidalga", *Correio da Manhã*, p. 3, 11.2.1915.

77. "A Cerveja Fidalga", *O Século*, 1ª p., 3.4.1915.

78. "Fidalga – A Apreciada e Popular Cerveja", *Fon-Fon*, n. 36, p. 91, 7.9.1922.

79. "Tópicos do Dia", *Jornal do Commercio*, p. 3, 15.2.1916.

80. Teresa C. N. Marques, *A Cerveja e a Cidade do Rio de Janeiro de 1888 ao Início dos Anos 1930*, pp. 167-168.

O chefe da folia	Quem beber Fidalga
Pelo telefone	Tem alma sadia
Manda dizer	Coração jovial
Que há em toda parte	Fidalga é a cerveja
Cerveja Fidalga	Que a gente deseja
Pra gente beber	Pelo Carnaval.

Essa paródia foi uma das primeiras músicas de caráter propagandístico adaptadas de temas já gravados[81]. Porém, com exceção das ações destinadas a impulsionar a Fidalga, em 1917 a Brahma não encontrou clima para novas promoções até que a Guerra terminasse. Em 1922 voltaria à carga com uma marchinha que terminava assim:

Ninguém bebe água da bica
Vinho em copo, leite em malga
Toda gente, pobre ou rica,
Bebe Cerveja Fidalga.

81. Fabio B. Dias, *Jingle É a Alma do Negócio: A História e as Histórias das Músicas de Propaganda e de seus Criadores*, São Paulo, Panda Books, 2017.

Figura 101. A cerveja Fidalga, "popular em preço, e fidalga na qualidade", foi o carro-chefe da Brahma durante os anos difíceis da Primeira Guerra Mundial. Fonte: Acervo Ambev/FAHZ.

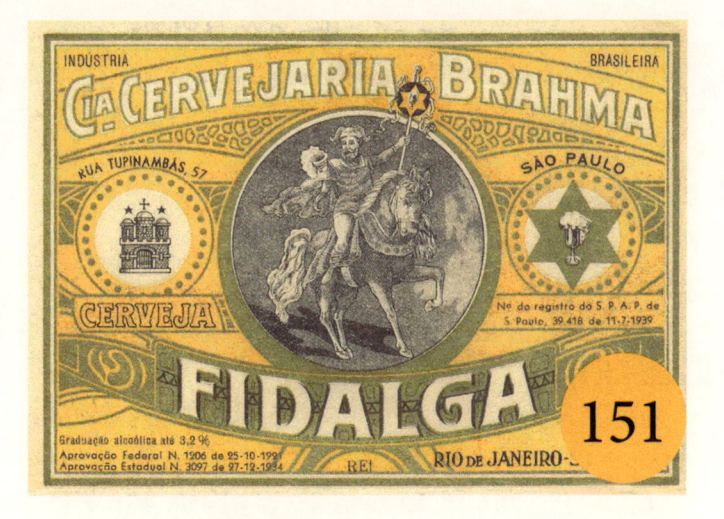

Figura 102. Para estimular o consumo da Fidalga, a Brahma passou a distribuir garrafas da cerveja com tampinhas que davam direito a prêmios. A campanha durou vários anos. Fonte: Acervo Ambev/FAHZ.

13

A publicidade no
início do século xx

O INÍCIO DO SÉCULO XX TROUXE UMA GRANDE MUDANÇA PARA a publicidade das cervejeiras brasileiras. Até fins do século XIX, cartazes e anúncios eram basicamente informativos, contendo a descrição do produto em si e seus atributos[1].

Esse tipo de cartaz ou anúncio até pode ajudar nas vendas, mas não é poderoso como o que vemos hoje em dia, calcado em ações de *marketing* produzidas para criar reações emocionais e sensoriais. O *marketing* é por vezes definido pela ideia de "satisfazer necessidades" do consumidor. Porém, como indica um dos maiores expoentes da área, Philip Kotler, "compreender as necessidades e os desejos dos clientes nem sempre é uma tarefa fácil, já que alguns consumidores têm 'necessidades' das quais não têm plena consciência"[2]. Na realidade, pessoas consomem alimentos e bebidas mesmo sem fome[3] e artigos de luxo motivados por aspectos psicológicos muito distantes da necessidade básica de se vestir.

---

1. Diego Medeiros, "O Cartaz Publicitário na Belle Époque – Uma Leitura da Arte de Henri de Toulouse-Lautrec", *Revista Científica Plural*, n. 4, jul. 2010, p. 13.
2. Philip Kotler, *Administração de Marketing*, São Paulo, Prentice Hall, 2000, p. 43. O autor sugere uma definição mais precisa de *marketing*: "Definimos a Administração de *Marketing* como o esforço consciente para alcançar resultados de troca desejados com mercados-alvo" (*idem*, p. 28).
3. A. Harrold *et al.*, "CNS Regulation of Appetite", *Neuropharmacology*, vol. 63, n. 1, pp. 3-17, 2012. A ansiedade, por exemplo, pode induzir ao consumo exagerado ou mínimo de alimentos.

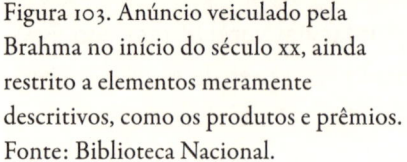

Figura 103. Anúncio veiculado pela Brahma no início do século xx, ainda restrito a elementos meramente descritivos, como os produtos e prêmios. Fonte: Biblioteca Nacional.

Figura 104. Cartaz da mesma época, já colorido, contendo basicamente elementos alusivos diretamente ao produto: lúpulo, cevada, a fábrica, o barril e o copo cheio. Fonte: Acervo Ambev/FAHZ.

Nosso processo decisório não é exatamente racional[4], sendo afetado por diversos fatores como estado emocional e heurísticas mentais, os atalhos que a mente utiliza para economizar esforço na tomada de decisões[5].

4. O psicólogo e prêmio Nobel de Economia Daniel Kahneman e o pesquisador Amos Tversky elaboraram a Teoria do Prospecto, que demonstra que nosso processo de decisões foge da ideia racional de maximizar a utilidade. Kahneman elabora a ideia de que temos dois sistemas decisórios, um racional e analítico e outro intuitivo e imediato, o qual utilizamos a maior parte do tempo (Daniel Kahneman, *Rápido e Devagar: Duas Formas de Pensar*, Rio de Janeiro, Objetiva, 2011).

5. Por exemplo, as Heurísticas de Disponibilidade (facilidade de lembrar), Representatividade (comparação com casos semelhantes), Afeto, Juízo etc. Para detalhes, ver E. Aronson, D. Wilson e R. Akert, *Psicologia Social*, São Paulo, LTC, 2015, pp. 38-47. Se por um lado elas economizam tempo e energia mental, por outro podem levar ao denominado Erro Fundamental de Atribuição (*idem*, p. 70), que ocorrem quando nossos estereótipos levam a julgamentos errados.

Nesse contexto, um elemento explorado no *marketing* é o efeito *priming*, que ocorre quando somos expostos a um determinado estímulo (como uma propaganda) que induz a uma resposta a um estímulo subsequente, mesmo que não haja relação consciente entre eles. Por exemplo, uma pessoa pode não necessariamente desejar consumir alguma coisa em determinado momento, mas se houver um estímulo, ainda que sutil, como um cheiro de pipoca ou uma breve imagem em um filme de alguém utilizando determinada marca, ela passa a desejar aquele produto ou serviço[6]. Somos altamente influenciáveis.

Ainda que não acreditemos, somos suscetíveis a elementos de *marketing* desenhados de forma a induzir nossas decisões de consumo. Propagandas funcionam, especialmente se têm enfoque emocional, tentando associar sentimentos de empolgação, juventude, energia e atratividade sexual à marca. O truque é tornar o seu produto pessoalmente relevante[7].

A Sedução do Consumidor

A evolução gráfica dos cartazes coloridos, somada ao entendimento de que a mente do consumidor toma decisões baseando-se não apenas na razão, mas nas emoções, permitiu a elaboração das peças publicitárias modernas. Nessa nova era, quanto mais sutil a mensagem, mais eficiente, porque o consumidor deve ser seduzido a desejar o produto[8].

A origem dessa mudança é relacionada com o espírito da denominada *Belle Époque*, surgida na França do final do século XIX. Era um período de relativa paz, inovação e prosperidade econômica, dentro de uma transição do rural para o urbano. Paris, em particular, vivia um esplendor iniciado após a reforma arquitetônica de Haussmann[9] e o fim da Guerra Franco-Prussiana em 1871.

---

6. Pacheco Jr., Damacena e Bronzatti indicam que pesquisas revelaram que o consumidor pode ser influenciado em sua decisão de consumo de acordo com a exposição a elementos como marcas, *slogans*, logotipos e imagens de produtos. Mais ainda, a escolha por determinada marca é beneficiada pela acessibilidade a ela na memória (J. Pacheco Jr., C. Damacena e R. Bronzatti, "Pré-Ativação: O Efeito *Priming* nos Estudos sobre o Comportamento do Consumidor". *Estudos e Pesquisas em Psicologia*, vol. 15, n. 1, pp. 284-309, 2015).

7. E. Aronson, D. Wilson e R. Akert, *Psicologia Social*, pp.144 e 145.

8. Teresa C. N. Marques, *A Cerveja e a Cidade do Rio de Janeiro de 1888 ao Início dos Anos 1930*, p. 306. A autora ainda indica que a venda forçada não funciona.

9. Georges-Eugène Haussmann foi o responsável por dar a Paris a característica urbana que tem hoje, coordenando mudanças profundas na segunda metade do século XIX. Ruas estreitas ocupadas por habitações populares deram lugar a avenidas largas ocupadas por belos edifícios com lojas embaixo e belos apartamentos acima.

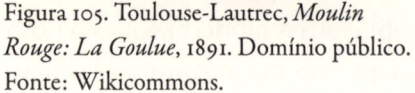

Figura 105. Toulouse-Lautrec, *Moulin Rouge: La Goulue*, 1891. Domínio público. Fonte: Wikicommons.

Figura 106. Jules Chéret, *Jardin de Paris, Fête de Nuit Bal*, 1896. Domínio público. Fonte: Wikicommons.

Surge assim a Paris da *Belle Époque*, onde os espetáculos e a busca pelo entretenimento e prazer ganhavam força. Esses espetáculos não eram os clássicos drama ou comédia, mas envolviam mulheres e dança e centravam-se na representação de sonhos e desejos[10].

O bairro de Montmartre em particular se tornou reduto da boemia, composta por artistas e intelectuais, além de jovens burgueses que podiam pagar a conta. Ali foi fundado o até hoje famoso cabaré Moulin Rouge, em 1889. Um de seus frequentadores assíduos era o pintor impressionista Henri de Toulouse-Lautrec, que passou a fazer cartazes publicitários para o cabaré. Ele adorava em particular a bailarina La Goule, ou A Gulosa, objeto do cartaz da figura 105.

10. Diego Medeiros, "O Cartaz Publicitário na Belle Époque".

Quando o cartaz de Lautrec (figura 105) foi afixado nas ruas de Paris, em 1891, nascia um novo conceito publicitário[11]. Lautrec e seu compatriota Jules Chéret (autor da figura 106) são reconhecidos por serem pioneiros na criação de cartazes combinando linguagem visual e verbal, transmitindo mensagens de impacto, utilizando a mulher como elemento atrativo. De forma geral, os cartazes prendem a atenção do público e transmitem a mensagem que se deseja de forma imediata.

Essas obras eram ricas em detalhes. Trabalhavam com a profundidade e efeitos de luz e sombra, que passavam um efeito de tridimensionalidade, atraindo o olhar[12]. O uso das cores também não é à toa; o amarelo garante uma visualização melhor à distância, com o preto como elemento de contraste negativo. Até mesmo a tipologia se une à imagem de forma harmônica e passiva.

De qualquer forma, o elemento central é o uso da imagem da mulher para despertar o interesse dos homens[13], o que acabaria de servir de inspiração para o que viria a surgir no Brasil.

Demoraria um tempo, pois enquanto a França já vivia a *Belle Époque*, o Brasil passava pelas crises do encilhamento e do final do século XX. Assim, apenas no início do século XX o Rio de Janeiro pôde imitar Paris, o que se deu inclusive na arquitetura da cidade[14]. Paralelamente, a publicidade nacional pôde se utilizar dos recursos criados por Chéret e Lautrec, cujo ápice se deu justamente quando a França vivia o fim daquela época dourada, com o início da Primeira Grande Guerra.

Assim surge a mulher como símbolo recorrente na publicidade da cerveja no Brasil. Funcionou, pois, da mesma forma que a cerveja, a mulher sempre foi um componente associado ao lazer do homem brasileiro[15]. Todavia, os novos anúncios não são desenhados apenas para os homens, mas também para que as próprias mulheres consumam, pois afinal, são metade da população[16].

---

11. *Idem*, pp. 9-11.
12. Tamires Santos e Taynara Santos, "A Publicidade e Suas Representações: O Corpo Feminino Como Objeto Visual", *Anais do X Simpósio Nacional de História Cultural*, s.d., p. 84.
13. *Idem*, p. 88.
14. Prédios construídos no centro da cidade, como o Teatro Municipal, Hotel Avenida e outros foram inspirados na arquitetura parisiense, em uma reformulação comandada pelo então prefeito Pereira Passos (1902-1906).
15. Teresa C. N. Marques, *A Cerveja e a Cidade do Rio de Janeiro de 1888 ao Início dos Anos 1930*, p. 307.
16. Tamires Santos e Taynara Santos, "A Publicidade e Suas Representações", p. 89.

Figura 107. Calendário de 1916 produzido pela Brahma, com bailarina dançando sobre o Barril. Datado por Köb (*Die Brahma-Brauerei und die Modernisierung des Getränkehandels in Rio de Janeiro 1888 bis 1930*, p. 203). Fonte: Acervo Ambev/FAHZ.

Figura 108. Anúncio de 1915 com uma mulher consumindo cerveja e paisagem carioca ao fundo. Datado por Köb (*Die Brahma-Brauerei und die Modernisierung des Getränkehandels in Rio de Janeiro 1888 bis 1930*, p. 205). Fonte: Acervo Ambev/FAHZ.

Reparem que as peças publicitárias das figuras 107 e 108 têm uma nítida inspiração nos elementos franceses criados por Lautrec e Chéret. Em particular, Marques indica que o apelo sensual das duas imagens é reforçado pelo uso da cor vermelha. No primeiro caso, a dançarina sugere que a noite regada a cerveja pode ter uma recompensa. No segundo, a mensagem é que a bebida é sofisticada e digna de uma dama, e a ousadia de apreciar solitariamente uma garrafa de cerveja não a tira de sua distinção. Ou não seria assim na mente do homem que vê o cartaz?[17] Pode ser que ele associe a mulher distinta a seu objeto de desejo vulgar, ampliado a cada gole de cerveja.

---

17. Teresa C. N. Marques, *A Cerveja e a Cidade do Rio de Janeiro de 1888 ao Início dos Anos 1930*, p. 307.

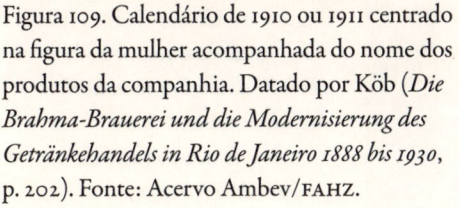

Figura 109. Calendário de 1910 ou 1911 centrado na figura da mulher acompanhada do nome dos produtos da companhia. Datado por Köb (*Die Brahma-Brauerei und die Modernisierung des Getränkehandels in Rio de Janeiro 1888 bis 1930*, p. 202). Fonte: Acervo Ambev/FAHZ.

Figura 110. Alguns anos depois, o calendário já tornou mais explícita a ideia da mulher consumidora e sedutora. Fonte: Acervo Ambev/FAHZ.

Transição

Antes de fazer esse uso mais explícito da mulher consumindo diretamente o produto, Künning comandou uma transição, como notado na figura 109, datada de 1910 e usada para um calendário distribuído pela Brahma[18]. Nele, vemos a presença de uma mulher robusta e com as faces coradas, considerado o padrão saudável da época. Ela se encontra séria e elegantemente adornada, acompanhada dos nomes dos produtos da companhia. A figura feminina é similar na figura 110, porém a mulher já esboça sorriso e consome a cerveja. Os símbolos tradicionais que evocam a qualidade do produto, utilizados há anos,

18. Essa ação de distribuição de calendários acompanhou a Brahma até os anos 1990. Köb (*Die Brahma-Brauerei und die Modernisierung des Getränkehandels in Rio de Janeiro 1888 bis 1930*, seção 3.3.4) ressalta que nos anos 1920 e 1930 os mesmos tiveram uma qualidade estética considerável, ressaltando a paisagem carioca.

estão ainda presentes. Reparem o uso do frade, da estrela de seis pontas e da fábrica, ao mesmo tempo que surge a mulher consumidora.

Em 1913, a empresa arriscou colocar a mulher bebendo cerveja, mas na companhia de um homem. Nesse belo cartaz (figura 111), com ares de elegância e modernidade, ambos brindam em um aparelho voador, que como sabemos fora inventado poucos anos antes por Santos Dumont. Voar em um aparelho aberto, acompanhado, é pura emoção.

Para a marca Fidalga, muito popular entre os anos 1915 e 1920, foi utilizado um cartaz com uma dama vestida elegantemente de rosa, debruçada sobre uma mesa de bar com a cerveja e a cervejaria ao fundo, do lado de fora da janela (figura 112). A mulher está sorrindo abertamente, mostrando alegria ao apreciar a bebida.

Figura 111. Cartaz da Brahma de 1913, cf. datado por Köb (*Die Brahma-Brauerei und die Modernisierung des Getränkehandels in Rio de Janeiro 1888 bis 1930*, p. 205). Fonte: Acervo Ambev/FAHZ.

Figura 112. Material promocional para a cerveja Fidalga, 1925 cf. datado por Köb (*Die Brahma-Brauerei und die Modernisierung des Getränkehandels in Rio de Janeiro 1888 bis 1930*, p. 205). Fonte: Acervo Ambev/FAHZ.

Figura 113. Leque de 1920. O verso do leque continha um texto que retratava a Fidalga como a cerveja do Carnaval. Fonte: Acervo Ambev/FAHZ.

Especialmente para o Carnaval, a Brahma começou a distribuir leques de papelão nos anos 1920, mostrando um tema de carnaval colorido na frente – geralmente casais fantasiados – e publicidade do produto no verso, como o retratado na figura 113. O Carnaval sempre foi a prioridade da companhia, que patrocinou desfiles e eventos. Para o Carnaval de 1916, a Brahma realizou seu próprio concurso de fantasias[19].

Finalmente, no calendário de 1918 (figura 114), de forma mais ousada, a mulher fantasiada está alegre, com olhar furtivo, se debruçando de forma sedutora e bebendo o produto. A cena, diferente das anteriores é noturna, com o fundo do relevo carioca mais estilizado, e onde a estrela de seis pontas é o único elemento clássico presente. Reparem no belo brilho que a torna a estrela principal

---

19. Edgar Köb, *Die Brahma-Brauerei und die Modernisierung des Getränkehandels in Rio de Janeiro 1888 bis 1930*, seção 3.3.4.

da noite, com os raios direcionados exatamente para a mulher. Futuramente, o consumidor pode olhar um céu estrelado e, sem querer, pode desejar uma cerveja, uma companhia, ou de preferência ambos.

A Antarctica, por seu lado, também não abriu mão do uso da mulher no início do século XX, produzindo cartazes onde ela está presente ou é o elemento central. Como exemplo, as figuras 115 e 116 também tem a nítida influência da *Belle Époque* e da *Art Nouveau*, com traços sinuosos e cores fortes.

Figura 114. Calendário Brahma de 1918. Fonte: Acervo Ambev/FAHZ.

Figuras 115 e 116. Cartazes da Antarctica da década de 1910. As cervejas produzidas pela Antarctica no período eram Lager, Stout, Pilsener, União e Ypiranga. Fonte: Acervo Ambev/FAHZ.

Misoginia, estereótipos e classe social

No início do século XX, a publicidade era distinta de acordo com a classe social para o qual o produto era destinado. Nos produtos mais caros, de primeira qualidade, apenas o nome da marca e especificação, como Brahma Bock[20] eram utilizados. Um rótulo sóbrio que ajuda a conferir uma aura de qualidade superior. Reparem no uso de cores sóbrias e letras elegantes no cartaz da figura 117.

Na publicidade de produtos voltados às pessoas de menor poder aquisitivo, o uso da mulher era mais explícito. Até nomes como "Cavalleira" ou "Negrinha" eram usados em produtos de terceira qualidade. Menos sutil que "Fidalga", ou nobre mulher, utilizada na de segunda[21], cuja propaganda, como vimos (figura 112), utiliza da imagem da mulher de forma razoavelmente sóbria.

---

20. Depois da guerra os elementos que remetiam à Alemanha, como nomes germânicos, deixaram de ser utilizados.
21. *Idem, ibidem.*

Figura 117. Cartaz da Bock-Ale, década de 1910. Fonte: Acervo Ambev/FAHZ.

 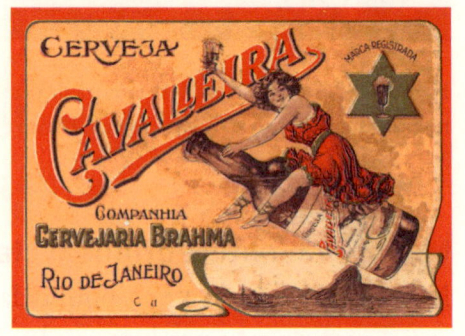

Figuras 118 e 119. Rótulo e cartaz (este com elementos 3D) da marca Cavalleira. Esta marca apelou para elementos mais grosseiros, destinados ao consumidor de menor renda. Década de 1910. Fonte: Acervo Ambev/FAHZ.

Um caso extremo é o rótulo da cerveja Cavalleira, com alusão mais explícita ao papel da mulher no prazer obtido pelo consumo de cerveja. Nas figuras 118 e 119, a mulher se encontra sobre a garrafa, em uma forma bem ofensiva aos dias de hoje.

No contexto social da época, a população feminina, na sua grande maioria, vivia submetida a várias restrições como a educação limitada, poucas oportunidades de emprego e submissão a pais e maridos. Aos poucos, a mulher foi saindo do estereótipo de ser apenas polo passivo na família ou mulher de programa para ser mais independente. Os primeiros passos se deram com a conquista do direito de voto no Brasil em 1932, mas há ainda um longo caminho em direção à igualdade, ainda não alcançada.

Da mesma forma, estereótipos relacionados à raça foram utilizados por várias décadas no século XX. No contexto da época era alegado o humor, quase que na forma de uma homenagem àqueles que nunca eram retratados ou marginalizados. Como exemplo, as figuras 120 e 121.

As práticas culturais da época seguramente ofendem as sensibilidades do leitor atual. Não há dúvida que havia vieses racista e sexista no teor da publicidade, principalmente daquelas destinadas aos consumidores populares

Figuras 120 e 121. Rótulos originalmente da Companhia Progresso (São Paulo), posteriormente distribuídos pela Antarctica no final dos anos 1930, de quando se presumem datados. Cômicos na época, inaceitáveis nos dias de hoje pela carga estereotipada e preconceituosa. Fonte: Acervo Ambev/FAHZ.

Outros Elementos na Publicidade

Na década de 1910, as ações publicitárias não eram centradas apenas na figura da mulher, e o cartaz da figura 122 (1915) é um bom exemplo, mostrando a fábrica e a coexistência de carroças e caminhões motorizados, exemplos de tradição e modernidade. A Brahma é retratada como potência industrial e motor da economia da cidade. A paisagem carioca reforça a relação.

Outro exemplo é a figura 123. Utilizada para promover a cerveja Fidalga, remete simplesmente à foto do produto, reforçando uma mensagem de qualidade, sem o uso de qualquer legenda outra que o nome do produto. Tudo na propaganda se dá de forma complementar; se antes o consumidor viu os outros cartazes com mulheres ou outros elementos como a fábrica, a simples visão do produto já o faz associar esses elementos em sua mente. Um contraponto ao excesso de legendas e informações, que pode não atrair o olhar.

Vale notar que Köb aponta que não existia departamento de publicidade na Brahma antes de 1930. Na prática, seria o diretor Joseph Klepsch, especialista

Figura 122. Peça publicitária da Brahma, com a fábrica e os elementos tradicional e moderno, representado pela carroça de tração animal e a motorizada. Cerca de 1915. Fonte: Acervo Ambev/FAHZ.

Figura 123. Cartaz da cerveja fidalga, de forma simples e limpa, apenas com o nome do produto. Fonte: Acervo Ambev/FAHZ.

Figuras 124 a 128. Cartazes bem-humorados da Antarctica, presumivelmente da década de 1910. Fonte: Acervo Ambev/FAHZ.

em publicidade, que comandaria a revolucionária ação publicitária da Brahma entre 1904 e 1923[22].

Já Künning entendia de forma vanguardista o valor do investimento em propaganda e *marketing*, autorizando investimentos consideráveis. O balanço semestral de 31 de dezembro de 1919, por exemplo, mostra um inventário de vários milhares de cartazes, livros, bandeirolas, canecas, gravuras, cartões-postais, blocos para escrever, carteiras, cigarreiras e cinzeiros no valor de quase 53 contos de réis[23].

A Antarctica explorou outro caminho na mesma época, e que traz ótimos resultados e simpatia à marca: o humor em situações cotidianas. Como regra geral, a propaganda tem por ambição causar surpresa e emoção[24], e, nos exemplos das figuras 124 a 128, o objetivo é associar o produto à simpatia e alegria.

Os Anos 1920

Os chamados "Gloriosos anos 1920" trouxeram novos ventos de mudança para o mundo e para o Brasil. Os Estados Unidos ganharam proeminência na economia mundial, já que a Europa foi devastada pela Primeira Grande Guerra. A *Art Nouveau* e sua forma orgânica deram lugar à *Art Déco* e sua forma geométrica, exemplificada na arquitetura de Nova York, nas joias e adereços das mulheres. A música se tornou mais rápida e alegre, como o ritmo dos americanos antes da crise de 1929.

No Brasil, tivemos a Semana de Arte Moderna de 1922, com mudanças profundas nas artes, como na pintura e na literatura. Além de tudo isso, o movimento comunista se fortalecia como contraponto, e oficiais se revoltaram diversas vezes, em um movimento conhecido como tenentismo. O nacionalismo se acentuava.

Tudo isso, associado ao movimento conservador da temperança que resultou na proibição da produção e consumo de álcool nos EUA em 1920, influenciou a estratégia das cervejarias. Em movimento iniciado com a guerra e acentuado com o fim desta, as cervejas de segunda e terceira qualidade passaram a ter rótulos e nomes voltados a elementos nacionais em lugar dos germânicos. Por exemplo, a Guarany, em alusão ao povo originário de mesmo nome, mostrava um indígena

---

22. *Idem, ibidem.*

23. *Idem, ibidem.*

24. Teresa C. N. Marques, *A Cerveja e a Cidade do Rio de Janeiro de 1888 ao Início dos Anos 1930*, p. 306.

Figura 129. Rótulo da cerveja Guarany, anos 1920. Fonte: Acervo Ambev/FAHZ.

vestido com uma tanga de penas e um cocar ao lado de espigas de cevada e ramos de lúpulo. A estrela de seis pontas da cervejaria e o tema franciscano estilizado em um selo mostravam ser um produto Brahma (figura 129).

Na publicidade, abandona-se a ênfase nas marcas de primeira qualidade cujos nomes rementem à tradição germânica, como Franziskaner-Bräu, München ou Brahma Bock, e se enfatiza a venda da Fidalga. Lentamente, desparecem os símbolos tradicionais das cervejarias europeias, como a estrela, os ramos e o frade, e surgem paisagens do Rio de Janeiro. Essa transição pode ser vista nas figuras 130 e 131[25].

A figura 130, capa de um cardápio de um restaurante (outra interessante ação de *marketing* da empresa), se ambienta no Rio de Janeiro. A mulher, mais recatada que na década anterior, está de vestido longo e azul, tendo em segundo plano a Praça Paris e ao fundo a Baía de Guanabara e o morro do Pão de Açúcar[26].

Já o cartaz (figura 131) traz o Rio a partir de uma ladeira de Santa Teresa, onde um casal se dirige ao bar/restaurante no fim da tarde. Dentro do estabelecimento encontram-se casais e famílias, inclusive com crianças. Numa época mais conservadora, a alusão à família é de grande importância para reposicionar a imagem da empresa. Já os símbolos alusivos à cerveja europeia sumiram completamente.

---

25. *Idem*, p. 309.

26. Em 1922 foi destruído o Morro do Castelo no centro do Rio de Janeiro, local que abrigava cortiços. A terra foi usada para os primeiros aterros na Baía de Guanabara. A Praça Paris, projeto do parisiense Alfred Agache, foi inaugurada em 1926. O Atual Aterro do Flamengo, bem mais extenso, data da década de 1960.

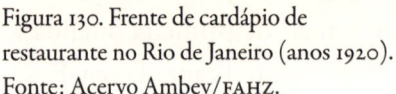

Figura 130. Frente de cardápio de restaurante no Rio de Janeiro (anos 1920). Fonte: Acervo Ambev/FAHZ.

Figura 131. Cartaz dos anos 1920 retratando um bar/restaurante como ambiente familiar e tendo ao fundo a cidade do Rio de Janeiro. Fonte: Acervo Ambev/FAHZ.

O cartaz passa, portanto, uma mensagem conservadora e nacionalista. Marques reflete o que a Brahma queria transmitir na imagem: "A civilização que emana dos trópicos incorpora a cerveja aos seus costumes, uma operação simbólica em que a cerveja atinge a naturalidade tão desejada pelos publicitários"[27].

A Brahma ainda faz uso da mulher nos anos 1920, mas de forma mais recatada, conforme a sequência de cartazes a seguir. Reparem que a sequência de cartazes (figuras 132 a 134) e seu pano de fundo passam a ideia de movimento, típica dos anos 1920.

Em contraponto, talvez até por diferenças que surgiriam entre Rio e São Paulo no campo econômico e cultural[28], ao contrário da imagem mais

27. Teresa C. N. Marques, *A Cerveja e a Cidade do Rio de Janeiro de 1888 ao Início dos Anos 1930*, p. 309.
28. Enquanto no Rio apareciam o tenentismo nacionalista e as comemorações da Independência em 1922, dando ares de conservadorismo, São Paulo dava um salto de crescimento econômico, e foi lá que ocorreu a Semana de Arte Moderna, no mesmo ano, dando ares de vanguarda. Surgia a famosa rixa entre as cidades.

Figuras 132, 133 e 134. Sequência de cartazes com a ideia de movimento. Fonte: Acervo Ambev/FAHZ.

recatada da Brahma, a Antarctica faz uso da mulher nos anos 1920 com cartazes mais alegres, que expressam a mulher de forma sedutora, mas naturalmente alegre e independente, o que está retratado nas figuras 135 a 138.

Reparem nas semelhanças e diferenças com os cartazes dos anos 1910. A estética mudou da mulher rechonchuda para a magra, cujo novo modelo era Marlene Dietrich[29] e vestida de forma mais leve, inspirada por Coco Chanel[30].

O contraste entre as cores, todas mais em tom pastel, é mais sutil, quase impressionista. As imagens procuram reforçar a ideia de movimento, não um retrato estático, tentando transmitir o espírito alegre da música e bailes daquela década. O prazer ou a sedução direta não é o mais relevante, mas sim a alegria da protagonista, em busca do próprio prazer e não de algum homem. Se este homem por acaso for aceito, também poderá desfrutar dessa alegria.

29. Atriz alemã (1901-1992) que iniciou sua carreira no cinema mudo dos anos 1920.
30. Estilista francesa (1883-1971) que promoveu a troca da "silhueta do espartilho" por um estilo mais confortável, mais fácil de vestir e ainda assim elegante.

Figuras 135 a 138. Cartazes da Antarctica dos anos 1920, expressando alegria e movimento na figura da mulher. Fonte: Acervo Ambev/FAHZ.

Figuras 139 e 140. Outros
cartazes dos anos 1920 da
Antarctica, mais estáticos
mas não menos imponentes.
O segundo é datado de 1927.
Fonte: Acervo Ambev/FAHZ.

14

O pós-guerra

TERMINADO O CONFLITO, A BRAHMA E KÜNNING PUDERAM ES-
quecer os sobressaltos, tão frequentes a partir de 1915[1]. No ambiente por fim de-
sanuviado, livre de questões embaraçosas de natureza política, ficaram apenas
entraves relacionados diretamente aos negócios. Esses a empresa estava habi-
tuada a remover, caso a solução estivesse a seu alcance. Mas, às vezes, era preciso
aguardar providências de terceiros. Foi o caso da falta de meios de transporte
para levar bebidas até os Estados do Norte e do Sul do país, no decorrer do primeiro semestre de 1919. Pela mesma razão, houve alguma dificuldade no abastecimento de madeira e "palhões", mercadorias trazidas do Paraná[2].

Esses obstáculos, ao lado da pandemia de gripe, diminuíram os lucros do
exercício 1918/1919, conforme relatório da diretoria aos acionistas, publicado dias antes da assembleia ordinária anual[3]. O documento também citou como negativo o tabelamento do gelo na capital federal, decidido pelo
Comissariado da Alimentação Pública, que o classificou como produto essencial. Segundo a direção da Brahma, em outras capitais, onde não havia

---

1. De acordo com Köb (*Die Brahma-Brauerei und die Modernisierung des Getränkehandels in Rio de Janeiro 1888 bis 1930*, p. 107) a Brahma sobreviveu à adversidade dos anos de Guerra praticamente ilesa. Mesmo nos anos mais difíceis, a empresa não teve perdas operacionais e nunca se deparou com gargalos financeiros. Isso "se acreditarmos nos relatórios do Conselho de Administração ao Conselho Fiscal".

2. Com a madeira de pinheiros, fabricavam-se caixas para o transporte das garrafas, protegidas por "palhões" – invólucros produzidos com a palha que sobrava das culturas paranaenses de trigo e centeio. Ver https://www. opopularpr.com.br/procurando-historia-no-palheiro/#gsc.tab=0.

3. "Associações", *Jornal do Commercio*, p. 18, 21.10.1919.

esse controle, o gelo era vendido por preços até duas vezes e meia mais altos que os praticados no Rio de Janeiro. E, para não perder o costume, os dirigentes da companhia reclamaram mais uma vez da carga de impostos incidente sobre as bebidas.

Apesar dos resultados do ano, considerados magros, houve distribuição de dividendos, e a direção declarou que a empresa continuava sólida em matéria de finanças. Como se vê, a vida retornara ao curso anterior à Guerra, verificando-se apenas alguns problemas conjunturais. Nessa nova época, a Brahma se absteve de fazer movimentos audaciosos: limitou-se a completar seu portfólio de refrigerantes com o lançamento da Água Tônica de Quinino, em março de 1919[4]. Dois outros acontecimentos desse ano merecem registro: o governo autorizou os bancos alemães a reabrirem as portas, em agosto, e Johann Künning, sem alarde, obteve a cidadania brasileira, conforme portaria do Ministério da Justiça, com data do dia 15 de julho[5]. 1919 foi um ano com números bem mais fortes do que 1918: vendas de 135 mil hectolitros no valor de dezenove mil contos[6] (+47%) e um pagamento de 25% de dividendos comparados a 17% do ano anterior.

Estava para começar a década de 1920, uma das mais turbulentas da história do Brasil, com revoltas militares que contestaram o predomínio político da oligarquia agrária do eixo São Paulo–Minas. Na economia, crescimento alternado por turbulências no início e fim da década, enquanto o café ainda era o motor exportador e financiador da industrialização brasileira. Mas este é assunto para o Apêndice deste livro.

A década de 1920, foi bastante favorável à Brahma, com o consumidor assimilando elevações de preço, mesmo no segmento mais popular. Como exemplo, em 1916, a Fidalga era vendida a $458, enquanto a Teutonia, de primeira qualidade, a $583 (diferença de 27%). Em 1920 quase não houve diferença: os preços eram $735 e $750 (2%) respectivamente.

---

4. "Deliciosas Bebidas Refrigerantes", *Gazeta de Notícias*, p. 3, 9.3.1919.

5. "Temos a Honra de Avisar a Praça...", *Correio da Manhã*, p. 3, 10.8.1919; Brasil, *Relatório do Ministério da Justiça e Negócios Interiores*, 1920, Diretoria do Interior, p. 8.

6. Acervo Ambev, *Relatório CC Brahma, Vendas. Anfage zum bericht von 23 Juni, 1920*. Em anos anteriores, esse último documento difere levemente das informações de Marques (*A Cerveja e a Cidade do Rio de Janeiro de 1888 ao Início dos Anos 1930*, p. 178). Dividendos: Edgar Helmut Köb, *Die Brahma-Brauerei und die Modernisierung des Getränkehandels in Rio de Janeiro 1888 bis 1930*, p. 96.

Köb observa que, entre 1918 e 1923, as vendas de cerveja aumentaram novamente de 92 mil para 245 mil hectolitros e permaneceram nesse nível até a eclosão da crise econômica global de 1929. Exceto nos anos 1921 e 1922, quando uma recessão desacelerou o crescimento, a empresa pagou com regularidade uma participação nos lucros de 17% durante todo o período até a década de 1930[7], nunca deixando de pagar os dividendos mínimos sobre o capital.

A diretoria sempre considerou a situação financeira da empresa como "sólida", "folgada" ou "boa", com a aprovação do conselho fiscal. Fora isso, a companhia aplicou recursos vultosos na compra de terrenos e na ampliação de instalações, no Rio de Janeiro e nas filiais. Investiu ainda na atualização permanente do parque industrial[8]. Por outro lado, queixa comum da diretoria ao conselho fiscal era contra os impostos, que drenavam bom volume da receita para os cofres públicos. Sempre que havia propostas de majoração, Künning e o CIB atuavam, como veremos mais adiante.

Em 1920, a Brahma era a maior das 35 cervejarias existentes no então Distrito Federal. Destes, mais da metade tinham entre dez e dezenove operários, enquanto a Hanseatica necessitava de trezentos, e finalmente a Brahma, com 780[9]. Künning foi aumentando sua carteira de ações com o tempo. Se em 1907 nem constava da lista dos dez maiores acionistas, em 1918 teria 2,57% do capital e em 1926, já era o segundo maior, com 7,96%, atrás apenas do Brasilianische Bank für Deutschland, com 20,89%[10].

Tacada paulista

A aquisição da Cervejaria Guanabara, de São Paulo, ocorreu no segundo semestre de 1921. Com ela, a Brahma estabeleceu uma firme cabeça de ponte no território da Antarctica, sua arquirrival. A Cervejaria Guanabara existia desde

---

7. *Idem*, p. 107.
8. É o que se verifica nos sucessivos relatórios da diretoria aos acionistas, às vésperas das assembleias ordinárias, realizadas em outubro de cada ano.
9. Teresa C. N. Marques, *A Cerveja e a Cidade do Rio de Janeiro de 1888 ao Início dos Anos 1930*, p. 138.
10. Edgar Helmut Köb, *Die Brahma-Brauerei und die Modernisierung des Getränkehandels in Rio de Janeiro 1888 bis 1930*, tabela 15. Posteriormente, cf. Marques ("A Cervejaria Brahma e os Investimentos Alemães no Brasil Durante as Duas Guerras Mundiais"), em 1942, a família Künning já seria o maior acionista na empresa, detendo 11 072 ações, enquanto o Banco Alemão Transatlântico tinha a titularidade de 9 729.

Figura 141. A Cervejaria Guanabara, de São Paulo, foi a primeira filial da Brahma. Fonte: Acervo Ambev/FAHZ.

junho de 1912, quando foi autorizada a funcionar por decreto do governo federal, tendo capital de 560 contos[11].

A compra foi informada aos acionistas da Brahma por relatório publicado no *Jornal do Commercio*, na edição de 11 de outubro:

Tomando em consideração a grande conveniência de tornar nossa freguesia independente de outras fábricas congêneres [...] aproveitamos proposta dos proprietários da Cervejaria Guanabara, situada na Capital do Estado de São Paulo, para com eles fundar a Sociedade Anônima Companhia Guanabara, da qual possuímos a maioria das ações.

---

11. Alguns autores, de forma equivocada, já chamaram a Cervejaria Guanabara de "antiga Cervejaria Germânia". A Cervejaria Germânia, outra empresa de São Paulo, se tornou Companhia Progresso Nacional durante a Primeira Guerra. O engano se propagou porque esses autores certamente consultaram a *Cronologia da Brahma*, em que Hubert Gregg, ex-presidente da empresa, se refere às duas firmas paulistas – Guanabara e Germânia – como sendo uma só.

No início de 1922, a Brahma recorreu ao mercado para financiar as atividades da nova empresa, por meio do lançamento de debêntures no valor de mil contos de réis[12].

O edital publicado pelo *Jornal do Commercio* em 8 de março de 1922, informa que a Companhia Guanabara possuía instalações e os equipamentos para fabricar cerveja Lager, bebidas não alcoólicas e gelo, assim como os meios para a distribuição dos produtos. A fábrica, situada no bairro paulistano do Paraíso, seria incorporada à matriz em 1932[13], permanecendo em operação até a década de 1980, tendo sido demolida em 1994.

Em 1922, a Brahma participou das comemorações do Centenário da Independência do Brasil. Em relatório aos acionistas, a diretoria comentou:

A nossa participação na Exposição Internacional do Centenário proporcionou-nos a obtenção do Grande Prêmio, mas não correspondeu, quanto à parte comercial, aos cálculos embora modestos que era lícito fazerem-se relativamente à exploração do custoso pavilhão-bar por nós construído. Deu-nos, pelo contrário, forte prejuízo, que já foi integralmente liquidado no balanço ora sujeito à vossa apreciação[14].

No anúncio que publicou em revista dos organizadores da exposição, a Brahma forneceu alguns dados sobre a fábrica do Rio de Janeiro, afirmando:

As adegas de fermentação e de depósito, cujas dimensões ultrapassam as de qualquer outra cervejaria do Brasil, têm capacidade para sessenta mil hectolitros de cerveja, em seus tanques de alumínio, aço e carvalho[15].

Ainda em 1922 a Brahma recebeu um presente do governo: uma regulação que impediu a venda de cerveja em espaço conjugado às instalações das fábricas, atingindo o modelo de negócios das cervejarias de alta fermentação[16].

---

12. "Companhia Guanabara", *Jornal do Commercio*, p. 16, 8.3.1922.
13. Dez anos mais tarde, a companhia seria incorporada à Brahma ("Bancos e Companhias", *Jornal do Commercio*, p. 14, 18.10.1932).
14. "Associações", *Jornal do Commercio*, p. 12, 28.10.1923.
15. *A Exposição de 1922: Órgão da Comissão Organizadora*, p. 59, grifo do autor.
16. Teresa C. N. Marques, *A Cerveja e a Cidade do Rio de Janeiro de 1888 ao Início dos Anos 1930*, p. 112.

Figura 142. Tonéis de madeira para fermentação e estocagem como os da foto foram gradativamente substituídos pelos de aço inox. Fonte: Acervo Ambev/FAHZ.

Pausa familiar

Após um ano de ausência, Johann Künning e família retornaram ao Brasil, em novembro de 1922. O jornal *O Paiz* registrou a chegada e mencionou que amigos esperavam Künning com festa[17]. Mas é bem provável que a imprensa não soubesse o principal motivo da viagem – o casamento de Adelheid Gertrud, filha de Künning, com Henri Erwin[18], filho de Heinrich Stupakoff, realizado em 19 de agosto de 1922[19]. A cerimônia formalizou a união de duas famílias de pioneiros da indústria cervejeira no Brasil.

---

17. "Viajantes", *O Paiz*, p. 5, 24.11.1922. A viagem foi a bordo do navio Capitão Polônio.
18. Henri Erwin Stupakoff era o filho mais novo de Heinrich Stupakoff. Os outros filhos foram Carlos Ernesto Otto Stupakoff, Walter Matheus Simon Stupakoff e Hans Augusto Antônio Stupakoff (cf. *Duas Famílias*).
19. Nascida em 1903, Adelheid Gertrud, adolescente, foi enviada à Alemanha para estudar, no pós-Guerra. Künning escreveu para Stupakoff, seu amigo e agente comercial, pedindo que desse assistência à jovem. Stupakoff

O novo casal moraria em Hamburgo, com Henri tocando a empresa H. Stupakoff fundada pelo seu pai, Heinrich, falecido em 1920. Depois da guerra, a empresa voltaria a fornecer insumos, maquinários e até mesmo a intermediação da vinda de técnicos alemães ao Brasil[20]. A relação com a Brahma evidentemente seria especial, em 1920. Henri, nos anos seguintes, escreveria ao sogro Johann cartas começando por "Querido Pai"[21].

Na volta de Künning, a fábrica tinha 21 mil metros quadrados, com máquinas de mil hps, produzindo cem mil quilos de gelo e 190 mil garrafas diárias. A Brahma apregoava que sua adega no Rio de Janeiro era a maior do Brasil, com tanques de alumínio, aço e carvalho, com capacidade de armazenar sessenta mil hectolitros[22].

Novamente a Antarctica

Apesar da adega, no princípio de 1923, a Brahma admitiu, pela primeira e última vez, que perdia para a Antarctica em produção e vendas. Tudo começou porque Aníbal Machado, da Agência Paulista de Publicidade e Informações, sem citar a fonte, publicou uma tabela com os valores do imposto sobre o consumo de cerveja recolhidos em 1922 pela Antarctica e as três maiores cervejarias do Rio de Janeiro – Brahma, Hanseatica e Polonia. Segundo ele, a Antarctica teria pagado 8 102 contos de réis, superando a contribuição das três cervejarias cariocas: 6 740 contos.

Ufanista, Machado ainda cutucou os brios cariocas: "Como em tudo o mais, é São Paulo que contribui com o maior quinhão"[23]. Alegando citar dados do Tesouro, Johann Künning e Theotônio Sá, da Hanseatica, desmentiram Machado: no ano em questão, a Antarctica, com sua filial de Ribeirão Preto, gastara 7 136 contos para selar[24] as garrafas de cerveja, total inferior ao dispêndio

---

cumpriu o prometido, e Adelheid e Henri se conheceram. Daí começou o namoro, que terminou no casamento, quando Adelheid contava dezenove anos. O marido, que sucedera o pai na direção da empresa comercial, estava com 24 anos.

20. Até nova interrupção em 1937, devido à Segunda Grande Guerra.

21. *Lieber Vater*, em alemão. Algumas dessas cartas existem no Acervo Ambev. Künning as guardara em seu escritório na empresa.

22. Revista *Ilustração Brasileira*, 7.9.1922, *apud Cronologia da Brahma*, 1995, 8.3-4.

23. "As Indústrias Nacionais...", *O Estado de S. Paulo*, p. 10, 4.2.1923. Os argumentos de Künning e Theotônio Sá, não contestados por Aníbal Machado, foram publicados nesta edição do jornal.

24. Era o chamado imposto de selo, etiqueta numerada que se colocava em cada garrafa.

Figura 143. A partir de 1915, a Antarctica começou a fabricar geladeiras de madeira, batizadas de "Perfeitas", em oficina própria. Por meio de assinaturas, fornecia essas geladeiras e o gelo da marca Crystal aos consumidores. Fonte: Acervo Ambev/FAHZ.

realizado pelas empresas cariocas – 7 943 contos. No entanto, se em conjunto as três empresas do Rio de Janeiro recolheram mais impostos, ficou evidente que a Antarctica era maior que cada uma delas tomada em separado, pois Theotônio Sá garantiu ter a Hanseatica gasto 2 142 contos com a compra de selos. Portanto, Brahma e Polonia responderam pela arrecadação de 5 801 contos[25].

A liderança da Antarctica nessa época não pode ser contestada, pois a Brahma ainda dependia essencialmente do mercado carioca. Segundo Köb, informações detalhadas sobre as vendas da Brahma para outros Estados estão disponíveis apenas de 1918 a 1922. No período, a Brahma exportou[26] um total de 750 mil caixas (238 mil hectolitros) e 63 mil barris. Comparada com as vendas totais de 739 mil

25. "As Indústrias Nacionais...", *O Estado de S. Paulo*, p. 5, 17.1.1923.

26. Termo usado à época para vendas fora do Estado.

hectolitros no mesmo período de cinco anos, as remessas de cervejas engarrafadas para outras praças ficaram em torno de um terço. De acordo com esses dados, a empresa ainda gerava a maior parte de suas vendas no então Distrito Federal, apesar do crescimento das vendas para outras regiões do país[27].

Como a demanda por cerveja na capital estava sujeita a fortes oscilações sazonais, a curva de vendas subia com regularidade, acompanhando o gráfico de elevação da temperatura a partir de novembro. O ponto mais alto costumava ser alcançado em fevereiro, quando os termômetros podiam superar a marca dos 40°C. Depois, as vendas declinavam, para chegar aos níveis mínimos no inverno. Em junho ou julho, a Brahma em geral faturava a metade do que estava acostumada nos meses do verão, quando também havia o Carnaval[28].

De forma geral, as duas empresas faziam trégua quando se tratava de defender interesses comuns. Segundo Edgar Helmut Köb, o acordo operacional entre Brahma-Antarctica deixou de existir em 1911, mas combinações sobre ajustes de preços e outras formas de cooperação entre as duas maiores cervejarias brasileiras permaneceram a regra, e não a exceção[29]. Embora o projeto de fusão do início do século XX não tivesse vingado, dados evidenciam que o mercado de cerveja apresentou tendência ao oligopólio, o que garantia aos fabricantes alto nível de lucratividade, em detrimento do consumidor[30].

As duas empresas iam bem, a Brahma foi capaz de pagar dividendos e bonificações superiores a 10% sobre o capital na maioria dos exercícios entre 1908 e 1930. Tampouco teve perdas operacionais, mesmo no decorrer dos anos de crise. Da mesma forma, a Antarctica prosperava sob o comando longevo de Antônio Zerrenner. Em 1923, com a morte de seu sócio Bülow, Zerrenner adquiriu ações de alguns de seus filhos, suficientes para ter o controle da companhia[31]. No ano seguinte faleceu o diretor Joseph Klepsch, braço direito de Johann Künning. Em seu lugar entrou Franz Icken, que viria a ser seu novo braço direito e substituto de Künning durante suas viagens[32].

---

27. Edgar Helmut Köb, *Die Brahma-Brauerei und die Modernisierung des Getränkehandels in Rio de Janeiro 1888 bis 1930*, p. 98.
28. Teresa C. N. Marques, *A Cerveja e a Cidade do Rio de Janeiro de 1888 ao Início dos Anos 1930*, pp. 295 e ss.
29. Edgar Helmut Köb, *Die Brahma-Brauerei und die Modernisierung des Getränkehandels in Rio de Janeiro 1888 bis 1930*, p. 100.
30. *Idem, ibidem*.
31. Ele permaneceria no comando até sua morte, em 1933.
32. *Cronologia da Brahma*, 1995, 8.4.

Figura 144. A Antarctica também montou pavilhão na Exposição de 1922, comemorativa do Centenário da Independência do Brasil. Fonte: Acervo Ambev/FAHZ.

Nos relatórios de Künning ao conselho fiscal, foram muitas as referências a ações conjuntas – planejadas ou já realizadas – para repassar ao consumidor algum aumento de impostos. A elevação dos custos de matérias-primas também era passada adiante. Künning deixou claro repetidas vezes que, em sua visão, uma política de preços, se possível coordenada entre as cervejarias brasileiras, era decisiva para a prosperidade da Brahma.

De forma geral a indústria se unia quando se sentia ameaçada. Köb assim comenta:

A cooperação entre as cervejarias Lager sempre foi particularmente estreita quando se tratava de defender os interesses da indústria contra o Estado. Nesse sentido a crônica oficial da Brahma também enfatiza a representação mútua da Brahma e da Antarctica junto às autoridades locais no decorrer da década de 1900. No Rio de Janeiro, os

Figura 145. Cinema Central em São Paulo de propriedade da Cia. Antarctica Paulista. A companhia nos anos 1920 detinha ainda o Teatro Cassino e montou também um time de futebol para atuar no Parque Antarctica (hoje o Palmeiras). Fonte: Acervo Ambev/FAHZ.

advogados da Brahma defendiam os interesses da Antarctica, enquanto a Antarctica defendia a Brahma em São Paulo[33].

Por exemplo, em 1924, a Brahma, com a Companhia Guanabara, se uniu à Antarctica e à Companhia Progresso Nacional (a antiga Germânia de São Paulo) para um reajuste combinado dos preços de suas cervejas[34]. Em 1925

---

33. Edgar Helmut Köb, *Die Brahma-Brauerei und die Modernisierung des Getränkehandels in Rio de Janeiro 1888 bis 1930*, pp. 101-102.
34. "Companhia Antarctica Paulista", *O Estado de S. Paulo*, p. 10, 10.6.1924.

houve outro acordo com o mesmo objetivo, reunindo dessa vez a Brahma, a Antarctica, a Companhia Hanseatica e a Cervejaria Polonia. Na ocasião, as empresas alegaram que a elevação dos preços se justificava "pelo enorme encarecimento da matéria-prima e demais despesas de produção e transporte"[35]. Muitos desses *lobbies* eram patrocinados pelo CIB.

A força do CIB

Depois da Guerra, como diretor que era desde 1912, Künning participou de muitas comissões de estudos do Centro Industrial Brasileiro. Uma das mais importantes foi eleita em 1919, logo depois de o governo federal definir as obrigações do patronato para com os empregados no caso dos acidentes de trabalho[36].

A partir das conclusões dessa comissão, o CIB decidiu fundar uma companhia de seguros para cobrir as reparações aos acidentados, exigidas por lei[37]. Como representante da Brahma, Künning assumiu um cargo na diretoria da nova organização – a Companhia Segurança Industrial, instituída com capital de mil contos de réis, subscrita por cerca de uma centena de empresas cariocas, paulistas e mineiras[38]. A Segurança Industrial mais adiante estenderia sua cobertura a prejuízos decorrentes de acidentes marítimos e terrestres[39]. Ainda em 1919, ele participou do Segundo Congresso de Expansão Econômica, iniciativa da Prefeitura do Rio de Janeiro, como delegado da organização empresarial[40].

O final daquele ano foi intenso: em dezembro, o presidente Epitácio Pessoa propôs ao Congresso uma mudança profunda nas tarifas. A discussão de fundo, segundo Marques[41], era a distinção entre a proteção à indústria "genuinamente" nacional, que usava matérias-primas locais, daquelas que usavam matérias-primas importadas, caso das cervejarias, que deveriam sofrer maior concorrência. Na proposta, o governo pretendia reduzir a alíquota na importação de bebidas 1$500 para $500[42], que, como vimos, havia sido introduzida em 1904. Já o malte importado deveria subir de $40 para $60 o quilo.

35. "Aviso", *Jornal do Brasil*, p. 24, 1.4.1925.
36. "No Centro Industrial do Brasil", *O Imparcial*, p. 5, 24.5.1919.
37. "Segurança Industrial", *O Brasil Industrial*, n. 29, p. 88, 1919.
38. "A Realização de uma Brilhante Iniciativa", *A Razão*, p. 6, 8.2.1920.
39. "Segurança Industrial", *Gazeta de Notícias*, p. 6, 4.8.1925.
40. "Segundo Congresso de Expansão Econômica", *O Imparcial*, p. 6, 20.9.1919.
41. Teresa C. N. Marques, *A Cerveja e a Cidade do Rio de Janeiro de 1888 ao Início dos Anos 1930*, p. 105.
42. *Idem*, p. 108.

Künning foi um dos signatários de extenso documento endereçado ao Legislativo, no qual o CIB fundamentou sua posição em defesa da indústria nacional[43]. Um pouco antes, esteve com o ministro da Fazenda, para debater a reforma tarifária[44]. Paralelamente, Antarctica, Hanseatica e Polonia também enviaram memorais indicando os prejuízos à indústria que poderiam advir das mudanças propostas. O *lobby* conseguiria uma vitória dupla: as novas tarifas não seriam aplicadas às cervejarias de baixa fermentação, o que evidentemente prejudicaria esse segmento, não tão forte em *lobbies*[45]. Devido às críticas de todos os lados, o projeto não foi colocado em prática. Em dezembro de 1920 sua já longa tramitação havia sido suspensa, e o imposto de importação permaneceu como antes. Já o de consumo foi elevado para 160 réis a garrafa ou 200 réis o litro[46].

Em 7 de dezembro de 1922, um mês após retornar da Europa, Künning já estava mergulhado em seus afazeres habituais. Nessa data, ele e a cúpula do CIB estiveram com Epitácio Pessoa, presidente da República, para falar dos resultados da Exposição Comemorativa do Centenário da Independência e também pedir o apoio do governante para a indústria nacional: a reforma tarifária voltou a ser discutida no Senado[47]. Em 1924, o deputado Sá Filho apresentou proposta dobrando a alíquota, a qual já havia sido elevada para 300 réis por litro em 1922[48], para 600 réis. O CIB rapidamente enviou telegramas às nove maiores cervejarias do país para que cada uma atuasse contra o projeto de Sá Filho junto ao executivo dos Estados e seus deputados. Künning pediu especificamente à Cervejaria Americana de Juiz de Fora para que interferisse junto a deputados mineiros, pois estes controlavam a Comissão de Orçamento. A cervejaria atendeu o pedido, assim como a Ritter junto a deputados gaúchos[49].

Künning passaria os dois anos seguintes, mantendo um ritmo intenso de trabalho. Nessa altura, ele acumulava a presidência da Brahma e cargos de diretoria no CIB, na Companhia Segurança Industrial e no Brasilianische Bank für Deutschland. Tudo indica que se submetia a uma rotina de muito trabalho,

---

43. "A Reforma das Tarifas Aduaneiras", *Gazeta Suburbana*, p. 6, 27.12.1919.
44. "Fazenda", *Correio da Manhã*, p. 5, 17.10.1919.
45. Por proposta do deputado mineiro Francisco Valadares (Teresa C. N. Marques, *A Cerveja e a Cidade do Rio de Janeiro de 1888 ao Início dos Anos 1930*, p. 110).
46. *Idem*, p. 112.
47. "Os Nossos Interesses Industriais e o Governo", *O Paiz*, p. 3, 8.12.1922.
48. Lei 4625/22. O valor assinalado é para baixa fermentação, para alta era $240.
49. Teresa C. N. Marques, *A Cerveja e a Cidade do Rio de Janeiro de 1888 ao Início dos Anos 1930*, p. 118.

submetendo-se a forte estresse. E esse comportamento lhe cobrou alto preço: com a saúde abalada, foi obrigado a procurar tratamento na Europa em maio de 1925, retornando ao Brasil só em março de 1926[50].

Poucos dias após o desembarque no Rio de Janeiro, Künning foi reeleito mais uma vez para o conselho superior do CIB, sendo logo convocado para integrar nova comissão de estudos, destinada a contestar a elevação do imposto de consumo sobre o fumo e as cervejas de baixa fermentação, decretado pelo governo gaúcho[51]. Fora o aumento da tributação, havia a exigência de selagem dos produtos na origem[52]. Além de tudo, surge nova proposta de elevação do imposto de consumo nacional, que novamente motivou Künning a pedir aos seus pares que atuassem regionalmente. Também usava a imprensa para indicar que: "Os impostos já ultrapassaram toda a possibilidade de contribuição tributária por parte desse importante ramo de atividade fabril brasileira, a cuja sombra vivem também muitas outras indústrias complementares"[53].

De fato, a taxação sobre as cervejarias era pesada. Por exemplo, entre 1926 e 1929, o valor da produção desse ramo de atividade correspondeu a 13% do total nacional, bem abaixo dos 40% da indústria têxtil. No entanto, o segmento cervejeiro recolheu 32,5% dos impostos no período, e as fábricas de tecidos apenas 13%.

Como vimos, Künning costumava se dedicar às incumbências do CIB com muito empenho. A necessidade de estudos sobre temas diversos era permanente, devido a mudanças na legislação e outros fatores. Bom exemplo disso foi o que ocorreu em reunião do CIB, em junho de 1926, quando os associados souberam que o sistema ferroviário havia atendido uma reivindicação da entidade, eliminando tarifa preferencial no transporte de mercadorias produzidas por empresas do interior, em detrimento das indústrias da capital e de São Paulo[54]. Na ocasião, "o Sr. Künning tratou minuciosamente do assunto e expôs a solução que a Contadoria Central Ferroviária dera ao caso das tarifas".

50. "Regressa, Hoje, ao Rio...", *Correio da Manhã*, p. 3, 10.3.1926.
51. "No Centro Industrial do Brasil", *Gazeta de Notícias*, p. 2, 17.3.1926.
52. "A Nova Diretoria do CIB", *Gazeta de Notícias*, p. 2, 24.3.1926.
53. "Reportagem Sobre Atividades do CIB", *Jornal do Brasil*, 10.10.1926.
54. "Centro Industrial do Brasil", *Gazeta de Notícias*, p. 5, 10.6.1926.

15

Batalhas

OS PERÍODOS DE COOPERAÇÃO QUE SURGIAM QUANDO SE TRA-tava de defender os interesses da indústria foram entremeados por alguns fortes embates entre os principais concorrentes nacionais: Brahma e Antarctica. Esse cenário perdurou pelo século XX[1] afora, até a fusão de ambas com a criação da Ambev em 1999. Alguns desses embates, entre meados dos anos 1920 e 1930, virariam verdadeiras guerras, como veremos a seguir.

O Guaraná – origens

Em 1926, as relações entre as duas maiores cervejarias do país azedaram, com a Antarctica abrindo as hostilidades na "batalha do guaraná". Primeiramente, é interessante conhecer um pouco a história desse produto tão brasileiro que ainda hoje só perde no mercado para os refrigerantes de "cola".

O jesuíta João Bettendorf foi o primeiro europeu a mencionar o produto, em 1669[2]. Já sua descrição e nome científico foram dados por Von Martius,

---

1. Os anos de 1990 viveriam o auge, com grandes investimentos em publicidade dos dois lados, e campanhas memoráveis como "A Número 1" da Brahma e "A Melhor Cerveja do Brasil" da Antarctica, capitaneadas pelos publicitários Eduardo Fischer e Nizan Guanaes (Ariane Abdallah, *De um Gole Só*, p. 67).

2. Alba Figueroa, "Guaraná, a Máquina do Tempo dos Sateré-Mawé", *Boletim Museu Emílio Goeldi, Ciências Humanas*, vol. 11, n. 1, p. 67, jan.-abr. 2016.

que de 1817 a 1820 percorreu o Norte do Brasil e posteriormente publicou a obra *Flora Brasiliensis*[3].

O engenheiro João Alberto Masô conta em artigo publicado em 1906[4], como a bebida se popularizou. Indica que desde o século XVIII habitantes de Goiás e Mato Grosso, em contato com as tribos dos mandacarus e maués na região do rio Tapajós, ficaram admirados como os pajés faziam curas com produtos vegetais, sendo o guaraná de inestimável valor para tanto. Esses habitantes, notando que, em forma de bebida, o fruto tirava o sono e dava força e alegria, trouxeram-no para as cidades próximas[5].

O consumo foi se espalhando aos poucos pelo país e em fins do século XIX era vendido no Rio de Janeiro como componente de elixires medicinais. Teria sido o médico Luiz Pereira Barreto, em torno de 1905, quem teria dado um impulso adicional ao consumo:

Nos últimos meses, o extrato fluido do guaraná tem sido prescrito pelos mais notáveis clínicos brasileiros e estrangeiros. [...] O abalizado clínico Sr. Dr. Luiz Pereira Barreto estudou-o e a respeito muito tem escrito, como uma das descobertas mais notáveis da flora brasileira[6].

Nas palavras do próprio Dr. Barreto:

Pode-se tomar o guaraná [...] em doses indefinidas, sem o menor inconveniente. [...] Encerrando, quando fresco, três vezes mais cafeína do que o próprio café. Não produz, entretanto, a insônia nem a agitação nos nervos. Seu efeito é [...] calmante[7].

Masô nos indica[8] que no início do século XX vários laboratórios atestaram a qualidade do produto, com efeitos neuromiocárdios, diuréticos e contra a

---

3. *Idem*, p. 68. A planta fora classificada como *Paullinia sorbilis*, por causa do seu uso como bebida, e reclassificada por Kunth, em 1821, como *Paullinia cupana*.

4. João Alberto Masô, "O Guaraná", *Revista da Sociedade de Geografia do Rio de Janeiro*, p. 143.

5. Para corroborar, o autor indicou que uma análise química revelou que cem gramas de sementes do guaraná continham 5,4 gramas de cafeína.

6. "Extractos Fluidos", *A União*, p. 4, 10.5.1905.

7. Citação reproduzida no artigo "Chronica Literária", *A Notícia*, 16.2.1906.

8. João Alberto Masô, "O Guaraná", pp. 147-148.

gripe e males intestinais[9], e: "Tomado com constância, em pó, com água ou água e açúcar não há quem não sinta imediatamente seu benéfico efeito no estômago". Para ele o sabor era "agradabilíssimo".

Com todas essas qualidades, o preço subiu (oscilaria de dez a 25 mil-réis em Manaus), e mesmo assim por vezes o produto estava indisponível. Masô profetizou: "No dia que a indústria moderna se apossar desta importante riqueza, certo que a produção do guaraná aumentará extraordinariamente, barateando-lhe o preço"[10].

Agora, de quem teria sido a ideia de misturar água gaseificada com o extrato de guaraná? Há publicações na internet sem comprovação documental[11] datando a invenção de antes de 1910. Fato é que máquinas domésticas de gaseificação se popularizaram mais na década seguinte[12], o que torna mais provável alguém tentar juntar os produtos após essa data.

Documentalmente, o crédito da mistura de gás e xarope de guaraná deve ser dado ao comerciante português Oliveira Simões, que já vendia seu produto de guaraná gaseificado em 1915[13]. Em 11 de dezembro de 1917 sua empresa, a Oliveira Simões e Cia., de Belém do Pará, consegue a Carta Patente n. 9.769 do Guaraná Efervescente, chancelada pelo presidente da República Venceslau Brás[14]. A patente esclarecia que o produto era obtido de sementes de guaraná e em menor parte outras frutas[15]. O método de produção, em essência, era o mesmo utilizado hoje:

O resultado obtido dessas frutas e plantas do Brasil é associado a duas mil partes de água esterilizada, açúcar e xarope de groselha [...] obtendo deste modo a nova

---

9. Cita ainda vantagens do guaraná sobre o álcool: "A excitação artificial que as bebidas alcoólicas produzem é passageira [...] ao passo que o Guaraná [...] dá vigor aos organismos fatigados".

10. O artigo ainda faz menção que a plantação poderia ser ampliada e que os métodos de beneficiamento poderiam ser modernizados.

11. Envolvendo, por exemplo, a Diefenthaller no Rio Grande do Sul em 1906 e a Fábrica Andrade de Manaus em 1907. Sobre a primeira, só há registros de guaraná gaseificado em 1922, ano em que estourou a produção e o consumo do produto. Quanto à segunda, não há como comprovar que o produto tinha gás.

12. Um belo anúncio da marca Paraná pode ser encontrado na revista *Careta*, p. 3, 1.1.1910.

13. Vide anúncio reproduzido no *Anuário de Belém*, 1916, p. 256.

14. A patente foi integralmente republicada no jornal pernambucano *A Província* de 19.10.1918. sob o título "Carta Patente do Guaraná Efervescente".

15. A patente fala em oitocentas partes de guaraná, quarenta de quassia, vinte de genciana, vinte de muirapuama e quinze de outras frutas.

bebida refrigerante, a qual é depois engarrafada pelo sistema conhecido de saturação de ácido carbônico.

Exatamente nessa época[16], aparece o primeiro anúncio, no Rio de Janeiro, do Guaraná Champagne, nome sugestivo pela similaridade de cor e *perlage*[17] de ambos os produtos[18]. O Guaraná Champagne se tornou a bebida da moda no início de 1918, com diversos anúncios e elogios publicados em jornais e revistas[19]. A fabricante denominava-se Empresa de Produtos de Guaraná, situada na rua da Quitanda, n. 7. Ela antecipou em décadas o problema da quantidade de açúcar lançando três versões[20]: Carioca (doce), Assírio (seco) e Itamaraty (extrasseco). A dúzia custava 4000 réis.

Todavia, os anúncios cessaram um ano depois, no início de 1919. A companhia fora vítima de seu próprio sucesso, pois assim noticia o *Correio da Manhã*:

A grande aceitação que teve o Guaraná Champagne, o maravilhoso refresco sem álcool preparado pelo professor de química e microbiologista Antonio Peryassu, aguçou a ambição dos inescrupulosos falsificadores.

Assim, o produto aprovado pela Saúde Pública [...] está sendo substituído por beberagens gasosas nocivas à saúde compradas a baixo preço e servidas sem rótulo ou com rótulos iguais fazem confusão ao despreocupado consumidor[21].

Até onde sabemos a imagem do rótulo do produto não chegou aos dias de hoje, mas a Marca Registrada 12815 indica que o mesmo era "rótulo em forma de faixa, tendo no centro um círculo com a figura de uma mulher flutuando no espaço, equilibrando no queixo uma flor; acima dessa figura vê-se o desenho de uma lua"[22].

---

16. "Guaraná Champagne", *A Rua*, p. 2, 10.12.1917.

17. Termo técnico para as bolhas do champagne quando estão na taça.

18. Sobre a origem do nome, um cronista diz "esses estrangeirismos são necessários nas cidades cosmopolitas para chamar a freguesia. No fundo, permanece o mesmo guaraná velho de guerra" ("Vida Alheia", *O Paiz*, p. 2, 10.3.1918).

19. Uma pesquisa na hemeroteca digital da Biblioteca Nacional retorna diversos registros nessa época para "guaraná champagne", em veículos como *Correio da Manhã*, *A Noite*, *A Rua*, *A Razão* e *D. Quixote*.

20. "A Bebida da Moda", *A Razão*, p. 8, 23.5.1918.

21. "Uma Indignidade Clamorosa", *Correio da Manhã*, p. 3, 14.1.1919.

22. Descrição reproduzida no *Memorial a Questão do Guaraná*, do advogado Targino Ribeiro, p. 8. Cópia do mesmo encontra-se no Acervo Ambev, Caixa 21.

Figura 146. Propaganda do Champagne da Antarctica Paulista em 1921, ano de lançamento do produto (*A Rua*, p. 2, 1917). Fonte: Acervo Ambev/FAHZ.

A companhia não prosperou, mas o desejo pelo produto continuou. E chega a São Paulo, onde em abril de 1920 vemos um pequeno anúncio: "Siga o Bugre: Tome Guaraná espumante"[23]. Os executivos da Antarctica souberam avaliar o potencial e adquirem a combalida Empresa de Produtos de Guaraná, por oitenta mil contos de réis[24]. Mantiveram o nome, Guaraná Champagne, e planejaram cuidadosamente a produção e o *marketing*. Criaram um rótulo que permaneceria praticamente o mesmo até a década de 1980. Em 26 de julho de 1921 conseguiram um laudo do Laboratório de Análises Químicas do Estado:

O Guaraná Champagne, preparado com ingredientes puros e não contendo nenhum produto nocivo à saúde, isento de álcool, de sabor agradável, recomenda-se como um produto ótimo e puramente nacional[25].

23. "Café Guarany", *O Estado de S. Paulo*, p. 4, 17.4.1920. Não está claro, mas possivelmente é o produto da Zanotta. Uma curiosidade que o citado artigo de Masô (1906-1908, p. 152) termina exatamente com a frase "Siga o Bugre", uma alusão para seguir a moda de beber guaraná.
24. "Guaraná Espumante", p. 9, 2.11.1921.
25. Reproduzido no *Correio Paulistano*, 1ª p., 18.8.1921. Pode-se ver ali foto do produto também.

O lançamento seria feito com pompa e circunstância, através da compra de quase toda a primeira página do *Correio Paulistano* em 18 de agosto de 1921[26]. "Inicia hoje a venda do soberbo produto de sua fabricação, Guaraná Champagne." O preço era de 6$000 a dúzia. No anúncio, a Antarctica afirmava que, além do guaraná do Amazonas, o produto continha pacová e formiato de sódio, que seria "bom para os músculos".

Isso atraiu a fúria do concorrente à época[27], a Zanotta, Lorenzi e Cia., empresa fabricante do Guaraná Espumante Zanotta e dos nossos conhecidos chocolates Lacta[28]. Citando um certo professor Bertarelli ("Em geral os formiatos se apresentam como possíveis tóxicos"), a Zanotta afirmou que o novo produto da Antarctica também seria tóxico. Houve debate na imprensa. Lourenço Janotas assinou artigo defendendo o produto da Antarctica, assegurando a inocuidade do produto. Segundo ele, o guaraná continha trezentos miligramas de formiato, quantidade muito inferior a sessenta gramas da substância, a dose que seria considerada tóxica e equivalente ao consumo de 180 garrafas[29].

O Guaraná Espumante Zanotta era um concorrente de respeito na década de 1920[30]. Cabe lembrar que essa era a época da proibição de produção e consumo de álcool nos EUA[31], o que levou a várias discussões sobre o tema também no Brasil, e a constituição de grupos de médicos que condenavam seu consumo[32]. Nesse contexto, em meados da década de 1920 a Zanotta, que não produzia bebidas alcoólicas, publicava anúncios, contra o consumo de álcool com declarações de médicos conhecidos, como Miguel Couto e Estelita Lins[33], tanto no Rio[34] como em São Paulo[35].

· 306 ·

---

26. *Idem*.

27. Um anúncio do Guaraná Espumante pode ser encontrado na revista *Vida Moderna*, p. 3, 10.11.1921.

28. Hoje ainda produzidos, mas sob propriedade da empresa suíça Mondelēz.

29. Todo esse debate encontra-se em *O Estado de S. Paulo*, p. 9, 2.11.1921.

30. Só deixaria de ser produzido em 1937.

31. Lei Seca ou 18ª Emenda da Constituição dos Estados Unidos, em vigor de 1920 a 1933.

32. Uma discussão detalhada sobre os debates a respeito da Lei Seca no Brasil e suas consequências pode ser encontrada em Marques (*A Cerveja e a Cidade do Rio de Janeiro de 1888 ao Início dos Anos 1930*, pp. 240-244). Künning e o CIB certamente atuaram para que isso não acontecesse no Brasil, sempre usando o argumento de geração de empregos e impostos.

33. Este declarou na peça publicitária: "Sou contra o uso do álcool, por princípio e especialização clínica, aconselho sempre e uso o precioso refrigerante Guaraná Zanotta" (*Fon-Fon*, edição de Natal, p. 159, 1923).

34. Ver, por exemplo, revista *Fon-Fon*, edição de Natal, p. 159, 1923; *Correio da Manhã*, p. 12, 25.12.1925.

35. Ver, por exemplo, *A Gazeta*, p. 3, 29.9.1924; *Correio Paulistano*, p. 5, 16.7.1926.

As discussões sobre o consumo de álcool mudaram as propagandas de cerveja. Um anúncio da Fidalga de 1920 enfatizava ser um produto de menor teor alcoólico que os concorrentes[36]. Os debates contribuíram para o crescimento do consumo de refrigerantes no Brasil, em especial o guaraná. Köb sustenta que, para a Brahma, as vendas de bebidas não alcoólicas cresceram de magros 363 contos em 1919[37] para 3 678 contos em 1929[38]. Ainda assim, os refrigerantes eram apenas produtos marginais em termos de receita. Apenas no segundo semestre de 1929 foram vendidos 23 mil contos de réis em cerveja[39].

A batalha do Guaraná

Enquanto o Guaraná Antarctica ganhava terreno nacional[40], a Brahma ainda levaria um tempo para lançar o seu. Segundo a *Cronologia da Brahma*, em 11 de fevereiro de 1924[41], a companhia registrou a marca Guaraná Genuíno, sua primeira bebida desse tipo, "com rótulo retangular, guarnecido de filetes, contendo em cima as palavras Estimulante Poderoso, a figura de um Atleta, já registrado na Companhia".

Dois anos depois, que a Brahma havia copiado o rótulo de seu guaraná, a Antarctica conseguiu um mandado de busca e apreensão na fábrica da Brahma, o que ocorreu em 1º de outubro de 1926. A Brahma sentiu o golpe e no dia seguinte publicou no *Jornal do Brasil*:

Hoje [1º de outubro] pela manhã fomos surpreendidos pela invasão de nossa fábrica e de nossos depósitos por um grupo de pessoas que se apresentaram como oficiais de justiça, peritos, advogados e auxiliares com verdadeiro e escandaloso aparato para o fim de, a requerimento da poderosa Companhia Antarctica Paulista,

---

36. Teresa C. N. Marques, *A Cerveja e a Cidade do Rio de Janeiro de 1888 ao Início dos Anos 1930*, p. 239. As cervejas Pilsen, mais leves e menos alcoólicas, foram particularmente beneficiadas.

37. Na verdade, o segmento deu prejuízo até 1920 (Dados Financeiros de julho a dezembro [1917-1925], Acervo Ambev, Caixa 161).

38. Edgar Helmut Köb, *Die Brahma-Brauerei und die Modernisierung des Getränkehandels in Rio de Janeiro 1888 bis 1930*, seção 3.2.4.

39. Cf. Relatórios ao Conselho Fiscal de 10.1.1931, Acervo Ambev, Caixa 174, Documento BRA.AT.174.001. 1931.0001

40. Por exemplo, em 23.2.1922, p. 2, é encontrado um anúncio do Guaraná Antarctica em *O Estado de Santa Catarina*.

41. *Cronologia da Brahma*, 1995, 8.4.

apreenderem nosso produto "Guaraná", com os respectivos recipientes, marca da fábrica, rótulos etc. etc.

Tomando conhecimento dessa insólita diligência, exibimos imediatamente aos encarregados dela a certidão passada pela Junta Comercial do registro da nossa marca de fábrica relativa àquele nosso novo e acreditado produto. Dessa certidão consta que a referida marca foi apresentada à Junta Comercial para registro aos 2 de outubro de 1923 e efetivamente registrada sob o número 20.576 em 11 de fevereiro de 1924, sendo esse registro publicado à p. 5.859 do *Diário Oficial* do dia 29 do mesmo mês e ano.

Em vista desta certidão, os encarregados da diligência se retiraram confusos, sem efetuar as pretendidas apreensões, convencidos do nosso bom direito, e da lisura de nosso procedimento[42].

A nota segue afirmando que "se os encarregados da temerosa diligência estavam de boa-fé, o mesmo não é lícito dizer da companhia que a autorizou", pois a Antarctica não poderia alegar desconhecimento do registro de marca. E ainda:

[...] não podemos deixar de responsabilizar a nossa agressora pelos vexames e contrariedades que sujeitaram os nossos amigos e pela injúria que nos fizeram. Mostra esse fato que a excelência do nosso produto está seriamente incomodando a nossa poderosa rival.

A Antarctica logo respondeu às alegações da Brahma:

A fim de desmascarar, de uma vez por todas, a exploração que a Companhia Cervejaria Brahma anda fazendo, a propósito de uma diligência de busca e apreensão [...]:

A Companhia Cervejaria Brahma conseguiu registrar, para o guaraná de sua fabricação, um rótulo que é imitação evidente e despejada do rótulo registrado há muito tempo pela Companhia Antarctica Paulista para o Guaraná Champagne, muito conhecido, acreditado e procurado.

Explica-se esse registro pela mudança do serviço de marcas da Junta Comercial para a Diretoria de Propriedade Industrial. Não contente com a imitação feita, a Companhia Cervejaria Brahma alterou o rótulo que ilegalmente conseguira registrar

---

42. "A Companhia Cervejaria Brahma aos seus Amigos e Fregueses", *Jornal do Brasil*, p. 18, 2.10.1926.

para torná-lo ainda mais semelhante ao do Guaraná Champagne; e com este rótulo imitado e não registrado, tem lançado na praça grande quantidade de guaraná.

Ao realizar a apreensão, foi apresentada ao digno advogado da Cia. Antarctica certidão de registro do primeiro rótulo que não é o que está sendo usado pela Brahma; e esse ilustre advogado, escrupuloso e honesto, preferiu sustar a diligência, para bem estudar o caso, a expor-se a praticar uma ilegalidade. [...]

Por isso, a Companhia Antarctica Paulista, sem prejuízo da ação de nulidade do registro desse rótulo imitado, que vai sem demora iniciar, está no pleno direito de apreender todo o guaraná que encontrar no mercado, com o rótulo imitando o da sua propriedade, rótulo que, como se explicou, está coberto pelo registro feito, pois difere dele, como prova a certidão da repartição competente em poder desta companhia[43].

Poucos dias depois, a Brahma voltou à carga em nota publicada no dia 5, tanto no Rio de Janeiro[44] como em São Paulo, terra da rival.

Diante do protesto que lançamos contra o ato da Antarctica, invadindo, com aparato de justiça, a nossa fábrica e depósitos para o fim de nos injuriar sob a capa de apreensão de rótulos e garrafas do nosso produto Guaraná, por suposta imitação de sua marca, entendeu a nossa despeitada rival de oferecer ao público uma explicação, com o fim de justificar o fracasso de sua diligência. E então sai-se com a escapatória de dizer que fez aquela diligência porque a nossa marca constitui imitação da dela e que tendo verificado isso vai intentar ação civil para anular o registro da marca.

É uma bazófia com que ninguém se iludirá. A nossa marca anda aí por toda a parte, colada nas garrafas do produto, espalhadas por todo o Brasil. Desnecessária era, pois, qualquer diligência judicial para verificação de semelhanças nos rótulos. Depois, a nossa marca, como já foi explicado, está registrada desde fevereiro de 1924, o que quer dizer – há mais de dois anos e meio – e, portanto, tem a seu favor a presunção de ser conhecida de todos os interessados, não sendo outro fim do registro senão o de tornar pública e conhecida a marca.

---

43. Apesar de só encontrarmos a nota inicialmente em *O Estado de S. Paulo*, p. 10, 12.10.1926, acreditamos que os argumentos tenham sido conhecidos entre os dias 2 e 4, pois no dia 5, como veremos, a Brahma já publicaria uma tréplica a essa nota.

44. "Publicações a Pedido", *Jornal do Commercio*, p. 10, 5.10.1926.

Quanto à ação de nulidade, com que nos ameaça, é pura bazófia, e recurso de que se vale para sair-se airosamente da empreitada em que se meteu, porque é da lei que a ação de nulidade prescreve no prazo de seis meses, contados da data do registro[45].

A nota segue afirmando que a lei não está do lado da Antarctica, e, portanto, essa não age de boa-fé, estando "ferida pelo enorme sucesso do nosso produto, com o qual o seu não pode concorrer" e termina dizendo que: "A Antarctica veio buscar lã e saiu tosquiada".

A essa altura a disputa atingiria boa parte do território nacional. Durante o mês de outubro, a Antarctica imprimiu sua réplica em diversos jornais do país, inclusive em Pernambuco e Paraíba[46]. É interessante notar que essas notas em jornais jamais foram assinadas por Zerrenner ou Künning[47].

As companhias viriam novamente à carga uma contra a outra, e a questão virou peleja até entre seus advogados[48]. No dia 17 de outubro a Brahma publicou:

A Antarctica fez inserir nos jornais do Rio e São Paulo nos dias 6 a 8 do corrente, um artigo assinado por seu advogado, por entre grosserias e injúrias, que estando a questão do Guaraná a se encarcerar para o terreno jurídico resolvera encerrar o debate pela imprensa.

Não foi, pois, sem certa surpresa, que dia 12 tivemos a notícia que a Antarctica havia reaberto o debate [...] para desmascarar (?!) a exploração (?!) que andamos nós fazendo a respeito da fracassada diligência[49].

Em seguida descreve os rótulos dos produtos das duas companhias, indicando que estes seriam completamente diferentes, terminando por dizer que a Antarctica queria "intimidar o consumidor", e que "nenhum juiz dará mão forte ao premeditado assalto ao nosso direito".

A Antarctica ainda responderia no dia 24:

---

45. "Companhia Cervejaria Brahma", p. 12, 5.10.1936. Replicado novamente na edição do dia 9.10.1926, p. 11.
46. *Jornal do Commercio*, p. 9, 15.10.1926; *Diário de Pernambuco*, 15.10.1926; *A União* (Paraíba), 22.10.1926, reproduzindo matéria do *Diário de Pernambuco* da semana anterior.
47. Foram diretores operacionais, como, no caso da Antarctica, Valdomiro de Carvalho, e no da Brahma, Robert Kutschat.
48. Ver, por exemplo, "A Questão do Guaraná entre Brahma e Antarctica", *Jornal do Commercio*, 7.10.1926.
49. "A Cia. Cervejaria Brahma e a Antarctica", *Jornal do Commercio*, p. 7, 17.10.1926. A transcrição foi resumida.

Figura 147. Os rótulos da discórdia: à esquerda, o guaraná Antarctica. Fonte: Alegações finais de Targino Ribeiro à apelação cível 382, 1926, p. 200.

A Brahma não se limitou a usurpar a marca da Antarctica e alterou o próprio rótulo que ela havia registrado para torná-lo ainda mais semelhante ao do Guaraná Champagne. Além disso começou a usar uma etiqueta, que não está registrada, na qual estampa emblemas semelhantes à Antarctica[50].

A questão se judicializou. Em 14 de outubro, *O Jornal do Commercio*[51] transcreveu a ação inicial da Brahma contra a Antarctica, por perdas e danos, com pedido de indenização de 32 contos, impetrada na 6ª Vara Cível da Capital. Em 21 de outubro, seguiu-se a divulgação, pelo mesmo periódico, da abertura do processo da Antarctica contra a Brahma, na Justiça Federal, pela anulação da marca.

---

50. "A Cia. Antarctica Paulista e a Brahma", *Jornal do Commercio*, p. 6, 24.10.1926. No dia 27, o advogado da Antarctica, Targino Ribeiro, ainda assinaria outro artigo técnico sobre a não prescrição do caso, como indicava a Brahma.
51. "A Companhia Cervejaria Brahma", *Jornal do Commercio*, p. 11, 14.10.1926. Replicado em *O Jornal*, p. 11, 19.10.1926.

O caso não ganhou mais os jornais, mas prosseguiu até o julgamento pela 3ª Câmara da Corte de Apelação, da Apelação Cível n. 382, cujo relator era o desembargador Collares Moreira. Para o julgamento, o advogado da Antarctica, Targino Ribeiro, elaborou 155 páginas de alegações finais[52], contestando a questão da prescrição alegada pela Brahma. De maior importância, citou diversas doutrinas e jurisprudências estrangeiras[53], sobre como se deveria julgar se uma marca é semelhante a ponto de confundir o consumidor, reproduzindo ambos os rótulos na página 139 de seu parecer.

Ganhou a causa. Nas palavras do relator:

Considerando que sendo a autora, incontestavelmente, a titular das duas marcas referidas[54], nada a impede de pleitear o cancelamento de outra marca que alega ser imitação de uma delas [...].

Considerando quanto à prescrição do direito da autora de promover esta ação, que a mesma não ocorreu [...].

[...] que o juiz deve colocar-se no ponto de vista da maior ou menor facilidade de observação do comprador ou consumidor [...].

Considerando que destarte é, no conceito legal, a marca da ré é imitação da autora [...].

Julgo procedente a ação para decretar a nulidade do registro da marca da ré feito sob o n. 20.578 [...].

Rio de Janeiro, 16 de agosto de 1929. Renato de Carvalho Tavares[55].

Provavelmente prevendo perder a causa, a Brahma se antecipou. Ainda em dezembro de 1926 ela muda a marca e o rótulo: "O precursor Guaraná Genuíno, que continha a figura de um atleta, foi substituído pelo Guaraná Athleta, este último, com listras verticais [no rótulo], sem a figura do atleta"[56]. Posteriormente, adotou-se a conhecida denominação Guaraná Brahma, sobre

---

52. Cf. *Memorial a Questão do Guaraná* do advogado Targino Ribeiro, p. 8.

53. No original, o parecer reproduz textos legais e pareceres de juristas da Bélgica, França, Espanha, Itália e Estados Unidos, além de doutrina e jurisprudência brasileira.

54. No caso, a antiga Guaraná Champagne da Companhia de Produtos do Guaraná e o Guaraná Champagne da própria Antarctica.

55. *Memorial a Questão do Guaraná*, do advogado Targino Ribeiro, pp. 157-160.

56. *Cronologia da Brahma*, 1995, 5.6.

Figura 148. Em 1926, a Brahma mudou o rótulo do guaraná. As listras verticais foram usadas até a década de 1980. Fonte: Acervo Ambev/FAHZ.

a imagem do Guaraná Athleta. O lançamento do Guaraná Brahma ocorreu em dezembro de 1927[57].

Ainda que no caso do rótulo da guaraná a Antarctica tivesse razão, em 20 de março de 1926, ela registrava a marca "Coca-Cola" sob o n. 22.330. Naquela época a Coca ainda não era presente no Brasil, nem registrou o uso da marca. Anos depois, a companhia americana faria pressão junto ao governo Vargas para reaver a marca, mas acabou por comprá-la de volta[58].

---

57. *Idem*, 5.7, indica que por algum tempo ambos os produtos coexistiram: "Guaraná Athleta claro e adocicado e Guaraná Brahma escuro e menos doce".
58. Registro reproduzido em Ana Landi e Oscar Pilagallo, *De Duas, Uma*, p. 110.

Figura 149 a 155. Um breve retrato da evolução da propaganda do Guaraná, começando nos anos 1920 até 1960. A mesma acompanhou o avanço nos meios de comunicação, passando dos cartazess para fotografias, e enfim à televisão (Programa *Brincando e Aprendendo*, Canal 2 de São Paulo, 1960). Para coroar, o clássico pizza com guaraná dos anos 1990, revisitado pela Ambev em 2014 para o Twitter (X). São Paulo, 1960. Fonte: Acervo Ambev/FAHZ.

Dias Noronha e Cia.

A Brahma não estava apenas na defensiva como no caso do guaraná. Um exemplo das disputas habituais sobre direitos de marca registrada documentadas no arquivo da Brahma é a disputa com a empresa fluminense Dias Noronha & Co., da cidade de Campos dos Goytacazes, que se deu em paralelo com a questão do Guaraná Antarctica.

Em carta datada de 21 de agosto de 1924, a Brahma ressaltou à empresa, com a qual existiam até então relações comerciais amigáveis, a alarmante semelhança da marca Diplomata deles com a sua própria Fidalga. Os rótulos das duas cervejas podiam ser facilmente confundidos à distância devido às semelhanças em tamanho, composição e cor, razão pela qual a Brahma pediu para Dias Noronha & Co. descontinuar o rótulo não registrado e supostamente ilegal.

Dias Noronha & Co. enviou então um dos seus sócios ao Rio de Janeiro, que, em uma conversa pessoal em setembro de 1924, garantiu à Brahma que o controverso rótulo não seria mais utilizado. Mas os responsáveis da Brahma só souberam anos depois que a Dias Noronha & Co. havia solicitado o registro da marca Diplomata na capital, incluindo o controverso rótulo, ao mesmo tempo, ou seja, em 2 de setembro 1924.

Em 17 de novembro de 1926, dois anos após a primeira troca de correspondências, a Brahma reclamou novamente sobre a continuidade da violação de seus direitos de marca registrada. Adicionalmente à Diplomata, Dias Noronha & Co. havia lançado outra cerveja, a Divina, cujo rótulo era muito semelhante ao da Teutonia, ainda produzida pela Brahma.

Pelo visto, a empresa de Campos não respondeu a esta carta e ignorou as outras advertências, de modo que a Brahma acionou seus advogados e solicitou informações sobre os direitos de marca do oponente à Diretoria Geral da Propriedade Industrial. Nesta ocasião, os responsáveis na Brahma souberam que Dias Noronha & Co. já havia solicitado o registro da Divina em novembro de 1924, que entrou legalmente em vigor em 25 de janeiro de 1926[59].

---

59. Este caso foi extraído de Köb (*idem*, seção 3.3.3). Não foi possível encontrar nos arquivos da Brahma o final da contenda.

Taxa alfandegária

O ano de 1928 trouxe um revés para a Brahma em Santos. O advogado José Rodrigues Tucunduva denunciou um contrato irregular da empresa com a Prefeitura Municipal, que vigorava desde janeiro de 1917, isentando a empresa do pagamento de taxa alfandegária que incidia sobre bebidas alcoólicas entradas no Porto. Segundo ele, era um privilégio ilegal: desviava recursos dos cofres públicos, enquanto outros importadores de bebidas continuavam a pagar a tarifa normalmente.

Tucunduva estimou as perdas do município em mais de 1900 contos nos onze anos em que o contrato vigorou. As alegações do advogado, publicadas na imprensa santista[60], foram reproduzidas pelo *O Estado de S. Paulo* e transcritas pelo *Jornal do Commercio*, do Rio[61]. Certamente tiveram ampla repercussão. Tucunduva encaminhou a denúncia ao presidente do Estado em termos veementes e pediu à Justiça a abertura de processo criminal contra o antigo prefeito. Em vista disso, a administração municipal cancelou o contrato[62].

Tucunduva não culpou a Brahma, responsabilizando apenas o antigo prefeito e auxiliares pelas irregularidades. A empresa não se manifestou sobre o assunto, mas a repercussão do caso certamente foi negativa por afetar sua imagem e obrigá-la a pagar o imposto alfandegário no Porto santista, como faziam as demais empresas do ramo.

Em novembro, surgiu um novo problema: uma greve dos carroceiros exigindo aumento de 50$000. Como era véspera do movimento do Natal e verão, a companhia decidiu resolver a questão rapidamente, concedendo 30$000[63]. A greve motivou a companhia a substituir o sistema de transporte por caminhões, o que seria implantado a partir do ano seguinte e concluído em 1932[64].

60. "Conta os Abusos Administrativos", *Praça de Santos*, p. 16, 12.6.1928.
61. "Contrato", *Jornal do Commercio*, p. 6, 7.4.1927; "Exmo. Sr. Dr. Júlio Prestes de Albuquerque", *Jornal do Commercio*, p. 10, 17.4.1928.
62. "As Boas Campanhas...", *Jornal do Commercio*, p. 21, 5.8.1928.
63. *Cronologia da Brahma*, 1995, 8.7.
64. *Idem*, 8.11.

A quem pertence a Guanabara?

Outra encrenca entre a Brahma e a Antarctica viria em 1929. Em 22 de maio de 1929, a empresa pediu à Junta Comercial a transferência do registro 13.710, para bebidas com álcool, de nome Guanabara. A marca pertencia à Cervejaria Guanabara S/A. Porém, no dia seguinte, a Antarctica requereu a busca e apreensão da cerveja Guanabara, alegando que o rótulo da bebida era muito semelhante ao de sua cerveja Hamburguesa. A Antarctica recrudesceu no dia 29, quando apresentou queixa-crime contra Johann Künning e outros diretores da Brahma por falsificação de rótulo. Para pôr fim à contenda, a Brahma substituiu o nome da Guanabara por Carioca. E a Antarctica se deu por satisfeita: retirou a queixa-crime em 8 de março[65].

---

65. *Idem*, 5.9.

16

Final da década de 1920

A maior cervejaria

NO ANO SOCIAL ENCERRADO EM 30 DE JUNHO DE 1928, JOHANN Künning assinou relatório aos acionistas informando que as vendas da Brahma haviam atingido a cifra mais elevada registrada até então. E repetiu o que vinha afirmando ao longo de toda a década:

Seguindo a sua orientação tradicional, a diretoria continua a não poupar sacrifícios pecuniários para a aquisição de matéria-prima exclusivamente de superior qualidade e, por outro lado, a dotar a fábrica de todos os melhoramentos aconselhados pela prática e pela ciência, mantendo assim a fama de que justamente gozam os nossos produtos, o que se evidencia pela decidida preferência dos consumidores[1].

Mas manteve as ressalvas habituais:

O encarecimento geral da vida, sob todos os aspectos, não podia deixar de exercer uma influência sensível sobre o custo da mão de obra, da fabricação e do transporte, acrescendo os elevados impostos e ônus que pesam sobre a nossa indústria. Nestas condições, o resultado do ano, embora satisfatório, não correspondeu ao que seria lícito esperar do considerável volume dos negócios efetuados[2].

---

1. "Bancos e Companhias", *Jornal do Commercio*, p. 13, 24.10.1928.
2. *Idem, ibidem*.

O fim dos anos 1920 se aproximava, e a diretoria da Brahma estava otimista. A companhia, além de dividendo usual de 12%, distribuiu bônus de 5% aos acionistas, sendo esse patamar de 17% observado em todos os anos entre 1922 e 1929[3]. O mercado crescera muito no pós-Guerra, como pode ser visto na Tabela 9:

Tabela 9. Produção de cerveja no Rio de Janeiro e vendas da Brahma[4].

| Ano | Milhões de Litros | | |
	Cerveja de Alta Fermentação	Cerveja de Baixa Fermentação	Vendas da Brahma
1918	7,5	15,5	9,2
1921	15,1	23,2	15,5
1925	25,5	39,0	25,0
1928	39,7	42,8	26,0

A Brahma saberia responder ao aumento da demanda por cervejas mais populares e baratas com a ABC[5], lançada em 1927. Trata-se nada menos que uma cerveja de alta fermentação, segmento que a Brahma havia abandonado há muito tempo. Essa cerveja teve bons índices de consumo por alguns anos, principalmente durante a crise de 1929.

Em janeiro de 1929 a empresa contava com 1 800 funcionários, produzia por dia 1 200 kg de gás carbônico, 120 toneladas de gelo e cem mil garrafas de cerveja, podendo armazenar três milhões de litros do produto[6]. Nesse mês, convidou ainda a imprensa para uma visita à fábrica, pela comemoração ao 25º ano de sua existência como sociedade anônima. O *Jornal do Brasil* publicou matéria a respeito, com o título: "A Expressão Máxima do Progresso na Indústria da Cerveja. A Situação de Destaque da Companhia

---

3. Edgar Helmut Köb, *Die Brahma-Brauerei und die Modernisierung des Getränkehandels in Rio de Janeiro 1888 bis 1930*, p. 96.
4. *Idem*, p. 234, Tabela 13, anos selecionados; p. 96, Figura 4.
5. Edgar Helmut Köb, *Die Brahma-Brauerei und die Modernisierung des Getränkehandels in Rio de Janeiro 1888 bis 1930*, seção 3.3.3.
6. *Cronologia da Brahma*, 1995, 8.8.

Figuras 156 e 157. A Antarctica continuava a fazer uso de cartazes bem-humorados para atrair a simpatia e atenção do consumidor. Fonte: Acervo Ambev/FAHZ.

Cervejaria Brahma. Como e por que os seus Produtos Merecem a Grande Preferência do Público"[7].

O texto seguiu na mesma toada, recheado das costumeiras menções à higiene das instalações e cifras diversas, relativas à produção. O autor registrou ainda:

Só a Brahma adquire por mês do Tesouro a respeitável soma de oitocentos contos em selos (do imposto sobre o consumo).

E terminou assim:

Os que o dirigem, os Srs. Künning, Franz Icken, Oliveira Machado e Ernesto Tag, devem ter legítimo júbilo vendo, diariamente, os seus esforços compensados por

7. "A Expressão Máxima do Progresso...", *Jornal do Brasil*, p. 8, 25.1.1929.

uma crescente preferência, que vale por atestado de que o nosso público sabe distinguir os produtos que lhe são oferecidos, principalmente quando, como sucede com os da Brahma, aparecem cercados de tantas garantias de higiene, paladar excelente, do preparo primoroso e de outras condições que os tornam os mais populares produtos da indústria de cerveja brasileira[8].

Três meses depois, a Antarctica recorreu aos dados da arrecadação de impostos para mostrar que, a despeito dos números da Brahma, era ela a maior fabricante de bebidas do país. Os números foram apresentados em anúncio no *Correio da Manhã:*

Jornais desta Capital, de São Paulo e do Norte do país publicaram, não há muito, alguns dados sobre a indústria cervejeira no Brasil. Pena foi que, na época dessas publicações, não tivessem sido conhecidos os dados estatísticos que abaixo reproduzimos e que viriam documentar o extraordinário progresso dessa indústria e comércio no nosso país.

A lei federal da receita para o ano de 1928 orçou a arrecadação do imposto do consumo sobre bebidas em geral em 103 mil contos. E nesse ano a Companhia Antarctica Paulista, de São Paulo, suas filiais e filiadas, pagaram por esse imposto, à União, a significativa soma de 21 832 contos. Só a contribuição da Antarctica foi, portanto, de 21,19% do total orçado para todo o país e essa contribuição representa um recorde absoluto, que não é alcançado nem pelo conjunto da contribuição das três maiores fábricas do Rio de Janeiro, como demonstram os seguintes dados oficiosos:

Primeira (Brahma), inclusive sua filial de São Paulo – 10 933 contos[9]; segunda (Hanseatica) – 4 457 contos; terceira (Polonia) – 197 contos. Total: 15 587 contos."

Estes algarismos põem em extraordinário relevo a importância da Companhia Antarctica Paulista, que foi a primeira fábrica que produziu, há cerca de 38 anos, a cerveja de baixa fermentação[10].

---

8. *Idem, ibidem.*

9. Esse número tem consistência com os dados da própria Brahma. A *Cronologia* (p. 5.8) fala no recolhimento, em 1928, de 9 800 contos em impostos, valor que provavelmente não inclui a filial de São Paulo.

10. Como vimos na Parte II, "O Empreendedor Stupakoff e a Bavaria (1882-1904)", essa história é somente em parte verdadeira.

Antarctica constitui um justo orgulho da indústria nacional, por isso que, da modesta fábrica que foi, atingiu, em tempo relativamente curto, as culminâncias de maior e mais importante, no gênero, no Brasil e é atualmente uma das três maiores do mundo.

E a Antarctica Paulista deve esse progresso a um único fator: a excelência e pureza dos seus inigualáveis produtos[11].

De acordo com os impostos arrecadados, a Antarctica vendia o dobro da Brahma no território nacional em 1928. Ambas haviam crescido muito na década, mas a Antarctica soube se posicionar melhor fora das duas praças principais.

Surfou no crescimento da cidade de São Paulo, que passara de 580 mil habitantes em 1920, para cerca de novecentos mil em 1930[12]. Mas a então capital federal, apesar de praticamente não ter crescido na década de 1920, ainda era a única com mais de um milhão de residentes.

Minas Gerais era um Estado-chave, chegando a representar dois terços das vendas da Brahma fora da capital[13]. Para suprir esse mercado, a empresa utilizava as linhas férreas já existentes[14]. A Antarctica deu um pulo à frente nesse Estado. Em 1928 a Antarctica conseguiu pular à frente no Estado de Minas Gerais por meio da compra da Cervejaria Polar na nova capital, Belo Horizonte. Posteriormente transformaria essa cervejaria em filial[15].

Quanto aos demais Estados, principalmente do Nordeste e do Sul, as cervejas da Brahma e da Antarctica[16] chegavam por navegação de cabotagem. O volume era bem menor[17], mas o produto demandado era o de melhor qualidade.

Na década de 1920, as vendas das cervejas de primeira classe, que dominavam o mercado antes da Primeira Guerra, subiram novamente, empurrando as marcas de segunda qualidade de volta para o segundo lugar. A participação das cervejas de primeira no faturamento aumentou para 61% em 1924 e para quase 70%

• 323 •

---

11. "Uma Estatística Interessante", *Correio da Manhã*, p. 7, 14.4.1929.
12. O número de 1920 vem do censo nacional, mas o mesmo não foi realizado em 1930.
13. Dados de 1931 (Teresa C. N. Marques, *A Cerveja e a Cidade do Rio de Janeiro de 1888 ao Início dos Anos 1930*, p. 297).
14. Redes Central do Brasil, Sul de Minas e Oeste de Minas (*idem, ibidem*).
15. O fato está narrado na notícia sobre os cinquenta anos da companhia publicado em *O Estado de S. Paulo*, p. 12, 9.2.1941.
16. Em 1930, a Antarctica daria um novo passo à frente, comprando o espólio da Cervejaria Ola de Pernambuco (*idem*).
17. Teresa Marques (*A Cerveja e a Cidade do Rio de Janeiro de 1888 ao Início dos Anos 1930*, p. 297) estima 7% para o ES, 5% para SP e apenas 3% para os demais Estados em 1931.

em 1929. As variedades de segunda que tinham dominado até então caíram de forma constante, chegando a alcançar uma participação de menos de 25%. Este movimento foi provavelmente uma consequência da melhoria da situação econômica geral nos anos 1920. As pessoas que se voltaram para os produtos baratos, nos tempos difíceis entre 1913 e 1920, puderam agora voltar a consumir as melhores variedades[18]. A Tabela 10, produzida por Köb[19], retrata esse movimento.

Tabela 10. Vendas de cerveja da Brahma por classe de qualidade em anos selecionados.

	I	II	III	Alta Fermentação (ABC)	Total
	% receita	% receita	% receita	% receita	% receita
1909	71,02	10,87	18,11	–	100
1914	30,41	59,32	10,27	–	100
1919	34,89	59,73	5,38	–	100
1924	61,33	37,61	1,06	–	100
1929	69,26	23,16	0,28	7,3	100

A marca ABC começa a aparecer no segmento de alta fermentação, que nem era produzido pela companhia até 1927. Uma grande sacada, que seria fundamental na crise que viria a seguir.

A crise de 1929

A Brahma ainda lucrou dois mil contos de réis no segundo semestre de 1929, e investiu 1 245 contos no exercício, mas acusou os efeitos da crise em 1930, no relatório aos acionistas, às vésperas da assembleia ordinária anual[20]:

Embora tenhamos conservado em toda parte a freguesia que nos distingue com a sua honrosa preferência, o total das vendas sofreu uma diminuição sobre as do ano

---

18. Edgar Helmut Köb, *Die Brahma-Brauerei und die Modernisierung des Getränkehandels in Rio de Janeiro 1888 bis 1930*, seção 3.3.3.
19. *Idem*, Tabela 16.
20. Relatório ao Conselho Fiscal, 26.3.1930. Acervo Ambev, Caixa 54, Documento BR.SP.FAHZ.BRA.RT.054.001.1930.006, p. 1.

anterior, devido ao retraimento forçado dos consumidores, em luta com a crise que assoberba o país. [...] A baixa sensível dos preços de todos os produtos do país, as dificuldades de toda sorte em que debatem as nossas indústrias, concorreram para a diminuição geral dos negócios. Além desses contratempos e das despesas sempre crescentes da produção e transporte, continua esta indústria a sofrer as consequências da luta entre as fábricas, vendendo os seus produtos já notoriamente sobrecarregados de pesados ônus e impostos, a preços tão reduzidos que influem desfavoravelmente sobre sua situação econômica.

As nossas vendas no Estado de São Paulo, onde a crise se manifestou talvez com a máxima violência, não deixaram de sofrer suas consequências. Assim mesmo o resultado foi sofrível[21].

A crise prosseguiu, e forte. No segundo semestre de 1930, a queda nas vendas foram de 30% (apenas 79 mil hectolitros contra 112 mil no 2º semestre de 1929), enquanto a receita caiu 36% (14,8 mil contos, contra 23,3 do período anterior)[22].

No relatório sobre o ano social de 1º de julho de 1930 a 30 de junho de 1931, a direção da Brahma informou sobre a retração no período e a diminuição do lucro, "que não pôde ser compensada pelas rigorosas medidas de economia postas em prática"[23]. Ainda assim, a Brahma lançou, em novembro de 1930, um produto que complementaria seu leque de refrigerantes por décadas: Soda Laranjada. A Tabela 11 fornece a dimensão do impacto da crise sobre as vendas durante a crise[24].

Tabela 11. Vendas no 2º semestre (1929-1932).

Ano	Vendas no 2º semestre (mil hl)	Vendas (contos de réis)
1929	112	23,3
1930	79	14,8
1931	65	12,8
1932	76	14,6

21. "Bancos e Companhias", *Jornal do Commercio*, p. 11, 29.10.1930.
22. Conforme Relatório ao Conselho Fiscal de 10.1.1931. Acervo Ambev, Caixa 174, Documento BRA.AT. 174.001.1931.0001.
23. "Bancos e Companhias", *Jornal do Commercio*, 25.10.1931, p. 15.
24. Fontes: Relatórios ao Conselho Fiscal de 10.1.1931 e 16.1.1933. Acervo Ambev, Caixa 174, Documento BRA. AT.174.001.1931.0001 e BRA.AT.174.001.1932.0025 respectivamente.

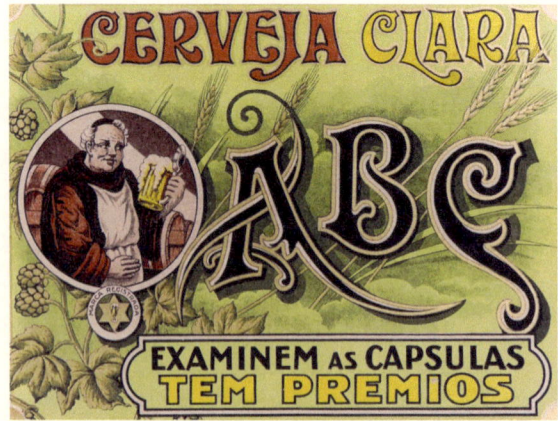

Figuras 158 e 159. A Brahma voltou a fazer cerveja de alta fermentação para atender o público sensível ao preço em 1927. Fonte: Acervo Ambev/FAHZ.

Figura 160. A Antarctica também se moveu na direção da competição pelo preço com a cerveja 1000, que custava apenas 1000 réis. Fonte: Acervo Ambev/FAHZ.

17

Os últimos anos

KÜNNING NÃO ESTEVE DIRETAMENTE À FRENTE DA BRAHMA DU-rante toda a época da crise. Sua saúde piorou em 1928, e ele procurou trata-mento na Europa[1]. E para lá voltou em 1930, submetendo-se a uma cirurgia, provavelmente em outubro desse ano. A operação foi bem-sucedida, mas não havia data prevista para a volta ao Brasil: os médicos "recomendaram repouso tão completo quanto possível na Europa"[2]. A estada em território europeu durou até meados de junho de 1931, pois Künning desembarcou no Rio de Janeiro bem no início de julho[3]. Para complicar, Teresa Marques afirma que agosto de 1931 foi o pior período de vendas da companhia num período de dez anos[4].

25 anos de comando

Em outubro de 1931, quatro meses após retornar ao Brasil, Künning rece-beu a maior homenagem de sua vida, como parte das comemorações do 25º aniversário de sua contratação para a presidência da Brahma. A festa, organizada pela direção da companhia, reuniu centenas de funcionários e

---

1. "Centro Industrial do Brasil", *Jornal do Commercio*, p. 4, 16.5.1928.
2. "Companhia Cervejaria Brahma", *Jornal do Commercio*, p. 13, 6.11.1930.
3. "Viajantes", *Jornal do Commercio*, p. 6, 3.7.1931.
4. Conforme volume de vendas transformados em libras entre 1927 e 1937 (Teresa C. N. Marques, *A Cerveja e a Cidade do Rio de Janeiro de 1888 ao Início dos Anos 1930*, p. 295).

convidados em 29 de outubro, na sede da empresa[5]. Künning recebeu vários presentes e ouviu discursos elogiosos. Os oradores destacaram suas qualidades como dirigente, seu gosto pela vida em família, e rememoraram a história da empresa. Também fizeram algumas declarações que permitem entrever um Johann Künning centralizador e exigente, avesso a manifestações como aquela de que estava sendo alvo. Se ele de fato era assim, os demais diretores da Brahma devem ter tido alguma dificuldade para convencê-lo a aceitar a festa.

Entre 1906, quando assumiu o comando da empresa, e seu jubileu de prata em 1931, a companhia alçou outro patamar em dimensão e importância. Na festa de comemoração desse aniversário, os oradores exaltaram a tenacidade e a dedicação do empresário à cervejaria, assim como seu apego à família. Künning mostrou-se sensibilizado e agradecido, divertindo-se com o discurso original em forma de poema do publicitário Bastos Tigre, aqui resumido[6]:

• 328 •

Saudação de Gambrinus	Assim falou o rei Gambrinus.
Vibrem crótalos e sinos	Soam cantos, odes, hinos
Alegres sons cristalinos	E nos copos cristalinos
Em honra do rei Gambrinus	Alveja a espuma abençoada!
Nobre rei, de eterna fama	E nós, ao rei que o proclama
Ele vem com a corte inteira	Cavaleiro de alta fama,
A alta corte cervejeira	Pedimos que aqui da Brahma
Saudar o "chefão" da Brahma.	Nunca o Künning se evada!

Na ocasião, Bastos Tigre, pioneiro da publicidade no Brasil, ainda afirmou que Künning fora capaz de uma proeza: ter feito a Brahma avançar em um quarto de século o que exigiria o trabalho de cem anos. Licença poética à parte, não há como negar que Johann Künning é uma das figuras de ponta na história empresarial brasileira.

---

5. "Festival Comemorativo", *Correio da Manhã*, p. 9, 1.11.1931.

6. *Idem*. Ele pode ter se inspirado em material de ano novo de 1915, onde também constava um poema a Gambrinus (*Cronologia*, 1995, 7.2).

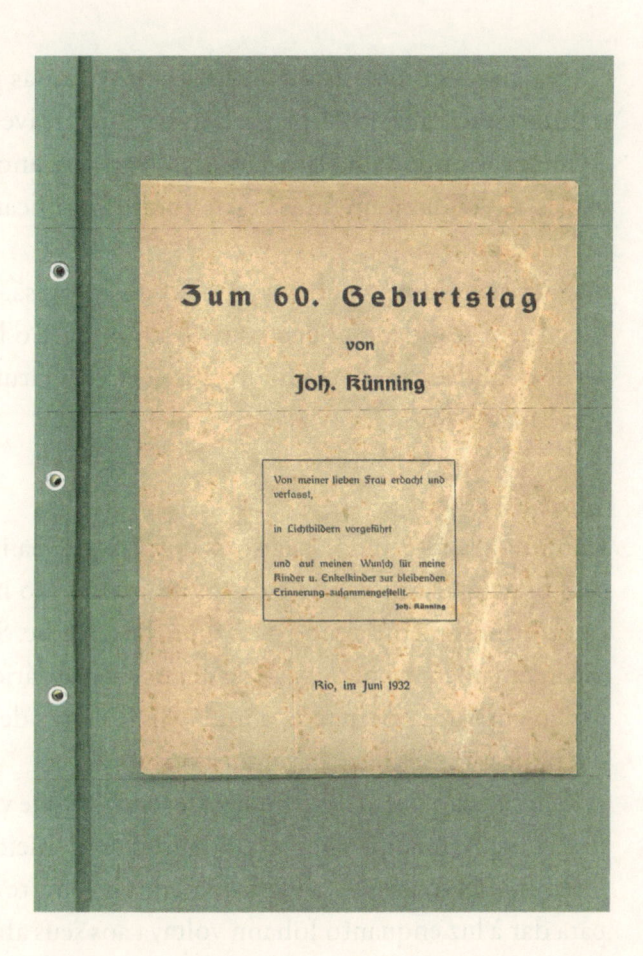

Figura 161. Capa do livro feito para Johann Künning por ocasião do seu 60º aniversário. Fonte: arquivo familiar.

Zum 60. Geburtstag

von

Joh. Künning

Von meiner lieben Frau erdacht und verfasst,

in Lichtbildern vorgeführt

und auf meinen Wunsch für meine Kinder u. Enkelkinder zur bleibenden Erinnerung zusammengestellt.

Joh. Künning

Rio, im Juni 1932

Quanto aos negócios, a empresa decidiu reduzir os preços para fazer frente à queda da demanda. Essa medida se refletiu nas contas do ano de 1931/1932:

Embora a quantidade fabricada e vendida dos nossos produtos não tivesse sofrido quase nenhuma diminuição, a redução dos preços de venda a que nos vimos obrigados para salvaguardar os interesses da companhia influiu desfavoravelmente nos resultados do nosso trabalho. Mesmo assim, podemos constatar com satisfação que, devido às enérgicas medidas de economia e de reorganização, o balanço que ora é submetido à vossa aprovação é ainda relativamente satisfatório[7].

7. "Bancos e Companhias", *Jornal do Commercio*, p. 14, 18.10.1932.

No ano seguinte, as dificuldades provocadas pela crise persistiam, mas a situação da empresa ficou relativamente estável se comparada à do exercício anterior. Finalmente, em 1932/1933, o panorama começou a desanuviar, e as vendas aumentaram de forma significativa em relação às do ano precedente[8].

A crise mudou o perfil de vendas da empresa. As cervejas baratas como a ABC, em realidade pouco contribuíram para o lucro. Já no caso de cervejas de qualidade mediana foi irreversível. Seu faturamento caiu mais de 50% entre 1928 e 1937[9].

Vida pessoal

Künning era reservado. Registros de fatos de sua intimidade, assim como de suas preferências, além de escassos, por vezes são incompletos. Ficou viúvo e casou-se novamente, tendo mais uma filha, Kathe. Sua nova esposa Elsa lhe dedicou um poema, por ocasião de seu 60º aniversário em 1932. Este poema, impresso em forma de livreto, contém ainda fotos de sua vida e família e é uma das poucas fontes que chegaram a nossos dias.

Seu caçula e único filho homem, Heinrich, que viria a sucedê-lo na Brahma, nasceu na Alemanha em 1907. Era ainda seu início na Brahma, então sua esposa, que descobriu estar grávida em viagem, teve que ficar na Alemanha para dar à luz enquanto Johann voltava aos seus afazeres. Mas ele se deslocou à Bahia, escala da volta da esposa com o bebê, para conhecer o filho. Uma de suas netas nos conta que o avô era muito atencioso e gostava de conversar e dar conselhos.

No livreto, há fotos dele e da família cavalgando, possivelmente um *hobby*. Como vimos, até sofreu uma queda que o levou ao hospital[10]. Tinha um cachorro, Fufuca, que levava até para dormir na própria cama. Já vimos também que, diferentemente do início da carreira, quando não tirava férias, enquanto presidente da Brahma, Künning esteve na Europa em diversas ocasiões, às vezes por longos períodos, e levando a família.

---

8. "Companhia Cervejaria Brahma", *Jornal do Commercio*, p. 27, 22.10.1933.

9. Teresa C. N. Marques, *A Cerveja e a Cidade do Rio de Janeiro de 1888 ao Início dos Anos 1930*, pp. 295-296.

10. "Enfermos", *O Paiz*, p. 3, 23.1.1917.

Em outubro de 1931, a despeito de viver com uma agenda restritiva, Künning aderiu ao Rotary Clube do Rio de Janeiro[11]. Na época, o Rotary era bastante influente na sociedade carioca. Nos encontros semanais, os associados por vezes discutiam problemas do país e recebiam visitas de personalidades importantes, inclusive ministros de Estado. As atas das reuniões da entidade eram publicadas na íntegra por vários jornais, da mesma forma que as do CIB. A título de exemplo, vale mencionar a palestra de Bertha Lutz, bióloga e pioneira feminista, proferida no Rotary, em 11 de novembro de 1932, numa etapa em que os membros do clube estavam preocupados com a conservação das florestas brasileiras[12].

De volta ao *front*

Em novembro de 1931 Künning estava de prontidão em sua trincheira no CIB, para combater mais uma pretendida investida do fisco – afinal, se a economia estava em crise, a arrecadação também. A ideia do governo era a substituição do imposto de viação e de transporte por um adicional de 10% ao imposto de consumo. O alvo eram as mercadorias transportadas em estradas de ferro, vias de navegação fluvial e por cabotagem, à razão de vinte réis por quilograma ou fração de peso bruto da mercadoria, verificado no ato do despacho.

"Recaindo a taxa de viação indistintamente e de forma genérica sobre quaisquer produtos, sujeitos ou não a imposto de consumo, este, já grandemente majorado" – observou Künning – "é bem de ver que o governo não lograria o objetivo a que se propõe". Ele explicou que a intenção do governo era descabida porque muitas empresas vendiam seus produtos nas localidades onde estavam instaladas. Portanto, o imposto sobre transporte não incidiria nesse caso. Aumentar o imposto de transporte em 10% se tornaria demasiado

---

11. "Rotary Club", *Jornal do Commercio*, p. 4, 15.7.1932.

12. Entre outros assuntos, Bertha tratou da ameaça representada pelas queimadas, tendo sua fala complementada por outro cientista, Alberto Sampaio, chefe da seção de Botânica do Museu Nacional. O professor Sampaio abriu sua conferência com declaração que soa atualíssima: "Quatrocentos e trinta e dois anos de desbravamento e exploração de matas, sem reflorestamento compensador, não podiam deixar de conduzir à enorme devastação que hoje deploramos". Johann Künning estava lá, como frequentador assíduo, e assim permaneceu até o fim da vida.

para as indústrias no momento de crise. Assim, todas as indústrias solicitaram atenção do CIB à matéria[13].

Oliveira Passos, então presidente do CIB, designou imediatamente uma comissão para analisar o assunto e apresentar conclusões o quanto antes. Künning, como seria de esperar, fez parte do grupo, e logo a seguir foi reeleito com toda a diretoria da entidade para o biênio 1932/1933[14]. Poucos dias depois, o CIB se converteu na FIB – Federação Industrial do Rio de Janeiro[15].

A essa altura estavam em curso as negociações para a criação da Confederação Industrial do Brasil[16]. A Federação das Indústrias do Estado de São Paulo e sua congênere do Rio de Janeiro foram as principais articuladoras do movimento que levaria à fundação da Confederação Industrial do Brasil, em 25 de janeiro de 1933[17]. Nessa data, Johann Künning foi escolhido primeiro tesoureiro da nova entidade nacional, sendo eleito no período 1934/1936 como membro do conselho diretor[18]. O CIB se tornaria a atual Confederação Nacional da Indústria (CNI), em setembro de 1938.

Quanto à Brahma, a crise passava, e a companhia teve lucro de 1,5 mil contos apenas no segundo semestre de 1933[19].

Brahma Chopp

Desde o início, a Brahma mostrou competência na publicidade e propaganda, através de diversas ações. A companhia foi anunciante assídua na imprensa, distribuiu brindes[20], bebidas de graça; patrocinou iniciativas diversas, entre elas causas beneficentes, eventos de cunho político e festas populares. Além disso, espalhou cartazes promocionais, financiou a instalação ou assumiu o controle de pontos de comércio varejista e fez sorteios para premiar a freguesia. Brahma

---

13. "Centro Industrial do Brasil", *Jornal do Commercio*, p. 4, 21.11.1931.
14. "Centro Industrial do Brasil", *Jornal do Commercio*, p. 9, 29.11.1931.
15. "Federação Industrial", *Jornal do Brasil*, p. 4, 15.2.1932.
16. "Federação Industrial", *Jornal do Commercio*, p. 3, 6.2.1932.
17. "Confederação Industrial do Brasil", *Jornal do Commercio*, p. 4, 26.1.1933.
18. "Federação Industrial", *A Nação*, p. 7, 21.11.1934; "Bancos e Companhias", *Jornal do Commercio*, p. 24, 28.10.1934.
19. Relatório ao Conselho Fiscal, 12.3.1934. Acervo Ambev, Caixa 174, Documento BRA.AT.174.0001.1934.0032.
20. Às vezes as promoções eram realizadas por seus revendedores ou representantes. Por exemplo, na edição de 22.10.1926, o jornal paraibano *A União* publicou anúncio do concurso Teutonia, patrocinado pela A. Stahel & Co., representante da Brahma para a Paraíba e Pernambuco. Para concorrer, o interessado deveria trocar dez tampinhas de cervejas da empresa por cupom numerado. O primeiro prêmio seria um automóvel Chevrolet, avaliado em sete contos de réis.

e Antarctica adotavam *marketing* agressivo, e é possível que nessa área não tenham encontrado rivais à altura entre outras firmas brasileiras[21], ao menos nas primeiras décadas do século XX.

No caso da Brahma, um grande marco de uma jogada de *marketing* se daria em janeiro de 1934 com o lançamento da cerveja Brahma Chopp, amparado por maciça campanha publicitária[22]. A inspiração veio dos Estados Unidos. Com o fim da lei seca nos EUA, as empresas trataram de vender cerveja em latas[23], amparadas em campanhas com a ideia de que as pessoas poderiam tomar bebida onde quisessem. O Brahma Chopp tinha o mesmo espírito, só que em garrafas. As latas só surgiriam no Brasil 37 anos depois[24]. O rótulo seria célebre, Brahma Chopp em fonte sugestiva e uma mão na caneca, com o colarinho transbordando, emanando frescor.

A ideia criou polêmica. Assim, em 10 de dezembro de 1934, *A Platéa*, diário paulistano, publicou extenso editorial, intitulado "O que É *Chopp* e o que É Cerveja", certamente municiado de dados técnicos pela Antarctica – a grande concorrente da Brahma. O editorial seria reproduzido por vários outros jornais, nos dias subsequentes, certamente como matéria paga pela Antarctica: "Não sendo de barril, não é *chopp*" – lema que desde então seria utilizado na propaganda da empresa paulista durante muitos anos[25]. O editorial é didático e contém argumento irrefutável: chope é bebida de barril, não pasteurizada e de consumo imediato. Para ser engarrafado e ter validade maior, a pasteurização se torna essencial. Tecnicamente, o chope pasteurizado vira cerveja comum. A Brahma seguiu com a ideia, imperturbável.

---

21. A "guerra" Brahma × Antarctica voltaria à toda na década de 1990, já com a Brahma sob comando do grupo Garantia.

22. Teresa C. N. Marques, *A Cerveja e a Cidade do Rio de Janeiro de 1888 ao Início dos Anos 1930*, p. 302; Teresa C. N. Marques e Maria T. R. Oliveira, "Inovação de Produto ou Saída para a Crise? O Lançamento da Cerveja Brahma Chopp no Verão de 1934", *História Econômica & História de Empresas*, n. 1, pp. 87-120, 2003.

23. A primeira cervejaria a vender em lata foi a Gottfried Krueger Brewery, em 1935. Com o sucesso, a Budweiser copiou a ideia no ano seguinte. As primeiras latas eram pesadas, e a Pabst fez o primeiro modelo em folha de flandres, material bem mais leve e que dominaria a cena até o surgimento das latas de alumínio nos anos 1980. No início, havia ainda dois tipos de latas: uma em forma de cone com uma tampa em cima e a lata plana, que dominaria o mercado. Cf. https://beerandbrewing.com/a-brief-and-condensed-history-of-the-beer-can/.

24. Em 1971 a Skol lançou a cerveja em lata no Brasil, ainda em folha de flandres. Lembremos também que a siderurgia e a metalurgia somente se desenvolveram em escala no país após a Segunda Guerra.

25. "Seção Livre", *Correio de São Paulo*, p. 7, 9.1.1935.

Figuras 162 e 163.
O rótulo da
Brahma Chopp
quase não foi
alterado ao longo
das décadas.
Fonte: Acervo
Ambev/FAHZ.

Figura 164. A marca registrada da publicidade da Brahma Chopp era a mão segurando a caneca, que contém um belo colarinho, similar ao retirado das máquinas de chope. Fonte: Acervo Ambev/FAHZ.

Assim, o Carnaval de 1935 entrou para a história da propaganda no Brasil[26]. Para o lançamento do Brahma Chopp, foi escolhida a agência de Manuel Bastos Tigre – o mesmo que escreveu o poema para a comemoração dos 25 anos de Künning na presidência. Pioneiro da publicidade brasileira, foi criador, em 1922, da frase "Se é Bayer, é bom", um dos mais longevos *slogans* de todos os tempos.

Lembremos que na época não existia televisão, as mídias eram basicamente jornal e rádio. Para a campanha no rádio, Bastos Tigre convidou Ary Barroso e juntos escreveram a marchinha "Chopp em Garrafa", lançada simultaneamente à campanha de mídia nas vésperas do Carnaval de 1935.

O lançamento da campanha foi em 10 de janeiro de 1934, um mês antes do Carnaval. De forma estratégica, a empresa comprou amplos espaços nos jornais. Em essência, o conteúdo do anúncio impresso no *A Noite*, do Rio de Janeiro, e reproduzido abaixo, seria repetido centenas de vezes, por anos a fio, em muitos veículos:

26. Importante lembrar que a promoção de produtos pelo rádio esteve proibida até 1932, quando foi levantado o embargo.

Grande novidade! Agora Brahma Chopp engarrafado!

Toda gente gosta do Brahma Chopp pelo seu gosto e leveza. Mas, como se sabe, o *chopp* deve ser servido dentro de poucos dias, depois de saído da fábrica. Por isto, até hoje, somente nos bares se podia beber *chopp* cômoda e facilmente.

Agora, depois de cinco anos de estudos e experiências, a Companhia Cervejaria Brahma anuncia a grande conquista de seus técnicos: Brahma Chopp em garrafas! Um grande e verdadeiro triunfo! Comparados, o Brahma Chopp de garrafas e o de barril são de gosto igual e têm a mesma cor transparente e linda, a mesma leveza delicada, a mesma espuma viva e alegre! Prove-o – para se convencer disto![27]

Em junho do mesmo ano, a agência de Bastos Tigre, possivelmente buscando maior e melhor distribuição nas emissoras de rádio e uniformidade nas interpretações da peça, teve a inovadora iniciativa de gravar a música, o que transformou "Chopp em Garrafa" na primeira gravação de fonograma publicitário em disco prensado especificamente para a veiculação comercial em rádio no Brasil. A interpretação ficou a cargo de Orlando Silva, que então iniciava sua carreira, acompanhado pelo Grupo Canhoto[28]:

O Brahma Chopp em garrafa
Querido em todo o Brasil
Corre longe, a banca abafa
É igualzinho o de barril

E de fevereiro até abril
Chopp da Brahma é o primeiro
De garrafa ou de barril
Quem o contrário proclama

Quando o tempo está abafado
O que o tempo desabafa
É o Brahma Chopp gelado
De barril ou de garrafa

Diz uma coisa imbecil
Inveja do Chopp da Brahma
De garrafa ou de barril
É o mesmo chopp.

Chopp em garrafa
Tem justa fama
Chopp da Brahma
Desde maio até janeiro

---

27. "Grande Novidade", *A Noite*, p. 3, 10.1.1934.
28. Teresa C. N. Marques e Maria T. R. Oliveira, "Inovação de Produto ou Saída para a Crise?", p. 113.

Figura 165. Reprodução da partitura de "Chopp em Garrafa", para orquestra. De Ary Barroso e Bastos Tigre. Fonte: Acervo Ambev/FAHZ.

O golpe foi sentido pela Antarctica, que resolveu contra-atacar promovendo um concurso para escolher a música que melhor divulgasse seu chope em barril. Duas concorrentes foram selecionadas: "Madame du Barril", marcha hilária de Lamartine Babo e Hervê Cordovil, livremente inspirada na Madame du Barry, condessa guilhotinada na Revolução Francesa, e "Chopp Só em Barril", de Custódio Mesquita. Essa guerra das cervejas estabelecida entre a Brahma e a Antarctica por meio da propaganda radiofônica serviu de estímulo para que uma quantidade cada vez maior de anunciantes resolvesse apostar nas melodias para divulgar seus produtos através do rádio[29].

A respeito dessa polêmica, Karl Hubert Gregg[30], presidente da companhia de 1967 a 1989, declarou para a *Cronologia da Brahma*[31]:

Aquilo [*chopp* em garrafa] foi uma jogada de *marketing*. O *chopp* é de barril, não é de garrafa. Mas, o *chopp* de barril é uma cerveja não pasteurizada. É uma cerveja que não pode ficar muito tempo fora, tem que ser consumida em um prazo curto.

---

29. Fabio B. Dias, *Jingle É a Alma do Negócio*.

30. Karl Hubert Gregg começou a trabalhar na Brahma em 20 de janeiro de 1937 como aprendiz de cervejeiro, quando tinha apenas catorze anos. Tornou-se presidente da companhia em 1969, cargo onde permaneceu até a venda para o grupo Garantia, em 1989. Era também acionista controlador na época da venda.

31. *Cronologia da Brahma*, 1995, 9.2.

Figura 166. A Antarctica sempre bateu na tecla: Chope? Só o de barril. Fonte: Acervo Ambev/FAHZ.

Figura 167. A Antarctica avisou a freguesia: "não tome gato por lebre – o verdadeiro chope é de barril". Fonte: Acervo Ambev/FAHZ.

Figura 168. Fonte: Acervo Ambev/FAHZ.

Figura 169. No Carnaval de 1940, o pierrô oferece um chopinho e a colombina responde: "Só de barril, e da Antarctica". Fonte: Acervo Ambev/FAHZ.

A Brahma pesquisou e achou que podia colocar o *chopp* em garrafa. Era preciso vencer a pós-fermentação porque, depois da filtração, existem partículas microscópicas de fermento que voltam a trabalhar e turvam a cerveja. Isso foi eliminado com a pasteurização.

Para complicar, porém, o próprio Gregg declarou em seguida:

[...] aliás, naquela época dominávamos a tecnologia da pasteurização. Tínhamos as cervejas Fidalga, Teutonia, Brahmina, Bock e outras. Mas a cerveja é diferente. O que a Brahma lançou foi o *chopp* de garrafa. E deu certo[32].

Que deu certo, deu. No ano de 1934 a companhia bateu seu recorde de vendas, com o consumo de trinta milhões de litros de cerveja[33].

Charles Ullmann, o diretor do escritório de propaganda que atendia a Brahma ao tempo do lançamento da nova marca, concedeu entrevista à revista *A Cigarra* muitos anos depois. Destacou, então, a ousadia da campanha. Perguntado se teria sido o inventor do "chope em garrafa", Ullmann respondeu: "E como me consideraram maluco por isso! A luta foi grande, mas acabei convencendo a todos de que a ideia era boa e daria certo. Como deu"[34].

A empresa voltou a investir: adquiriu novos equipamentos e, em julho de 1934, iniciou a construção de novo edifício destinado ao compressor de amônia e máquinas automáticas para lavagem, enchimento, arrolhamento, pasteurização e rotulagem de trinta mil garrafas por hora[35], sinal de uma ruptura dos tempos em que esses processos necessitavam de mão de obra abundante.

Em resumo, no relatório publicado em outubro de 1935, a diretoria informou – "com uma confortante satisfação" – que as vendas em 1934/1935 haviam crescido de maneira considerável em relação aos anos anteriores, e que os investimentos totalizaram 1670 contos no período[36].

32. *Idem, ibidem.*
33. *Idem, ibidem.*
34. "Quem São Eles – Charles A. Ullmann", *A Cigarra*, pp. 104-105, jun. 1968.
35. *Cronologia da Brahma*, 1995, 9.2-3
36. "Companhia Cervejaria Brahma", *Jornal do Commercio*, p. 21, 27.10.1935.

Figuras 170-173. Durante muito tempo, a Brahma manteve a propaganda de seu "chope engarrafado", a despeito de ser evidente que essa bebida, em garrafas, é cerveja comum. Fonte: Acervo Ambev/FAHZ.

Figura 174. A despeito da polêmica que envolveu o "chope em garrafa", na década de 1930, muito depois, em 1957, a Antarctica lançou uma nova marca: a Pilsener Chopp. Fonte: Acervo Ambev/FAHZ.

Künning reduz a marcha

Passado o frenesi inicial do lançamento da Brahma Chopp, em fins do primeiro semestre do ano de 1934 ele esteve em Poços de Caldas de férias. Na época, a administração local fazia campanha de divulgação da cidade. As opiniões de Künning e de outras personalidades sobre os atrativos poços-caldenses foram reproduzidas em matéria de página inteira do *Correio da Manhã*, na edição de 15 de junho. Künning, que não era dado a muitas entrevistas, mostrou-se generoso:

A impressão que me ficou das termas de Poços de Caldas é a de que o seu aparelhamento representa a perfeição absoluta para esse gênero de terapêutica, tão moderno quanto eficiente. Todas as espécies de banhos, massagens, vaporizações, são ministrados naquele estabelecimento com o máximo conforto aos que deles necessitam. As termas de Poços de Caldas orgulham a ciência médica brasileira. Poços de

Caldas é a Karlsbad da América do Sul. A minha estada em Poços de Caldas substituiu perfeitamente a estada que costumava fazer em Karlsbad[37].

Talvez devido a problemas de saúde, as referências a ele escassearam a partir de 1934. Em 1935, acompanhado pela esposa e uma filha, Künning esteve na Alemanha pela última vez. O país já estava sufocado pelo terror nazista, e os Künning provavelmente se encontravam em território alemão no mês de setembro, quando foram promulgadas as Leis de Nuremberg. *A Noite* publicou notícia sobre o desembarque da família, e Künning evitou falar de política, mas deu um belo recado, talvez antecipando o que estaria por vir:

Viajei toda a Alemanha, e tratei unicamente de divertir-me. E depois me parece que sou mais brasileiro que alemão, pois há 46 anos vivo nesta grandiosa terra, em contato direto com seu povo culto e hospitaleiro. Não posso, portanto, deixar de ter uma grande estima pelo Brasil[38].

É bem provável que dessa época em diante Künning tenha diminuído seu ritmo de trabalho. A eleição de nova diretoria para a Companhia Segurança Industrial, realizada em dezembro de 1935, é sugestiva: a Brahma, tendo Künning como representante, passou a ocupar apenas uma suplência em seu Conselho Fiscal[39].

Malzbier

Como vimos, a Brahma registrou a marca Malzbier logo antes da Primeira Grande Guerra. A Antarctica, porém, querendo produzir sua própria Malzbier, reclamou em agosto de 1936:

Tendo feito registrar, em 1913, como marca de fábrica de sua exclusiva propriedade a palavra Malzbier – que é denominação necessária e comum de um determinado tipo de cerveja – a Companhia Cervejaria Brahma adquiriu o privilégio de empregar essa

---

37. Karlsbad é uma famosa cidade termal da República Tcheca.
38. "De Regresso da Alemanha", *A Noite*, p. 4, 16.10.1935.
39. "Companhia Segurança Industrial", *Jornal do Commercio*, p. 7, 1.1.1936.

denominação em sua indústria, monopolizando, assim, diretamente, a própria venda do produto, pois que nenhum outro fabricante podia dá-lo ao consumo público sob a denominação comercial que lhe é peculiar.

Com graves danos para a indústria nacional, em detrimento de seus concorrentes e em seu exclusivo benefício, conseguiu a Companhia Cervejaria Brahma defender e manter por mais de 23 anos, mesmo depois de findo o prazo legal do registro, o seu privilégio, que lhe assegurava vantajosa posição no campo da concorrência comercial.

Apesar do insucesso de suas anteriores tentativas para fazer cessar injusto monopólio desfrutado pela Companhia Brahma, a Companhia Antarctica Paulista não desanimou na defesa do direito que lhe assistia de usar a denominação Malzbier[40].

E logrou finalmente sucesso. O argumento que Malzbier era um tipo de cerveja seria reconhecido por decisão do Conselho de Recursos da Propriedade Industrial em sessão realizada em 11 de agosto de 1936, que deu razão à Antarctica. A empresa deu ampla publicidade ao fato, publicando a sentença nos jornais[41].

A perda do líder

O ano social de 1937/1938 foi o último de Johann Künning na condução da empresa. Nesse período, com os negócios em franca recuperação e tendo uma situação financeira sólida, a companhia, que então fabricava trinta tipos de cerveja e dezesseis de refrigerantes[42], investiu a quantia considerável de 2 660 contos no parque industrial.

A última eleição de Künning para a presidência da Brahma ocorreu em 4 de novembro de 1937[43]. De forma sintomática, nessa ocasião, os acionistas autorizaram Künning a se licenciar por mais de seis meses, caso fosse de sua

---

40. "O Caso da Marca Malzbier", *Jornal do Commercio*, p. 9, 27.8.1936.
41. *Idem*. Diz ainda a reportagem: "A decisão do Conselho de Recursos coincidiu com a sentença proferida pelo juiz federal substituto da Terceira Vara da Capital Federal, proferida em uma ação intentada pela Companhia Antarctica Paulista contra a Companhia Cervejaria Brahma, na qual foi igualmente reconhecido o seu direito ao uso da denominação Malzbier".
42. *Cronologia da Brahma*, 1995, 9.3.
43. "Companhia Cervejaria Brahma", *Jornal do Commercio*, p. 17, 7.11.1937.

Figura 175. Na década de 1910 a cerveja escura Malzbier já era associada à ideia de bebida "saudável", para ser consumida nas refeições. Fonte: Acervo Ambev/FAHZ.

Figura 176. Nas décadas de 1920 e 1930, com o movimento de temperança contra o consumo do álcool, a indústria aproveitou e acentuou explicitamente os "benefícios fortificantes" do produto, inclusive na amamentação. Fonte: Acervo Ambev/FAHZ.

Figura 178. Nas décadas de 1940/1950, o rótulo ainda continha alusão, ainda que sem legendas, a um produto "saudável". A presença de homem, mulher e bebê continuam a indicar um produto para todos. Seria o produto responsável por transformar o bebê em jogador de futebol no futuro? Fonte: Acervo Ambev/FAHZ.

Figura 177. Durante muitos anos, a Antarctica foi obrigada a chamar sua Malzbier de "Malte", até vencer a disputa judicial com a Brahma. Fonte: Acervo Ambev/FAHZ.

conveniência. E ainda aprovaram a criação de mais um cargo de diretoria na empresa. Johann Heinrich, único filho homem de Künning, aos trinta anos foi escolhido para assumir o posto[44]. Nesse mesmo ano, faleceu em Budapeste Georg Maschke, primeiro presidente da Companhia Cervejaria Brahma e antecessor de Künning[45].

Alguns meses depois chegaria sua vez. No seu último dia, sábado, 23 de julho de 1938, Künning, fiel a seus hábitos, trabalhou como sempre, tendo almoçado na sede da Brahma com o pessoal dos escritórios, com certeza uma rotina estabelecida há muito[46]. A morte o alcançou de modo repentino, na primeira hora da madrugada de domingo, 24[47]. O sepultamento, concorrido, se deu à tarde, no Cemitério São João Batista, zona sul do Rio de Janeiro. A diretoria comentou brevemente a trajetória e a morte do ex-presidente no relatório anual seguinte:

Como é do conhecimento dos presentes, temos a lamentar o inesperado falecimento, em 25 de julho último, do nosso estimado diretor presidente, Sr. Johnn Künning, o qual durante quase trinta e dois anos, dirigiu os destinos desta companhia com insuperável proficiência, aliada a uma infatigável atividade.

O seu comprovado tino administrativo e interesse sempre manifestado por nossa indústria muito concorreram para o desenvolvimento da nossa fábrica.

Consideramos, pois, uma grata obrigação a de continuar a sua obra dentro das normas por ele sempre observadas[48].

Afinal, como sua esposa havia escrito anos antes, a Brahma, "sua mais velha amada", lhe "devorava a maior parte da vida". O preço para que seu legado transcendesse gerações.

---

44. Mais adiante, de 1941 a 1967, Johann Heinrich comandaria a Brahma, como veremos.
45. Informação lembrada na assembleia de 1937/1938 pelo acionista Nestor Ascoli.
46. "John. Künning", *O Jornal*, p. 3, 28.7.1938.
47. "Avisos Fúnebres", *O Jornal*, p. 8, 27.7.1938.
48. "Bancos e Companhias", *Jornal do Commercio*, p. 20, 16.10.1938.

PARTE IV

Heinrich Künning: o executivo da Brahma (1938-1967)

18

Intermezzo

SE A BRAHMA PERDERA KÜNNING EM 1937, A ANTARCTICA VIVE-   • 349 •
ria anos de conflito entre acionistas desde a morte de Antônio Zerrenner em
1933[1]. Sua esposa Helena controlaria a empresa até falecer, em 1936. Como ambos não tiveram herdeiros, Helena deixou em testamento para que a companhia fosse administrada por uma instituição em benefício de seus funcionários,
a Fundação Brasileira[2].

Lembremos que Zerrenner se tornou majoritário desde que comprou parte
do espólio do seu sócio Bülow, falecido dez anos antes. Outros de seus filhos, porém, permaneciam como acionistas, sendo que um deles, Carl Adolf von Bülow,
assumiu a presidência após o falecimento de Helena. Na fundação, Helena criou
um modelo desenhado para que duas pessoas dividissem o poder. Inicialmente
estes eram Antônio Bento Vidal e Walter Belian[3]. Abriu-se então uma longa disputa entre os dirigentes da fundação e os descendentes de Bülow[4].

Ainda em 1937, Bento Vidal entrou com uma série de ações judiciais, com
ambos os lados trocando acusações pela imprensa[5]. Numa reviravolta, em 1938

---

1. Teresa Marques indicou para esta obra que Antônio teria deixado em testamento seus bens para a cidade de
Bremen, na Alemanha, onde nascera. Mas pela legislação brasileira esse testamento não teria sido validado, e
os bens seriam administrados por sua esposa Helena, mesmo sendo casados em separação de bens.
2. Atual Fundação Antônio e Helena Zerrenner (FAHZ), segunda maior acionista da Ambev até hoje e detentora do acervo histórico tanto da Antarctica como da Brahma.
3. Ana Landi e Oscar Pilagallo, *De Duas, Uma*, pp. 48-49.
4. *O Estado de S. Paulo*, p. 19, 28.11.1937.
5. "Caso Bento Vidal e os Espólios de Zerrenner", *O Estado de S. Paulo*, p. 19, 28.11.1937.

Figura 179. Helena Zerrenner, viúva de Antônio Zerrenner, dirigente da Antarctica. Fonte: Acervo Ambev/FAHZ.

Figura 180. O dirigível Hindenburg sobrevoa São Paulo, sendo fotografado do pátio da Antarctica, na Mooca, em 1934. Fonte: Acervo Ambev/FAHZ.

Carl Adolf e Belian se uniram para tirar Bento Vidal da empresa[6]. Nesse mesmo ano, Belian logrou mudar os estatutos da fundação, de modo a permanecer sozinho em seu comando[7]. Em 1939, um novo pacto entre os dois lados o leva à presidência também da cervejaria.

Enquanto isso, na Brahma, em matéria de resultados, o último ano de Johann Künning na administração foi tão bom quanto os anteriores. Conforme relatório da direção aos acionistas, o volume de vendas permaneceu satisfatório durante quase todo o 34º exercício social[8]. No período, a companhia investiu 2 660 contos de réis na mecanização de instalações fabris no Rio de Janeiro e em São Paulo; distribuiu dividendos de quarenta mil-réis por ação; e o Conselho Fiscal endossou, como sempre, a declaração da diretoria de que a posição financeira da empresa continuava sólida.

Na abertura da assembleia geral ordinária, reunida em 20 de outubro de 1938, Johann Künning, enaltecido por seus méritos, também foi homenageado com um minuto de silêncio. Em seguida, o acionista Nestor Ascoli pediu a palavra para fazer elogio fúnebre a Maschke, que falecera no ano anterior: "Rendo, pois, a homenagem mais sincera de minha justa admiração e do meu mais alto respeito à memória do Sr. Georg Maschke"[9].

Em seguida à fala de Ascoli, a assembleia elegeu Franz Icken para a presidência da Brahma. Icken fora assessor direto de Johann Künning por muito tempo, ocupando o cargo durante suas últimas licenças e interinamente após sua morte. Johann Heinrich Künning, filho do ex-presidente falecido, que preferia assinar apenas Heinrich Künning, ou H. Künning, foi confirmado como diretor-tesoureiro e seguiria no cargo por mais três anos.

Fatos notáveis marcaram a história da Brahma com Icken na presidência. Um deles foi o início da Segunda Grande Guerra, em 1º de setembro de 1939. Cerca de cinquenta dias depois, a diretoria publicou o relatório anual aos

---

6. "A Praça", *O Estado de S. Paulo*, p. 11, 29.3.1938.

7. No artigo "Resposta e Repto ao Sr. Walter Belian", *Correio da Manhã*, p. 3, 6.6.1961, o acionista Oscar Bindel detalha esse movimento.

8. O 34º ano social, iniciado em 1º de julho de 1937, encerrou-se em 30 de junho de 1938. O relatório saiu no *Jornal do Commercio*, em 16 de outubro de 1938.

9. "Bancos e Companhias", *Jornal do Commercio*, p. 16, 23.10.1938. Ascoli nos traz ainda a informação de que Maschke "Em Berlim [...] criou e manteve, com instante pertinácia, durante doze anos, a Deutsch--Brazilianischer Handelsverband, uma organização laboriosa e elevada de propaganda do Brasil e de colaboração com os brasileiros na Alemanha".

acionistas, informando que, se de um lado o recuo dos preços das matérias-primas importadas contribuiu para o lucro do exercício de 1938/1939, de outro a Guerra traria dificuldades. A empresa, precavida, fez o que estava a seu alcance para enfrentá-las. Estocou matérias-primas e outros itens indispensáveis à produção.

Outra dificuldade para o ano de 1939 está registrado na *Cronologia* da companhia. Dada a escassez de carvão e óleo combustível para as caldeiras e geradores, a Brahma queimou lenha e turfa na fábrica carioca. A turfa vinha das planícies de Santa Cruz, subúrbio do Rio de Janeiro[10].

Dessa forma, antecipando-se aos obstáculos crescentes no transporte marítimo e no fornecimento de itens essenciais à atividade cervejeira, a diretoria pôde anunciar bons resultados em 1939/1940.

Nesse ano, a Brahma dobrou o capital, de dez para vinte mil contos de réis, e realizou investimentos no total de 3,8 mil contos de réis[11]. E, em fevereiro de 1940, ao perceber novo cerco político se avizinhando devido à Guerra, Heinrich Künning tomou a iniciativa: por ser alemão de nascimento, pediu e obteve a nacionalidade brasileira, conforme decreto assinado por Getúlio Vargas[12].

Künning e os demais diretores não queriam ser incomodados por restrições de natureza política, ditadas por potências inimigas da Alemanha nazista e de seus aliados. Acompanhavam os desdobramentos com preocupação, mas tinham mais o que fazer. Nessa época, as cervejarias de alta fermentação não incomodavam mais. A Brahma preparava a compra da Hanseatica, a rival que mais a desafiava no mercado carioca. Em realidade, essa aquisição já havia sido tentada desde que seu fundador, Zeferino de Oliveira, havia falecido em 1928[13].

Dali em diante, a Hanseatica passara a ter capital pulverizado em bolsa, sob o controle de Mário de Oliveira, filho de Zeferino. Uma vez que decidiu vender, Mário procurou um modelo que atraísse outros compradores e maximizasse o valor obtido. Optou por leiloar publicamente suas ações. Assim, em leilão no dia 2 de maio de 1941 na Bolsa de Valores do Rio de Janeiro, a

10. *Cronologia da Brahma*, 1995, 9.4.

11. "Bancos e Companhias", *Jornal do Commercio*, p. 14, 20.10.1940.

12. "Decretos Assinados", *A Batalha*, p. 2, 9.2.1940.

13. Teresa C. N. Marques, *A Cerveja e a Cidade do Rio de Janeiro de 1888 ao Início dos Anos 1930*, p. 137.

Figura 181. Setor de engarrafamento na fábrica da Hanseatica, em 1939, quando suas instalações eram mais modernas que as da Brahma. Fonte: Acervo Ambev/FAHZ.

Figura 182. Fábrica da Hanseatica comprada pela Brahma, em 1941, fotografada por volta de 1950. Fonte: Acervo Ambev/FAHZ.

Figura 183-185. Após incorporar a Hanseatica, a Brahma manteve em produção várias marcas da empresa. Fonte: Acervo Ambev/FAHZ.

Figura 186. Cerveja Moravia, rótulo da bebida após a compra da empresa pela Brahma. Fonte: Acervo Ambev/FAHZ.

Brahma arrematou 28 610 ações da Hanseatica, no valor de 29.983:260$000 – ou seja, quase trinta mil contos de réis[14]. Além disso, negociou com Mário a compra de fábricas em outros Estados, o que elevou o desembolso para a casa de 35 mil contos, conforme jornal da época[15].

Duas dessas fábricas se demonstraram de importância particular: A Cerveja Moravia, em São Paulo, e a Cervejaria Atlântica, em Curitiba. Fundamentais para a expansão de uma companhia já que, ao contrário da Antarctica, a Brahma mantinha apenas as fábricas originais do Rio e a de São Paulo.

A fábrica do Rio da Hanseatica era também mais moderna que a da então concorrente, similar ao que havia ocorrido quando a Antarctica absorvera a Bavaria[16]. A título de curiosidade, a Hanseatica produzia, na linha não alcoólica, um produto que viria a fazer sucesso somente décadas depois, o Mate Espumante[17].

Para manter a folga de caixa após essas vultosas transações, a Brahma já havia preparado a captação de vinte mil contos em debêntures, resgatáveis em até 24 anos. A subscrição foi aberta em 16 de junho de 1941, precedida de anúncio em que a empresa declarava ativo de 92 mil contos e passivo de 46 mil contos, conforme balanço levantado em dezembro de 1940[18]. Os papéis foram rápida e integralmente absorvidos pelos investidores.

Havia muito a comemorar, mas as dores de cabeça provocadas pela Guerra se acentuaram. Em setembro de 1941, o governo dos EUA incluiu a Brahma, a Antarctica e a Hanseatica em sua "lista restritiva"[19]. Entidades constantes desse rol eram suspeitas de apoiar a Alemanha e a Itália, e não poderiam operar com mercadorias estadunidenses consideradas importantes para a segurança do país. A Brahma acusou o golpe de forma velada. No relatório aos acionistas, publicado em outubro não mencionou o imbróglio da "lista". Destacou apenas que as "dificuldades criadas pelo conflito felizmente atenuadas pelo desenvolvimento das forças vivas da Nação". Assim, a empresa buscou dentro

---

14. "Bolsa de Valores", *Jornal do Brasil*, p. 37, 4.5.1941. Segundo a *Cronologia da Brahma*, outra empresa da Hanseatica foi absorvida na ocasião – a Cervejaria Paranaense, de Curitiba. No entanto, a Paranaense devia ser muito pequena, pois suas instalações foram transformadas em depósito.

15. "Absorvida pela Cia. Brahma...", *Diário de Notícias*, p. 4, 7.5.1941.

16. Vide Parte II deste livro.

17. *Cronologia da Brahma*, 1995, 9.2.

18. "Companhia Cervejaria Brahma", *Jornal do Commercio*, p. 13, 15.6.1941.

19. "A Lista Negra Suplementar...", *Jornal do Brasil*, p. 8, 26.9.1941.

do possível substitutos nacionais para suas necessidades, em linha com o que queria o governo[20].

A despeito dos problemas conjunturais, a empresa investiu 6 400 contos em novos equipamentos e obras em suas fábricas, no período de 1º de julho de 1940 a 30 de junho de 1941 – o 37º ano social[21]. As vendas permaneceram no patamar do exercício anterior, e a diretoria declarou: "Continua sólida a nossa situação financeira, tendo sido distribuídos dividendos nas épocas do costume".

20. Ver Apêndice para mais detalhes sobre as políticas de substituição das importações.
21. "Companhia Cervejaria Brahma", *Jornal do Commercio*, p. 10, 15.10.1941.

19

Prossegue a era Künning

A ESCOLHA DE ICKEN REPRESENTOU UMA BREVE INTERRUPÇÃO da "Era Künning" na Brahma, pois Heinrich, com apenas 33 anos, seria eleito presidente pela Assembleia Geral Ordinária de 21 de outubro de 1941. Franz Icken foi transferido para a presidência da Hanseatica, que então operava como unidade autônoma[1]. A eleição de Heinrich provavelmente se deu porque ele e as irmãs eram donos de parcela significativa do capital da empresa, herança do pai. Heinrich continuou a comprar ações, inclusive das irmãs, de forma que em 1951 tornou-se o maior acionista individual da companhia.

Heinrich dirigiria os negócios por 26 anos ininterruptos. Sob seu comando, a companhia alcançou dimensão realmente nacional, com a incorporação de outras cervejarias em diversos Estados. Foi a grande sacada que o fez diferente do pai, e que mais tarde seria seguida pelo grupo Garantia, que comprou a cervejaria em 1989[2].

Heinrich começou sua gestão com uma decisão dura. Em dezembro de 1941, após o ataque do Japão a Pearl Harbor, que colocou os Estados

---

1. "Companhia Cervejaria Brahma", *Jornal do Commercio*, p. 11, 23.10.1941.
2. Interessante notar que após a aquisição pelo grupo Garantia em 1989, fusões e aquisições foram o marco para construir a maior empresa cervejeira do mundo, a ABInbev. Em 1999 houve a fusão da Brahma com a Antarctica, criando a Ambev. Esta se fundiu com a Belga Interbrew em 2004. Em 2008 foi a vez da Budweiser, maior cervejaria americana, ser absorvida. Finalmente, em 2015, a segunda maior cervejaria do mundo, SAB Miller, é também comprada pelo grupo.

Figura 187. Johann Heinrich Künning, foto para o livro comemorativo do cinquentenário da Brahma. Fonte: Acervo Ambev/FAHZ.

Figura 188. Johann Heinrich com o pai, Johann Künning, por volta de 1935. Fonte: Acervo Philippe Prufer.

Unidos na guerra[3], decidiu extinguir a companhia Hanseatica e incorporá-la à Brahma, demitindo pessoal e fechando a filial de Belo Horizonte[4] e logo em seguida, em fevereiro de 1942, a de Santos[5].

Na virada de 1941 para 1942, o cenário da escalada da Guerra seria mais relevante. Interessava ao governo de Franklin Roosevelt somar forças a seu lado, os Aliados, contra o Eixo (Alemanha, Itália e Japão). O Brasil, que ainda se manteria neutro até aquele momento, comboiava nos dois lados[6].

---

3. O Japão atacou a base de Pearl Harbor, no Havaí, em 7 de dezembro de 1941. Seguiu-se a declaração de guerra do governo estadunidense ao Japão. Pouco depois, no dia 11, Hitler pôs a Alemanha em guerra com os EUA.

4. Acervo Ambev, Caixa 135, Documento BR.SP.FAHZ.BRA.AT.135.002.1941.0119.

5. Acervo Ambev, Caixa 135, Documento BR.SP.FAHZ.BRA.AT.135.002.1942.0126.

6. Por um lado, o chanceler Oswaldo Aranha era simpático aos Aliados e à causa judaica, tendo inclusive ajudado na criação do Estado de Israel após a guerra. Por outro, o chefe da Polícia, Filinto Müller, que foi inicialmente membro da Coluna Prestes, mas depois se tornou ferrenho inimigo e perseguidor dos comunistas, era simpático às ideias nacional-socialistas. Afinal, Vargas se encaixava no estereótipo de ditador nacionalista

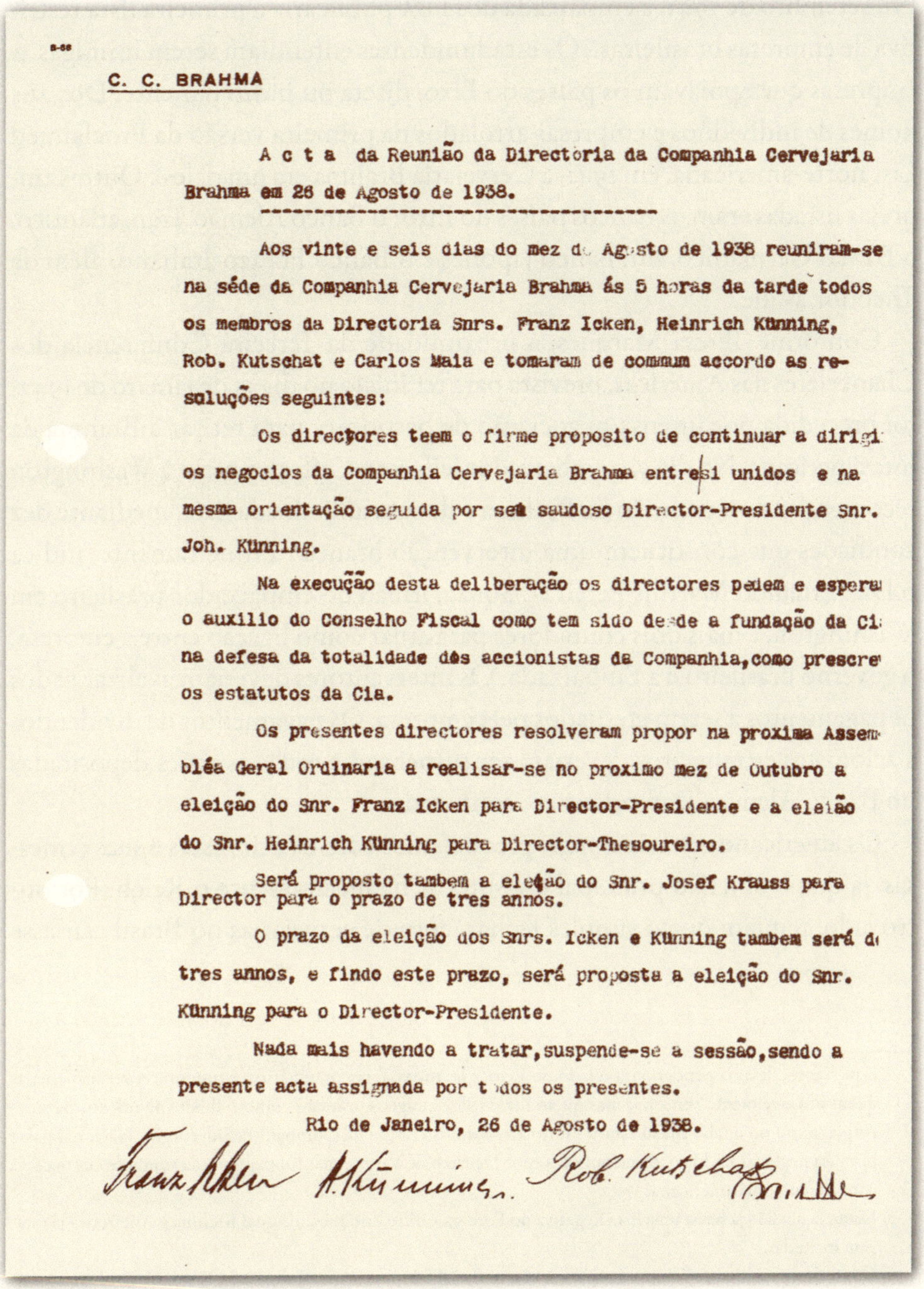

C. C. BRAHMA

A c t a da Reunião da Directoria da Companhia Cervejaria
Brahma em 26 de Agosto de 1938.

Aos vinte e seis dias do mez d Agosto de 1938 reuniram-se
na séde da Companhia Cervejaria Brahma ás 5 horas da tarde todos
os membros da Directoria Snrs. Franz Icken, Heinrich Künning,
Rob. Kutschat e Carlos Maia e tomaram de commum accordo as re-
soluções seguintes:

Os directores teem o firme proposito de continuar a dirigi
os negocios da Companhia Cervejaria Brahma entre si unidos e na
mesma orientação seguida por seu saudoso Director-Presidente Snr.
Joh. Künning.

Na execução desta deliberação os directores pedem e esperar
o auxilio do Conselho Fiscal como tem sido desde a fundação da Ci
na defesa da totalidade dos accionistas da Companhia, como prescre
os estatutos da Cia.

Os presentes directores resolveram propor na proxima Assem-
bléa Geral Ordinaria a realisar-se no proximo mez de Outubro a
eleição do Snr. Franz Icken para Director-Presidente e a eleião
do Snr. Heinrich Künning para Director-Thesoureiro.

Será proposto tambem a eleição do Snr. Josef Krauss para
Director para o prazo de tres annos.

O prazo da eleição dos Snrs. Icken e Künning tambem será d
tres annos, e findo este prazo, será proposta a eleição do Snr.
Künning para o Director-Presidente.

Nada mais havendo a tratar, suspende-se a sessão, sendo a
presente acta assignada por t dos os presentes.

Rio de Janeiro, 26 de Agosto de 1938.

Franz Icken   A. Künning.   Rob. Kutschat   Maia

Figura 189. Ata da eleição de Franz Icken, em 1938, já previa a ascensão de Heinrich Künning à presidência da Brahma, em 1941. Fonte: Acervo Ambev/FAHZ.

A lista

Em setembro de 1941, a embaixada dos EUA publicaria a primeira lista restritiva de empresas brasileiras[7]. Os estadunidenses entendiam serem inimigas as empresas que apoiavam os países do Eixo, direta ou indiretamente. Dos 265 nomes de indivíduos e empresas arrolados na primeira versão da Proclaimed List norte-americana, em 1941, a Cervejaria Brahma era um deles[8]. Outras empresas listadas eram os bancos países do Eixo: o Banco Alemão Transatlântico, o Banco Germânico, um banco japonês e o Banco Franco-Italiano, além da Theodor Wille.

Conforme Teresa Marques, a proximidade da Terceira Conferência dos Chanceleres das Américas, prevista para ter início no dia 15 de janeiro de 1942, foi precedida por intensa negociação de bastidores para retirar a Brahma da lista americana. No dia 5, o embaixador Jefferson Caffery escreve a Washington recomendando a exclusão da Brahma e de suas afiliadas da lista, mediante dez condições que constituem uma intervenção branca[9]. Primeiramente, indica o Dr. Fernando Martins Pereira e Souza, irmão do embaixador brasileiro em Washington, e mais dois contadores para atuar como ligação entre a empresa, o governo brasileiro e a Embaixada. Os interventores deveriam avaliar todos os pagamentos a serem efetuados pela empresa. Os pagamentos de dividendos a acionistas estrangeiros deveriam ser suspensos, e todas as ações depositadas no Banco Alemão Transatlântico, confiscadas.

Os americanos estariam mais preocupados com os acionistas e suas remessas, já que o objetivo principal era sufocar financeiramente o Reich. Por outro lado, temiam que o simples fechamento de cervejarias no Brasil causasse

---

e, portanto, deveria pender para o lado do Eixo. Ele, todavia, era pragmático, e procuraria ver não apenas quem provavelmente venceria, mas quem lhe daria vantagens práticas, como o desenvolvimento da siderurgia, ramo no qual o Brasil estava muito atrasado. A criação da Companhia Siderúrgica Nacional passa por essa negociação. Ela ocorreu em 1914, por Decreto de Vargas, mas foi inaugurada somente em 1946, já com a tecnologia americana.

7. Naquela ocasião já havia uma lista negativa do Foreign Office britânico, na qual Brahma e Antarctica já estavam incluídas.

8. Conforme pesquisa de Teresa Marques, isso está detalhado no memorando *Cia. Cervejaria Brahma and its Affillites*, que o adido comercial Donally elabora, com data de 14 de dezembro de 1942 (U.S. Embassy, Rio de Janeiro. Classified General Records, RG 84, box 17, 711.3, folder 1.4; National Archives, Washington, D.C.).

9. Telegram, January 5, 1942 (U.S. Embassy, Rio de Janeiro. Classified General Records, RG 84, box 17, 711.3, folder 1.4; National Archives, Washington, D.C.); 26 Memorandum from Department of State, January 6, 1942.

indignação na população[10]. Também há de se considerar que, naquele momento, o governo estadunidense se mostrava tolerante e às demandas de seus potenciais aliados, a exemplo do Brasil, que tinha a Brahma como uma das empresas mais importantes para a arrecadação tributária nacional. Portanto, a hipótese de que o governo Vargas defendeu a Brahma conforme seus interesses nacionalistas também é bem plausível.

A cervejaria recebeu boa notícia ao entrar em 1942: fora retirada da "lista" do governo estadunidense[11]. Mas seria apenas um alívio momentâneo, já que o próprio governo brasileiro manteria vigilância dentro da empresa[12].

De qualquer forma Heinrich não parou. Ainda em janeiro, inaugurou a ampliação da fábrica de Curitiba, adquirida com a Hanseatica no ano anterior, quando tinha capacidade para produzir 3,5 milhões de litros por ano e 320 funcionários[13]. A nova capacidade de produção era nada menos que vinte milhões de litros. Lá seria produzido o Brahma Chopp, além de marcas que já existiam localmente, como a Astra[14].

Todavia, a tensão aumentaria muito nesse mesmo ano. No campo político, o presidente Roosevelt pressionava os países latino-americanos para que rompessem relações com o Eixo. Foi o que finalmente fez o governo Vargas, em janeiro de 1942[15]. Em março, Vargas decretou confisco de bens no Brasil de alemães, japoneses e italianos, conforme o Decreto-Lei n. 4.166, de 11 de março de 1942:

Art. 1º Os bens e direitos dos súditos alemães, japoneses e italianos, pessoas físicas ou jurídicas, respondem pelo prejuízo que, para os bens e direitos do Estado Brasileiro, e para a vida, os bens e os direitos das pessoas físicas ou jurídicas brasileiras, domiciliadas ou residentes no Brasil, resultaram, ou resultarem, de atos de agressão praticados pela Alemanha, pelo Japão ou pela Itália.

10. Conforme opinião de Teresa C. N. Marques.

11. "Firmas da América Latina...", *Jornal do Brasil*, p. 7, 15.1.1942. Por essa época, a Brahma também foi retirada da "lista negra" inglesa, em que fora incluída em algum momento, conforme carta da embaixada britânica à direção da cervejaria. Cópia da tradução juramentada desse documento se encontra nos arquivos da Ambev.

12. A Brahma saiu da "lista negra" dos Estados Unidos, mas ficou sob vigilância ostensiva do governo brasileiro, num episódio nebuloso. Conforme declarações aos autores da *Cronologia* feitas em 1992 por Hubert Gregg, funcionários governamentais permaneceram dentro da empresa até 1947, já no governo Dutra. Gregg acrescentou ter a Brahma procurado provar a quem interessasse que nada tinha a ver com a Alemanha nazista.

13. *Cronologia da Brahma*, 1995, 9.2. A inauguração se deu em 26 de janeiro de 1943.

14. *Idem*, 9.3.

15. "O Rompimento do Brasil com o Eixo", *A Noite*, 1ª p., 28.1.1942.

Art. 2º Será transferida para o Banco do Brasil, ou, onde este não tiver agência, para as repartições encarregadas da arrecadação de impostos devidos à União, uma parte de todos os depósitos bancários, ou obrigações de natureza patrimonial superiores a dois contos de réis, de que sejam titulares súditos alemães, japoneses e italianos, pessoas físicas ou jurídicas.

Companhias de porte no Brasil, como a Condor, a Cia. Internacional de Seguros e o Banco Alemão Transatlântico, foram todas liquidadas a pedido dos americanos[16]. Isso atingiria também alguns acionistas da Brahma, como o Brasilianischer Bank für Deutschland. Heinrich, já naturalizado, e suas irmãs, nascidas no Brasil, escapariam do confisco.

Navegando na política

Nessa época, a gestão da companhia exigiu muita inteligência e perspicácia de Heinrich e seu time. O populismo do Estado Novo estava mais para um tufão do que brisa passageira, e a Brahma se adaptou bem às novas condições. Em julho de 1942, inaugurou um novo vestiário e refeitório para os funcionários[17], com a presença da imprensa e de autoridades, como o ministro do Trabalho, Marcondes Filho, e o prefeito do Rio de Janeiro, Henrique Dodsworth. Durante a cerimônia, um retrato de Vargas foi descerrado no refeitório[18].

Nesse vestiário, havia dezenas de chuveiros e armários individuais. No refeitório, mesas para mil pessoas por turno. As refeições eram preparadas com toda higiene, havendo ainda aparelhos térmicos para aqueles que prefeririam trazer a própria comida. Um artigo sobre a inauguração na *Gazeta de Notícias* mostra bem os ventos da época:

A Companhia Cervejaria Brahma inaugurou um grande edifício especialmente construído para vestiário e refeitório de seus operários.

Cumpre salientar que entre os mil convivas presentes, dos quais 80% pelo menos eram modestos operários, nenhuma distinção foi feita, desde os *hors d'oeuvre* à

---

16. Outras, como a siderúrgica Mannesmann, tiveram que correr para mudar de nome e se nacionalizar.

17. "Inaugurado o Refeitório Geral dos Empregados da Brahma", *Jornal do Brasil*, p. 7, 5.7.1942.

18. *Cronologia da Brahma*, 1995, 10.4.

Figura 190. Heinrich Künning à cabeceira da mesa em almoço de negócios. Fonte: Acervo Ambev/FAHZ.

Figura 191. Fábrica da Brahma no Rio de Janeiro, década de 1940. Fonte: Acervo Ambev/FAHZ.

champagne, até os ornamentos das mesas eram iguais para todos, convidados de distinção, diretores, chefes e operários[19].

Registrando esse simples caso de noticiário, temos em mira salientar uma evolução digna e pacífica do proletariado, que vem operando com elegância e beleza, e com a espontânea colaboração das próprias entidades industriais.

O Estado Novo traçou o caminho reto e limpo que tem a seguir capital e trabalho, auxiliando-se mutuamente para o bem e o progresso do país. Vão-se longe o tempo das greves e *lock-outs*. Os empregados nada hoje precisam reclamar porque de um lado o governo lhes assegura a estabilidade, assistência na moléstia, velhice e invalidez. De outro, empresas como a Brahma correm a atender as necessidades mais prementes de seus obreiros, não olhando as despesas para lhes dar conforto, higiene e alimentação sadia[20].

Brasil declara guerra

No mês seguinte, em 22 de agosto, depois de perder navios mercantes afundados por submarinos alemães, o Brasil declarou guerra ao Eixo.

Após esse evento, a vida de alemães e seus descendentes no Brasil ficou complicada. Até mesmo os colégios alemães do Rio de Janeiro[21] e São Paulo[22] foram fechados e tiveram que mudar de nome. Clubes alemães, como o Germânia, do Rio, foram ocupados e desapropriados[23]. Cidadãos do Eixo[24] eram hostilizados e até apedrejados nas ruas. Nas palavras do monge brasileiro Ademar Sato, criança na época:

---

19. Retrato que obviamente não era o do dia a dia, mas nos anos 1980 a segregação seria bem mais acentuada. Existiam o refeitório dos funcionários do chão da fábrica e outros cinco, para chefes, diretores, visitas ilustres e até um para secretárias (Ariane Abdallah, *De um Gole Só*).
20. "Patrões e Operários", *Gazeta de Notícias*, p. 3, 7.7.1942. O texto foi abreviado.
21. O Colégio Alemão do Rio chegou a ser fechado pelo governo Vargas entre 1942 e 1943. Após reaberto, passaria a se chamar Colégio Cruzeiro. Cf. http://www.colegiocruzeiro.g12.br/institucional.php?crz=historico&.
22. Passaria a se chamar Colégio Visconde de Porto Seguro em 1942. Cf. https://www.portoseguro.org.br/nossa-historia.html.
23. Em 1942, estudantes ocuparam o edifício-sede do clube, situado na Praia do Flamengo, 132. Vargas desapropriou o prédio, que a partir daquele momento viraria sede da União Nacional dos Estudantes. Anos mais tarde foi dado ganho de causa ao clube, mas, prestes a receber o imóvel de volta, este foi novamente desapropriado pelo Decreto 45050, em 1958. O prédio foi incendiado durante a tomada do poder pelos militares em 1º de abril 1964 e demolido na década de 1980. Cf. https://www.une.org.br/2011/09/historia-da-une/.
24. Alemanha, Japão e Itália. Mas os cidadãos italianos no Brasil foram atingidos por menor tempo, pois a queda de Mussolini em 1943 fez a Itália "virar de lado" na Guerra.

Os imigrantes de maneira geral sofreram repressão nessa época. Italianos e alemães, por causa da aparência, foram mais aceitos no país. Os japoneses têm aparência especial e foram vítimas da ignorância que a guerra significa. Entrei na escola primária sem falar português. As crianças corriam atrás de mim tacando pedra e gritando: "Japonês, volta para o Japão!" Isso me provocava muito terror[25].

Mais que isso. Cidadãos, entre eles o pai de Sato foram aprisionados em campos de concentração. Sim, em página pouco conhecida de nossa história, o Brasil manteve onze campos de concentração para cidadãos do Eixo, como o de Tomé-Açu na Amazônia, onde viviam sob regras rígidas, com racionamento e toque de recolher, além de censura de correspondências e proibição de se agrupar[26].

A animosidade chegou rapidamente à sede da Brahma. Logo após a declaração de guerra, em 24 de agosto de 1942, o *Correio da Noite* noticiou: "Os empregados brasileiros surraram um nacional e um alemão que nos afrontaram – internados no pronto-socorro"[27]. O brasileiro era Mário Lage, chefe da seção de encaixotamento. Pior para o suíço Melver Archard, que teve fratura do cotovelo, traumatismo craniano e escoriações pelo corpo. Infelizmente a matéria foi escrita em tom quase de deboche, com o título "Castigado o Atrevido". Já o *Diário da Noite* noticiou os ferimentos de ambos, mas com uma versão um pouco distinta, ainda que não menos embalada pelo calor da época:

Os empregados da Brahma querem a saída dos colegas nipo-nazi-facistas.

Os empregados da Companhia Cervejaria Brahma, esta manhã [...] exigiram a retirada da fábrica de todos os súditos do Eixo que já ali se encontravam. Os súditos do Eixo [...] recusaram-se a sair, reagindo violentamente, o que provocou barulho saindo vários operários[28].

---

25. Joseana Paganine, "Japoneses no Brasil Foram Vítimas da Ignorância da Guerra", *Agência Senado de Notícias*, 7.12.2015.

26. *Idem*; S. Reed e V. Fontana, "Campo de Concentração na Amazônia Aprisionou Centenas de Famílias Japonesas Durante 2ª Guerra", *BBC News Brasil*, 29.8.2020.

27. "Castigado o Atrevido", *Correio da Noite*, 24.8.1942. Essa matéria não foi recuperada pela Hemeroteca Digital da Biblioteca Nacional, mas encontra-se no Acervo Ambev.

28. "Os Empregados da Brahma Querem a Saída dos Colegas Nipo-Nazi-Facistas", *Diário da Noite*, p. 2, 24.8.1942.

Segundo relatos fornecidos a Teresa Marques por antigos funcionários[29], uma multidão investiu contra a fábrica na Sapucahy e destruiu o escritório e outras dependências. Na sequência, a polícia política de Vargas – com típico uniforme de barrete vermelho (que devido à vestimenta eram denominados pica-paus) – chegou, bateu e prendeu quem conseguiu. Essa parte não foi noticiada, pois, como sabemos, os jornais da época eram censurados. Ainda que tenha sido tolerante com as animosidades, o governo agiu para proteger as instalações da companhia.

Nessa época, ninguém queria ser visto como simpatizante da Alemanha, e Antonio Rotelino menos ainda. Ele era um dos sócios do Restaurante Brahma, sucessor do malfadado Bar da Brahma, destruído durante a Primeira Grande Guerra. No dia seguinte ao quebra-quebra, Rotelino apressou-se a pedir aos jornais a divulgação de que o estabelecimento não estava ligado à Brahma e nada tinha a ver com a Alemanha, afirmando ao *Diário de Notícias*:

A firma Rotelino Taboas & Cia., atual proprietária, tem como sócios Antonio Rotelino, Nemesio Taboada e Jesus Souto, todos espanhóis, com 44, 37 e 50 anos de Brasil, respectivamente, sendo os dois primeiros nacionalizados brasileiros. Nada justificaria qualquer animosidade contra nossa casa[30].

Poucos dias depois, a Brahma correspondeu ao governo doando 150 contos de réis na campanha de arrecadação de fundos para a compra de aviões. O cheque foi entregue pessoalmente a Vargas, em festividade em sua homenagem, realizada em 1º de setembro de 1942. Assim, apenas nove dias após a declaração de guerra[31], a Brahma demonstrou publicamente estar do lado brasileiro[32]. Outra estratégia era anunciar nos jornais da época: o próprio *Diário da Noite*, que noticiou o episódio na fábrica, continha uma propaganda da Malzbier[33].

---

29. Para a elaboração de seu livro, Teresa Marques entrevistou Luís Zoega e Alberto Thielen, que narraram o episódio, corroborado por fotografias existentes no Acervo Ambev.

30. "Restaurante Brahma", *Correio da Manhã*, p. 2, 25.8.1942.

31. "Mais Aviões para o Brasil", *Jornal do Brasil*, p. 6, 2.9.1942.

32. Há uma carta no acervo Ambev em que funcionários alemães reclamam da falta de empenho da direção da empresa em direção ao Reich. Há outras também, em alemão, em que associações germânicas pedem doações e que não foram respondidas.

33. "Não Adianta Impedir, Eu Também Bebo Malzbier", *Diário da Noite*, p. 4, 24.8.1942.

As incertezas da guerra, que agora era não apenas europeia, afetavam não apenas o fluxo de insumos, mas a economia interna. Épocas de guerra são inflacionárias, e o governo tentava combatê-la voltando ao padrão-ouro. Em 1942 saíamos da era do mil-réis e entrávamos no cruzeiro[34]. A Brahma não se retraiu, e o capital foi aumentado de vinte para cinquenta milhões de cruzeiros em outubro[35], por meio de incorporação de reserva de lucros (vinte milhões) e subscrição de novas ações[36] (dez milhões).

Ao final do seu primeiro ano de mandato, Künning foi elogiado pela assembleia dos acionistas ocorrida em 6 de novembro de 1942[37], que aprovou por unanimidade uma merecida menção a Heinrich, por ter sabido adaptar a companhia frente às grandes transformações e se virar em meio ao difícil cenário da Guerra e sua animosidade contra alemães e seus descentes: "Em tudo isso o Sr. Künning soube superar com habilidade, revelando grande tino e qualidade de tato que merecem um registro especial."

Entrementes na Antarctica

Se na Brahma o comando era firme nas mãos de Heinrich, a concorrente continuava a viver a briga entre os acionistas descendentes de Bülow e os executantes do testamento de Helena Zerrenner. Recordemos que em 1939 houve o acordo que colocaria na presidência Walter Belian.

Dois eventos mudaram o cenário. A morte de Carl Adolf von Bülow e a prisão, ainda que por poucos dias, de Belian, segundo denúncia anônima (não comprovada) de que contrabandeava armas para os nazistas[38]. Neste cenário, a irmã de Carl Adolf tomou a dianteira e logrou colocar seu próprio marido no comando, Luís de Morgan Snell. Ele permaneceu por dez anos, até 1952[39]. É mais

---

34. Em 5 de outubro de 1942, mil-réis ($) virariam um cruzeiro (Cr$).

35. A Assembleia Extraordinária de 22 de outubro 1942 aprova o aumento, ainda mencionando contos de réis. Publicada no *Jornal do Commercio*, p. 13, 22.11.1942.

36. A subscrição de ações se dá quando a companhia quer aumentar o capital emitindo novas ações, dando aos atuais acionistas a preferência de subscrever, ou seja, exercer o direito de comprar essas novas ações na proporção já detidas. Para atrair o investidor, usualmente se oferece por um preço ligeiramente abaixo do mercado. Ao contrário da bonificação, na qual o investidor recebe novas ações gratuitamente, na subscrição há que se pagar por elas.

37. Publicada no *Jornal do Commercio*, p. 15, 8.11.1942.

38. Ana Landi e Oscar Pilagallo, *De Duas, Uma*, p. 49.

39. Muitos advogados famosos na época se envolveram nesta disputa. Ainda nos anos 1930, Antônio Covello atuou e chegou a escrever um livro: *O Caso Zerrenner: O Destino de uma Herança* (São Paulo, Cultura Moderna, 1937). Nos anos 1950 e 1960, foi a vez de Jorge Americano. Era costume os advogados das partes

Figura 192. Walter Belian esteve à frente da Antarctica durante 42 anos. Fonte: Acervo Ambev/FAHZ.

Figura 193. Instalações da matriz da Antarctica, na Mooca, SP, em 1940. Fonte: Acervo Ambev/FAHZ.

Figura 194. Máquina lavadora de garrafas na fábrica da Antarctica, na Mooca, comprada em 1952. Fonte: Acervo Ambev/FAHZ.

Figura 195. Adegas da Antarctica na fábrica da Mooca, em 1960. Fonte: Acervo Ambev/FAHZ.

que provável que a troca tenha tido o aval do governo Vargas, já que Snell nascera no Recife e era filho de irlandeses, enquanto Belian, apesar de naturalizado, nasceu na Alemanha, tinha poucos anos de Brasil e enfrentava as acusações[40].

Enquanto isso, o processo sobre a execução do testamento de Helena Zerrenner corria na justiça[41]. Belian recuperaria a presidência em 1952 e nela ficou até sua morte em 1975. Em 1960 ele chegou a ser afastado judicialmente[42], recorreu de imediato e reverteu a decisão[43]. Além dos Bülow e dos Snell, a contenda envolveria ainda outro antigo acionista, Oscar Bindel, que acusaria publicamente Belian de se apropriar perpetuamente dos bens de Zerrenner[44]. A disputa só foi resolvida definitivamente em 1961, com o Supremo Tribunal Federal decidindo em favor de manter Belian no comando da Fundação Antônio e Helena Zerrenner[45] (FAHZ), até hoje a segunda maior acionista da Ambev.

Outras atividades

Pouco sabemos sobre a vida pessoal de Heinrich Künning. Conseguia ser mais discreto que o pai e não dava entrevistas. Morava no então tranquilo bairro de Santa Teresa, no Rio de Janeiro, e pelo visto gostava de automóveis. Em 1944 tinha registrados um Oldsmobile Limousine, um Studbaker e dois Chevrolet (um de passageiros e uma caminhonete)[46], aos quais se juntaria posteriormente um Cadillac[47].

A exemplo do pai, Heinrich também tinha outros investimentos. Na ata da Assembleia Anual do Lanifício Ideal (empresa de tecelagem no Rio de

---

mandarem publicar peças de exposição da tese que defendiam, então é possível encontrar partes das peças na imprensa da época. Não é objetivo desta obra reconstituir o caso em minúcias, mas fica a ideia para que alguém o faça um dia.

40. Revista *Veja*, ed. 343, pp. 18-25, 2.4.1975. Teresa Marques é da opinião de que a motivação política pode também ter influído na troca de Icken por Heinrich Künning no ano anterior, já que a relação deste último com o Brasil era bem mais longa.

41. Há muitos detalhes sobre o processo em *Correio Paulistano*, p. 2, 4.3.1960 (Segundo Caderno).

42. "Valida a Intervenção do Ministério Público", *Correio da Manhã*, p. 3, 29.1.1960; "O Caso da Fundação", *Correio da Manhã*, p. 5, 5.12.1960. Ver ainda *Correio da Manhã*, p. 7, 14.4.1961.

43. "Fundação Zerrenner Ganha no STF", *Correio Paulistano*, p. 5, 13.12.1960.

44. Ver, por exemplo, "Resposta e Repto ao Sr. Walter Belian", *Correio da Manhã*, p. 3, 6.6.1961.

45. "Extensão dos Poderes do Ministério Público...", *Correio Paulistano*, p. 2, 30.5.1961 (1° Caderno).

46. *Guia Vermelho do Automobilista*, 1944, pp. 67, 156, 411, 447.

47. *Guia Vermelho do Automobilista*, 1952, p. 373.

Figura 196-198. Cartazes da Antarctica dos anos 1940. Fonte: Acervo Ambev/FAHZ.

Janeiro) realizada em 8 de março de 1942[48], consta seu nome como presidente da Assembleia, sinal de que era acionista relevante. Pelo visto, um bom investimento, já que a companhia aprovou um dividendo de 12% além de uma bonificação adicional de 5% naquele ano. Pouco depois, em 12 de agosto, Heinrich também presidiu a Assembleia da Tecelagem Maracanã[49]. Outra companhia que ia bem, pois os acionistas aprovaram aumento de capital de três mil contos para 7 500, apenas com incorporação da reserva de lucros. Com frequência ele ia acompanhado da esposa, Susanne, que por vezes secretariou reuniões dessas empresas. Ela era também, com outras três mulheres, sócia de uma famosa loja carioca, Ao Bicho da Seda[50].

Heinrich também contribuiu para que o Clube Germânia, que como vimos teve sua sede na Praia do Flamengo no Rio de Janeiro desapropriada durante a Guerra, voltasse a funcionar. Terminado o conflito, em 1946 os sócios se reuniam no Colégio Cruzeiro (antigo Colégio Alemão). Em 1952 parte dos sócios fundou o Clube Beira-Mar[51] nomeado em homenagem à antiga sede, mas sem nenhuma referência direta à origem germânica. Para sua sede, Heinrich emprestou um edifício da Brahma[52] situado na rua Real Grandeza, 243, em Botafogo, posteriormente adquirido pelo clube.

---

48. Publicada no *Jornal do Commercio*, p. 9, 13.3.1942.
49. Publicada no *Jornal do Commercio*, p. 8, 9.9.1942.
50. "Loja de Tecidos Ao Bicho da Seda", *Jornal do Commercio*, p. 10, 30.3.1942.
51. Em 1961 este clube se fundiria com o Antigo Germânia.
52. https://www.sociedadegermania.com.br/em-branco-c1ats.

20

A Brahma cresce

Grandes aquisições

EM 1943, HEINRICH LANÇOU A BRAHMA EXTRA[1]. CERVEJA DE QUA-lidade, sem a polêmica da "irmã" Brahma Chopp, e que ainda é comercializada nos dias de hoje. No ano seguinte, surgiu um novo problema. Os edifícios onde estavam instaladas as filiais de Santos (SP) e Salvador (BA) haviam sido desapropriados pelas administrações municipais. A Brahma então reorganizou suas operações: fechou a filial de Santos, transferindo a gestão dos negócios para São Paulo, capital. E também encerrou a produção de gelo tanto em Santos quanto em Salvador[2] e Curitiba. Sobre essa última, em visita pessoal, decidiria diminuir o número de marcas produzidas. Continuaria também a paparicar o governo, doando um novo avião, que seria batizado com Brahma Chopp[3].

A Guerra na Europa estava perto do fim, em março de 1945, quando a Brahma aumentou o capital de cinquenta milhões para 75 milhões de cruzeiros, novamente por meio de incorporação de reservas e subscrição de novas ações[4]. Com os recursos, ainda em 1945, foi feita nova aquisição: a cervejaria e maltaria da Irmãos Leonardelli & Cia., de Caxias do Sul (RS) – sua primeira investida no território gaúcho, mercado onde predominava a Cervejaria Continental.

---

1. *Cronologia da Brahma*, 1995, 10.5.
2. "Companhia Cervejaria Brahma", *Jornal do Commercio*, p. 15, 17.9.1944.
3. *Cronologia da Brahma*, 1995, 10.5.
4. "Companhia Cervejaria Brahma", *Jornal do Commercio*, p. 8, 27.3.1945.

Figura 199. Rótulo da Brahma Extra, lançada em 1943. Fonte: Acervo Ambev/FAHZ.

E no final do ano, tal como já ocorrera em 1901, a criação do que hoje é a Ambev poderia ter acontecido. A Brahma tentou abocanhar o controle acionário de sua grande rival, a Companhia Antarctica Paulista. Em 20 de dezembro de 1945, Luís de Morgan Snell, então presidente da Antarctica, recebeu carta de Heinrich Künning, manifestando o desejo de comprar a maior parte das ações da empresa.

Todavia, como vimos, a questão do controle da empresa ainda estava indefinida: Snell era apoiado pelos Bülow, mas a Fundação Zerrenner detinha a maioria das ações[5]. Esses dois lados, que viviam um equilíbrio tênue em meio a disputas judiciais, devem ter conversado sobre a proposta da Brahma, e o lugar-comum foi pedir um valor muito grande para Künning. Em 22 de março de 1946 ele escreveria ao concorrente:

Chegando à conclusão de que a perspectiva de nova política econômica e tributária do Governo Federal e as graves restrições impostas pela mesma às operações financeiras do vulto em apreço não permitem pensar na realização de tal transação nos termos em que v. s. a pôs, especialmente no preço base exposto[6].

---

5. Um pouco dessa história intrincada da briga de acionistas e a tentativa de Künning de comprar a companhia só vieram a público em 1960, quando uma das partes em conflito apresentou um longo arrazoado que ocupou quatro páginas do *Correio Paulistano*, sob o título "Poder Judiciário".

6. *Idem*.

Figura 200. Cervejaria Continental,
de Porto Alegre, na época de
sua aquisição pela Brahma.
Fonte: Acervo Ambev/FAHZ.

Figura 201. Rótulo da
Cerveja Continental, após
a incorporação da empresa
pela Brahma. Fonte:
Acervo Ambev/FAHZ.

Pouco depois, ainda em 1946, Heinrich Künning efetuou mais um lance decisivo na história da Brahma: a incorporação da Cervejaria Continental S.A., com sede em Porto Alegre. A Continental era a sucessora da Bopp, Sassen & Ritter Ltda., companhia resultante da fusão de três empresas familiares, ocorrida em 1924 – a Bopp Irmãos, a Bernardo Sassen & Filhos e a Henrique Ritter & Filhos.

A Continental era dona de fábricas e de maltaria em Porto Alegre, e sempre foi conhecida pela sua qualidade. Dispunha ainda de unidades fabris em Passo

Fundo e Pelotas, tendo fundado estações experimentais para o estudo do plantio e cultivo de cevada no Estado[7]. Conforme ata de assembleia-geral extraordinária da Brahma, realizada em 5 de novembro de 1946, o patrimônio líquido da Cervejaria Continental era de 55 milhões de cruzeiros[8]. Com a incorporação, a Brahma reajustou seu capital de 75 milhões para 180 milhões de cruzeiros.

Adaptar uma empresa de porte a seu próprio modo de operar foi uma tarefa árdua, reconheceu a Brahma em comunicado de setembro de 1947. No entanto, embora trabalhoso, o processo de absorção da Continental acabou facilitado graças à cooperação dos funcionários e dos ex-dirigentes da companhia gaúcha. Inclusive um de seus diretores e acionistas, Edgar Ritter[9], passou a ser o diretor industrial da Brahma. No mesmo relatório, a direção da Brahma informou aos acionistas que havia comprado "esplêndido local" para instalar uma filial em Belém do Pará.

Gestor completo

Heinrich era um gestor completo. Além de investir em recursos humanos, como já vimos na questão do vestiário e refeitório, não descuidava da modernização e gestão de custos de produção, da captação dos recursos necessários e do *marketing*.

Ainda em 1947, planos de renovação e ampliação das fábricas estavam em curso, com a importação de equipamentos dos EUA e da Europa:

Não obstante as dificuldades que enfrentamos quanto à aquisição de mercadorias no estrangeiro – excessiva demora na entrega, preços elevados –, [além de] maquinismos cansados e retraimento de crédito, conseguimos melhorar o ritmo de nossa produção, inclusive nas próprias fábricas da antiga Cervejaria Continental, mantendo-se sólida a nossa situação financeira[10].

Para financiar essa modernização, e fazer frente à inflação de insumos e mão de obra em um cenário de expansão do consumo, em outubro, uma assembleia

---

7. "Cia. Cervejaria Brahma", *Jornal do Commercio*, p. 16, 6.10.1946. Ver também *Cronologia* da *Brahma*.

8. "Cia. Cervejaria Brahma", *Jornal do Commercio*, p. 13, 24.11.1946.

9. A relação foi duradoura; Edgar ficou muito tempo na posição. E sua filha se casou com um dos filhos de Heinrich.

10. "Cia. Cervejaria Brahma", *Jornal do Commercio*, p. 10, 19.9.1947.

geral extraordinária aprovou novo aumento do capital de 180 para 240 milhões de cruzeiros, dessa vez na forma de subscrição de uma ação para cada três possuídas. Nas palavras da companhia:

O relatório e o balanço relativos ao último exercício financeiro espelham com absoluta fidelidade a sólida situação da companhia, no quadro das sociedades congêneres. É o resultado de uma política administrativa há muito delineada, em virtude da qual vem paulatinamente crescendo o vulto dos valores patrimoniais, sem prejuízo do firme desenvolvimento da produção. Para alcançar este *desideratum*, não tem poupado esforços a diretoria na modernização do maquinário e instalações de todas as fábricas da Companhia, cuja mecanização se apresenta como um imperativo iniludível, dado o alarmante encarecimento da mão de obra.

De par com estas medidas de caráter técnico, sob ponto de vista comercial se viu obrigada a garantir, mediante formação de estoques consideráveis, o suprimento de matéria-prima às fábricas, todas elas em regime de plena produção. [...] Estas necessidades, e outras estritamente ligadas à indústria cervejeira, aconselham a chamada de novos capitais que permitam a execução do programa traçado, sem preocupação de ordem financeira. [...] Eis por que a diretoria propõe o aumento do capital social mediante subscrição particular[11].

Esse modelo de aumento de capital, seja por meio de incorporação de reserva de lucros, quando havia excesso de caixa, ou subscrição, quando não havia, ou comumente ambos, se tornou comum para a empresa, inclusive após a administração de Heinrich Künning. Muitas vezes era acompanhado de distribuição de dividendos mais ou menos equivalente ao valor a ser subscrito, um convite para os acionistas reinvestirem seu capital.

Marketing também era atividade importante para Heinrich. Em 1947, a campanha do Brahma Chopp, usando ilustrações humorísticas, foi eleita a melhor do ano por profissionais da área[12]. Naqueles tempos, havia uma ação promocional interessante. Uma vez por semana a companhia mandava 120 garrafas a um bar qualquer com agentes promocionais, a cerveja era oferecida gratuitamente para degustação na rua, e os bares gostavam do movimento criado. Outros exemplos são a

---

11. "Bancos e Companhias", *Jornal do Commercio*, p. 11, 25.10.1947.
12. *Cronologia da Brahma*, 1995, 10.8. A campanha foi criada pela agência Charles Ullmann.

exclusividade de distribuição obtida pela Brahma, em 1948, no Baile de Carnaval do Cinema Odeon, o principal da capital paulista[13], e a obtenção do título de Sócio Benemérito da União Geral das Escolas de Samba do Brasil, em 1950[14].

A Brahma também perseguia com obstinação a máxima eficiência em suas filiais. E não hesitava na hora de eliminar pontos frágeis na estrutura produtiva. Assim, no relatório de 1948 – outra vez repleto de elogios a Heinrich –, a diretoria comunicou o fechamento das fábricas de Pelotas e Caxias, ocorrido em 30 de junho desse ano. Havia dificuldades com o transporte, e o consumo de bebidas era escasso no entorno dessas unidades, cuja produção seria sempre limitada, muito inferior à sua real capacidade. A filial Continental, em Porto Alegre, com a planta industrial ampliada, estava em condições de suprir a demanda nas localidades citadas. Cerradas as portas das duas fábricas, a maioria das máquinas passou para a filial de Passo Fundo, que assim viu sua capacidade duplicada. Outras filiais aproveitaram o resto do equipamento, de acordo com suas necessidades[15].

Outra frente de atuação de Heinrich era o fornecimento de matéria-prima. Devido às necessidades de manter divisas cambiais, aliadas à vontade dos governos no pós-Guerra de fomentar a economia nacional, substituição de importações era a palavra de ordem[16]. E, para a companhia, nada melhor do que não ser tão dependente de importações de matéria-prima e suas oscilações de preço e oferta. Assim, a Brahma promoveu e financiou grandes plantações de cevada cervejeira[17] na Região Sul do País.

Como vimos, em 1947 a direção da Brahma começou a investir pesado na modernização das fábricas do Rio de Janeiro e de São Paulo, dentro de um plano de longo prazo. No entanto, a marcha dos negócios corria tão bem para a Brahma que, em 1950, a diretoria sentiu-se encorajada a resolver a questão de uma vez só. Para isso, em outubro recebeu autorização dos acionistas para captar até cem milhões de cruzeiros por meio da emissão de debêntures[18]. As condições da captação foram publicadas em novembro[19].

---

13. *Idem*, 10.8-9.
14. *Idem*, 10.9.
15. "Cia. Cervejaria Brahma", *Jornal do Commercio*, p. 19, 19.9.1948.
16. Ver Apêndice para mais detalhes sobre as políticas da época.
17. *Cronologia da Brahma*, 1995, 10.9.
18. "Cia. Cervejaria Brahma", *Jornal do Commercio*, p. 12, 18.10.1950.
19. "Cia. Cervejaria Brahma", *Jornal do Commercio*, p. 15, 12.11.1950.

Figura 202. Essa era a época em que ir ao cinema era um evento importante no qual se deveria ir bem-vestido para viver emoções. Assim, a Antarctica produziu esse cartaz alusivo. Fonte: Acervo Ambev/FAHZ.

Figura 203. Em 1950 tem-se o lançamento do Guaraná Caçula, refrigerante em tamanho menor com 185 ml, conhecido como "Caçulinha". Foto: Jean Manzon para a Antarctica. Fonte: Acervo Ambev/FAHZ.

Figura 204. Fábrica da Brahma em São Paulo. Foto aérea para o livro comemorativo do cinquentenário da empresa, em 1954. Fonte: Acervo Ambev/FAHZ.

Assim, o modelo de emissões de debêntures, presente desde o início da companhia, ainda era utilizado, em adição às frequentes chamadas de capital, equilibrando o volume de capital próprio e de terceiros. As teorias sobre Custo Médio Ponderado de Capital, em que se busca o ponto ótimo da estrutura de capital, nem existiam[20], mas Heinrich Künning intuitivamente buscava esse processo.

Muito para comemorar

A Brahma resolveu fundar uma empresa de transportes. Para isso, investiu 14,76 milhões de cruzeiros e converteu a Garage Cruzeiro Ltda., existente desde 1941, na sociedade anônima Companhia Transportadora Cruzeiro, em

---

20. O Custo Médio Ponderado de Capital é conhecido pela sigla WACC, em inglês, e se desenvolveu após o advento da Teoria Moderna de Portfólio. São expoentes dessa teoria Harry Markowitz, William Sharpe, Jack Treynor e Michael Jenssen.

1º de julho de 1952. Os sócios da extinta Garage Cruzeiro completaram o capital de quinze milhões de cruzeiros da nova sociedade, entrando com 240 mil cruzeiros – equivalentes a 1,6% do total[21]. Pouco depois, em setembro, a Brahma aumentou novamente seu capital de 240 para 360 milhões de cruzeiros, por meio da incorporação de reservas e distribuição gratuita (bonificação) de novas ações[22]. Sinal de que o caixa estava bem, obrigado.

O ano de 1953 não apresentou turbulências capazes de abalar a Brahma. Houve restrições às importações e ao consumo de energia elétrica, forçando a empresa a comprar geradores para manter as fábricas operando sem interrupção. E também a elevar os preços de seus produtos. Mesmo assim, o ritmo das vendas não foi perturbado[23].

Em 1954, Heinrich decidiu comemorar o 50º ano da empresa[24]. Nesta ocasião foram produzidos diversos brindes comemorativos, como medalhas, copos e um canivete com abridor de garrafas. A empresa também lançou um livro comemorativo, produzido pela Charles A. Ullmann Propaganda[25]. Foi rezada ainda uma missa comemorativa na Igreja de São Francisco de Paula, seguida de um almoço na sede do Automóvel Club[26]. O assunto também ganhou a atenção da imprensa, além de homenagem especial da Rádio Nacional do Rio de Janeiro, conforme jornal da época:

A Companhia Cervejaria Brahma vai merecer, hoje, das 20h às 20h25, uma homenagem da Rádio Nacional, constante da irradiação de um programa escrito pelo aplaudido produtor Paulo Roberto, alusivo à data. Paulo Roberto focalizará os diversos aspectos do progresso da companhia, salientado, ainda, a sua contribuição ao desenvolvimento do rádio, pois são inúmeras e de longa data as suas iniciativas em favor dele. Com a homenagem de hoje, a Rádio Nacional externará sua gratidão a um de seus mais distintos, antigos e melhores anunciantes[27].

---

21. "Companhia Transportadora Cruzeiro", *Jornal do Commercio*, p. 14, 22.7.1952.
22. "Bancos e Companhias", *Jornal do Commercio*, p. 18, 30.9.1952.
23. "Companhia Cervejaria Brahma", *Jornal do Commercio*, p. 16, 13.9.1953.
24. Na realidade, a Brahma, fundada por Joseph Villiger em 1887, completou cinquenta anos em 1937. Segundo o ex-presidente Hubert Gregg, em declaração impressa na *Cronologia*, Heinrich Künning decidiu que a história da empresa se iniciara em 1904, ano de sua conversão em sociedade anônima.
25. "Companhia Cervejaria Brahma", *Careta*, n. 2.414, p. 20, 2.10.1954.
26. *Cronologia da Brahma*, 1995, 11.3.
27. "Os 50 Anos da Companhia Cervejaria Brahma", *A Notícia*, p. 10, 12.8.1954.

Figura 205. Linha de cervejas da Brahma na década de 1950. Fonte: Acervo Ambev/FAHZ.

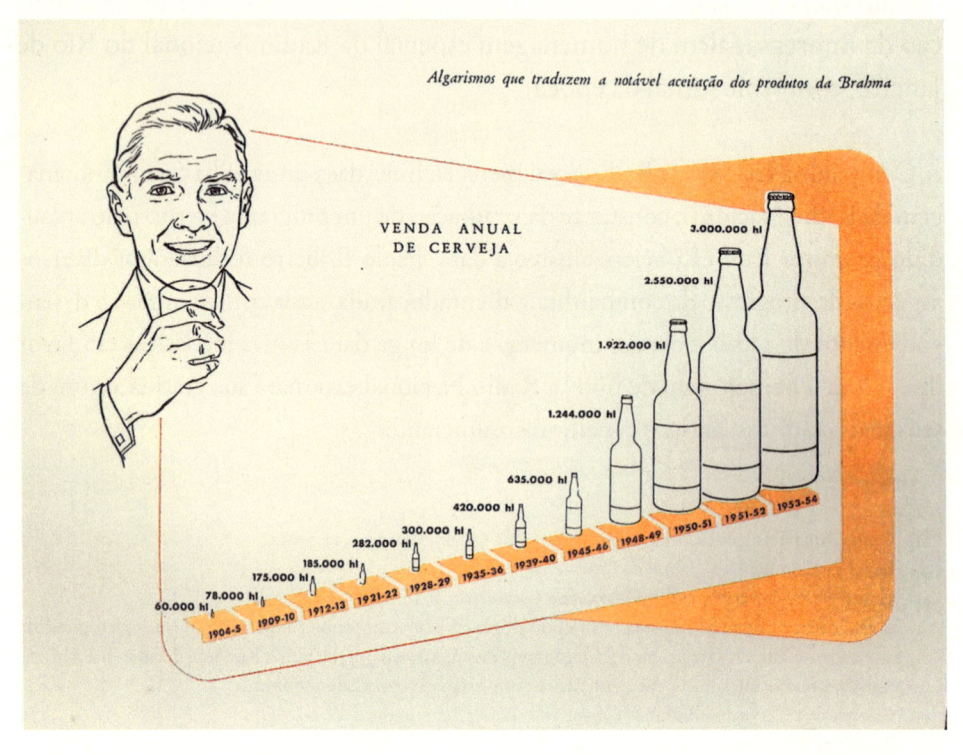

Figura 206. Brahma, gráfico da evolução das vendas de cerveja entre 1904 e 1954. Fonte: Acervo Ambev/FAHZ.

Figura 207. Técnicos acompanham processos de fermentação e filtração de cerveja em fábrica da Brahma. Década de 1950. Fonte: Acervo Ambev/FAHZ.

Figura 208. Sala de brassagem, fábrica da Brahma. Década de 1950. Fonte: Acervo Ambev/FAHZ.

Figura 209. Em 1950, a linha de produção da Brahma já estava automatizada. Fonte: Acervo Ambev/FAHZ.

Figura 210. Tanque de fermentação, fábrica da Brahma. Década de 1950. Fonte: Acervo Ambev/FAHZ.

Figura 211-214. Bebidas não alcoólicas da Brahma, década de 1940. Fonte: Acervo Ambev/FAHZ.

Apesar da questão das datas, Heinrich teria razão – e muita – em comemorar. Alguns dados da *Cronologia*[28], compilados na Tabela 12, não deixam dúvidas de que Heinrich liderava um crescimento exponencial na companhia.

Com esses números, *grosso modo*, podemos dizer que com Johann Künning as vendas de cerveja cresceram sete vezes em 32 anos, e o número de funcionários, também sete vezes. Já em apenas onze anos sob Heinrich, o filho, as vendas de cerveja cresceram as mesmas sete vezes, enquanto o número de funcionários apenas dobrou. Portanto, pode-se afirmar, em vista dos dados disponíveis, que a produtividade da mão de obra cresceu em ritmo vertiginoso.

Outro dado da *Cronologia* são as fábricas, que na época de Johann eram apenas as do Rio e São Paulo. A essas, em 1954 se somavam outras em Curitiba, Porto Alegre e Passo Fundo e filiais de venda em Belo Horizonte, Salvador e Recife[29].

Tabela 12. Evolução da Brahma em números (1904-1954).

Ano	Funcionários	Vendas de Cerveja (hectolitros/ano)	Vendas de refrigerante (milhares de garrafas/ano)	Capital (f) (milhares de CR$)
1904-1905	450	60 000	---	5 000
1912-1913		175 000	---	10 000
1921-1922	780	185 000	4 880(c)	10 000
1928-1929		282 000	5 500(d)	10 000
1939-1940	3 248(a)	420 000	7 023	20 000
1945-1946		635 000	30 370	50 000
1948-1949		1 244 000	62 500(e)	240 000
1953-1954	6 883(b)	3 000 000	150 000	600 000

(a) Dados de 1941; (b) Dados de 1952; (c) dados de 1923; (d) dados de 1927; (e) dados de 1949-1950. (f) Mesmo considerando a desvalorização da moeda brasileira, os números são impressionantes. Cf. R. C. Cardoso ("A Utilização do Dólar para Eliminar Efeitos da Inflação", *Revista de Administração de Empresas*, vol. 11, n. 2, pp. 86-96, abr.-jun. 1971), a moeda se estabilizou em 0,02 em relação ao dólar quando da criação do cruzeiro em 1942, patamar mantido até 1947. Em 1949 atinge 0,03 e daí em diante atingiria 0,05 em 1953. Ou seja, 2,5 vezes, enquanto o capital cresceria trinta vezes.

28. *Cronologia da Brahma*, 1995, II.1-2.
29. *Idem*, II.1.

21

Heinrich não para

Os anos 1950

INDEPENDENTE DAS COMEMORAÇÕES E DO GRANDE CRESCIMEN-to até então, Heinrich olhava para a frente. Com algumas linhas mestras – modernização constante das fábricas, manutenção de volumes elevados de reservas e incorporação de outras cervejarias[1] –, a estratégia da diretoria liderada por Heinrich era mesmo vencedora.

O último aumento de capital de 1954, de 360 milhões para seiscentos milhões de cruzeiros, seria feito novamente por simples incorporação de reservas[2]. Em setembro, durante a assembleia ordinária anual, Heinrich Künning informou aos acionistas que a Brahma subscrevera parte do aumento de capital da Companhia Paulista de Cervejas Vienense S.A., localizada no município de Agudos, adquirindo assim seu controle, em conclusão de negociações entre as duas empresas que haviam começado algum tempo antes.

A Vienense fora criada por investimentos de brasileiros, associados a um grupo cervejeiro austríaco – Brauerei Schwechat Aktiengeselschaft – fundado em 1632, e produziu setenta mil hectolitros de cerveja em 1953. De acordo com a *Cronologia*, depois de adquirir o controle da Vienense, em 1961, a Brahma transformaria a empresa na filial Agudos, ainda hoje existente. Após a aquisição a produção subiria para 120 mil hectolitros em 1957 e 350 mil hectolitros em 1961.

---

1. "Companhia Cervejaria Brahma", *Jornal do Commercio*, p. 15, 10.10.1954.
2. "Companhia Cervejaria Brahma", *Jornal do Commercio*, p. 21, 28.3.1954.

No final do inverno de 1957, a Brahma, em relatório aos acionistas, informou que máquinas modernas de engarrafamento, instaladas em edifício novo, na fábrica carioca, estariam em pleno funcionamento no verão seguinte. Ao mesmo tempo, em Porto Alegre se iniciavam as construções de um programa de expansão da maltaria. Na ocasião, a Brahma também fechou as filiais comerciais da Bahia, Recife e Belo Horizonte, por serem antieconômicas. As vendas passaram a ser feitas diretamente da matriz, no Rio de Janeiro[3]. Heinrich não tinha medo de mudanças visando a aumentar a eficiência. Nesse mesmo ano, a fábrica de Curitiba aumentaria em 50% sua capacidade[4].

Enquanto isso, a cerveja disparou como líder na preferência nacional. A *Cronologia*, citando a *Revista Brasil Bebidas Alimentos e Conexos*, afirma que em 1957 o seu consumo atinge 725 milhões de litros por ano, seguido pelos refrigerantes, com 480 milhões[5]. A população do país era estimada em 61 milhões de habitantes[6]. Portanto, o consumo *per capita* era da ordem de doze litros por pessoa[7], contra meros 0,5 no final da década de 1920[8]. Se considerarmos que já em 1954 a Brahma produzia trezentos milhões de litros de cerveja[9] e que esse número era possivelmente maior em 1957, nessa época ela já era detentora de praticamente metade do mercado nacional.

Na década de 1950, suas ações já estavam entre aquelas chamadas *blue-chips* (ações de alta liquidez) na Bolsa do Rio de Janeiro[10]. Já havia ações ordinárias e preferenciais[11], essas últimas com liquidez bem maior. A análise feita na *Revista Conjuntura Econômica* que compara os números da companhia entre 1956 e 1960 indica:

---

3. "Companhia Cervejaria Brahma", *Jornal do Commercio*, p. 25, 15.9.1957.

4. *Cronologia da Brahma*, 1995, 11.5.

5. *Idem, ibidem.*

6. *Anuário Estatístico do IBGE*, 1961, p. 23.

7. Em 2022, esse número passou para impressionantes 75 litros, para nossa população de 203 milhões.

8. Teresa C. N. Marques, *A Cerveja e a Cidade do Rio de Janeiro de 1888 ao Início dos Anos 1930*, p. 285.

9. A tabela na seção anterior mostra três milhões de hectolitros, que equivalem a trezentos milhões de litros.

10. "Companhia Cervejaria Brahma", *Revista Conjuntura Econômica*, vol. 15, p. 92, 1961. Vale notar que a Antarctica somente lançaria ações na Bolsa em 1965 (Ana Landi e Oscar Pilagallo, *De Duas, Uma*, 2018, p. 66).

11. Ações ordinárias têm direito a voto, e preferenciais não, mas devem ter legalmente alguma preferência. Na época essa preferência era relacionada ao pagamento de dividendos mínimos de 8%, primeiramente para preferenciais, caso o lucro não fosse suficiente para ambas. A Ambev, quando fundada em 1999, tinha um dividendo 10% maior para as preferenciais, mas isso foi extinto quando da unificação das ações em ordinárias em 2013.

Figura 215-217. Malzbier Brahma, peças publicitárias da década de 1950. Ainda há a alusão às qualidades nutricionais da bebida, mas sem o apelo direto como nos anos 1920. Surge também o estímulo ao consumo simultâneo de alimentos e a ideia implícita de consumo em família. Fonte: Acervo Ambev/FAHZ.

Figura 218 e 219. No início da década de 1960 as propagandas exaltavam a música e elegância; era a época da Bossa Nova. Fonte: Acervo Ambev/FAHZ.

Verifica-se que ela mantém liquidez elevada, sempre com saldos suficientes nos bancos para saldar compromissos de curto prazo. Sua expansão foi financiada em grande parte pelo reinvestimento de lucros, embora tenha havido duas subscrições em dinheiro no valor total de oitocentos milhões de cruzeiros em 1958 e 1960[12].

A reportagem afirma que os recursos foram usados para financiar expansões, reforçar o caixa, aumento de insumos e equipamentos. Outro dado positivo foi sobre o histórico de dividendos e retorno das ações:

Foram pagos dividendos todos os anos [...] entre 8% a 21% sobre o valor desde 1942. A média de dividendos pagos nos últimos dezenove anos foi de 14,1%. [...]
Dividendos distribuídos em dinheiro, com regularidade em abril e outubro e bonificações frequentes conservam o interesse público pelas ações[13].

---

12. "Companhia Cervejaria Brahma", *Revista Conjuntura Econômica*, vol. 15, pp. 91-96, 1961.
13. *Idem, ibidem.*

Os números impressionam, ainda mais se considerarmos que a companhia quase não possuía dívidas outras que as debêntures, que ainda assim representavam muito pouco em relação ao capital e às reservas. O caixa era robusto, com uma liquidez imediata forte[14]. Os números, alguns extraídos e outros calculados com base nos dados da matéria da *Revista Conjuntura Econômica*[15], encontram-se na Tabela 13.

Tudo isso se refletiu no preço das ações e no retorno ao investidor. Citando novamente a matéria, temos que:

Um cálculo dos lucros que o investidor teria obtido se houvesse adquirido ações da Brahma em janeiro de 1954, vendendo-as em dezembro de 1960, indica um lucro total de 364% em 7 anos, sendo 56,8% de dividendos em dinheiro, 218,2% resultantes do aumento do preço e 89% provenientes da venda dos direitos e subscrição[16].

Tabela 13. Brahma – Indicadores de desempenho selecionados (1956-1960).

	1956	1957	1958	1959	1960
Vendas (CR$ milhões)	1 114	1 246	1 536	2 036	2 256
Lucro líquido (CR$ milhões)	572	625	760	1 022	947
Margem de lucro (1)	51,3%	50,1%	49,5%	50,2%	42,0%
% dos lucros distribuídos em dividendos (2)	23,1%	28,8%	28,1%	28,2%	33,7%
Liquidez imediata (4)	1,59	2,06	1,60	1,27	2,47
Rendimento sobre o capital e reservas (3)	33,7%	29,2%	29,4%	30,8%	23,3%
Dívidas de longo prazo/capital (5)	4,8%	16,8%	2,5%	1,6%	1,1%

(1) Lucro líquido/vendas; (2) e (3) retirados da fonte primária; (4) Caixa/Passivo Circulante; (5) dívidas, basicamente debêntures / capital + reservas.

14. Mede a capacidade da empresa de pagar suas dívidas de curto prazo, calculado como caixa e bancos/passivo circulante. O ideal é que esteja acima de 1.

15. "Companhia Cervejaria Brahma", *Revista Conjuntura Econômica*, vol. 15, pp. 91-96, 1961.

16. *Idem, ibidem.*

Figura 220. Cervejaria Bohemia, de Petrópolis, em foto de 1961, ano de sua incorporação pela Antarctica Paulista. Essa empresa é a mais antiga do Brasil ainda em funcionamento. Fonte: Acervo Ambev/FAHZ.

Os anos 1960

Como sabemos, foram anos conturbados na política, mas também na economia. A inflação galopava, conforme pode ser depurado no Apêndice desta obra. Retrato disso é que ao final de 1961 a Brahma aumentou seu capital de três para quatro bilhões de cruzeiros. Foi o primeiro de uma série que terminaria em 1964, quando esse valor foi elevado de 38 bilhões para cinquenta bilhões de cruzeiros, apenas por correção monetária do ativo. Já a produção da companhia em 1963 foi de 4,5 milhões de hectolitros de cerveja[17], ou seja, 50% a mais que dez anos antes.

Mas Heinrich era navegador tanto em mares calmos como agitados, e nunca teve medo de expansão. Certamente observando o problema de custos em transportar cerveja do Rio de Janeiro para o Nordeste, iniciou-se a construção de fábrica no município do Cabo, a trinta quilômetros do Recife, cujo plano

---

17. *Cronologia da Brahma*, 1995, 11.6.

Figura 221. Instalações do setor de engarrafamento na fábrica matriz da Cia. Antarctica Paulista no bairro da Mooca, em São Paulo, 1954. Fonte: Acervo Ambev/FAHZ.

Figura 222. Setor de engarrafamento da Companhia Antarctica Paulista no bairro da Mooca, em São Paulo, 1960. Fonte: Acervo Ambev/FAHZ.

Figura 223. A prática de distribuição de calendários ainda era forte nos anos 1960, indo até a década de 1990. Fonte: Acervo Ambev/FAHZ.

foi aprovado em 1961[18]. Seria inaugurada em 1965[19], com a parte de refrigerantes ainda sendo montada.

As demais unidades fabris continuavam a produzir normalmente, com destaque para a Filial Maltaria, de Porto Alegre: ao contrário de anos antecedentes, "seus esforços foram coroados de pleno êxito, diante de uma safra abundante [de cevada] para a qual contribuíram excelentes condições de tempo". Dado o investimento na produção brasileira, a parcela de cevada importada foi bem menor do que em anos anteriores. Mas 1965 terminou com um dos raros fracassos da Brahma: a Companhia Transportadora Cruzeiro, por ser deficitária, entrou em liquidação[20]. Mais um retrato da instabilidade econômica e política da época.

Em contrapartida, no primeiro trimestre de 1966, a empresa comemorou os excelentes resultados da Filial Nordeste, obtidos no decorrer do 62º ano social, que abrangeu apenas seis meses – de 1º de julho a 31 de dezembro de 1965. Isso porque a Lei Federal n. 4.320, de 17 de março de 1964, passou a obrigar a coincidência dos anos fiscal e civil nos anos seguintes, o que permanece até hoje.

No período, o grande sucesso da filial nordestina estimulou a diretoria da Brahma a iniciar estudos para ampliar a produção da nova fábrica em Pernambuco, onde também acabara de ser concluída a construção da seção de refrigerantes. O desempenho das outras unidades industriais não foi diferente: todas venderam mais que em igual período do ano anterior. No Sul, a safra de cevada não decepcionou, e a empresa declarou estar decidida a continuar incentivando essa atividade agrícola. Além disso, no relatório aos acionistas, a diretoria defendeu sua política conservadora de distribuição de dividendos. É importante conhecer seus argumentos:

A prudente política que vimos adotando em relação a dividendos tem contribuído em muito para manter a sólida posição financeira da Companhia e realizar o seu programa industrial, sem preterir os interesses dos acionistas que têm obtido compensadora remuneração dos investimentos feitos, levando-se em conta que os aumentos de capital, quer por correção monetária quer por incorporação de reservas, representam em última análise um dividendo em ações que deve ser considerado como

---

18. "Companhia Cervejaria Brahma", *Jornal do Commercio*, p. 11, 5.3.1961.
19. "Companhia Cervejaria Brahma", *Jornal do Commercio*, p. 13, 15.9.1965.
20. "Companhia Transportadora Cruzeiro", *Jornal do Commercio*, p. 14, 11.11.1965.

suplemento do dividendo pago em dinheiro. Para ilustrar esta afirmativa, citamos o seguinte exemplo: um acionista possuidor em janeiro de 1961 de mil ações com valor nominal de duzentos cruzeiros, tendo participado de todos os aumentos de capital desde àquela data, sem alienar ações, possuía em janeiro de 1966 3 306 ações com valor nominal de mil cruzeiros, das quais 331 ações foram subscritas pelo valor de 331 mil cruzeiros, além de haver recebido no período de cinco anos dividendos no valor de 534 140 cruzeiros, poderá contar seguramente com a perspectiva de obter no corrente ano novas ações grátis provenientes de correção monetária[21].

Nos anos 1960, a Companhia Cervejaria Brahma era uma *blue chip* (ação de alta liquidez) na Bolsa de Valores do Rio de Janeiro, a mais importante do país naquela época. A cotação em 31 de janeiro de 1961 era de 0,62 para ordinárias e 0,63 para preferenciais[22]. Cinco anos depois, em 31 de janeiro de 1966, os valores eram de 2,80 e 2,82, respectivamente. Nesse nível de preços, o possuidor hipotético da carteira, considerando as ordinárias[23], teria investido 1 000 × 0,62 ou 620 cruzeiros. Cinco anos depois, se tivesse agido conforme a Brahma indicara, teria 3 306 ações a 2,80 ou 9 250 cruzeiros, isto é, quase quinze vezes o valor investido.

Parece muito, mas era uma época extremamente inflacionária, como seriam também os anos 1980; por isso, iremos dolarizar os valores. Em janeiro de 1961, o câmbio era 0,230 Cr\$/US\$ e cinco anos depois dispararia para 2,215[24]. Assim, teríamos no início 2 695,65 dólares e ao final 4 176,07 dólares, ou seja, 55% de retorno em dólares em cinco anos[25], ou 9,15% ao ano em média. Razoável, ainda mais por haver um saldo positivo de dividendos após, conquanto não brilhante[26].

---

21. "Companhia Cervejaria Brahma", *Jornal do Commercio*, p. 15, 22.3.1966.
22. "Tendência Estável na Bolsa", *Jornal do Commercio*, p. 9, 31.1.1961. Na mesma página, um exemplo de como a economia estava instável, noticiava-se que o Banco do Brasil suspendera os leilões de câmbio livre.
23. Por décadas a Brahma manteve no mercado uma composição de capital de um terço de ações ordinárias e dois terços de preferenciais, no limite da legislação então aplicável. Esse arranjo dá a vantagem de controlar a companhia com cerca de 16,66% do capital (um sexto), o que normalmente é feito por uma *holding*. As preferenciais deveriam ter, em contrapartida, algumas vantagens, seja reembolso de capital ou dividendos. Quando a Ambev aprovou a conversão das ações ordinárias em preferenciais em 2013 na proporção de 1:1, havia um pagamento de 10% a mais de dividendos aos preferencialistas.
24. R. C. Cardoso, "A Utilização do Dólar para Eliminar Efeitos da Inflação", p. 88, Quadro 2, p.
25. A inflação nos EUA entre 1961 e 1966 foi de 8,1%, portanto, o retorno real em dólares, de 43,4%.
26. Seria demasiado complexo colocá-los na conta. Note-se que a companhia fez essa consideração porque o investidor que não subscrevesse as novas ações teria um retorno pior.

É talvez curioso pensar em retorno de investimentos e outros números nesse período de 1961 a 1966, quando houve mudanças políticas com a renúncia de Jânio Quadros, a instituição breve do parlamentarismo, a deposição de João Goulart e a instituição do Regime Militar, programado inicialmente para ser breve. Até por isso, os jornais da época tinham mais o que fazer do que se detalhar em negócios privados, e estes tinham que esperar os acontecimentos. Incertezas não trazem investimentos.

Inflação, menos ainda. A mesma fez a companhia elevar novamente o capital em abril de 1966, de cinquenta para 75 bilhões de cruzeiros, por correção monetária do ativo mais incorporação de reservas com bonificação[27]. E os bilhões voltariam a ser milhões, pois no início do ano seguinte, 1967, o governo decidia cortar três zeros na moeda[28] e adotar o Cruzeiro Novo.

Dada a conjuntura, os primeiros anos da década de 1960, os últimos completos sob Heinrich Künning, não tiveram o mesmo desempenho do período anterior. A tabela abaixo, produzido com base nos balanços da época[29], mostra que Künning também soube navegar num cenário de alta inflação e outras adversidades como aumento da carga tributária:

Tabela 14. Brahma – Indicadores de desempenho selecionados (1956-1960)[30].

	1961	1962	1963	1964	1965	1966
Vendas	3 771	7 160	9 896	23 849	35 803	62 328
Lucro líquido	2 046	3 730	4 806	11 713	17 257	21 074
Margem de lucro(1)	54,3%	52,1%	48,6%	49,1%	48,2%	33,8%
Impostos	326	679	1 225	3 497	4 832	6 233
Impostos/lucro(2)	15,9%	18,2%	25,5%	29,9%	28,0%	29,6%
Liquidez imediata(3)	1,25	0,55	1,18	0,51	0,91	0,61
Dívidas de longo prazo/ capital(4)	0,7%	0,0%	0,1%	0,0%	0,0%	0,0%
Renda de investimentos	215	93	84	329	344	239

(1) Lucro líquido/vendas; (2) impostos conforme balanço/lucro; (3) Caixa/Passivo Circulante; (4) dívidas, basicamente debêntures / capital + reservas.

---

27. "Companhia Cervejaria Brahma", *Jornal do Commercio*, p. 26, 6.4.1966.

28. Isso aconteceria novamente várias vezes entre 1986 (criação do Cruzado) e 1994, com a instituição do Real.

29. Disponíveis no *Jornal do Commercio* em 10.9.1961, 12.9.1962, 12.9.1963, 1.5.1965 e 22.9.1966.

30. Agradecemos a Marcos Portella Seabra pela compilação dos balanços da época retirados dos jornais.

A subida exponencial de vendas e lucros na verdade denota a inflação galopante da época. Note-se que a liquidez, que sempre foi acima de um nos anos anteriores, começa a ficar abaixo, mas uma das razões é a própria inflação. A dívida a ser paga com fornecedores vai sendo corroída também, enquanto a receita aumenta nominalmente. Passa-se a negociar prazo com fornecedores: quanto maior, melhor. Künning foi inteligente a ponto de resgatar toda a dívida da empresa, que consistia basicamente em debêntures, no quinquênio anterior, e a companhia passou ser investidora líquida, conforme mostra a última linha.

Finalmente, note-se o aumento da carga tributária, que quase dobrou, de 15,9 para 29,6% dos lucros nesses anos. Ainda assim, apenas em 1966 a margem de lucro da companhia diminuiu. O Brasil não é para amadores, e Heinrich fez o que pôde para manter uma empresa sempre em crescimento e saúde financeira em seus anos no comando.

O fim da era Künning

22

Heinrich se vai cedo

PARA HEINRICH KÜNNING, NESSA ÉPOCA DE TURBULÊNCIA POLÍtica e econômica o tempo se esgotava: em fevereiro de 1967, o então presidente da Brahma assinou pela última vez o relatório anual destinado aos acionistas[1]. Esse documento é interessante, não apenas por ser o derradeiro desse tipo subscrito por ele, mas por conter informações detalhadas sobre aspectos relevantes na vida da companhia na conjuntura daquela época:

No 63º ano social, encerrado em 31 de dezembro de 1966.

As fábricas, em conjunto, alcançaram o maior índice de produção jamais assinalado. Persiste, porém, a necessidade de modernização mais ampla, que pretendemos introduzir paulatinamente. Tal programa é de custo tão elevado que não se pode prever no momento se sua execução será viável com recursos provenientes unicamente dos resultados operacionais, os quais, apesar de compensadores, têm ficado comprometidos pelas vultosas obrigações a atender, como: elevados tributos fiscais, encargo crescente de dividendos incidentes sobre um capital majorado por consecutivas e obrigatórias correções monetárias do ativo imobilizado[2], manutenção cada vez mais

---

1. "Companhia Cervejaria Brahma", *Jornal do Commercio*, p. 7, 22.3.1967.
2. Vale notar que, naquela época, os dividendos eram fixos com relação ao capital da companhia, o que leva a distorções como essas. O mercado evoluiu, e hoje as ações não possuem valor patrimonial atrelado a elas, e os dividendos devem ser no mínimo de 25% sobre o lucro, não tendo relação com o capital da companhia.

custosa das máquinas e instalações, folha de pagamento do pessoal e, muito especialmente, o financiamento da safra de cevada nacional em curto prazo. [...]

É grato registrar que obtivemos da Sudene a necessária aprovação de ampliação da filial Nordeste, a ser executada em partes iguais com meios próprios e recursos derivados de deduções do imposto de renda[3]. [...] Os esforços, que vimos empregando de longa data no fomento ao cultivo da cevada nacional, foram mais uma vez coroados de êxito, como demonstram os resultados da safra da última campanha que, apesar de não terem sido dos melhores, foram razoáveis e permitirão manter as duas maltarias em promissor ritmo de funcionamento. Vale salientar que para a compra da referida safra tivemos de lançar mão de recursos da ordem de seis milhões de cruzeiros novos, despendidos no curto prazo de três meses[4].

Ao final, propõe dividendos de 0,06 centavos de cruzeiros novos, equivalente à última distribuição semestral em outubro. Um mês mais tarde, o capital da Brahma foi elevado de 75 para noventa milhões de cruzeiros novos, sendo aumentado outra vez em junho, para 120 milhões[5]. Grande parte dos acréscimos resultou da transferência de fundos de diversas contas, mais uma parcela por subscrição, como vimos, política da companhia que se tornou clássica.

Essas operações e seus resultados foram comentados por Heinrich Künning em assembleia extraordinária reunida em 14 de setembro de 1967. Na ocasião, falando pela última vez aos acionistas, Künning informou que houve sobras da subscrição realizada em junho. No entanto, essas ações foram inteiramente absorvidas por funcionários da companhia[6].

Na ocasião, faltavam apenas 48 dias para o fim da Era Künning[7]: Johann Heinrich Künning faleceu repentinamente em 1º de novembro, véspera de Finados, e foi sepultado no mesmo dia, aos sessenta anos de vida[8]. A discrição que mantinha, maior que a do pai, se manteve até em seu falecimento. Fora

---

3. O Regime Militar criara incentivos fiscais para instalação de indústrias no Nordeste.

4. "Companhia Cervejaria Brahma", *Jornal do Commercio*, p. 7, 22.3.1967.

5. "Companhia Cervejaria Brahma", *Jornal do Commercio*, p. 7, 25.4.1967; "Companhia Cervejaria Brahma", *Jornal do Commercio*, p. 6, 15.6.1967.

6. "Companhia Cervejaria Brahma", *Jornal do Commercio*, p. 8, 28.9.1967.

7. Somando-se os 26 anos de Heinrich com os cerca de 32 anos da administração de seu pai Johann, verifica-se que os Künning comandaram a empresa por quase 58 anos. Dois filhos de Heinrich seguiriam, por um tempo, como vice-presidente e diretor, respectivamente.

8. "Obituário: Heinrich Künning", *Jornal do Brasil*, p. 14, 2.11.1967.

os comunicados fúnebres lacônicos de praxe, da família, da Brahma e de seus funcionários, nada transpareceu na imprensa.

Já o mercado financeiro sabia de seu valor, portanto as ações caíram. No dia 28 de outubro, as ações ordinárias, já *ex dividendos*[9], eram cotadas a 1,18[10]. No pregão de 2 de novembro, o preço caiu quase 10%, para 1,07[11]. No dia 19 de novembro, um certo jovem de 28 anos chamado Jorge Paulo Lemann[12] escreve uma coluna sobre o mercado no *Jornal do Brasil*[13]:

As únicas perspectivas que visualizamos para a Bolsa no momento são os preços mais convidativos, como por exemplo a Brahma, que há vários anos não teve uma cotação tão próxima ao par como o atual de NCr$ 1,10[14].

Künning se vai, a Brahma fica

Quem imaginaria que Lemann capitaneasse a compra do bloco de controle da empresa 22 anos depois do artigo, em 1989[15]. O restante do texto, aliás, apesar de escrito em 1967, é lacônico demais ao retratar a Bolsa de Valores brasileira, tanto no tempo do falecimento de Heinrich como atualmente (2023):

O mais triste da situação atual da Bolsa e do mercado de ações é que, apesar de o país gozar de uma situação econômica muito mais favorável hoje em dia do que há anos atrás, e a situação econômica é o único e verdadeiro termômetro para as ações, torna--se a cada momento mais difícil desenvolver o mercado [...], tamanho é o vício [...] pelos papéis de Renda Fixa[16].

Não é objetivo deste livro contar o que ocorreu nos 22 anos entre a morte de Heinrich e a compra da Brahma pelo grupo Garantia, mas, em resumo, a

---

9. Uma ação fica *ex dividendos* quando é negociada entre a verificação da titularidade para o seu pagamento e o efetivo pagamento. Quem compra nesse intervalo não recebe os dividendos.

10. *Jornal do Commercio*, p. 6, 28.10.1967.

11. *Jornal do Commercio*, p. 6, 3.11.1967.

12. Hoje um dos maiores bilionários brasileiros, Lemann capitanearia a compra da Brahma em 1989.

13. "Nos Bastidores da Bolsa", *Jornal do Brasil*, p. 43, 19.11.1967.

14. A curto prazo ele não acertaria. A *Cronologia da Brahma* (11.7) relata que em 1968 as ações chegaram a ser negociadas abaixo do par (valor patrimonial) e que foi espalhado um boato que a diretoria compraria as ações, e assim subiram. Boato ou não, Hubert Gregg se tornaria o acionista mais relevante da companhia.

15. Ver Cristiane Correa, *Sonho Grande*, para uma história detalhada.

16. "Nos Bastidores da Bolsa", *Jornal do Brasil*, p. 43, 19.11.1967.

Brahma teria mais dois presidentes. Rudolf Arns, cunhado de Heinrich e que faleceria no cargo menos de dois anos depois, em junho de 1969[17], e seu sucessor Hubert Gregg[18], que ficaria até 1989, quando da venda para o Garantia.

Nos anos 1970 a companhia ainda cresceria, construindo novas fábricas em Minas (1971) e Manaus (1972), adquirindo ou associando-se a outras no Ceará (1971), Goiás, Mato Grosso e Bahia (1973), comprando ainda a Fratelli (1972). Assim produziria 7,2 milhões de hectolitros de cerveja em 1974. Em 1977, tal qual a Coca-Cola, resolve operar algumas unidades menores em sistema de franquia. A última grande tacada seria a aquisição da Skol/Caracu em 1980, a terceira do país, com sete fábricas[19]. A Skol é até hoje uma das grandes marcas da empresa.

Mas a companhia sofreria com a inflação dos anos 1980, que resultou em planos econômicos cuja base era controle de preços[20]. Assim, ficaria engessada, sem condições de capital para novas modernizações, e com custos aumentando. Vulnerável, seria vítima de algumas tentativas de aquisição hostil, até a compra do controle por Lemann e seus sócios[21].

---

17. *Cronologia da Brahma*, 1995, 12.1.
18. Karl Hubert Gregg era funcionário da Brahma desde 1937 (*Cronologia da Brahma*, 9.3) e posteriormente faria parte do Bloco de Controle, comandando também a Holding ECAP.
19. *Cronologia da Brahma*, 12-13-14. Vale notar que enquanto isso a Antarctica também cresceria nos anos 1970. Adquiria a Polar (RS), Cerma (AM), além da criação de unidades em Pernambuco, Maranhão (Cerma) e Goiás e estabeleceria diversas associações pelo País. Walter Belian faleceu em 1975 e foi sucedido por sua irmã, Dona Erna, até 1984 (Ana Landi e Oscar Pilagallo, *De Duas, Uma*, pp. 73-79). Os anos antes da fusão com a Brahma foram comandados por Victorio de Marchi, funcionário desde 1962.
20. Plano Cruzado e Planos Collor I e II.
21. Ariane Abdallah, *De um Gole Só*.

APÊNDICE

Uma breve história
da economia industrial do Brasil

Antônio Carlos Sousa[1] e Henri Eduard Stupakoff Kistler[2]

Este apêndice tem como objetivo fornecer um resumo do contexto econômico da época dos fatos narrados neste livro, divididos cronologicamente em dez seções. Para o leitor que desejar se aprofundar, sugerimos a leitura de Celso Furtado, *Formação Econômica do Brasil*; Caio Prado Jr., *História Econômica do Brasil*; Wilson Suzigan, *Industrialização e o Desenvolvimento Econômico do Brasil*; e Werner Baer, *A Industrialização e o Desenvolvimento Econômico do Brasil*.

1. Dos primórdios a 1890

No Brasil, entre 1500 e 1808 a atividade manufatureira e fabril era praticamente inexistente. A estrutura agrária dominante no país fez com que a economia dependesse da produção e da exportação de produtos primários, tais como pau-brasil, açúcar, ouro, algodão, borracha e café, até a segunda década do século XX[3]. Celso Furtado chega a chamar o país de "Empresa Agrícola"[4].

---

1. Bacharel em Economia (UFRJ), pós-graduado em Engenharia Econômica (UFRJ), Mercado de Capitais (UCAM), créditos do Mestrado em Administração (COPPEAD) e mestre em Ciências Contábeis (UFRJ). Funcionário concursado do Ministério da Fazenda (1975-1980) e da CVM (1980-2011).

2. Bacharel em Administração (UFRJ) e em Estatística (UERJ). Pós-graduado em Marketing (COPPEAD), em Gestão Corporativa (IMD/Suíça), mestre em Administração Pública (IUL/Portugal). Trabalhou no mercado financeiro desde 1992, na CVM e no Ministério da Fazenda (1996-2016).

3. Werner Baer, *A Industrialização e o Desenvolvimento Econômico do Brasil*, 7. ed., Rio de Janeiro, Editora da Fundação Getúlio Vargas, 1988, p. 4.

4. Celso Furtado, *Formação Econômica do Brasil*, 34 ed., São Paulo, Companhia das Letras, 2007, p. 31.

Caio Prado Jr. corrobora indicando que, ao contrário do resto do mundo, nem mesmo entrepostos comerciais foram instalados no Brasil Colônia[5].

Mais do que não incentivada, a atividade industrial foi proibida. Em 1785, D. Maria, a monarca portuguesa, editou um alvará[6] proibindo a instalação de empreendimentos como fábricas, manufaturas e outras atividades correlatas – com exceção da produção de tecidos grosseiros de algodão, utilizados para ensacar gêneros agrícolas e para vestuário dos escravos. Neste alvará consta que tais atividades trariam "prejuízo à cultura e à lavoura", e, dessa forma, era mantida uma reserva de mercado para os produtos fabricados em Portugal ou em sua aliada Inglaterra. Prado Jr. sustenta que Portugal estava tentando manter um modelo já obsoleto de monopólio comercial[7].

Todavia, em 1808, com a chegada da corte Portuguesa ao Brasil, D. João VI, até então príncipe regente, revogou tal proibição – o que abriu as portas para que cidadãos com espírito empreendedor dessem vazão à sua criatividade. Em decorrência, ficaram autorizadas não só a instalação de fábricas no Brasil, mediante a isenção de direitos de importação[8] de matérias-primas, mas também a concessão de "estímulos" (subsídios) para a construção das primeiras manufaturas, principalmente aquelas ligadas ao setor têxtil e ao de metais.

No entanto, a "canetada" de D. João de pouco adiantou. As condições para que houvesse a implantação planejada e imediata da "industrialização" ainda não estavam presentes, dada a falta de qualificação de mão de obra[9], infraestrutura (inclusive financeira) e o baixíssimo poder aquisitivo da população. Ao final do século XVIII, a renda *per capita* seria de meros cinquenta dólares[10], sendo reduzida para 43 na metade do século XIX[11].

---

5. Caio Prado Jr., *História Econômica do Brasil*, 3. ed., São Paulo, Brasiliense, 2017, p. 16.

6. Há uma imagem reproduzida em https://pt.wikipedia.org/wiki/Alvar%C3%A1_de_1785

7. Caio Prado Jr., *História Econômica do Brasil*, p. 124.

8. Felipe Hees, "A Industrialização Brasileira em Perspectiva Histórica (1808-1956)", *Em Tempo de Histórias*, n. 18, pp. 100-132, 2011.

9. Celso Furtado, *Formação Econômica do Brasil*, p. 126. Note-se ainda que a instalação de faculdades era proibida no Brasil antes da chegada da família real em 1808, fator que também contribuiu para o atraso tecnológico do país no século XIX.

10. *Idem*, p. 138. Em valores de 1959, quando Furtado escreveu a primeira edição de seu livro. Cerca de quinhentos dólares de 2022. Note-se que, de fato, escravos não possuíam renda.

11. *Idem*, p. 163.

Além disso, sustenta o autor que teria sido necessário exportar mais para financiar a indústria[12]. Na primeira metade do século XIX, as exportações cresciam a meros 0,8% ao ano[13], enquanto a população crescia a robustos 13%[14]. Assim, o Brasil dependia quase que totalmente de produtos de consumo importados, o que geraria déficit na balança de pagamentos até 1860[15].

Os tratados de preferência tarifária nas importações vindas de Portugal e Inglaterra (15%) foram mantidos até 1844, ano da promulgação da Tarifa Alves Branco, o então ministro da Fazenda[16]. As tarifas alfandegárias (incidentes sobre a importação de produtos) foram elevadas com taxas que chegavam a 60%[17], o que criou uma certa proteção para aqueles que se dispunham a fabricar produtos no Brasil, a despeito de tal medida ter sido motivada muito mais por necessidades fiscais do que propriamente pela intenção de criar condições para a implantação de indústrias no país.

Assim, na segunda metade do século XIX surgiram as primeiras indústrias têxteis de certo porte[18] e outras de menor, para consumo, o que provocou a substituição de produtos importados pelos nacionais, ainda que em escala embrionária.

O destaque para a atuação nesse período coube a Irineu Evangelista de Sousa, o Barão de Mauá[19]. Autodidata, trabalhou desde os nove anos de idade e se tornou um grande capitalista em áreas como a financeira e a de infraestrutura, carentes até então, fundando companhias de Norte a Sul. Dentre outras, conforme sua autobiografia[20], fundou a Cia. Ponta da Areia em 1846 (estaleiro), Rebocadores do Rio Grande (1849), Serviços no Rio da Prata (1850),

---

12. *Idem*, p. 107.

13. Caio Prado Jr. (*História Econômica do Brasil*, p. 132) sustenta que entre 1812 e 1822 as exportações cresceram de 1,2 para quatro milhões de libras, e as importações, de 0,7 para 4,6. Foi após esse período que ocorreu a estagnação pregada por Furtado.

14. Celso Furtado, *Formação Econômica do Brasil*, p. 160.

15. Caio Prado Jr., *História Econômica do Brasil*, p. 133. Enquanto isso, na metade do século XIX os países desenvolvidos da Europa já viviam a Segunda Revolução Industrial, e a economia estadunidense crescia significativamente.

16. *Idem*, p. 134.

17. Esse movimento de forte elevação de alíquotas de importação, que por outro lado pode levar a preços internos altos e ineficiência, acabou sendo repetido diversas vezes, inclusive no século XX, como veremos adiante.

18. *Idem*, p. 136.

19. Para informações sobre a vida do Barão sugerimos a leitura do livro de Jorge Caldeira, *Mauá: Empresário do Império*, São Paulo, Companhia das Letras, 1995.

20. Visconde de Mauá, *Autobiografia*, prefácio e anotações Claudio Ganns, Brasília, Senado Federal, 2011.

Banco do Brasil (1851), Cia. de Iluminação a Gás do Rio de Janeiro (1851), Cia. Fluminense de Transportes (1852), Diques Flutuantes (1852) Banco Mauá, MacGregor & Cia. (1854), Cia. de Navegação do Amazonas (1852).

Fundou ainda a Estrada de Ferro D. Pedro II, a primeira do Brasil, em 1855 (quando ganha o título de barão), seguida por Santos a Jundiaí (1855), Bahia e Pernambuco (1853), Paraná e Mato Grosso (1871). Participou ainda da instalação dos cabos submarinos, que viriam a possibilitar a comunicação telegráfica entre Brasil e Europa em 1874[21], ganhando o título de visconde. Essas eram, no entanto, apenas as fagulhas iniciais de industrialização, pois ao findar do século XIX o Brasil ainda era um país predominantemente agrícola[22].

II. O final do Século XIX

Como vimos, a partir da segunda metade do século XIX, foram tomadas algumas iniciativas buscando a industrialização brasileira, destacando-se a criação da infraestrutura necessária para o escoamento da produção de mercadorias e de transporte de passageiros. Foi, contudo, apenas na última década do século que se viu uma aceleração nesse processo. Como indica Luiz C. Prado:

A modorrenta economia brasileira, que vinha desde fins da década de 1870 lentamente (e erraticamente) aumentando seu investimento industrial, entra a década de 1890 com duas vezes a importação de bens de capital em libras esterlinas com relação à década de 1880. Este período marca o alvorecer da indústria moderna brasileira com o surgimento de várias fábricas de tecidos, moinhos de trigo, cervejarias, alguns ramos das indústrias metal-mecânicas, tais como pregos e parafusos, canos de chumbo, peças e acessórios para vagões ferroviários e bondes etc.[23]

Assim, a década de 1890 viu o surgimento de algumas indústrias no Brasil, as quais, em sua grande maioria, não exigiam muita tecnologia para implantação. Além das indicadas por Luiz C. Prado, Werner Baer menciona a indústria de sacos para café, tecidos, moinhos e alimentos (como biscoitos e macarrão)[24].

21. *Idem*, p. 108.
22. Werner Baer, *A Industrialização e o Desenvolvimento Econômico do Brasil*, p. 3.
23. Luiz C. Prado, "A Economia Política das Reformas Econômicas da Primeira Década Republicana", *Revista Análise Econômica*, vol. 21, n. 39, p. 1, out. 2003.
24. Werner Baer, *A Industrialização e o Desenvolvimento Econômico do Brasil*, p. 11.

Já Wilson Suzigan menciona indústrias de bebidas, fósforos, velas, chapéus, além de pequenos motores, ferragens, equipamentos agrícolas e até peças de vagões ferroviários[25].

O fim da escravidão também contribuiu para esse processo, uma vez que tornou algumas culturas agrícolas mais dispendiosas e, portanto, não rentáveis economicamente. Se deslocaram para as cidades tanto antigos latifundiários que vieram a se dedicar às atividades industriais e comerciais como escravos libertos, que viriam a se tornar trabalhadores assalariados e consumidores.

Associada a este fato, é possível identificar a expansão da imigração de mão de obra europeia assalariada, que, do lado da oferta, trazia consigo as técnicas de fabricação de diversos produtos. Já do lado da demanda, contribuiu com renda e desejos de consumo, os quais auxiliaram o surgimento de uma nova classe média urbana, que ampliaria o mercado interno[26].

Acima de tudo, o lucro da nascente indústria cafeeira viria a ser fonte de financiamento para essa expansão industrial[27]. Como aponta Furtado:

O café [...] assume importância comercial no fim desse século, quando ocorre a alta de preços causada pela desorganização do grande produtor que era a colônia francesa do Haiti. No primeiro decênio da Independência o café já contribuía com 18% do valor das exportações do Brasil, colocando-se em terceiro lugar depois do açúcar e algodão. E nos dois decênios seguintes já passara para o primeiro lugar, representando mais de 40% das exportações[28].

Outro fator de alta relevância na década de 1890 diz respeito à decisão do primeiro governo republicano de incentivar a industrialização mediante uma forte expansão do crédito. As principais consequências da aplicação de tal política econômica – conhecida como Encilhamento – sobrevieram sob a forma de elevada inflação e desorganização de um sistema econômico já bastante vulnerável às crises geradas pelas economias desenvolvidas, como veremos a seguir.

---

25. Wilson Suzigan, *Industrialização e o Desenvolvimento Econômico do Brasil*, 3. ed., São Paulo, Hucitec, 2021, p. 88.
26. Werner Baer, *A Industrialização e o Desenvolvimento Econômico do Brasil*, p. 10.
27. Suzigan discorda da importância do café como financiador da indústria brasileira (Wilson Suzigan, *Industrialização e o Desenvolvimento Econômico do Brasil*, p. 47).
28. Celso Furtado, *Formação Econômica do Brasil*, p. 115.

III. O Encilhamento

Barão de Mauá disse que: "Se a lei é impotente para fazer representar na moeda um verdadeiro tipo invariável do valor, segue-se que essa exigência não pode aspirar a impor-se como necessária aos fins coletivos das sociedades"[29]. Em 1878, ele produziu o que foi considerado um ensaio científico[30] sobre o meio circulante, cuja discussão estaria em seu auge na época da Proclamação da República.

O período foi caracterizado por uma divergência entre duas correntes econômicas. A corrente metalista, inspirada na conversibilidade em ouro da libra (ainda a principal moeda no mundo) se baseava em uma "tentativa contínua de estabelecer uma moeda conversível, sustentada em uma firme reserva de ouro em uma sociedade periférica e pouco monetizada"[31]. Visconde de Ouro Preto, o antecessor de Rui Barbosa, tentava aderir novamente ao padrão ouro[32] (abolido em 1857) no apagar das luzes do Império[33].

Já seus diametrais opositores, como o primeiro ministro da Fazenda republicano, Rui Barbosa, seguiam a corrente econômica conhecida como papelista. Para eles, o metalismo não era adequado à demanda doméstica por moeda e, assim, bloqueava o caminho do financiamento ao desenvolvimento. Neste sentido, advogavam que a política econômica adequada ao Brasil deveria ser ancorada em uma política monetária expansionista, tendo como lastro a emissão de títulos inconversíveis da dívida pública. Portanto, essa perspectiva, que foi colocada em prática pelo primeiro governo republicano, soava como música para os ouvidos daqueles que queriam financiamento industrial.

À época, a elite agrária brasileira estava bastante insatisfeita com os rumos da economia após a abolição dos escravos. Já os republicanos tinham a expectativa de que o fim da escravidão traria a possibilidade de profundas transformações na sociedade. Rui Barbosa, apesar de não ser republicano de primeira

---

29. Visconde de Mauá, *Autobiografia*, p. 288.

30. Santiago Fernandes, "Mauá, o Economista do Império. Análise de Sua Crítica Científica ao Padrão-Ouro", *Revista Brasileira de Economia*, n. 28, vol. 2, pp. 3-28, abr.-jun. 1974.

31. Luiz C. Prado, "A Economia Política das Reformas Econômicas da Primeira Década Republicana".

32. O padrão ouro foi abolido definitivamente no mundo em 1971, quando o governo americano revogou a paridade do dólar (cujo patamar já havia sido alterado algumas vezes no século XX devido à inflação).

33. Gustavo Franco e Luis A. Lago, *A Economia da República Velha, 1889-1930*, Rio de Janeiro, Departamento de Economia da PUC-Rio, jan. 2011 (Texto para Discussão, 588).

hora e ser advogado, foi nomeado ministro da Fazenda. Inicialmente, teve sucesso em negociar a conversão de quase vinte milhões de libras de dívida externa imperial em novos títulos de 56 anos e 4% ao ano de juros[34].

Objetivava ele também encontrar uma maneira de fortalecer a nascente industrialização, de forma a diminuir o grau de dependência econômica em relação aos países mais desenvolvidos. Isso passava por incentivos, notadamente a expansão do crédito, que passou a ser concedido sem muito critério. Para tanto, foi emitida uma enorme quantidade de papel-moeda sem lastro. Obviamente, isso provocou um drástico aumento do volume de dinheiro em circulação, gerando, em consequência, um elevado nível de inflação e desvalorização da moeda nacional. O câmbio, que em 1889 estava em 9,08 mil-réis por libra/ouro, passou a 32,57 em 1899[35].

Uma das justificativas para a implantação do programa de governo era resolver a questão da falta de dinheiro em circulação no país, tendo em vista a necessidade de realizar o pagamento de assalariados que estavam imigrando para o Brasil como parte do processo de substituição da mão de obra escrava recém-liberta.

Porém, o volume de dinheiro colocado na economia foi tamanho que até mesmo empresas ruins valorizavam-se na Bolsa, o que gerou um puro movimento de especulação. Tal política econômica passou à história com o nome de Encilhamento, referência ao momento que precede uma corrida de cavalos, quando os animais eram "encilhados" e as apostas eram realizadas. Atribuído a Visconde de Taunay, o termo descrevia de forma pejorativa as negociações na Bolsa, que se davam até mesmo em bares e restaurantes.

Rui Barbosa caiu após apenas catorze meses no cargo, em janeiro de 1891, ano que a "bolha" do Encilhamento estourou[36]. Meses mais tarde, até o presidente Deodoro renunciou. Como é praxe em épocas de crise, os ministros da Fazenda da década de 1890 não foram longevos, com oito quadros se revezando no cargo até Joaquim Murtinho assumir em 1898, já no governo de Campos Sales.

---

34. Anderson Silva, Lena Carvalho e Otavio Medeiros, *A Dívida Pública: a Experiência Brasileira*, Brasília, Secretaria do Tesouro Nacional, 2009, p. 45.
35. Heitor Moura Filho, "Taxas Cambiais do Mil-Réis (1795-1913)", *MPRA Paper*, n. 5210, 2006, pp. 16-17.
36. Gustavo Franco e Luis A. Lago, *A Economia da República Velha*.

Na época, para piorar a situação pós-Encilhamento, ainda houve crise de balanço de pagamentos por conta de sucessivos déficits nos saldos da balança comercial, gerados principalmente pela queda do preço do café nos mercados internacionais. Assim, sem poder arcar com o serviço da dívida externa, o Brasil se viu na obrigação de assinar o primeiro plano de reestruturação de sua dívida externa na era republicana. Denominado Funding Loan, consistiu na emissão de 8,6 milhões de libras com taxa e juros de 5% e amortização em cinquenta anos[37].

Recorrer aos recursos do Funding Loan, antes de ser uma opção, foi uma necessidade bem operacionalizada por Murtinho, cujo ideário econômico era diametralmente oposto ao de Rui Barbosa. Seguindo o que determinavam as cláusulas do Funding Loan, ele aplicou princípios econômicos bastante ortodoxos para alcançar o equilíbrio do país. Uma das consequências de tal acordo foi a implantação de uma política econômica contracionista que geraria importantes reflexos na economia no início do século seguinte.

IV. Desempenho da economia brasileira entre o início do século XX e a Primeira Grande Guerra

Como resultado da implementação da política deflacionária por parte do governo, ocorreu um aprofundamento da recessão econômica até 1901. Segundo Suzigan, isso gerou "uma das mais severas depressões da história brasileira"[38], o que provocou intensas reações daqueles favoráveis à industrialização. De acordo com o autor, nessa época apenas as indústrias têxteis e de moagem de trigo tiveram investimentos destinados a aumentar a produção.

No entanto, a partir de 1902, e durante mais de uma década (com uma breve interrupção entre 1908-1909), houve estabilidade econômica, só interrompida pela Primeira Guerra. Ocorreu também algo único na história, uma valorização de 100% da moeda nacional em uma década. A cotação, que era de 32,57 libras/ouro por mil-réis em 1899, como mencionado, passou a 15,96 em 1909[39]. 1902 também foi o ano de consolidação da dívida pública, que era fragmentada, nos termos do Funding Loan[40].

---

37. Anderson Silva, Lena Carvalho e Otavio Medeiros, *A Dívida Pública*, p. 51.
38. Wilson Suzigan, *Industrialização e o Desenvolvimento Econômico do Brasil*, p. 89.
39. Heitor Moura Filho, "Taxas Cambiais do Mil-Réis (1795-1913)", p. 17.
40. Anderson Silva, Lena Carvalho e Otavio Medeiros, *A Dívida Pública*, p. 46.

Não obstante, a política monetária foi novamente expansionista após 1907, devido à emissão de moeda para sustentar a Caixa de Conversão (fundo de estabilidade cambial), além de despesas estatais em infraestrutura. Pela primeira vez, o governo também passou a interferir no preço do café[41].

Tratava-se do Convênio de Taubaté, que visava garantir a compra do café a um preço mínimo, controle do volume exportado e ainda realização de empréstimos para manter a compra dos grãos excedentes. Para financiá-lo, os Estados envolvidos (Minas Gerais, Rio de Janeiro e São Paulo) pegariam um empréstimo de quinze milhões de libras. Importante notar que o presidente Rodrigues Alves não aceitou avalizar o acordo por conta dos riscos financeiros, mas seu sucessor Afonso Pena o fez em 1907.

Para a indústria, o benefício do mil-réis valorizado e a estabilidade econômica fizeram com que o custo de importação de máquinas e equipamentos diminuísse. Suzigan[42] obteve os dados dessa importação de forma indireta, compilando dados de exportação para o Brasil de Estados Unidos, Alemanha, Inglaterra e França, como pode ser visto na Tabela 1.

Tabela 1. Exportações de maquinaria industrial para o Brasil (em libras esterlinas, preços de 1913).

Período	Média	Desvio Padrão	CV* (%)
1880-1889	458 654	121 018	26,4
1890-1899	875 559	252 647	28,9
1900-1909	933 012	449 330	48,2
1910-1913	2 376 731	506 521	21,3
1914-1918	556 533	340 819	61,2

*CV = Coeficiente de Variação (medida que expressa a dispersão dos dados, em relação à sua média). Fonte: Wilson Suzigan, *Industrialização e o Desenvolvimento Econômico do Brasil*, Apêndice 1. O autor deflaciona a série de acordo com o índice de preços por atacado de Mitchell (*European Historical Statistics 1750-1970*, London, MacMillan, 1975, pp. 737-741) para obter os preços constantes de 1913.

Uma análise dessas informações aponta que entre 1880 e 1918 houve grande variação no volume de recursos utilizados nas transações. Destaca-se o período compreendido entre 1910 e 1913, de forte crescimento no investimento

---

41. Wilson Suzigan, *Industrialização e o Desenvolvimento Econômico do Brasil*, p. 89.
42. *Idem, ibidem*.

industrial. Entretanto, compreensivelmente, no período da Primeira Grande Guerra os valores dessas importações sofreram uma queda de praticamente 76% em relação ao período anterior.

Setorialmente, Suzigan[43] ressalta a modernização nas indústrias de calçados e, em menor escala, de trigo, papel e açúcar. Já as indústrias de tecidos (lã e juta), cerveja, e fósforos se expandiram para atender a demanda.

O uso de eletricidade também teve um papel fundamental para a evolução industrial no período, contribuindo para o aumento da produtividade. Em 1899, a São Paulo Tramway, Light and Power foi autorizada a funcionar, por decreto presidencial, inicialmente em São Paulo e, posteriormente, em 1905, no Rio de Janeiro[44]. Em 1900, tínhamos 10,3 kw de capacidade de geração instalada, número que subiu para 157 em 1910 e 367 em 1920[45].

No campo político, havia uma divisão de poder entre os grandes latifundiários dos Estados de São Paulo e Minas Gerais que possibilitava às suas elites escolherem os presidentes da República. Dessa forma, a prioridade política ainda era a agricultura. Essa alternância no poder gerou a expressão "política do café com leite", a qual se refere aos Estados de São Paulo (café) e Minas Gerais (leite). Por ser de longe o principal produto de exportação da economia brasileira durante a primeira metade do século XX (vide Tabela 4 mais à frente), a produção cafeeira continuou ditando os rumos da nossa política econômica, já que as autoridades buscavam, dentro da política do café com leite, gerar primordialmente benefícios para os cafeicultores, que detinham o poder político e econômico.

A título ilustrativo, o compositor brasileiro Noel Rosa, nascido em 11 de dezembro 1910, poucos dias, portanto, após a vitória do marechal Hermes da Fonseca, fez referência, em 1934, aos Estados de São Paulo e Minas Gerais, na composição denominada *Feitiço da Vila*, alusão à política do café com leite. Apreciemos a letra da música:

---

43. *Idem, ibidem.*

44. Vimos nesta obra que foi nesse período que Künning trocou o maquinário a vapor pelo elétrico na Brahma.

45. Werner Baer, *A Industrialização e o Desenvolvimento Econômico do Brasil*, p. 601.

"Feitiço da Vila", Noel Rosa

Quem nasce lá na Vila
[...]
São Paulo dá café, Minas dá leite
E a Vila Isabel dá samba.

Uma quebra dessa política, que iria até 1930, ocorreu em 1909, após o falecimento do presidente Afonso Pena. Seu vice, Nilo Peçanha, nascido no Rio de Janeiro e ex-presidente desta província, assumiu a função para concluir o mandato até 1910. A disputa sucessória que se seguiu foi renhida, pois os mineiros ofereceram apoio ao marechal Hermes da Fonseca, gaúcho, enquanto os paulistas se decidiram pela candidatura de Rui Barbosa, baiano. Possivelmente, a busca de protagonismo político de ambos os lados levou ao esgarçamento de uma relação, até então, bem-sucedida.

Ao longo da campanha, Hermes da Fonseca obteve apoio de Nilo Peçanha e das oligarquias do Rio Grande do Sul, enquanto Rui Barbosa obteve apoio das oligarquias baianas. O resultado é que o marechal, líder do grupo conhecido como hermistas, saiu vencedor da disputa com o grupo denominado civilistas, capitaneado por Rui Barbosa.

Eleito, Hermes da Fonseca enfrentou algumas insurreições, tais como a Revolta da Chibata e a Guerra do Contestado. Além disso, seu governo promoveu a intervenção em diversos Estados a pretexto de impedir a continuidade dos arraigados esquemas políticos estaduais e a prática contumaz da corrupção, o que gerou não apenas uma forte reação tanto em nível popular quanto em nível político, mas também o desgaste de seu governo.

No campo macroeconômico, apesar de a balança comercial se manter positiva entre 1905 e 1913, com saldos variando entre oito e 26 milhões de libras[46], podemos notar na Tabela 2 que a nossa dívida externa (à exceção do ano de 1912) foi sempre crescente, tendo evoluído à taxa aproximada de 8,4% ao ano.

46. IBGE – Instituto Brasileiro de Geografia e Estatística, *Estatísticas Históricas do Brasil. Séries Econômicas, Demográficas e Sociais. 1550 a 1988*, 2. ed., Rio de Janeiro, IBGE, 1991, p. 570.

Tabela 2. Dívida Externa do Brasil – 1905-1914 (em milhares de libras esterlinas).

Ano	Valor	Ano	Valor
1905	78 023	1910	128 260
1906	87 656	1911	132 184
1907	91 246	1912	131 526
1908	111 599	1913	144 233
1909	113 685	1914	160 987

Fonte: IBGE, *Estatísticas Históricas do Brasil*, pp. 581 e 582.

O aumento da dívida trouxe um preço a pagar. A queda do preço do café e o reinício do pagamento do serviço da dívida, derivada do Funding Loan de 1898, voltaram a pressionar o balanço de pagamentos. A partir de 1912, o balanço começou a mostrar sinais de desequilíbrio, tornando praticamente inadministrável o pagamento dos serviços da dívida. Assim, em 1913, começaram as negociações para um novo Funding Loan, porém foram suspensas em 27 de junho de 1914. No dia seguinte, o Império Austro-Húngaro declararia guerra à Sérvia, marco do início da Primeira Grande Guerra[47].

V. Efeitos da Primeira Grande Guerra na economia brasileira

A primeira augura para o Brasil foi exatamente continuar negociando o Funding Loan no apagar das luzes do mandato de Hermes da Fonseca, que se encerraria em novembro de 1914. Silva, Carvalho e Medeiros descrevem como se deu esse processo:

O Brasil suspendeu o pagamento do serviço da dívida externa devido a partir de 1º de agosto de 1914 e passou a estudar condições para um novo empréstimo de consolidação. O segundo Funding Loan teria um capital nominal máximo de £ 15 milhões e, conforme o primeiro, novos títulos foram emitidos gradualmente ao par, com taxa de juros de 5% e 63 anos de prazo de amortização, com início de resgate em 1927. Também ficavam suspensas as amortizações de todos os empréstimos federais denominados em libras ou francos franceses até 1.8.1927 e os juros destes empréstimos que vencessem entre 1.8.1914 e 31.7.1917[48].

---

47. Anderson Silva, Lena Carvalho e Otavio Medeiros, *A Dívida Pública*, p. 52.
48. *Idem, ibidem.*

A partir desse ponto, a Guerra que devastou a Europa entre 1914 e 1918 gerou de forma indireta vários impactos na economia de nosso país, já que a participação efetiva do Brasil só se deu no final, em 1917, em função de uma série de episódios envolvendo o afundamento de embarcações brasileiras na Europa. Na época, o presidente Venceslau Brás firmou aliança com os países da Tríplice Entente (Estados Unidos, Inglaterra e França). A participação em si, porém, foi bastante tímida, limitada ao oferecimento de alguns pilotos de avião e apoio médico, mesmo porque a capacidade bélica brasileira era pífia em comparação aos principais beligerantes.

Os efeitos econômicos, portanto, advieram sobretudo do comércio exterior, uma vez que a Guerra criou desequilíbrios, tanto pelo lado da demanda quanto pelo lado da oferta. Por exemplo, as importações da Alemanha, fundamentais por exemplo para a indústria cervejeira, foram suspensas, e os produtores tiveram que recorrer a outras fontes mais caras, como os Estados Unidos.

Porém, os maiores efeitos se deram nos preços de nosso grande e quase absoluto motor exportador, sua excelência, o café. A produção e exportação do grão passou por várias crises em virtude da oscilação de preço no mercado internacional, que, quando em alta, trazia excesso de oferta nos anos seguintes. Essa dependência deixava nossa economia mais vulnerável a choques exógenos, e o choque de demanda advindo em consequência da Guerra foi um desses casos.

Em 1913, o preço do embarque de Santos para Nova York era de 13,25 *cents*/libra-peso, valor que em 1915 caiu para 9,50, ou seja, 28%[49]. Tal cenário afetou novamente as contas externas. Já após a Guerra, em 1919, o valor mais do que dobraria, chegando a 24,62. Essas oscilações nas exportações são quantificadas na Tabela 4 da próxima seção.

Quanto aos efeitos da industrialização brasileira durante a Guerra, até hoje reside polêmica entre os autores. Fato é que, mesmo diante de condições adversas, o Censo de 1920 apontou que dos 13 336 estabelecimentos submetidos àquele recenseamento 5 936 surgiram durante a Primeira Grande Guerra (aproximadamente 44,5% do total), conforme consta na Tabela 3.

---

49. Werner Baer, *A Industrialização e o Desenvolvimento Econômico do Brasil*, p. 639.

Tabela 3. Número de estabelecimentos industriais abertos entre 1900 e 1919.

Período	Quantidade
1900 - 1904	1 050
1905 - 1909	1 358
1910 - 1914	3 135
1915 - 1919	5 936

Fonte: Recenseamento de 1920, vol. v (1ª parte, p. 81, quadro 50).

Destaca-se que o confronto da quantidade de estabelecimentos industriais criados durante o conflito com as informações referentes à importação de maquinaria industrial, pelo Brasil, entre 1914 e 1918, nos levaria a pensar, de pronto, na ocorrência de um proporcional investimento na indústria. Na realidade, o que verificamos é que houve uma retração de aproximadamente 77% nos valores médios registrados nos períodos 1910-1914 e 1914-1918 (vide Tabela 1) no tocante à importação de máquinas e equipamentos industriais. Mesmo com essa adversidade, Baer declara que:

O advento da Primeira Guerra Mundial representou uma grande oportunidade para as nascentes indústrias brasileiras. A interrupção dos suprimentos de além-mar eliminou a competição estrangeira e muitas novas indústrias foram instaladas para preencher o hiato e mesmo para suprir mercados externos[50].

Por outro lado, Warren Dean[51] afirma que a Primeira Grande Guerra não interferiu favoravelmente no processo brasileiro de industrialização. Em sua opinião, o conflito, na verdade, o retardou, tendo em vista as limitações existentes à época para a realização de importação de máquinas e equipamentos e de vários outros insumos essenciais para o crescimento da industrialização.

De todo modo, o importante é que a queda no valor das importações – a despeito de ter provocado, compreensivelmente, a diminuição do ritmo de crescimento da industrialização – propiciou, ao mesmo tempo, não só

---

50. *Idem*, p. 13.
51. Warren Dean, *A Industrialização de São Paulo*, 2. ed., São Paulo, Difel, 1971.

o fortalecimento das indústrias brasileiras de bens de consumo já estabelecidas, mas também daquelas que se encontravam em estágio inicial de implantação, o que gerou benefícios econômicos a serem usufruídos na década seguinte.

VI. O crescimento da indústria brasileira entre o fim da Primeira Grande Guerra e a crise de 1929

Terminada a Primeira Grande Guerra, chegaram os "gloriosos anos 20", uma época de recuperação, desenvolvimento e transformação no mundo[52] e no Brasil. Por exemplo, o governo investiu pesadamente no Centenário da Independência no Rio em 1922, mas o que entrou para a história naquele mesmo ano foi o Movimento Modernista de São Paulo.

Na política, sinais de mudança que viriam a se concretizar mais tarde: ainda em 1922, a oligarquia do café com leite lançou Artur Bernardes, eleito em uma eleição muito disputada e conturbada contra o ex-presidente Nilo Peçanha, um forte concorrente apoiado por Rio Grande do Sul, Pernambuco, Bahia e Rio de Janeiro, além de ser defendido pelos militares. Depois de eleito, Bernardes fechou o Clube Militar e acabou causando a revolta tenentista conhecida como os 18 do Forte.

Quanto à indústria em si, é notória a grande dificuldade existente para coletar dados quantitativos sobre os primórdios da industrialização no Brasil, salvo talvez pelo trabalho heroico de Roberto Simonsen[53], engenheiro que viveu na época e produziu uma série temporal deflacionada de 1914 a 1938 relativa à produção industrial. Nesta série, o número-índice passou de 100 (1914) para 188 (1920), depois para 260 (1930) e, finalmente, para 394 (1938), ou seja, o PIB industrial teria praticamente quadruplicado no período. Esses números, todavia, são objetos de crítica metodológica.

Como já sinalizamos, uma abordagem contemporânea da aproximação dos investimentos industriais feitos no Brasil foi feita por Suzigan[54] utilizando fontes existentes na Grã-Bretanha, Estados Unidos, Alemanha e França, relativas às exportações de máquinas industriais dirigidas ao Brasil.

---

52. Exceto talvez na Alemanha, que vivia uma crise pós-Guerra com a maior hiperinflação já registrada no mundo.
53. Roberto Simonsen, *Evolução Industrial do Brasil e Outros Estudos*, São Paulo, Companhia Editora Nacional, 1973, p. 28.
54. Wilson Suzigan, *Industrialização e o Desenvolvimento Econômico do Brasil*, pp. 81-82.

Segundo o autor, esses quatro países responderam por 93% das importações de máquinas e equipamentos na década de 1910 e 86% na década de 1920[55].

Na Velha República (até 1930) esses investimentos dependiam, todavia, do ingresso de divisas oriundas de exportação[56]. O Brasil exportava diversos produtos, sobretudo primários, como animais, minerais e produtos agrícolas[57], mas a representatividade do café em relação ao total exportado subiu de uma média de 48% no período de 1913 a 1922 para 68% na média entre 1922 e 1930 (Tabela 4). Vale destacar ainda que a produção cafeeira do Brasil era responsável por cerca de 70% da produção mundial[58], o que colocava o país como formador de preço internacional.

O café era, portanto, de longe a principal fonte de divisas em moeda forte que permitia as importações dentro de um equilíbrio comercial. Suzigan conclui que a receita de exportações e estoque real de moeda explicam 80% dos investimentos industriais antes de 1914 e 69% no período 1914-1929[59].

Elaboramos a Tabela 4 abaixo para tentar medir a importância do café como financiador das importações de máquinas e equipamentos industriais entre 1913 e 1930. Ela contém o volume de importação de bens de capital conforme compilado por Suzigan[60], acompanhada da variação do preço do café, da quantidade exportada e do valor da exportação no mesmo período[61], além da taxa de câmbio[62].

Esses dados nos permitiram calcular o valor da exportação do café em libras para o mesmo período, bem como o percentual da receita de exportação de café investido na aquisição de máquinas industriais, fornecendo uma ideia de como essas variáveis andam lado a lado.

---

55. *Idem*, p. 350.

56. *Idem*, p. 330.

57. Comparando-se o café aos principais produtos agrícolas exportados pelo Brasil – açúcar, algodão e cacau –, o primeiro representava 91,3% do grupo em 1921, chegando a 94,6% em 1924 e retornando a 91,1% em 1929 (percentual calculado com base na Tabela 3A-5 de Werner Baer, *A Industrialização e o Desenvolvimento Econômico do Brasil*, pp. 611-614).

58. Caio Prado Jr., *História Econômica do Brasil*, p. 226.

59. Wilson Suzigan, *Industrialização e o Desenvolvimento Econômico do Brasil*, p. 330.

60. *Idem*. A série de Suzigan foi todavia reinflacionada para obter valores anuais ao invés de valores constantes de 1913. Vide nota (a) da Tabela 4.

61. Werner Baer, *A Industrialização e o Desenvolvimento Econômico do Brasil*.

62. IBGE, *Repertório Estatístico do Brasil, Quadros Retrospectivos*, n. 1, Separata do *Anuário Estatístico do Brasil*, ano V, 1941.

Podemos notar que entre 1913 e 1930, em média, 5,3% do valor exportado em café eram investidos anualmente na importação de máquinas e equipamentos industriais[63]. Essas duas variáveis apresentaram uma correlação (r^2) de 70% no período destacado e de impressionantes 91% se considerarmos apenas o intervalo 1922-1930. O desvio padrão nesse último período também é bastante baixo, da ordem de 0,4% (contra 1,5% para o período todo). Podemos concluir assim que, de fato, as exportações de café e o investimento industrial estavam atrelados (Tabela 4).

O preço do café era, todavia, volátil. Note-se pela Tabela 4 que em 1919 o preço internacional do café praticamente dobrou, em consequência de uma geada ocorrida em 1918 que afetou de forma intensa a oferta do produto, ao mesmo tempo que ocorria um robusto crescimento da demanda externa devido ao fim da Guerra. Esse fenômeno gerou um volumoso ingresso de divisas que contribuiu para a intensificação das importações de bens de capital, como podemos perceber a partir da tabela. Essa grande volatilidade do preço do café a curto prazo produzia um ciclo: Quando o preço caía => queda de produção => aumento de preços => aumento de produção => nova queda de preços[64].

Na política, o presidente eleito em 1918 e com mandato até 1922, Delfim Moreira, faleceu em 1920, sendo substituído por seu vice, Epitácio Pessoa. Na economia, o período 1920-1922 foi caracterizado por um gigantesco programa de obras, por parte do governo federal, que trouxe como consequência políticas monetária e fiscal expansionistas em 1922-1923[65].

Ao mesmo tempo, ocorria uma forte queda dos preços do café (46% apenas em 1921), junto a um quadro de recessão econômica e inflacionária internacional, o que acarretou uma crise econômica no Brasil. Como indica Winston Fritsch, estavam em curso uma crise cafeeira, uma escalada do nível da inflação e uma crise fiscal[66].

63. De forma mais precisa, se considerarmos a representatividade média dos quatro países analisados por Suzigan que compõem a Tabela 4, isto é, 89,5% para as importações do Brasil de máquinas e equipamentos para as décadas de 1910 e 1920 (Wilson Suzigan, *Industrialização e o Desenvolvimento Econômico do Brasil*, p. 350), as importações médias entre 1913 e 1930 teriam sido na verdade da ordem de 2,429/0,895, ou 2,714 milhões de libras anuais, e, portanto, o percentual de investimento em importações de máquinas oriundo das exportações de café teria sido de 5,8% ao invés dos 5,3% calculados na Tabela 4.

64. Caio Prado Jr., *História Econômica do Brasil*, pp. 228-230.

65. Wilson Suzigan, *Industrialização e o Desenvolvimento Econômico do Brasil*, p. 91.

66. Winston Fritsch, "1922: A Crise Econômica", *Estudos Históricos*, vol. 6, n. 11, p. 1, 1993.

Tabela 4. Exportações de maquinaria industrial para o Brasil – 1913-1919.

Ano	Importações de máquinas em milhares de libras (a)	Variação do preço internacional do café (b)	Quantidade exportada (em milhares de sacas de 60 kg) (c)
1913	2 858		13 268
1914	1 158	-13,2%	11 270
1915	412	-17,4%	17 061
1916	594	11,8%	13 039
1917	1 001	-3,5%	10 606
1918	968	24,4%	7 433
1919	1 998	93,1%	12 963
1920	3 972	-24,4%	11 525
1921	3 215	-46,0%	12 369
1922	2 341	40,5%	13 673
1923	2 130	2,7%	14 466
1924	3 286	44,8%	14 226
1925	4 241	15,5%	13 482
1926	3 251	-8,4%	13 751
1927	3 098	-16,9%	15 115
1928	3 264	24,6%	13 881
1929	3 977	-4,6%	14 281
1930	1 962	-41,3%	15 288
Média 1903-1921	1 797	3,1%	12 170
Média 1922-1930	3 061	6,3%	14 240
Média Geral	2 429	4,8%	13 205

a) Fonte: Wilson Suzigan, *Industrialização e o Desenvolvimento Econômico do Brasil*, pp. 345-347. Na obra original esta coluna se encontra em libras de 2013. O autor indica (p. 361) que usou como deflator Mitchell (*European Historical Statistics*, pp. 737-741). Para que a série fosse comparável com as exportações anuais (nota "e"), reinflacionamos a série de Suzigan a partir dos deflatores de Mitchell, obtendo os números apresentados em (a). b) % sobre o ano anterior conforme *cents* de libra/ ouro por peso em Nova York, embarque em Santos. Fonte primária: Werner Baer, *A Industrialização e o Desenvolvimento Econômico do Brasil*, p. 639. c) Fonte: *Idem*, p. 613. Números idênticos a IBGE, *Repertório Estatístico do Brasil, Quadros Retrospectivos*, n. 1, p. 85. d) Fonte: IBGE, *Repertório Estatístico do Brasil, Quadros Retrospectivos*, n. 1, p. 69 (valor médio de 1 libra ouro em réis). e) Calculado a partir dos preços exportados em mil-réis (cf. Werner Baer, *A Industrialização e o Desenvolvimento Econômico do Brasil*, p. 613; IBGE, *Repertório Estatístico do Brasil, Quadros Retrospectivos*, n. 1, p. 85) e convertidos em libras cf. (d). Exceto por 1920 (-5%), valores idênticos ou muito próximos ao próprio cálculo do IBGE (*idem*, p. 85). f) Calculado como a razão entre (e) e os dados de exportações totais em libras constantes extraído de IBGE (*idem*, p. 74).

Taxa de câmbio (d)	Exportação de café em milhares de libras (e)	Exportações de café como % exportações totais (f)	% Exportação de café investida na importação de máquinas (=e/a)
15,00	40 779	62,3%	7,0%
16,01	27 458	58,7%	4,3%
19,34	32 083	59,5%	1,3%
20,11	29 293	51,9%	2,0%
18,88	23 324	37,0%	4,3%
18,66	18 907	30,9%	5,1%
18,56	66 078	50,8%	3,0%
22,51	38 246	35,6%	9,8%
37,18	27 412	46,8%	11,9%
37,98	39 608	57,8%	5,9%
47,97	44 282	60,5%	4,8%
44,58	65 693	69,1%	5,0%
39,50	73 424	71,4%	5,7%
33,86	69 334	73,6%	4,7%
41,10	62 675	70,7%	4,9%
40,75	69 700	71,5%	4,7%
40,71	67 307	71,0%	5,9%
43,99	41 543	63,2%	4,8%
20,69	33 731	48,2%	5,4%
41,16	59 285	67,6%	5,2%
30,93	46 508	57,9%	5,3%

Nesse cenário, 1922 viveu uma das eleições mais acirradas da República em meio a uma crise política. Enquanto os Estados de Minas Gerais e São Paulo indicavam Artur Bernardes para a sucessão presidencial, Rio Grande do Sul, Rio de Janeiro, Bahia e Pernambuco, que se sentiam prejudicados pelas políticas e gastos públicos destinados aos Estados produtores de café, lançaram incialmente o ex-presidente marechal Hermes da Fonseca. Havia um ambiente de *fake news*, com cartas (depois verificadas falsas) de

Bernardes enviadas aos jornais, por exemplo, chamando o marechal de "sargentão sem compostura"[67].

Hermes acabaria substituído pelo também ex-presidente Nilo Peçanha, aumentando a crise política. A chapa de Nilo contou com o apoio de importantes setores militares, já que a passagem de Epitácio Pessoa pela presidência fora marcada pela animosidade na relação entre governo e militares, iniciada quando ele nomeou dois civis para dirigir as pastas da Guerra e da Marinha. Ao final, Bernardes seria eleito com 59,5% dos votos. Depois de eleito resolveu punir alguns militares e fechar o Clube Militar, enfrentando revoltas militares pontuais desde 1922.

Na tentativa de reequilibrar as contas públicas, foi aplicada uma política de controle inflacionário, assim como um programa de estabilização cambial e monetário. Adicionalmente, foram executadas novas políticas voltadas a sustentar o preço do café, como a criação do Instituto de Defesa do Café em São Paulo em 1924[68]. Esse órgão poderia reter a produção sem limite de quantidade[69]. Assim, o preço oscilava, mas não tanto quanto antes, o que favoreceu as importações de bens de capital entre 1924 e 1929, que cresceram significativamente, com média anual acima de 2 300 000 libras esterlinas (Tabela 4).

A análise da pauta de importação do período pós-Guerra mostra que esse montante foi aplicado de forma diversificada, destacando-se o desempenho das importações de máquinas voltadas para os setores têxteis, geração de energia, máquinas de costura, máquinas-ferramenta, motores elétricos, máquinas para produção e refino de açúcar, setores gráfico, de calçados, de madeira e de cerveja[70].

Quanto à importância relativa de cada setor, foi feito um censo industrial em 1907, a partir do qual elaboramos a Tabela 5. Apresentamos também os dados compilados por Baer[71] para 1920 e 1940, a fim de comparar a evolução dos setores industriais conforme a época.

67. Ricardo Westin, "Em 1922, Eleição Presidencial Teve *Fake News* e Resultado Questionado", *Agência Senado*, 1 jul. 2022.

68. Edmar Bacha, *A Valorização do Café e seu Amargo Legado*, Rio de Janeiro, Instituto de Estudos de Política Econômica, 3 dez. 2019, p. 2.

69. Caio Prado Jr., *História Econômica do Brasil*, p. 234.

70. Wilson Suzigan, *Industrialização e o Desenvolvimento Econômico do Brasil*, Anexo I.

71. Werner Baer, *A Industrialização e o Desenvolvimento Econômico do Brasil*, p. 13.

Tabela 5. Produção industrial brasileira – Participação por setor de atividade: 1907, 1920 e 1940.

	1907(a)	1920(b)	1940(b)
Têxtil	25,4%	28,6%	22,7%
Alimentos	21,3%	22,2%	22,9%
Vestuário	8,7%	8,6%	4,9%
Bebidas	8,9%*	5,9%	4,5%
Metalurgia e Minerais	5,7%	9,0%	13%
Madeira	4,7%	5,8%	5,1%
Couros	2,2%	2,4%	1,7%
Fumo	3,0%	3,9%	2,2%
Mecânica	------	2,0%	5,8%
Química	1,8%	6,0%	10,4%
Outros	18,3%**	5,6%	6,8%

* Os dados de 1907 incluem erva-mate (3,35% do total). Sem esse dado, o número passaria a ser 5,5%, mais próximo de Baer nos anos seguintes. A cerveja sozinha respondia por 3,37% da produção industrial brasileira em 1907.

** Parte relevante em 1907 (7,6%) se refere a utilidades para o lar como velas, fósforos, sabão etc.

Fontes: a) Elaboração própria com base nos dados do Censo Industrial de 1907 obtidos no site do IBGE, arquivo 7_01u_1ind1907.xks. O total calculado exclui as usinas de açúcar (9,07%) por considerarmos um estabelecimento agrícola. Já o refino está incluído. Dados são próximos, mas diferem do feito por Franco e Lago (*A Economia da República Velha*, p. 31), já que o objetivo desses autores era um apanhado geral, e os dados aqui apresentados incluem todas as indústrias do censo classificadas por setor. b) Werner Baer, *A Industrialização e o Desenvolvimento Econômico do Brasil*, p. 13, com base nos censos industriais de 1920 e 1940.

Ademais, é importante ressaltar que, na década de 1920, foram implantadas no país fábricas de cimento, papel e pasta, produtos de borracha, fertilizantes, fios e tecidos de seda, produtos químicos, farmacêuticos e de perfumaria, e a indústria de processamento de carnes[72]. De forma geral, a indústria estava concentrada em São Paulo e no Rio, e faltava ainda ao país investir localmente na produção de bens de capital.

Quanto à distribuição regional, houve uma considerável mudança. Em 1907, o Rio de Janeiro respondia por 37,8% da produção, recuando para 28,5% em 1919, enquanto São Paulo mais que dobrava sua importância, passando de 15,9% para 33,1% no mesmo período[73].

---

72. Wilson Suzigan, *Industrialização e o Desenvolvimento Econômico do Brasil*, p. 93.

73. Anibal Villela e Wilson Suzigan, *Política do Governo e Crescimento da Economia Brasileira, 1889-1945*, Rio de Janeiro, Ipea/Inpes, 1975, p. 171.

Finalmente, é importante ressaltar que a indústria brasileira da década de 1920 ainda estava longe da relevância para a economia que teria a partir da década de 1950. De acordo com Baer[74], a análise da distribuição da população economicamente ativa, por setor, em 1920, indicava um país ainda predominantemente agrícola (69,7% no setor primário), uma indústria nascente (13,8% no setor secundário – número esse que só cresceria um ponto em 1940) e o setor de serviços, que hoje representa a maior parte do PIB, ainda muito incipiente (16,5%).

No final da década, o governo do presidente eleito em 1926, Washington Luís, seguia de maneira mais ou menos tranquila. Ele encerrou o Estado de Sítio decretado por seu antecessor, eliminou prisões políticas e restabeleceu a liberdade de imprensa. Já no campo econômico seu lema era "governar é fazer estradas". Até o surgimento da crise de outubro de 1929 e da eleição de março de 1930, e com elas, novamente, grande instabilidade.

VII. A crise de 1929 – A Grande Depressão

A grave crise econômica mundial, ocorrida em 1929, se originou nos Estados Unidos após um período de grande prosperidade. Por ter tomado parte na Grande Guerra apenas em 1917, aquele país teve tempo suficiente para se aproveitar da fragilidade dos beligerantes e alavancar a sua própria economia, além de passar a rivalizar com a Inglaterra pelo poder político internacional.

A expansão econômica generalizada experimentada pelos norte-americanos gerou a crença de que o progresso não teria limites, principalmente por causa da frouxa política creditícia posta em prática que facilitava, em muito, não apenas o consumo, mas também a especulação financeira. O resultado foi a quebra (*crash*) da Bolsa de Nova York, que entrou em colapso em outubro de 1929, quando passou a haver um enorme contingente de investidores dispostos a vender suas ações sem que houvesse compradores.

Em consequência, houve nos EUA uma queda exponencial no nível de emprego, quebra de bancos, redução do PIB, diminuição drástica da produção industrial (−47% entre 1929 e 1933) e dos salários, forte inflação e, como resultado, a ampla disseminação da fome e da miséria. A economia agrícola, que estava em transição para a mecanização, também foi fortemente afetada.

---

74. Werner Baer, *A Industrialização e o Desenvolvimento Econômico do Brasil*, p. 23.

Dado o poderio da economia norte-americana, responsável por grande parte da produção industrial global, o caos vivido internamente foi, pelo menos em parte, transmitido às mais diversas regiões do mundo. Nessas condições, a oferta de mercadorias passou a suplantar a demanda, fazendo com que os preços caíssem e a produção seguisse o mesmo caminho, caracterizando uma cruel espiral que gerou a maior depressão econômica experimentada pelo mundo, até então.

A recuperação da economia dos Estados Unidos teve início com a eleição de Franklin Delano Roosevelt como presidente da República, em 1933. Sua filosofia, denominada *New Deal* e inspirada no pensamento do economista britânico John Keynes, era diametralmente oposta àquela defendida pelos liberais, pois foram adotadas medidas que traziam em seu bojo a ideia de que o Estado deveria intervir no campo econômico para que a crise fosse resolvida[75].

O Brasil, cuja economia ainda era massivamente baseada na exportação de produtos agrícolas, com forte destaque para o café, não ficou imune à crise mundial. Vale ressaltar que em 1927 e 1929 ocorreram supersafras do produto, as quais colocariam por terra o sistema de defesa do café, em fins de 1929, segundo Gustavo Franco e Luís A. Lago[76]. Note-se que em 1929 o preço médio do café com embarque em Santos atingiu 21,94 centavos de dólar por libra-peso, tendo caído para 12,87 no ano seguinte (cerca de 41%), conforme Baer[77].

Ainda considerando tal contexto, vale acrescentar que as exportações da principal *commodity* brasileira sofreram uma drástica redução, pois os países europeus e os Estados Unidos (este último o principal importador) diminuíram consideravelmente suas importações. Entre 1928 e 1934[78], as exportações do produto sofreram uma queda da ordem de 64,8%, enquanto o total das exportações decaiu quase o mesmo percentual (63,8%). Já o saldo comercial se manteve positivo, pois as importações caíram mais que as exportações, o que também pode ser lido como indicador de recessão interna.

---

75. Essa discussão entre keynesianos e liberais perdurou pelo século XX e mesmo nos nossos dias. Se na década de 1980 a vitória do liberalismo dentro dos governos Thatcher (Reino Unido) e Reagan (EUA) pareceram absolutas e inspiraram modelos de ajuste econômico pregados aos países em desenvolvimento nos anos 1990, a crise bancária de 2008 viu uma nova onda de intervenção estatal.

76. Gustavo Franco e Luis A. Lago, *A Economia da República Velha*, p. 1.

77. Werner Baer, *A Industrialização e o Desenvolvimento Econômico do Brasil*, p. 639.

78. Cf. IBGE, *Repertório Estatístico do Brasil, Quadros Retrospectivos*, n. 1.

Outro indicador de recessão é a arrecadação tributária da União, que entre 1928 e 1930 caiu quase 25%. Especificamente, o montante do imposto sobre consumo foi reduzido de cerca de 440 para 352 milhões de contos de réis, apontando queda no consumo interno da ordem de 20%[79]. É importante ressaltar ainda que o investimento industrial brasileiro, durante os anos da Grande Depressão, sofreu nova redução, de acordo com Suzigan[80].

O Gráfico 1 fornece uma ideia da queda do comércio exterior pós-crise de 1929, queda que se mantém nos anos seguintes. Ele é acompanhado por uma linha com os contínuos déficits públicos da década de 1930, que atingem seu pico em 1930 e 1932.

Gráfico 1. Comércio Exterior em milhares de libras e Déficit Público Anual em milhares de contos de réis.

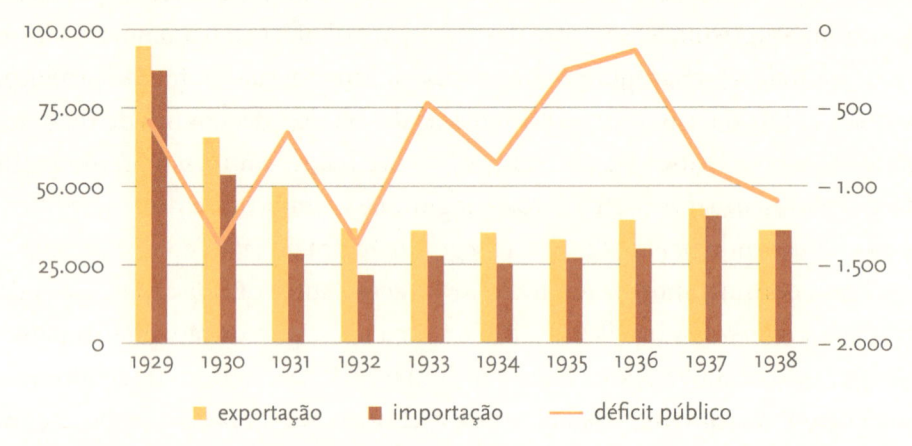

Fonte: Elaboração Própria com dados do IBGE, *Repertório Estatístico do Brasil, Quadros Retrospectivos*, n. 1, pp.69, 119). Déficit Inclui União, Estados e Municípios.

O ano de 1930 também foi palco de uma eleição acirrada no Brasil, com a quebra da política do café com leite. Era a vez de um mineiro ser eleito, mas o candidato da situação seria outro paulista, o presidente da província Júlio Prestes. Minas então resolveu apoiar a candidatura do gaúcho Getúlio Vargas, que contaria ainda com o apoio de Pernambuco e, talvez mais importante, dos

---

79. Werner Baer, *A Industrialização e o Desenvolvimento Econômico do Brasil*, pp. 628-629.
80. Wilson Suzigan, *Industrialização e o Desenvolvimento Econômico do Brasil*, p. 98.

já insatisfeitos oficiais de baixa patente. Prestes foi eleito com 59% dos votos, mas um golpe de Estado, cujo estopim foi alegação de fraude e o assassinato do candidato derrotado a vice João Pessoa, depôs Washington Luís a vinte dias de passar o governo e colocou o candidato derrotado Getúlio Vargas no poder.

VIII. A recuperação econômica dos anos 1930

Como consequência da Grande Depressão, as políticas econômicas dos países mais desenvolvidos passaram por mudanças radicais na década de 1930, incluindo, além intervenções diretas na economia, investimentos estatais e regulamentação, como na construção de políticas de bem-estar social para proteger – e sobretudo acalmar – a classe trabalhadora, que fora fortemente afetada pela crise econômica e, por outro lado, estava mais organizada.

Esse Estado mais robusto surgiu também no Brasil através de Getúlio Vargas. Ele enfrentou uma forte Revolução Constitucionalista em 1932 no Estado de São Paulo, mas venceu os insurgentes, e acaba se mantendo no poder por uma reeleição em 1934, quando desenha uma nova Constituição que tira poder das províncias (agora Estados) e o centraliza na União. O outrora denominado Estados Unidos do Brasil viria a se tornar República Federativa. Vargas viria a dar um novo golpe em 1937, perto do fim de seu mandato. Uma outra Constituição confere poderes ditatoriais ao presidente, marcando o surgimento do Estado Novo, só encerrado com sua deposição, em 1945.

Tinha ele, porém, o apoio popular, pois introduzira direitos como salário-mínimo, Consolidação das Leis do Trabalho e voto universal. A classe trabalhadora industrial começava a mostrar sua força. Em paralelo, a década foi marcada ainda pela ascensão da classe industrial, em detrimento da elite agrária, que acabou sendo colocada no segundo plano da supremacia política e econômica. Suzigan assim resume a década:

Durante toda a década de 1930, o setor exportador continuou em profunda crise, ao passo que os níveis de renda interna foram mantidos pela política de defesa do café e pelas políticas fiscais e monetárias expansionistas. Com isso, o crescimento da produção industrial foi estimulado, tendo-se baseado em parte no aumento de produção [...] e em parte num rápido processo de substituição de importações[81].

---

81. Wilson Suzigan, *Industrialização e o Desenvolvimento Econômico do Brasil*, p. 332.

Portanto, apesar da queda das exportações, Vargas manteve a já tradicional política de defesa do café, dessa vez ancorada não apenas no socorro financeiro aos produtores agrícolas sufocados por dívidas, mas também na compra e posterior destruição dos estoques[82]. Assim, a partir de 1931, visando controlar os preços, o governo tirou o poder do Instituto do Café de São Paulo e criou o Conselho Nacional do Café[83]. Além de comprar o produto a preços mínimos, a medida mais extrema foi a queima de oitenta milhões de sacas em estoque[84], de forma a limitar a oferta do produto, o que fez o seu preço retornar a níveis razoáveis[85].

A propósito de tal fato, vale citar uma composição musical de autoria de Noel Rosa e Braguinha, de 1931, apresentada parcialmente a seguir, e que refletia, provavelmente, o pensamento de parcela considerável da população brasileira.

"Samba da Boa Vontade"

Viver alegre é preciso
[...]
Comparo o meu Brasil
A uma criança perdulária
Que anda sem vintém
Mas tem a mãe que é milionária
E que jurou, batendo pé,
Que iremos à Europa
Num aterro de café
(Nisto eu sempre tive fé).

Essas medidas eram parte do Plano Geral de Reajustamento Econômico, que consistia notadamente em injeção de moeda na economia, o que veio a

---

82. Edmar Bacha, *A Valorização do Café e seu Amargo Legado*.

83. Em 1933 foi renomeado Departamento e em 1952 sucedido pelo Instituto Brasileiro de Café (IBC), extinto apenas em 1990, quando o café não era mais tão relevante na pauta de exportações brasileiras.

84. Edmar Bacha, *A Valorização do Café e seu Amargo Legado*, p. 2.

85. *Idem*, p. 4. A longo prazo, porém, a política contribuiu para outros países plantarem café, diminuindo a importância do produto na pauta de exportações.

contribuir para a desvalorização da moeda nacional (ver Tabela 6). Essa desvalorização, por sua vez, era esperada e incentivada pelo governo. De acordo com Baer[86], o Brasil foi o primeiro país da América do Sul a se utilizar do controle de câmbio, assim como de algumas restrições impostas diretamente às importações, medidas que, associadas à desvalorização da nossa moeda, causaram um forte aumento no preço dos produtos importados, incentivando a produção local.

Na visão do governo, isto também era positivo, já que o crescimento dos preços relativos das importações direcionaria a demanda por bens produzidos no mercado interno, impulsionando a industrialização de uma forma efetiva e até então inusitada. Foram criados vários órgãos com a função de pensar a organização e o desenvolvimento da indústria nacional[87]. Era o início de uma política que prevaleceu nas décadas seguintes: o fomento à industrialização por meio da substituição de importações. Seja pelo resultado da política econômica ou pela recuperação internacional, a economia nacional veio a se restabelecer a partir de 1933-1934.

Cabe ressaltar que a questão da dívida pública ainda era premente, ainda que a balança comercial se mantivesse superavitária por conta da forte desvalorização cambial (vide Tabela 6). No ano de 1930, o saldo comercial foi de 93 milhões de dólares, mas em compensação a balança de serviços teve déficit de 173 milhões[88]. Esse contexto ocasionou nova crise na balança de pagamentos e a necessidade de um último Funding Loan, lançado em 1931, em duas séries em libras, ambas com taxa de juros de 5%, que previam resgate em vinte e quarenta anos, e uma outra, pela primeira vez, em dólares[89].

Ainda assim, em 1937, junto com o golpe de Estado, Vargas decretou uma moratória. Em 1942, o mil-réis fora substituído pelo Cruzeiro, dentro de uma nova identidade nacional. Em 1943, foi a vez da concretização do acordo permanente da dívida, que equacionou o pagamento do serviço da dívida externa contraída até 1931 de uma forma vantajosa para o país, pois, pela

---

86. Werner Baer, *A Industrialização e o Desenvolvimento Econômico do Brasil*, p. 16.
87. André Carraro e Dutra Fonseca, "O Desenvolvimento Econômico no Primeiro Governo de Vargas (1930--1945)", *Anais do V Congresso Brasileiro de História Econômica e 6ª Conf. Internacional de História de Empresas*, Caxambu (MG), 2003, pp. 11-12.
88. IBGE, *Estatísticas Históricas do Brasil*, p. 581.
89. Anderson Silva, Lena Carvalho e Otavio Medeiros, *A Dívida Pública*, p. 53.

primeira vez, houve redução do principal[90]. De acordo com os valores compilados[91], a dívida brasileira, que era de 36 milhões de libras em 1934 (considerando todos os Funding Loans), caíra para 26 milhões em 1944 (Tabela 6).

Note-se na Tabela 6 como as importações, entre 1929 e 1932, decresceram cerca de 75% e não retornaram ao patamar anterior. As exportações, em que vemos a queda da importância relativa do café, também diminuíram e não vieram a se recuperar naquela década no valor em libras. A desvalorização da moeda nacional (74% entre 1929 e 1939, como pode ser visto na tabela) permitiu, contudo, o retorno da renda ao setor exportador em moeda nacional.

Segundo Baer[92], não demorou muito para que parte do capital líquido, que deixou de ser aplicado na importação de bens, fosse direcionado direta ou indiretamente para o investimento em novas empresas industriais. Como resultado, embora de início fosse utilizada a capacidade de produção ociosa, a produção industrial, que se reduzira a 10% nos primeiros anos da depressão, recuperou, em 1933, o nível alcançado em 1929.

Nos anos seguintes, o investimento na indústria nacional de bens de consumo cresceu, como pode ser visto na Tabela 1 (p.), pela ampliação da importação de bens de capital, salvo a queda sutil de 1936 e em 1939 – ocasião em que ocorreu uma queda aproximada de 14% –, já em plena Segunda Guerra.

Nesse ponto, cabe enfatizar que a consumação do desenvolvimento industrial, em sua acepção mais ampla, dependia do preenchimento das enormes lacunas existentes na produção de bens de capital e de bens intermediários, condição necessária para que a nossa economia deixasse de ser tão vulnerável aos choques externos, dado o caráter incipiente daqueles setores.

---

90. *Idem, ibidem.*

91. *Idem*, p. 52, Tabela 7.

92. Werner Baer, *A Industrialização e o Desenvolvimento Econômico do Brasil*, p. 17.

Tabela 6. Exportações, Importações e Taxas de Câmbio (1930-1939).

Ano	Exportações		Importações		Saldo Comercial (em mil libras)	Câmbio(d) (mil-réis/ libras)	Dívida Externa(e)
	Total(a)	Café/Total	Total(a)	Maq/Equip(c)			
	(em mil libras)	%(b)	(em mil libras)	(em mil libras)			
1930	65 746	72%	53 619	1 962	12 127	43,99	148 328
1931	49 544	71%	28 756	805	20 788	67,42	144 793
1932	36 630	63%	21 744	912	14 886	69,47	140 840
1933	35 790	69%	28 132	1 458	7 658	77,99	141 630
1934	35 240	72%	25 467	1 741	9 773	98,21	157 636
1935	33 012	73%	27 431	2 176	5 581	131,69	159 208
1936	39 069	70%	30 066	2 041	9 003	132,55	160 840
1937	42 530	53%	40 608	2 211	1 922	125,17	159 357
1938	35 945	46%	35 916	2 805	29	147,28	153 278
1939	37 298	42%	31 801	2 375	5 497	153,54	150 539

Fontes: a) IBGE, *Repertório Estatístico do Brasil, Quadros Retrospectivos*, n. 1, pp. 74-75. b) relação entre as exportações de café em libras (*idem*, p. 85) e coluna (a); c) Wilson Suzigan, *Industrialização e o Desenvolvimento Econômico do Brasil*, Apêndice 1. Por questão de compatibilidade com a Tabela 4 e para tornar os números comparáveis, foi aplicado novamente o deflator de Mitchell (*European Historical Statistics*) nos números originais. Vide nota (a), Tabela 4; d) IBGE, *Estatísticas Históricas do Brasil*, p. 570; e) IBGE, *Repertório Estatístico do Brasil, Quadros Retrospectivos*, n. 1, p. 134.

IX. Efeitos da Segunda Grande Guerra na economia brasileira

A eclosão da Segunda Grande Guerra, em setembro de 1939, trouxe várias implicações para o cenário internacional e também para o Brasil, que abandonou a neutralidade três anos após o seu início. Os beligerantes estavam divididos em dois grupos: os Aliados (Reino Unido, França, União Soviética e, a partir de 1941, os Estados Unidos) e o Eixo (Alemanha, Itália e Japão).

À época do início do conflito, o Brasil vivia sob o regime político do Estado Novo, comandado por Getúlio Vargas, o qual se mostrava ambíguo em relação ao grupo que deveria apoiar, pois, enquanto dava mostras de que era ideologicamente simpático aos países integrantes do Eixo, flertava com os Aliados, buscando obter vantagens/benefícios com tal atitude.

Essa política ambígua do governo Vargas levou-o a negociar, pragmaticamente, com os Estados Unidos, entre setembro de 1939 e agosto de 1942, a participação brasileira na Segunda Grande Guerra. Como resultado das negociações, ficou estabelecido, por um lado, que o Brasil forneceria materiais estratégicos àquele país (por exemplo, bauxita, berilo, cromita, ferro-níquel e outros) e permitiria a instalação de uma base militar norte-americana no Nordeste, para que pudesse haver um melhor monitoramento das atividades bélicas dos países do Eixo no Atlântico Sul.

Em contrapartida, o Brasil receberia um financiamento no valor de cem milhões de dólares para a criação da Companhia Siderúrgica Nacional – empresa considerada um marco da industrialização brasileira, por ser fundamental para a criação de infraestrutura necessária ao desenvolvimento da planta de nosso país, segundo Peggy Beçak[93]. A CSN seria construída a partir de 1941 e inaugurada em 1942. Seria disponibilizada ainda uma outra linha de crédito, no valor de duzentos milhões de dólares, a ser destinada ao reequipamento e modernização das Forças Armadas brasileiras.

No âmbito econômico-financeiro, desde o fim da Primeira Guerra, via-se a influência dos Estados Unidos crescendo sobre a da Inglaterra, o que, aliás, foi um fenômeno mundial. Vale ressaltar que, ao longo da Guerra, houve

---

93. Peggy Beçak, *Evolução das Relações Comerciais Brasil-Estados Unidos de 1945 a 1995: No Contexto da Política Externa e dos "Interesses Nacionais"*, São Paulo, Universidade de São Paulo, 2007 (Dissertação de Mestrado em História Econômica), p. 110.

substancial redução das exportações de mercadorias brasileiras dirigidas à Europa, principalmente para a Alemanha, em virtude do bloqueio naval promovido pelo Reino Unido, que tinha o intuito de impedir a entrega de suprimentos, oriundos de diversas partes do mundo, aos países integrantes do Eixo. Essa situação obrigou a indústria que importava máquinas e insumos da Alemanha a recorrer a fornecedores americanos.

Em consequência, o comércio exterior brasileiro passou a ser realizado majoritariamente com os Estados Unidos, que ainda não haviam entrado no conflito. A participação dos EUA nas importações brasileiras aumentou de 33,6%, em 1939, para 51,9%, em 1940. No que se refere às exportações, no período 1940-1945, os Estados Unidos foram o destino de mais de 40% delas, tendo a sua participação atingido o ápice em 1941, com 57%.

A Tabela 7 mostra o percentual de nossas exportações para os países mencionados, em anos selecionados antes e durante a Segunda Guerra.

Tabela 7. Exportações brasileiras, segundo países de destino (1939-1945) – %.

Ano	Estados Unidos	Reino Unido	Alemanha
1910	36,2	23,1	11,8
1920	54,6	10,4	7,5
1930	47,1	9,8	10,7
1939	36,2	9,6	12,0
1940	42,3	17,3	0,6
1941	57,0	12,2	-
1942	45,6	16,4	-
1943	50,6	14,1	-
1944	53,1	12,6	-
1945	49,4	12,2	-

Fontes: De 1910 a 1939: IBGE, *Estatísticas Históricas do Brasil*, pp. 570-574. De 1939 a 1945: Peggy Beçak, *Evolução das Relações Comerciais Brasil-Estados Unidos de 1945 a 1995*. Ambas as séries são consistentes.

Em 1942, portanto ainda durante a Guerra, dando continuidade à implantação do projeto que tinha como objetivo a criação e o fortalecimento da indústria de base no país, foi fundada a Companhia Vale do Rio Doce (CVRD), que asseguraria o fornecimento de matéria-prima essencial ao setor siderúrgico emergente e exportaria o excedente, tornando-se uma relevante fonte de receita cambial para o país, especialmente no decorrer da Segunda Guerra Mundial[94].

Adicionalmente, foram lançadas as bases para a fundação da Fábrica Nacional de Motores, da Companhia Nacional de Álcalis, da Companhia Aços Especiais Itabira – Acesita e da Companhia Hidrelétrica do São Francisco (Chesf), sendo que o objetivo desta última era promover o aproveitamento do potencial energético da cachoeira de Paulo Afonso, na esperança de que fosse solucionado, de forma definitiva, o problema energético que afetava o crescimento da produção industrial do Nordeste.

Vale enfatizar que, após o término do conflito, Getúlio Vargas foi deposto pelos militares. No entanto, em 1951, retornou ao poder, desta vez pelo voto direto, quando tomou diversas medidas complementares àquelas de seu primeiro governo, as quais influenciaram o desenvolvimento da indústria brasileira no decorrer das décadas seguintes, como a criação da Petrobras.

x. Desenvolvimento da economia brasileira pós-Segunda Guerra

O período pós-Guerra notabilizou-se por um grande crescimento da indústria no Brasil. Segundo Baer[95], a produção industrial cresceu 3,6 vezes entre 1947 e 1961, o que também pode ser notado na Tabela 8. Já o poder aquisitivo do setor cafeeiro, outrora importante para financiar a indústria, havia caído quase pela metade entre 1953 e 1961[96], e seu papel de indutor do financiamento passara para o Estado (vide Tabela 8).

Ao contrário do período anterior, desenvolveram-se também indústrias de base, de capital intensivo e maior nível tecnológico. Em 1949, importávamos 24% de cimento e 80% de metais não ferrosos, índices que despencaram para 1% e 39%, respectivamente, dez anos mais tarde[97]. No final da década de 1950, vimos a instalação das primeiras unidades fabris da indústria automobilística, o que fez o peso desse item na pauta de importações despencar 60% em 1962, comparado a 1949[98].

---

94. Geraldo Hoffmann, "Segunda Guerra Trouxe Indústria Pesada ao Brasil", *DW*, s.d.
95. Werner Baer, *A Industrialização e o Desenvolvimento Econômico do Brasil*, p. 60.
96. *Idem*, p. 102.
97. *Idem*, p. 64.
98. *Idem*, p. 60.

Esse fenômeno se deu através de ação governamental na forma de grandes planos, financiamento público e intervenções (inclusive no câmbio), dentro de um norte de substituição de importações. Nesse tocante, novamente os contextos político e econômico se entrelaçam.

Após a deposição de Getúlio Vargas e uma breve transição, foi eleito o general Eurico Gaspar Dutra, que ocupou o cargo entre 31 de janeiro de 1946 e 31 de janeiro de 1951. No campo político, Dutra alinhou-se totalmente aos interesses norte-americanos, dentro da Doutrina Truman contra a expansão do comunismo, no contexto da Guerra Fria.

Vale ressaltar que nessa época foram criados os organismos que moldam as relações políticas e econômicas globais, como a Organização das Nações Unidas (ONU) e o Fundo Monetário Internacional (FMI) em 1945, o Banco Mundial em 1946 e o Acordo Geral de Tarifas e Comércio (GATT) em 1947 – que viria a ser sucedido pela Organização Mundial do Comércio (OMC).

Já no campo econômico, inicialmente, o governo Dutra impôs uma política cambial que incentivava a importação como forma de combate à inflação. Porém, as reservas cambiais se deterioram, e, portanto, foi elaborado o Plano Salte (Saúde, Alimentação, Transporte e Energia), que consistia basicamente em financiamento quinquenal direcionado a setores essenciais ao desenvolvimento do país, com gastos estimados em vinte bilhões de cruzeiros[99] – ou 640 milhões de dólares de 1950.

O plano, todavia, não resistiu ao fim do seu mandato. Getúlio Vargas venceu as eleições presidenciais de 1950 e assumiu novamente a Presidência da República em 1951, em um ambiente de forte acirramento das discussões entre duas correntes, representadas pelos liberais e pelos nacionalistas (que defendiam um maior intervencionismo estatal).

Vargas criou a Petrobras e o Banco Nacional de Desenvolvimento Econômico (BNDE), que, em 1982, viria a ganhar um S, de Social. Seu objetivo primordial era dar fôlego ao processo de industrialização nacional, o qual seria fundamental para o desenvolvimento econômico[100]. Foi também nessa época que técnicos da Cepal (Comissão Econômica para a América

---

99. *Idem*, p. 52.
100. K. Costa, "Os 60 Anos do BNDES e seu Papel no Desenvolvimento", *Revista Ipea: Desafios do Desenvolvimento*, vol. 9, n. 75, p. 29, dez. 2012.

Latina) estiveram no Brasil e tiveram grande influência no pensamento governamental[101].

Com a morte de Getúlio Vargas em 1954, houve um período de alternância na Presidência da República, até que, em 1955, Juscelino Kubitschek – conhecido como JK – foi eleito presidente. Ao assumir o seu mandato em 31 de janeiro 1956, JK deu continuidade à política desenvolvimentista de seu antecessor e a fortaleceu, criando o Conselho Nacional de Desenvolvimento e o Plano de Metas[102], que estabelecia trinta setores como prioritários, tais como energia, transportes, indústria de base, alimentação e educação.

De fato, a produção de aço aumentou de 1,4 para 2,7 milhões de toneladas entre 1956 e 1962; já a eletricidade, então um gargalo ao desenvolvimento, cresceu de 2,8 Mkw (1954) para 5,8 Mkw (1962)[103]. JK era obcecado por desenvolver o mercado automobilístico nacional e, durante seu governo, atraiu montadoras estrangeiras ao Brasil.

Também é de se destacar o esforço do governo JK no que se refere à abertura de rodovias para que as diversas regiões do país pudessem ser integradas, pois, até então, elas atuavam, em sua maioria, como ilhas isoladas de produção (o que impedia a obtenção da sinergia, que pode ocorrer quando diversas indústrias têm a possibilidade de se comunicar). Por outro lado, o sistema ferroviário, com o tempo, foi relegado à decadência, depois de ter alcançado, em 1960, a marca de 38 mil km de trilhos instalados.

Ainda no lado negativo, as novas fábricas incentivaram forte migração do homem do campo para a cidade, ainda que não houvesse emprego para todos, contribuindo com o aumento da favelização. Na economia, inflação, déficit público e dívida externa galopavam (Tabela 1). Muitos desses problemas podem ser creditados à construção de Brasília, que foi estimada em US$ 1 bilhão (da época) por Eugênio Gudin[104].

101. Werner Baer, *A Industrialização e o Desenvolvimento Econômico do Brasil*, p. 55.

102. *Idem*, p. 57.

103. *Idem, ibidem*.

104. Eugênio Gudin, "Notas Sobre a Economia Brasileira Desde a Proclamação da República até os Nossos Dias", *Revista Brasileira de Economia – FGV*, vol. 26, n. 3, p. 101, jul.-set. 1972.

Tabela 8. Brasil, indicadores econômicos selecionados (1947-1962).

Ano	Inflação (%)[1]	Dívida Externa[2]	Déficit Público[3]	Câmbio[4] CR$/US$	FBCF – part. Setor público[5]	Produção Industrial[6]
1947	9	625	–	0,023	15,8	60
1948	5,9	597	–	0,027	23,3	67
1949	8,1	601	–	0,029	29,4	74
1950	12,4	559	–	0,032	35,1	82
1951	12,3	571	–	0,030	25,0	88
1952	12,7	638	–	0,034	26,8	92
1953	20,6	1 159	–	0,045	29,4	100
1954	25,8	1 317	0,7	0,063	24,3	109
1955	12,2	1 445	0,8	0,074	24,0	120
1956	24,5	2 694	2,2	0,074	24,8	128
1957	7,0	2 658	3,9	0,077	37,0	136
1958	24,4	3 069	2,2	0,132	40,8	158
1959	39,4	3 392	3,0	0,160	32,3	178
1960	30,5	3 907	3,3	0,190	38,2	197
1961	47,8	3 773	3,7	0,291	–	219
1962	51,6	4 025	5,0	0,523	–	233

Fontes: 1) Inflação cf. IBGE, *Estatísticas Históricas do Brasil*, pp. 118 e 177; "25 Anos de Economia Brasileira – Estatísticas Básicas", avulso da revista *Conjuntura Econômica*, vol. 26, nov. 1972, e diversos números mais recentes. 2) Dívida Externa (US$ milhões): *Estatística Histórica do Brasil – Séries Estatísticas Retrospectivas*, vol. 3: *Séries Econômicas, Demográficas e Sociais – 1550 a 1985*. 3) Eugênio Gudin, "Notas Sobre a Economia Brasileira Desde a Proclamação da República até os Nossos Dias", p. 101. Em percentual do PIB. Não constam anos anteriores a 1954. 4) Dólar Médio anual cf. R. C. Cardoso, "A Utilização do Dólar para Eliminar Efeitos da Inflação". 5) Formação Bruta de Capital Fixo – Percentual do setor público (Werner Baer, *A Industrialização e o Desenvolvimento Econômico do Brasil*, p. 72). Exclui empresas mistas. 6) *Idem*. p. 134. Base 100 em 1953. Dados para 1962 extrapolados com série do IPEADATA – SCN10_VAINDN10.

Ao terminar o mandato de JK, Jânio Quadros assumiu a Presidência da República em 31 de janeiro 1961, cargo que ocupou durante cerca de sete meses, até sua renúncia. Após um período conturbado, tomou posse o seu vice-presidente, João Goulart – que foi deposto, pelos militares, em 1964, ano em que o marechal Castelo Branco tomou posse como presidente da República até 1967.

O governo de Castelo Branco se baseou na austeridade, objetivando controlar a inflação que corroía a economia brasileira e combater a substancial dívida externa do país. Para dar suporte às ações necessárias, foi criado o Paeg (Plano ou Programa de Ação Econômica do Governo), que embutia uma política de controle dos salários do trabalhador e restringia fortemente o direito de greve.

Os anos 1970 foram os do chamado Milagre Brasileiro, com grande crescimento econômico às custas do aumento desenfreado da dívida externa, que ajudou a causar a hiperinflação da "década perdida" de 1980, somente solucionada pelo Plano Real em 1994. Não é objetivo nosso entrar em detalhes aqui, uma vez que esse período contemporâneo já foi muito bem explorado e documentado; além disso, a parte principal deste livro termina em 1967.

Para concluir, podemos afirmar que a indústria brasileira como um todo apresentou uma grande evolução em importância no período pós-Guerra, o que durou até 1987, conforme se pode depreender do gráfico a seguir:

Gráfico 2. PIB Setorial como % do Total (1947-2021).

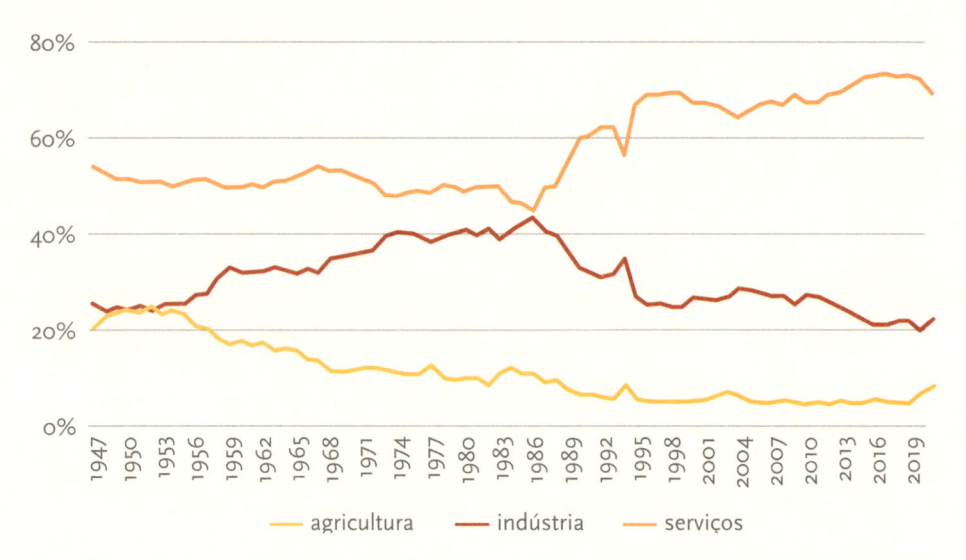

Fonte: Elaboração própria com as séries temporais do IPEADATA (ipeadata.gov.br), baseadas em dados do IBGE. Foram usadas as séries SCN10_VAAGRON10 para Agricultura, SCN10_VAINDN10 para Indústria e SCN10_VASERVN10 para Serviços. As linhas se referem a cada uma das séries como proporção da soma das três séries.

Cabe esclarecer que, ao contrário do que se possa depreender inicialmente do Gráfico 2, apenas a importância relativa da indústria veio a cair desde 1987, sem que isso significasse redução na produção industrial total. Em realidade, o Produto Interno Bruto brasileiro cresceu (e muito) para todos os setores ao longo do tempo, entre 1947 e 2021.

Se em 1947 o total produzido em cada um dos três setores da economia (agricultura, indústria e serviços) fosse 100 (número índice), em 1987 estaria respectivamente em (587, 2062 e 1166), e em 2021 em (968, 2180 e 3201), isso já descontada a inflação. Assim, ao final das contas, entre 1947 e 2021, a agricultura cresceu quase dez vezes, a indústria 21 vezes, e os serviços, grande parte do PIB tanto do Brasil quanto de qualquer país desenvolvido, 32 vezes, ainda que o setor industrial tenha, de fato, se mantido praticamente constante em termos reais entre 1987 e 2021.

O Gráfico 3 traduz esses números, com base no total do PIB em 2021 (8,7 trilhões de reais, segundo o IBGE).

Gráfico 3. Evolução do crescimento real do PIB brasileiro, em valores constantes de 2021.

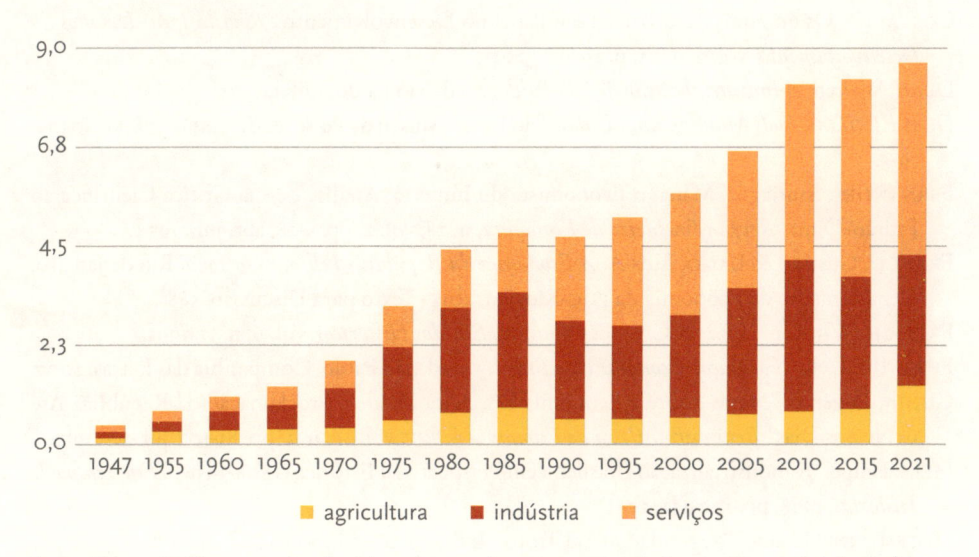

Fonte: *Idem* ao Gráfico 2, ponderado pelos números de contas nacionais do IBGE (2022). A deflação foi feita por meio do crescimento real do PIB em cada ano fornecido pelo IBGE, aplicada à soma ano a ano das três séries do IPEADATA, que estão na forma nominal não deflacionada.

Referências bibliográficas

"25 Anos de Economia Brasileira – Estatísticas Básicas". Avulso da revista *Conjuntura Econômica*, vol. 26, nov. 1972.

Baer, Werner. *A Industrialização e o Desenvolvimento Econômico do Brasil*. 6. ed. Rio de Janeiro, Editora da Fundação Getúlio Vargas, 1985 (7. ed. 1988).

Bacha, Edmar. *A Valorização do Café e seu Amargo Legado*. Rio de Janeiro, Instituto de Estudos de Política Econômica, 3 dez. 2019. Disponível em: iepcdg.com.br. Acesso em: 5 set. 2022.

Beçak, Peggy. *Evolução das Relações Comerciais Brasil-Estados Unidos de 1945 a 1995: No Contexto da Política Externa e dos "Interesses Nacionais"*. São Paulo, Universidade de São Paulo, 2007 (Dissertação de Mestrado em História Econômica).

Caldeira, Jorge. *Mauá: Empresário do Império*. São Paulo, Companhia das Letras, 1995.

Carraro, André & Fonseca, Dutra. "O Desenvolvimento Econômico no Primeiro Governo de Vargas (1930-1945)". *Anais do V Congresso Brasileiro de História Econômica e 6ª Conf. Internacional de História de Empresas*. Caxambu – MG, 2003.

Cardoso, R. C. "A Utilização do Dólar para Eliminar Efeitos da Inflação". *Revista de Administração de Empresas*, vol. 11, n. 2, pp. 86-96, abr.-jun. 1971.

Costa, K. "Os 60 Anos do BNDES e seu Papel no Desenvolvimento". *Revista Ipea: Desafios do Desenvolvimento*, vol. 9, n. 75, p. 29, dez. 2012.

Dean, Warren. *A Industrialização de São Paulo*. 2. ed. São Paulo, Difel, 1971.

Duas Famílias, Dois Mundos, uma União. São Paulo, Museu da Pessoa, 2013. ISBN 978-85-60505-39-5.

Fernandes, Santiago. "Mauá, o Economista do Império. Análise de sua Crítica Científica ao Padrão-Ouro". *Revista Brasileira de Economia*, n. 28, vol. 2, pp. 3-28, abr.-jun. 1974.

Franco, Gustavo & Lago, Luis A. *A Economia da República Velha, 1889-1930*. Rio de Janeiro, Departamento de Economia da PUC-Rio, jan. 2011 (Texto para Discussão, 588).

Fritsch, Winston. "1922: A Crise Econômica". *Estudos Históricos*, vol. 6, n. 11, 1993.

Furtado, Celso. *Formação Econômica do Brasil*. 34. ed. São Paulo, Companhia das Letras, 2007.

Gudin, Eugênio. "Notas Sobre a Economia Brasileira Desde a Proclamação da República Até os Nossos Dias". *Revista Brasileira de Economia – FGV*, vol. 26, n. 3, pp. 85-107, jul.-set. 1972.

Hees, Felipe. "A Industrialização Brasileira em Perspectiva Histórica (1808-1956)". *Em Tempo de Histórias*, n. 18, pp. 100-132, 2011.

Hoffmann, Geraldo. "Segunda Guerra Trouxe Indústria Pesada ao Brasil". DW, s.d.

IBGE – Instituto Brasileiro de Geografia e Estatística. *Contas Nacionais Trimestrais Online*. 2022. Disponível em: https://www.ibge.gov.br/estatisticas/economicas/contas-nacionais/9300-contas-nacionais-trimestrais.html?=&t=destaques Acesso em: 20 nov. 2023.

_____. *Estatísticas Históricas do Brasil. Séries Econômicas, Demográficas e Sociais. 1550 a 1988*. 2. ed. Rio de Janeiro, IBGE, 1991.

_____. *Repertório Estatístico do Brasil, Quadros Retrospectivos*, n. 1. Separata do *Anuário Estatístico do Brasil*, ano V, 1941. Disponível em: https://biblioteca.ibge.gov.br/visualizacao/livros/liv17983_v1.pdf Acesso em: 20 nov. 2023.

Mauá, Visconde de. *Autobiografia*. Prefácio e Anotações Claudio Ganns. Brasília, Senado Federal, 2011.

MITCHEL, B. R. *European Historical Statistics 1750-1970*. London, MacMillan, 1975.

MOURA FILHO, Heitor. "Taxas Cambiais do Mil-Réis (1795-1913)". *MPRA Paper*, n. 5210, 2006.

PRADO, Luiz C. "A Economia Política das Reformas Econômicas da Primeira Década Republicana". *Revista Análise Econômica*, vol. 21, n. 39, out. 2003.

PRADO JR., Caio. *História Econômica do Brasil*. 3. ed. São Paulo, Brasiliense, 2017.

SILVA, Anderson; CARVALHO, Lena & MEDEIROS, Otavio. *A Dívida Pública: A Experiência Brasileira*. Brasília, Secretaria do Tesouro Nacional, 2009.

SIMONSEN, Roberto. *Evolução Industrial do Brasil e Outros Estudos*. São Paulo, Companhia Editora Nacional, 1973.

SUZIGAN, Wilson. *Industrialização e o Desenvolvimento Econômico do Brasil*. 3. ed. São Paulo, Hucitec, 2021.

VILLELA, Anibal & SUZIGAN, Wilson. *Política do Governo e Crescimento da Economia Brasileira, 1889-1945*. Rio de Janeiro, Ipea/Inpes, 1975.

WESTIN, Ricardo. "Em 1922, Eleição Presidencial Teve *Fake News* e Resultado Questionado". *Agência Senado*, 1 jul. 2022. Disponível em: https://www12.senado.leg.br/noticias/especiais/arquivo-s/em-1922-eleicao-teve-fake-news-e-resultado-questionado Acesso em out. 2023.

Fontes

445

Acervo *O Estado de S. Paulo*

A Provincia de São Paulo, 27.6.1884, p. 1; 19.8.1884, p. 3; 3.10.1886, 1ª p.; 13.3.1887, p. 3; 19.1.1889, p. 3; 25.8.1883, 1ª p.

O Estado de S. Paulo: 26.4.1887, p. 3; 27.1.1890, p. 2; 21.10.1892, 1ª p.; 25.11.1892, p. 3; 6.4.1889, p. 3; 24.1.1895, p. 3; 23.2.1901, p. 2; 3.8.1904, p. 3; 24.12.1910, p. 9; 18.11.1912, p. 10; 30.1.1916, p .8; 17.1.1923, p. 5; 4.2.1923, p. 10; 10.6.1924, p. 10; 4.4.1946, p. 4.

Biblioteca Brasiliana Guita e José Mindlin – Universidade de São Paulo

Almanach da Provincia de São Paulo. São Paulo, Jorge Seckler & Cia, 1888.

Gazeta do Povo, suplemento "A Semana", 12.6.1886, p. 189.

Câmara dos Deputados – Legislação Federal

Decreto n. 369, 2.5.1890; Decreto n. 217, 2.5.1891; Decreto n. 1.523, 18.8.1893; Decreto n. 2.115, 30.9.1895; Decreto n. 5.298, 30.8.1904.

Diário das Leis – Legislação Federal

Decreto n. 5.789, 5.12.1905.

Imprensa consultada na base da Hemeroteca Digital Brasileira

A Batalha, 9.2.1940, p. 2.

A Cigarra, jun. 1968, p. 105.

A Época, 18.7.1915, p. 3; 11.4.1917, 1ª p.

A Folha Nova, 9.11.1884, p. 2.

A Imprensa, 15.2.1899, 1ª p.; 20.8.1908, p. 2.

Almanach da Provincia de São Paulo para o Ano de 1886, p. 60; *para o Ano de 1887*, p. 704; *para o Ano de 1888*, p. 228.

FONTES

Almanach Laemmert, ed. 51, 1894, p. 611.

A Nação, 21.11.1934, p. 7.

A Noite, 22.2.1916, 1ª p.; 28.2.1916, 1ª p.; 16.6.1915, p. 4; 10.1.1934, p. 3; 28.1.1942, 1ª p.

A Notícia, 8.9.1898, 1ª p.; 27.4.1901, p. 3; 12.8.1954, p. 10.

A Razão, 8.2.1920, p. 7.

Correio da Manhã, 7.7.1906, p. 6; 25.9.1905, p. 5; 15.8.1908, p. 10; 21.8.1908, p. 6; 3.12.1908, p. 6; 31.1.1909, p. 3; 11.2.1915, p. 3; 19.6.1915, p. 3; 1º.4.1916, p. 3; 29.8.1916, p. 3; 4.11.1917, p. 3; 17.11.1917, 1ª p.; 29.5.1918, p. 3; 30.10.1918, p. 3; 23.3.1919, p. 3; 10.8.1919, p. 3; 17.10.1919, p. 5; 10.3.1926, p. 3; 14.4.1929, p. 7; 10.11.1931, p. 9; 25.8.1942, p. 2.

Cidade do Rio, 6.12.1898, p. 2.

Correio Mercantil (RJ): 15.11.1831, p. 2; 27.5.1855; 1.5.1856, 1ª p.; 5.1.1856, 1ª p.; 1.6.1856, 1ª p.; 14.4.1858, p. 2; 8.8.1862; 20.1.1864, 1ª p.

Correio da Tarde, 8.4.1856, p. 3.

Correio de São Paulo, 9.1.1935, p. 7.

Correio Paulistano, 30.4.1855, p. 4; 15.5.1870, p. 4; 11.3.1880, p. 3; 6.12.1882, p. 3; 5.5.1883, p. 3; 7.5.1883, 1ª p.; 19.5.1883, p. 2; 11.6.1883, p. 3; 8.11.1884, p. 2; 25.11.1884, p. 2; 18.11.1886, 1ª p.; 9.1.1891, p. 8; 28.3.1896, p. 4; 11.9.1898, 1ª p.; 5.11.1898, 1ª p.; 8.12.1898, 1ª p.; 5.1.1903, 1ª p.; 18.8.1903, p. 3; 24.7.1904, p. 5; 2.8.1904, 1ª p.; 27.8.1908, 1ª p.; 4.3.1960, p. 12.

Diário do Comércio, 23.3.1891, p.3.

Diário de Notícias (RJ): 2.12.1887, p. 2; 13.4.1892, p. 1; 7.5.1941, p. 4.

Diário de Pernambuco, 30.10.1873, p. 2.

Diário do Rio de Janeiro, 12.12.1863, p. 4.

Extra, 14.12.2010, s.p.

Fon-Fon, ed. 36, 7.9.1922, p. 91.

Gazeta da Tarde, 4.1.1896, 1ª p.

Gazeta de Notícias (RJ), 17.10.1887, p. 2; 12.10.1887, p. 4; 6.4.1888, p. 2; 2.10.1888, 1ª p.; 22.10.1888, p. 2; 1.8.1900, p. 4; 11.11.1904, p. 5; 18.4.1904, p. 3; 14.5.1912, 1ª p.; 15.3.1914, p. 16; 31.7.1914, p. 6; 14.7.1914, p.2; 2.4.1916, 1ª p.; 7.1.1917, p. 4; 26.10.1917, 1ª p.; 26.11.1917, p. 2; 26.10.1918, p. 4; 9.3.1919, p. 3; 4.8.1925, p. 6; 17.3.1926, p. 2; 24.3.1926, p. 2; 10.6.1926, p. 5.

Gazeta Suburbana, 27.12.1919, p. 6.

Gli'Italiani in São Paulo, 5.4.1889, p. 3.

Jornal do Brasil, 2.10.1900, p. 3; 2.7.1901, p. 4; 9.9.1906, p. 2; 3.5.1907, p. 8; 9.8.1908, p. 19; 16.10.1908, p. 11; 15.12.1919, p. 4; 1.4.1925, p. 24; 2.10.1926, p. 18; 25.1.1929, p. 8; 26.1.1933, p. 4; 4.5.1941, p. 37; 26.9.1941, p. 8; 15.11.1942, p. 7; 5.7.1942, p. 7; 2.9.1942, p. 6; 1.2.1966, p. 12; 2.11.1967, p. 14.

Jornal do Commercio (RJ): 24.4.1835, p.3; 15.8.1862, p. 2; 13.1.1880, p. 4; 1.3.1885, p. 3; 20.5.1886, p. 4; 12.9.1888, 1ª pag.; 2.2.1891, p. 7; 29.9.1892, p. 7; 27.10.1892, p. 10; 28.12.1892, 1ª p.; 3.9.1894, 1ª p.; 27.11.1892, p. 3; 27.11.1892, p. 3; 6.9.1894, p. 9; 13.2.1895, p. 4; 14.12.1895, p. 10; 23.1.1896, p. 10; 2.2.1896, 1ª p.; 28.3.1896, p. 2; 3.3.1896, p. 14; 12.5.1896, p. 8; 4.8.1896, p. 2; 20.1.1897, p. 10; 31.3.1897, 1ª p.; 30.6.1897, p. 7; 19.11.1897, p. 8; 2.12.1897, p. 6; 22.12.1897, p. 5; 11.12.1898, p. 2; 24.12.1898, 1ª p.; 10.8.1899, p. 7; 22.8.1899, p. 4; 22.8.1899, p. 4; 21.3.1900, p. 2; 13.10.1907, p. 8; 11.11.1908, p. 12; 15.11.1908, pp. 9-10; 26.6.1909, p. 7; 24.9.1911, p. 14; 24.5.1912, p. 13; 29.1.1913, p. 5; 1.7.1914, p. 12; 15.2.1916, p. 3; 20.7.1916, p. 15; 25.8.1916, p. 13; 11.2.1917, p. 13; 21.10.1919, p. 18; 8.3.1922, p. 16; 28.10.1923, p. 12; 5.10.1926, p. 10; 15.10.1926, p. 9; 7.4.1927, p. 6;

5.8.1928, p. 21; 17.8.1928, p. 10; 24.10.1928, p. 13; 16.5.1928, p. 4; 29.10.1930, p. 11; 6.11.1930, p. 13; 3.7.1931, p. 3; 25.10.1931, p. 15; 18.10.1932, p. 14; 15.7.1932, p. 4; 21.11.1931, p. 4; 29.11.1931, p. 4; 6.2.1932, p. 3; 28.10.1934, p. 24; 7.11.1937, p. 37; 22.10.1933, p. 27; 1.1.1935, p. 7; 27.10.1935, p. 21; 27.8.1936, p. 9; 16.10.1938, p. 20; 23.10.1938, p. 16; 20.10.1940, p. 2;15.6.1941, p. 13; 15.10.1941, p. 10; 23.10.1941, p. 11; 17.9.1944, p. 15; 27.3.1945, p. 8; 6.10.1946, p. 16; 24.11.1946, p. 13; 19.9.1947, p. 10; 25.10.1947, p. 11; 19.9.1948, p. 19; 18.10.1950, p. 12; 19.11.1950, p. 15; 22.7.1952, p. 14; 11.11.1965, p. 14; 22.3.1966, p. 15; 22.3.1967, p. 7; 25.4.1967, p. 7; 15.6.1967, p. 6; 6.4.1966, p. 26; 30.9.1952, p. 18; 14.9.1952, p. 16; 13.9.1953, p. 16; 28.3.1954, p. 2; 12.9.1954, p. 27; 10.10.1954, p. 15; 15.9.1957, p. 25; 5.3.1961, p. 11; 15.9.1965, p. 13; 28.9.1967, p. 8.

Jornal do Recife, 30.3.1876, p. 3.

Novidades, 6.5.1889, p. 2.

Novo Almanach de São Paulo para o Ano de 1883, p. 130.

O Brasil Industrial, ed. 29, 1919, p. 88.

O Commercio de São Paulo, 27.1.1893, 1ª p.; 31.1.1893, 1ª p.; 28.12.1893, 1ª p.; 20.1.1894, p. 2; 26.5.1909, p. 2.

O Imparcial, 1.11.1917, pp. 4-5; 24.5.1919, p. 5; 20.9.1919, p. 6.

O Jornal, 28.7.1938, p. 8.

O Malho, ed. 208, 1906.

O Mercúrio, 19.7.1898, 1ª p.

O Mercantil, 27.1.1891, p. 4.

O Paiz, 13.1.1894, p. 5; 4.1.1900, 1ª p.; 28.12.1902, 1ª p.; 4.1.1904, 1ª p.; 25.7.1904, p. 2; 25.10.1906, p. 7; 31.3.1907, p. 4; 12.4.1907, p. 5; 2.8.1907, p. 2; 1º.5.1911, p.2; 23.7.1911, p. 2; 13.11.1912, p. 3; 1º.2.1916, p. 3; 9.4.1916, p. 3; 2.7.1916, p. 3; 9.5.1916, p. 3; 6.12.1916, p. 6; 23.1.1917, p. 3; 2.3.1917, p. 10; 30.11.1917, p. 2; 13.2.1919, p. 3; 24.11.1922, p. 5; 8.12.1922, p. 3.

O Piratininga, 23.10.1849, p. 4.

O Século, 9.10.1907, p. 2; 10.10.1907, p. 3; 31.5.1913, p. 2; 3.4.1915, 1ª p.

Retrospecto do Jornal do Commercio, 1874, p. 23.

Revista da Semana, n. 154, 26.4.1913.

Revista de Engenharia, ano III, n. 1, jan. 1881.

Revista Careta, 2.10.1954, p. 20, n. 2.414.

Revista Musical, n. 4, 1888, p. 2.

Revista Ilustrada (RJ), n. 191, 1880.

The Brazilian Review (RJ), 18.4.1899, p. 252; 5.7.1900, p. 358; 27.11.1900, p. 785.

The Rio News, 9.8.1898, p. 8.

Arquivos Digitais

Ancestry.de. Disponível em: www.ancestry.de Acesso em: 28 dez. 2022.

Decreto n. 369, de 2.5.1890. Disponível em: https://www.diariodasleis.com.br/legislacao/federal/183857 Acesso em: 7 fev. 2023.

"Bavaria Statue". *Wikipedia*. Disponível em: https://en.wikipedia.org/wiki/Bavaria_statue Acesso em: jan. 2023.

"Brasil. Relatório do Ministério da Fazenda, 1906". *Internet Archive*. Disponível em: https://archive.org/stream/rmfazenda1906#page/n307/mode/2up> Acesso em: 15 fev. 2023.

"Brasil. Relatório do Ministério da Fazenda, 1914". *Internet Archive*. Disponível em: https://archive.org/details/rmfazenda1913vol2/page/n1/mode/1up?view=theater Acesso e m: 15 fev. 2023.

"FRENCH Invasion of Russia". *New World Encyclopedia*. Disponível em: https://www.newworldencyclopedia.org/entry/French_invasion_of_Russia Acesso em: 17 jan. 2023.

"Weihenstephan". *Wikipedia*. Disponível em: https://pt.wikipedia.org/wiki/Weihenstephan Acesso em: jan. 2023.

Arquivos Públicos e Privados

Alvará que Proíbe as Fábricas e Manufaturas no Brasil. Arquivo Nacional. Disponível em: http://historiacolonial.arquivonacional.gov.br Acesso em: 14 set. 2019.

"Carré, Ferdinand Philippe Edouard". *Digital Mechanism and Gear Library*, 25 nov. 2013. Europeana Collections. Disponível em: https://www.europeana.eu/portal/pt/record/2020801/dmglib_handler_biogr_24511004.html>. Acesso em: 19 out. 2019.

Carta extraída do copiador de Martinho Buchard, 14.8.1891. Centro da Memória da Unicamp.

Correspondência comercial entre H. Stupakoff e J. Künning, 15 e 20 de agosto de 1908. Acervo da família Stupakoff.

"Entrada de Estrangeiros no Brasil – Porto do Rio de Janeiro". Arquivo Nacional. Disponível em: www.bases.an.gov.br Acesso em 28 dez. 2022.

Família Stupakoff em São Paulo até 1920. Do Livro de Memórias "Uma Vida", de Frieda Stupakoff (1885-1977). Edição privada, 1965.

Pelo 60º Aniversário de Joh. Kunning. Rio de Janeiro, jun. 1932, s. ed.

Bibliografia Geral

ABDALLAH, Ariane. *De um Gole Só. A História da Ambev e a Criação da Maior Cervejaria do Mundo*. São Paulo, Companhia das Letras, 2019.

ALMEIDA, Paulo Roberto. *Formação da Diplomacia Econômica no Brasil: As Relações Econômicas Internacionais no Império*. Brasília, Funag, 2017.

ALMEIDA JR., A. "O Alcoolismo no Brasil-Colônia (Origens do Aguardentismo Nacional)". *Revista da Faculdade de Direito de São Paulo*, vol. 30, n. 2, 1934.

ANTONIL, André João. *Cultura e Opulência do Brasil por suas Drogas e Minas*. Brasília, Senado Federal, 2011.

ARRUDA, José J. de. "A Economia Brasileira no Fim da Época Colonial: A Diversificação da Produção, o Ganho de Monopólio e a Falsa Euforia do Maranhão". *Revista de História*, n. 119, pp. 3-21, 1988.

AZEVEDO, Aluísio. *O Cortiço*. Brasília, Departamento Nacional do Livro, 2016 (1. ed. 1890).

BAER, Werner. *A Industrialização e o Desenvolvimento Econômico do Brasil*. 6. ed. Rio de Janeiro, FGV, 1985.

_____. *A Industrialização e o Desenvolvimento Econômico do Brasil*. 7. ed. Rio de Janeiro, FGV, 1988.

BACHA, Edmar. *A Valorização do Café e seu Amargo Legado*. Rio de Janeiro, Instituto de Estudos de Política Econômica, 2019.

_____. "Política Brasileira do Café: Uma Avaliação Centenária". *In*: MARTINS, Marcellino & JOHNSTON, E. *150 Anos de Café*. Rio de Janeiro, Salamandra, 1992, pp. 14-133.

Bandeira Jr., Antônio Francisco. *A Indústria do Estado de São Paulo em 1901*. São Paulo, Tipografia do Diário Oficial, 1901.

Beaud, Michel. *História do Capitalismo de 1500 aos Nossos Dias*. São Paulo, Brasiliense, 2004.

Beçak, Peggy. *Evolução das Relações Comerciais Brasil-Estados Unidos de 1945 a 1995: No Contexto da Política Externa e dos "Interesses Nacionais"*. São Paulo, Universidade de São Paulo, 2007 (Dissertação de Mestrado em História Econômica).

Beiser, Ana C. P. *Frederico Augusto Ritter: De Cervejeiro a Doceiro*. Porto Alegre, EdiPUCRS, 2009.

Baldin, Adriana F. C. *A Presença Alemã na Construção de São Paulo entre 1820 e 1860*. São Paulo, Universidade de São Paulo, 2012 (Tese de Doutorado em Arquitetura e Urbanismo).

Barbosa, Pedro H. B. "As Tarifas Alves Branco: Entre o Protecionismo e a Preocupação Fiscal". *Em Tempo de Histórias*, n. 24, pp. 60-82, jan.-jul. 2014.

"Bavaria". *Craft Beer and Brewing Magazine*. Disponível em: https://beerandbrewing.com/dictionary/JE21QkzMmR Acesso em nov. 2023.

Binder, Fernando P. *Profissionais, Amadores e Virtuoses: Piano, Pianismo e Guiomar Novaes*. São Paulo, Universidade de São Paulo, 2018 (Tese de Doutorado em Musicologia).

_____. "Lições de Civilidade Musical: Os Concertos de Cernicchiaro e a Criação do Clube Haydn de São Paulo". Paper apresentado ao XXIII Congresso da Associação Nacional de Pesquisa e Pós-graduação em Música, 2013.

Blain, Bodil B. *Melting Markets: The Rise and Decline of the Anglo-Norwegian Ice Trade, 1850--1920*. London, Department of Economic History, London School of Economics and Political Science, 2006.

Bleiker, Carla. "Local to Global Beer". *Deutsch Welle*, 21 dez. 2012.

Bond, Sarah. "'Pass Me a Cold One': A Short History of Refrigerating Wine and Beer". *Forbes*, 31 jun. 2016.

Bonelli, Regis & Pessoa, Samuel. "Desindustrialização no Brasil". *Texto Para Discussão*, 7. Rio de Janeiro, FGV-Ibre, 2010.

Bonow, Stefan C. *A Desconfiança sobre Indivíduos de Origem Germânica em Porto Alegre Durante a Primeira Guerra Mundial: Cidadãos Leais ou Retovados?* Porto Alegre, Pontifícia Universidade Católica do Rio Grande do Sul, 2011 (Tese de Doutorado em História).

Botelho, Tarcísio Rodrigues. "População e Espaço Nacional no Brasil do Século XIX". *Cadernos de História*, vol. 7, n. 8, 2005.

Bouwens, Bram & Sluyterman, Keetie. *Brewery, Brand, and Family. 150 Years of Heineken*. Amersfoort, Drukkerij Wilco, 2014.

Brasil. *Exposição Nacional de 1922. Órgão da Comissão Organizadora*. Rio de Janeiro, s. ed. n. 5, set. 1922.

_____. *Relatório do Ministério da Agricultura, 1903*. Rio de Janeiro, Imprensa Nacional, 1904.

_____. *Relatório do Ministério da Agricultura, 1905*. Rio de Janeiro, Imprensa Nacional, 1906.

_____. *Relatório do Ministério da Agricultura, 1905*. Rio de Janeiro, Imprensa Nacional, 1910.

_____. *Relatório do Ministério da Fazenda, 1904*. Rio de Janeiro, Imprensa Nacional, 1905.

_____. *Relatório do Ministério da Fazenda, 1908*. Rio de Janeiro, Imprensa Nacional, 1909.

_____. *Relatório do Ministério da Justiça e Negócios Interiores, Junho de 1920*. Rio de Janeiro, Imprensa Nacional, 1920. (*Diretoria do Interior*, p. 8).

• 449 •

FONTES

____. Empresa Brasileira de Pesquisa Agropecuária. Unidade de Execução de Pesquisa de Âmbito Estadual de Manaus. *Primeiro Simpósio Brasileiro do Guaraná*. Manaus, Embrapa/Uepae, 1984.

____. Ministério da Cultura. "192 Anos da Colonização Alemã no RS". *A Hora*, Caderno Especial 192: Colonização Alemã, 5 ago. 2016.

____. Ministério da Indústria, Viação e Obras Públicas. *Sinopse do Recenseamento de 31 de Dezembro de 1900*. Rio de Janeiro, Tipografia da Estatística, 1905.

BRUNO, Ernani S. *História e Tradições da Cidade de São Paulo*. Rio de Janeiro, Livraria José Olympio, 1954.

CALASANS, José. *Cachaça Moça Branca*. Salvador, EdUFBA, 1951.

CAMPOS, Pedro M. "As Relações do Brasil com a Alemanha Durante o Segundo Reinado". *Revista de História*, vol. 39, n. 79, 1969.

CARDOSO, António Barros. "Portugal e a Inglaterra nos Tempos Modernos". *Revista da Faculdade de Letras do Porto – História*, III série, vol. 4, pp. 37-57, 2003.

CARDOSO, R. C. "A Utilização do Dólar para Eliminar Efeitos da Inflação". *Revista de Administração de Empresas*, vol. 11, n. 2, pp. 86-96, abr.-jun. 1971.

"CARL VON LINDE". *Science History*, dez. 2017. Disponível em: https://www.sciencehistory.org/historical-profile/carl-von-linde Acesso em: 14 set. 2019.

CARNEIRO, Henrique & VENANCIO, Renato Pinto (orgs.). *Álcool e Drogas na História do Brasil*. São Paulo/Belo Horizonte, Alameda/Editora PUC Minas, 2005.

CARRARO, André & FONSECA, Pedro Dutra. "O Desenvolvimento Econômico no Primeiro Governo de Vargas (1930-1945)". *Anais do V Congresso Brasileiro de História Econômica e 6ª Conf. Internacional de História de Empresas*, Caxambu (MG), 2003.

CARVALHO, Débora C. A. B. de. *D. Domingos Antônio de Sousa Coutinho: Um Diplomata Português na Corte de Londres (1807-1810)*. Juiz de Fora, Universidade Federal de Juiz de Fora, 2012 (Dissertação de Mestrado em História).

CARVALHOSA, M. *Comentário à Lei das Sociedades Anônimas*. São Paulo, Saraiva, 2002.

CASCUDO, Luís da Câmara. *História da Alimentação no Brasil*. Rio de Janeiro/São Paulo, Itatiaia/Edusp, 1983, vol. 2.

____. *Prelúdio da Cachaça*. São Paulo, Global, 2014.

CASTRO, José Ferreira Borges de. *Collecção dos Tratados, Convenções, Contratos e Actos Públicos Celebrados entre a Coroa de Portugal e as mais Potencias desde 1640 até ao Presente*. Lisboa, Imprensa Nacional, 1857.

CENTRO INDUSTRIAL DO BRASIL. *O Brasil: Suas Riquezas Naturais, Suas Indústrias*. Vol. *Indústria de Transportes, Indústria Fabril*. Rio de Janeiro, M. Orosco, 1909.

CERVBRASIL – Associação Brasileira da Indústria da Cerveja. "Dados do Setor Cervejeiro Nacional". *CervBrasil*, 2019. Disponível em: http://www.cervbrasil.org.br/novo_site/dados-do-setor Acesso em: 31 ago. 2019.

CLAUSEWITZ, Carl von. *Da Guerra*. São Paulo, Martins Fontes, 1996.

"COMPANHIA Cervejaria Brahma". *Revista Conjuntura Econômica*, vol. 15, pp. 92-96, 1961.

CONSELHO Administrativo de Defesa Econômica (Cade), *Defesa da Concorrência no Brasil: 50 Anos*, 2013

CONWAY, Jan. "Beer Production Worldwide from 1998 to 2022". *Statista*, 29 ago. 2023. Disponível em: https://www.statista.com/statistics/270275/worldwide-beer-production/ Acesso em: 6 nov. 2023.

COSTA, K. "Os 60 Anos do BNDES e seu Papel no Desenvolvimento". *Revista Ipea: Desafios do Desenvolvimento*, vol. 9, n. 75, p. 29, dez. 2012.

CORREA, Cristiane. *Sonho Grande*. Rio de Janeiro, Sextante, 2013.

COUTINHO, Carlos. "A Cerveja no Brasil de 1901 a 1950". *Cervesia*, 2022. Disponível em: <https://www.cervesia.com.br/artigos-tecnicos/cerveja/historia-da-cerveja/8-a-cerveja-no-brasil-de--1901-a-1950-seculo-xx.htm>. Acesso em 06 de setembro de 2022.

COVELLO, Antônio. *O Caso Zerrenner: O Destino de uma Herança*. São Paulo, Cultura Moderna, 1937.

CULTURE VICTORIA. "James Harrison: Journalist, Inventor & Visionary". *Culture Victoria*, 2019. Disponível em <https://cv.vic.gov.au/stories/a-diverse-state/james-harrison-journalist-inventor-visionary/james-harrison-journalist-inventor-visionary>.

CUNHA, Mauro R. "Apêndice Estatístico". *In*: MARTINS, Marcellino & JOHNSTON, E. *150 Anos de Café*. Rio de Janeiro, Salamandra, 1992, pp. 283-391.

DEAN, Warren. *A Industrialização de São Paulo*. São Paulo, Difel, 1971.

DIAS, Fabio B. *Jingle É a Alma do Negócio: A História e as Histórias das Músicas de Propaganda e de seus Criadores*. São Paulo, Panda Books, 2017.

DRAGO, Niuxa. "Cidade da Alegria em Meio à Demolição: O Parque de Diversões da Exposição de 1922". *VI Jornada Nacional de Arquitetura, Teatro e Cultura*, p. 15, s.d.

FARIAS, Claudio Lamas. *Panorama e Cronologia do Desenvolvimento do Design de Produto no Rio de Janeiro, 1901-2000*. São Paulo, Universidade de São Paulo, 2012 (Tese de Doutorado em Design e Arquitetura).

FERNANDES, João Azevedo. *Selvagens Bebedeiras: Álcool, Embriaguez e Contatos Culturais no Brasil Colonial*. Niterói, Universidade Federal Fluminense, 2004 (Tese de Doutorado em História).

FERNANDES, Santiago. "Mauá, o Economista do Império. Análise de sua Crítica Científica ao Padrão-Ouro". *Revista Brasileira de Economia*, n. 28, vol. 2, pp. 3-28, abr.-jun. 1974.

FIGUEROA, Alba. "Guaraná, a Máquina do Tempo dos Sateré-Mawé". *Boletim Museu Emílio Goeldi, Ciências Humanas*, vol. 11, n. 1, pp. 55-85, jan.-abr. 2016.

FRANCO, Gustavo & LAGO, Luís A. *A Economia da República Velha, 1889-1930*. Rio de Janeiro, Departamento de Economia PUC Rio, jan. 2011 (Texto para Discussão, 588).

FURTADO, Celso. *Formação Econômica do Brasil*. São Paulo, Companhia das Letras, 2007.

GARDIMAN, Gilberto G. *et al.* "Vereda III e a Preparação do Cauim". *Arquivos do Museu de História Natural e Jardim Botânico*, vol. 23, n. 2, pp. 64-104, 2014.

GARFIELD, Seth. *Guaraná: How Brazil Embraced the World's Most Caffeine-Rich Plant*. Chapel Hill, The University of North Carolina Press, 2022.

GARRETT, Oliver (ed.). *The Oxford Companion to Beer*. New York, Oxford University Press, 2012.

GOETHE, Paulo. "Cerveja, uma História com Sabor Pernambucano". *Blog Direto da Redação*, 18 maio 2016. Disponível em: http://blogs.diariodepernambuco.com.br/diretodaredacao/2016/05/18/cerveja-uma-saborosa-historia-pernambucana Acesso em: 17 set. 2019.

GREENHILL, Robert. "E. Johnston: 150 Anos em Café". *In*: MARTINS, Marcellino & JOHNSTON, E. *150 Anos de Café*. Rio de Janeiro, Salamandra, 1992, pp. 137-282.

GUDIN, Eugênio. "Notas Sobre a Economia Brasileira Desde a Proclamação da República Até os Nossos Dias". *Revista Brasileira de Economia*, vol. 26, n. 3, pp. 85-107, jul.-set. 1972.

GUIMARÃES, Carlos Gabriel. *A Presença Britânica no Império do Brasil: O Caso da Firma Edward Johnston & Co. no Rio de Janeiro, c. 1842-c. 1852*. Niterói, Universidade Federal Fluminense, 2022 (Tese de Professor Titular).

HEES, Felipe. "A Industrialização Brasileira em Perspectiva Histórica (1808-1956)". *Em Tempo de Histórias*, n. 18, pp. 100-132, 2011.

HEROLD, Marc W. "Gelo nos Trópicos: A Exportação de 'Blocos de Cristais da Frieza Ianque' para Índia e Brasil". *Revista Espaço Acadêmico*, n. 126, nov. 2011.

HOLLAND, Gerard. "The King of Beer". *BeerHistory*, 2016 (publicado originalmente em *The American Mercury*, out. 1929). Disponível em: https://www.beerhistory.com/library/holdings/kingofbeer1.shtml Acesso em 14 set. 2019.

HOLMILA, M. & RAITASALO, K. "Gender Differences in Drinking: Why do They Still Exist?" *Addiction*, n. 100, pp. 1763-1769, 2005.

IBGE – Instituto Brasileiro de Geografia e Estatística. "Contas Nacionais Trimestrais, 2022". *IBGE*. Disponível em: https://www.ibge.gov.br/estatisticas/economicas/contas-nacionais/9300-contas-nacionais-trimestrais.html Acesso em: jun. 2023.

_____. *Estatísticas Históricas do Brasil. Séries Econômicas, Demográficas e Sociais. 1550 a 1988*. 2. ed. Rio de Janeiro, 1991. Disponível em: https://biblioteca.ibge.gov.br/visualizacao/monografias/GEBIS%20-%20RJ/seriesestatisticasrestrospectivas/Volume%203 _Estatisticas%20historicas%20do%20Brasil_series%20economicas_demograficas%20e%20sociais%20de%201550%20a%201988.pdf. Acesso em: jun. 2023.

_____. "Projeção da População". *IBGE*, 2019. Disponível em: https://www.ibge.gov.br/apps/populacao/projeção Acesso em: 31 ago. 2019.

_____. "Repertório Estatístico do Brasil, Quadros Retrospectivos n. 1", Separata do *Anuário Estatístico do Brasil*, Ano V, 1941. Disponível em: https://biblioteca.ibge.gov.br/visualizacao/livros/liv17983_v1.pdf Acesso em: jun. 2023.

KLADSTRUP, Don & KLADSTRUP, Petie. *Champanhe. Como o Mais Sofisticado dos Vinhos Venceu a Guerra e os Tempos Difíceis*. Rio de Janeiro, Zahar, 2006.

KÖB, Edgar Helmut. "Como a Cerveja se Tornou Bebida Brasileira". *Revista do Instituto Histórico e Geográfico Brasileiro*, ano 161, n. 409, pp. 29-58, out.-dez. 2000.

_____. *Die Brahma-Brauerei und die Modernisierung des Getränkehandels in Rio de Janeiro 1888 bis 1930*. Stuttgart, Franz Steiner Verlag, 2005.

KUNIOCHI, Márcia. "Mauá e o Jogo do Anacronismo". *Biblos*, vol. 16, pp. 157-165, dez. 2007.

LAMARÃO, Sergio & URBINATI, Inoa. "Centro Industrial do Brasil". *Dicionário Histórico-Biográfico Brasileiro*. Rio de Janeiro, CPDOC/FGV, s.d.

LANDI, Ana & PILAGALLO, Oscar. *De Duas, Uma: A Fusão na Mesa*. Depoimento de Victorio de Marchi. São Paulo, Bella, 2018.

LEVY, M. S. F. "O Papel da Migração Internacional na Evolução da População Brasileira (1872 a 1972)". *Revista de Saúde Pública*, vol. 8 (suplemento), pp. 49-90, 1974.

LINDLEY, Thomas. *Narrativa de uma Viagem ao Brasil*. São Paulo, Companhia Editora Nacional, 1969.

LUZ, Nícia V. *A Luta pela Industrialização do Brasil*. São Paulo, Alfa Ômega, 1978.

MARTINS, Marcelino & JOHNSTON, E. *150 Anos do Café*. Rio de Janeiro, Salamandra, 1992.

MARTINS, William S. N. *Paschoal Segreto – Ministro das Diversões do Rio de Janeiro, 1883-1920*. Rio de Janeiro, Universidade Federal do Rio de Janeiro, 2004 (Dissertação de Mestrado em História).

MARQUES, Teresa C. N. *A Cerveja e a Cidade do Rio de Janeiro de 1888 ao Início dos Anos 1930*. Brasília/Jundiaí, Editora UnB/Paco, 2014.

_____. "A Cervejaria Brahma e os Investimentos Alemães no Brasil Durante as Duas Guerras Mundiais". *História Unisinos*, vol. 19, n. 2, pp. 242-255, maio-ago. 2015.

_____. "Bancos e Desenvolvimento Industrial. Uma Revisão das Teses de Gerschenkron à Luz da História da Cervejaria Brahma, 1888/1917". *História e Economia: Revista Interdisciplinar*, vol. 1, n. 1, pp. 87-119, 2. sem. 2005.

_____. "Títulos ao Portador e Investimento Empresarial nas Primeiras Décadas Republicanas". *In*: GUIMARÃES, C. G. & SARAIVA, L. F. (orgs.). *Crédito & Descrédito. Relações Sociais de Empréstimos na América, Séculos XVIII ao XX*. Niterói, Eduff, 2018, pp. 318-358.

_____. & OLIVEIRA, Maria T. R. "Inovação de Produto ou Saída para a Crise? O Lançamento da Cerveja Brahma Chopp no Verão de 1934". *História Econômica & História de Empresas*, n. 1, pp. 87-120, 2003.

MELO, Victor A. & KARLS, Thaina S. "Novas Dinâmicas de Lazer: As Fábricas de Cerveja no Rio de Janeiro do Século XIX (1856-1884)". *Movimento*, vol. 24, n. 1, pp. 147-160, jan.-mar. 2018.

MENEZES, Joimar C. *Setor Externo e Política Econômica do Brasil, 1913-1918*. São Paulo, Universidade de São Paulo, 2015 (Tese de Doutorado em História Econômica).

MILLER, Carl H. *Breweries of Cleveland*. Cleveland, Schnitzelbank Press, 1998.

MORADO, Ronaldo. *Larousse da Cerveja*. São Paulo, Alaúde Editorial, 2017.

MASÔ, João Alberto. "O Guaraná". *Revista da Sociedade de Geografia do Rio de Janeiro*, tomos XIX, XX e XXI, pp. 143-152, 1906 a 1908.

MAUÁ, Visconde. *Autobiografia*. Pref. e Anotações Claudio Ganns. Brasília, Senado Federal, 2011.

MITCHEL, B. R. *European Historical Statistics 1750-1970*. London, MacMillan Press, 1975.

MOURA FILHO, Heitor. "Taxas Cambiais do Mil-Réis (1795-1913)". *MPRA Paper*, n. 5210, 2006.

NOGUEIRA, L. F. *O Mercado de Debêntures no Brasil: Evolução, Alternativas e os Efeitos da Instrução 476/09 da Comissão de Valores Mobiliários (CVM)*. Brasília, Universidade de Brasília, 2016 (Dissertação de Mestrado em Ciências Econômicas).

OGLE, Maureen. *Ambitious Brew: The Story of American Beer*. Fort Washington, Harvest Books, 2006.

OLIVEIRA, Josivaldo P. "Filinto Justiniano Ferreira Bastos: A Trajetória de um Abolicionista, 1879--1882". *Revista História*, n. 37, 2018.

PELAEZ, Carlos M. & SUZIGAN, Wilson. *História Monetária do Brasil*. Rio de Janeiro, Ipea, 1976.

PEREIRA, Margareth S. "A Exposição de 1908 ou o Brasil Visto por Dentro". *ArqTexto*, n. 16, 2009.

PEREZ, Eliane. "O Cinema Brasileiro em Periódicos: 1896-1930". *BNdigital*, set. 2013. Disponível em: https://bndigital.bn.gov.br/artigos/o-cinema-brasileiro-em-periodicos-1896-1930/ Acesso em 20 fev. 2023.

PIJNING, Ernst. "Contrabando, Ilegalidade e Medidas Políticas no Rio de Janeiro do Século 18". *Revista Brasileira de História*, vol. 21, n. 42, pp. 397-414, 2001.

PINTO, Alfredo M. *A Cidade de São Paulo em 1900: Impressões de Viagem*. Rio de Janeiro, Imprensa Nacional, 1900.

Pires, Livia C. "A Liga Brasileira pelos Aliados e o Brasil na Primeira Guerra Mundial". *Anais do XXVI Simpósio Nacional de História – Anpuh*, São Paulo, 2011.

Prado Júnior, Caio. *História Econômica do Brasil*. 3. ed. São Paulo, Brasiliense, 2017.

Prado, Luiz C. "A Economia Política das Reformas Econômicas da Primeira Década Republicana". *Análise Econômica*, vol. 21, n. 39, out. 2003.

Raminelli, Ronaldo. "Da Etiqueta Canibal: Beber Antes de Comer". *In*: Venâncio, Renato Pinto & Carneiro, Henrique Soares (orgs.). *Álcool e Drogas na História do Brasil*. São Paulo, Alameda, 2005.

Relly, Eduardo. "Imigração Alemã ao Brasil (Século XIX) e Prússia: Fronteiras Permeáveis e Diálogos Entre História Global e Micro-História". *História Unisinos*, vol. 20, n. 3, pp. 273--286, 2016.

Ricupero, Rubens. *A Diplomacia na Construção do Brasil: 1750-2016*. Rio de Janeiro, Versal, 2017.

Ruiz, Márcia & Camargo, Daniela. *Família Ritter: A Arte e a Ciência da Cerveja*. São Paulo, GFK Comunicação, 2019.

Sandroni, Paulo. *Novíssimo Dicionário de Economia*. São Paulo, Best Seller, 2000.

Santana, João Rodrigo A. *A Modernização do Rio de Janeiro nas Crônicas de Olavo Bilac (1890--1908)*. Salvador, Universidade Federal da Bahia, 2013 (Dissertação de Mestrado e Ciências Sociais).

Seyferth, Giralda. "A Colonização Alemã no Brasil: Etnicidade e Conflito". *In*: Fausto, Boris (org.). *Fazer a América*. São Paulo, Edusp, 2000, pp. 273-313.

Silva, Anderson; Carvalho, Lena & Medeiros, Otavio. *A Dívida Pública: A Experiência Brasileira*. Brasília, Secretaria do Tesouro Nacional/Estação Gráfica, 2009.

Silva, Gustavo P. "O Barão e o Encilhamento: Os Investimentos de José de Lacerda Guimarães na Economia Cafeeira Paulista (1885-1893)". *Análise Econômica*, vol. 37, n. 74, set. 2019.

Silva, Sérgio. *Expansão Cafeeira e Origens da Indústria no Brasil*. São Paulo, Alfa Ômega, 1981.

Silva, Tharles S. "Sociedade e Contrabando: O Comércio Ilícito como Reflexo da Estrutura Social no Brasil Colônia". *Anais do XXVIII Simpósio Nacional de História*, Florianópolis, 2015.

Simonsen, Roberto. *Evolução Industrial do Brasil e Outros Estudos*. São Paulo, Companhia Editora Nacional, 1973.

Siriani, Silvia C. L. "Os Descaminhos da Imigração Alemã para São Paulo no Século XIX – Aspectos Políticos". *Almanack Braziliense*, n. 2, pp. 91-100, nov. 2005.

_____. *Uma São Paulo Alemã*. São Paulo, Imprensa Oficial, 2003.

Smit, Barbara. *A História da Heineken*. Rio de Janeiro, Zahar, 2016.

Soares, Luiz Carlos. "A Escravidão Industrial no Rio de Janeiro do Século XIX". *ABPHE*, 2003. Disponível em: http://www.abphe.org.br/arquivos/2003_luiz_carlos_soares_a-escravidao--industrial-no-rio-de-janeiro-do-seculo-xix.pdf Acesso em 17 set. 2019.

Sodré, Nelson Werneck. *As Razões da Independência*. Rio de Janeiro, Civilização Brasileira, 1969.

Souza, Ricardo Luiz de. "Cachaça, Vinho e Cerveja: Da Colônia ao Século 20". *Estudos Históricos*, n. 33, pp. 56-75, jan.-jun. 2004.

Stack, M. "Local and Regional Breweries in America's Brewing Industry, 1865-1920". *The Business History Review*, n. 74, vol. 3, pp. 435-463, 2000.

Suzigan, Wilson. *Indústria Brasileira: Origem e Desenvolvimento*. São Paulo/Campinas, Hucitec/Editora da Unicamp, 2000.

_____. *Industrialização e o Desenvolvimento Econômico do Brasil*. São Paulo, Hucitec, 2021.

TUMA, Said. *O Nacional e o Popular na Música de Alexandre Levy: Um Projeto de Modernidade*. São Paulo, Universidade de São Paulo, 2008 (Dissertação de Mestrado em Comunicação).

VERSIANI, Flávio & BARROS, José R. M. *Formação Econômica do Brasil – A Experiência da Industrialização*. São Paulo, Saraiva, 1978.

VERSIANI, Maria Teresa R. O. *Proteção Tarifária e Crescimento Industrial Brasileiro dos Anos 1906--1912*. Brasília, Universidade de Brasília, 1982 (Texto para Discussão, 78).

____. "Proteção Tarifária e Crescimento Industrial nos Anos 1906-12: O Caso da Cerveja". *Pesquisa e Planejamento Econômico*, vol. 12, n. 2, pp. 455-488, ago. 1982.

VILLELA, Anibal & SUZIGAN, Wilson. *Política do Governo e Crescimento da Economia Brasileira, 1889-1945*. Rio de Janeiro, Ipea/Inpes, 1975.

WARNER, Alfred G. "The Evolution of the American Brewing Industry". *Journal of Business Case Studies*, vol. 6, n. 6, pp. 31-46, nov.-dez. 2010.

WESTIN, Ricardo. "Em 1922, Eleição Presidencial Teve *Fake News* e Resultado Questionado". *Agência Senado*, 1 jul. 2022. Disponível em: https://www12.senado.leg.br/noticias/especiais/arquivo-s/em-1922-eleicao-teve-fake-news-e-resultado-questionado Acesso em out. 2023.

Índice

Título	A História da Cerveja no Brasil:
	O Legado de Stupakoff e Künning
Autores	Rogério Furtado e Henri Kistler
Editor	Plinio Martins Filho
Revisão Técnica	Profa. Teresa Cristina de Novaes Marques, UnB
Organização	Philippe Prufer e Henri Kistler
Produção Editorial	Carlos Gustavo Araújo do Carmo
Capa	Negrito Produção Editorial,
	com rótulos do Acervo Ambev/FAHZ
Projeto Gráfico e Diagramação	Negrito Produção Editorial
Preparação de Texto e Índice	Carolina Bednarek Sobral
Formato	18 cm × 25,5 cm
Tipografia	Garamond Premier Pro
Papel Certificado FSC®	Chambril Avena 80 g/m² (miolo)
	Couché fosco 150 g/m² (capa dura)
	Couché fosco 180 g/m² (sobrecapa)
Número de Páginas	464
Tiragem	2 000
Impressão e Acabamento	Lis Gráfica